근대적 주거공간의 탄생

개정판 근대적 주거공간의 탄생

초판 1쇄 발행 2000년 9월 9일
초판 4쇄 발행 2005년 5월 5일
개정판 1쇄 발행 2007년 11월 30일
개정판 4쇄 발행 2019년 2월 10일

지은이 이진경
펴낸이 유재건 • **펴낸곳** (주)그린비출판사 • **주소** 서울시 마포구 와우산로 180, 4층
전화 02-702-2717 • **이메일** editor@greenbee.co.kr • **신고번호** 제2017-000094호

ISBN 978-89-7682-707-4 03300
이 도서의 국립중앙도서관 출판예정도서목록(CIP)은 서지정보유통지원시스템 홈페이지(http://seoji.nl.go.kr)와
국가자료공동목록시스템(http://www.nl.go.kr/kolisnet)에서 이용하실 수 있습니다.(CIP제어번호: CIP2007003445)

철학이 있는 삶 **그린비출판사** www.greenbee.co.kr

근대적
주거공간의
탄생

이진경 지음

ㅇB
그린비

건축의 기하학,
건축의 정치학

1. '당나귀의 길과 인간의 길'

••• 구불구불한 길과 직선적인 길, 좁은 길과 넓은 길을 이처럼 극적으로 대비시켜 보여 주는 사진도 없을 것이다 (『도시계획』, 36쪽). 르 코르뷔지에는 구불구불한 길은 '당나귀의 길'이라고 부르고, 곧게 뻗은 길을 '인간의 길'이라고 부른다(『도시계획』, 24쪽). 이유는 인간에겐 질서가 필수적인데, 그 질서라는 것은 기하학적이기 때문이라는 것이다. 그러나 이 사진도 보여 주듯이 곧게 뻗은 길은 자동차가 다니는 길이고, 저 구불구불한 길은 인간이 다니는 길 아닐까?

2. 구불구불한 길

••• 르 코르뷔지에가 구불구불한 길을 모두 당나귀 길이라고 비난한 것만은 아니다. 샌프란시스코에 있다는 이 길에 대해서는 "그 이유가 모호하지 않은 굽은 길"이라고 하면서 수긍한다(『도시계획』, 220쪽). "자동차용 계단"이라는 것이다. 그러나 사람이나 당나귀가 다니는 구불구불한 길은 이유가 없거나 모호한가? 그럴 리 없다. 결국 그에게 중요한 것은 길의 형태가 곧은가 아닌가, 기하학적인가 아닌가가 아니라, 무엇이 그 길을 다니는가 하는 것이다. 자동차가 다니는 길이라면, 구불구불해도 이유가 있는 '합리적인' 길이고 '질서'에 속한다면, 인간이나 당나귀가 걸어다니는 길은 '비합리적인' 길이고 '질서' 바깥에 있다고 보고 있는 셈이다. 그래서일 것이다. 그의 도시계획에서 도로는 오직 자동차를 위해서만 고려된다(16~17쪽 도판 12, 13번 참조). 그의 유명한 책 『새로운 건축을 향하여』가 새로운 건축의 모델을 자동차나 비행기 등에서 찾고 있음을 안다면, 자동차에 대한 그의 애착이 결코 평범하지 않음을 알 수 있다. 페티시즘적 욕망?

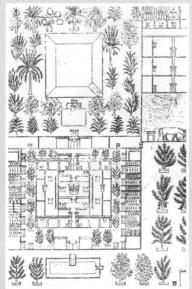

이집트의 집

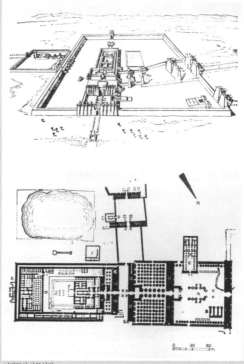

이집트의 아몬신전

3. 직선의 질서

●●● 르 코르뷔지에가 '자연에 생명을 불어넣어 주는 질서의 정신'을 발견하는 이집트의 집이나 신전은 철저하게 직선적이다. 직선과 사각형, 그리고 입면을 고려하면 육면체를 이루는 기하학적 형태, 이런 점에서 이집트는 근대 건축의 '원형'이었던 셈이다. 그러나 저 직선적인 건축물이 왕이나 고관의 것이었을 게 분명한 집이나 신전이라는 사실을 우리마저 잊어선 안 되지 않을까?

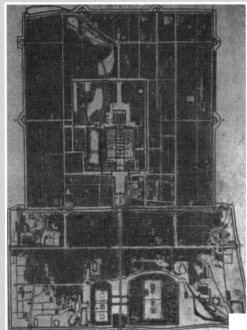

베이징의 평면

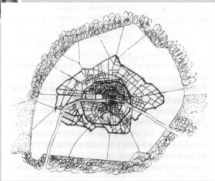

파리의 평면

4. 베이징과 파리

••• 르 코르뷔지에는 베이징에서 파리보다도 더 훌륭한 기하학적 세계를 발견한다(『도시계획』, 95쪽). 파리가 '당나귀의 길'을 강요받았다면, 베이징은 직선과 직각으로 정확하게 만들어졌기 때문이나. "직각은 합법석일 뿐 아니라 결정론의 한 부분이며 의무다"(『도시계획』, 35쪽). 이런 한에서 "직선은 인간의 강력한 힘을 나타낸다"(『도시계획』, 94쪽). 그러나 거대한 스케일로 사람을 압도하는 자금성이 권력(힘)을 표현하는 것처럼, 이 직선화된 도시형태 역시 권력의 표현이라고 해야 하지 않을까?

자금성과 그 주변 모습

자금성 밖 베이징 시내 모습

5. 직선과 구부러진 선

••• 자금성의 주변 지역은 거대한 직선으로 구획되어 있다. 성문 앞의 구부러진 선도 직선의 일부에 속한다. 르 코르뷔지에의 말에 따르면 질서를 표시하는 선이다. 그런데 그 선 바깥의 집들은 그런 직선에 따르지 않는 '무질서한' 모습으로 배치되어 있다. 잘 보면 거대한 직선 안에 있는 집들 역시 불규칙한 선을 따라 자리 잡고 있음을 알 수 있다. 베이징 시내를 찍은 사진은 르 코르뷔지에를 감동시킨 직선의 도시 안에 집들이, 삶들이 배열되어 있는 양상을 잘 보여 준다. 성과 성벽의 강력한 직선은 그렇게 사람들의 삶을 절단하고 재단하지만, 그 절단선이 닿은 부분에 대해서만 그럴 뿐이다. 거기서 조금만 멀어지면 다시 삶은 구부러진 선들로 분기하며 이탈한다. 권력보다 삶이 선행하고, 직선보다 구부러진 선들이 선행한다. 권력은 자신을 드러내는 직선으로 그 삶을 절단하지만, 절단할 수 있는 것은 그 직접적인 절단선 부근에 지나지 않는다. 르 코르뷔지에가 '질서'를 찾은 곳은 직선이었지만, 삶의 공간을 그렇게 딱딱하고 거친 직선으로 재단한다는 것은 과연 무엇을 뜻하는 것일까? 왜 그런 것을 '질서'라고 생각하는 것일까? 멀리서 보니 보기 좋아서? 삶의 질서란 정작 다른 곳에 있는 게 아닐까? 저 구부러진 선들 사이에서 형성되는 어떤 것이 아닐까?

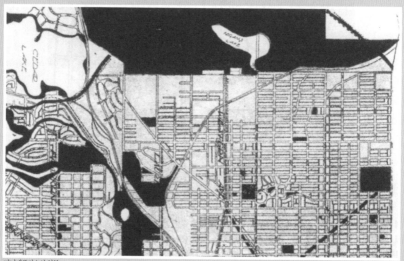

미니애폴리스의 일부

6. 직선, 혹은 기하학의 도덕

••• "이것은 도시민의 삶에서 하나의 새로운 도덕의 본보기다." 르 코르뷔지에를 "놀라게" 했던 것이 직선과 사
각형으로 촘촘하게 짜여진 도시형태라는 건 분명하다. 이를 통해 그는 자신의 시대가 "상당히 긍정적"이라고 보
았다. 그런 만큼 "곧은 길은 건강하고 고귀"하며, "직선은 도시의 정신만큼이나 건전한 것"이고, 따라서 "아메리
카 대륙의 직선도시를 찬미하면서 바라보는 용기를 가져야 한다. 만약 탐미주의자가 여전히 금욕하고 있다면 도
덕주의자는 그 반대로, 예상 외로 훨씬 오랫동안 그것에 집착할 것이다"(『도시계획』, 24쪽). 그것은 새로운 성신,
새로운 삶의 방식을 가르치는 '도덕'이었던 것이다. 이것은 또한 그가, 근대 건축가들이, 그리고 그들이 만든 직선
화된 도시가 우리에게 가르치는 도덕이다. 배우고자 하지 않아도 강제로 배우게 되는 도덕. 그것은 분명 직선을 사
랑하는 저 권력이 가르치고자 하는 도덕이다. 그런 식으로 직선의 도시는 우리에게 권력을 가르치고 있는 것이다.

위싱턴의 일부

7. 직선과 직각의 '승리'

••• 이 그림 아래 르 코르뷔지에는 이렇게 적었다. "정신적인 작업, 그 승리가 야영지를 변화시킨다. 이제 더 이상 당나귀의 길은 없다. 그 자리에는 철도만이 있다. 미학적인 문제만 남았다"(『도시계획』, 25쪽) . 그렇다. 그들은 승리했고, 도시에는 3차원의 공간 전체가 직선과 직각으로 채워졌다. 우리의 감각도, 우리의 정신도, 그리고 우리의 생활도 저 승리한 직선과 직각으로 가득 채워졌다. 그러나 우리가 그걸 정말 축하하고 찬미해야 할까? 그걸 찬미하라고 하는 것은 과연 어떤 '정신'일까?

도심지 투시도법 전경

8. 르 코르뷔지에의 꿈

●●● 직선적 기하학의 질서로 도시를 개조하고자 했던 그들의 유토피아다. 직각으로 교차하는 직선적인 대로들이 지표를 분할하고, 도심에는 높이 솟은 빌딩들이 조각처럼 자리 잡고, 그 주변에 사람들이 사는 집들이 역시 식각성의 입체로 배치되어 있다. 아름다운가? 그들에겐 그럴 것이다. 그러나 보기 좋은 도시가 정말 살기 좋을까? 살기 좋은 도시를 만드는 게 보기 좋은 도시를 만드는 것과 같은 것일까? 제인 제이콥스는 미국 대도시의 흥망을 추적하여, 결코 그렇지 않다는 것을 보여 준다(『미국 대도시의 삶과 죽음』).

르 코르뷔지에가 그린 시에나

시에나의 피아자 델 캄포

9. 구부러진 도시

••• 시에나의 그림을 그려놓고 르 코르뷔지에는 이렇게 썼다. "중세의 고통스러운 혼란." 깔끔하게 정렬된 직선적
도시와 비교하면 정말 그렇게 보인다. 그 아래의 사진도 그렇게 보인다. 그러나 대충 멀리서 보면 그럴지도 모르지
만, 가까이 다가가서 자세히 보면 굽은 골목길들의 어울림은 대단히 아름답다. 완만하게 구부러지며 만들어진 비
대칭적 사각형의 열린 공간과 유연하게 흐르며 전체 집들의 리듬을 주도하는 큰길이 집들에 가려진 작은 길들과
대조되며 아름다운 조화를 이룬다. 실제로 걸으면서 보게 되는 시에나의 골목길은 아주 아름답다. 반면 멀리서 보
면 멋있어 보이는 대도시도 실제로 길을 걸으며 보면 밋밋하고 단조롭다. 정작 차이는 멀리서 대충 보는 시선과 가
까이서 자세히 보는 시선 사이에 있는 게 아닐까? 혹은 실제 살고 걷는 사람과 투시도로만 보고 그리는 사람의 차
이에.

13

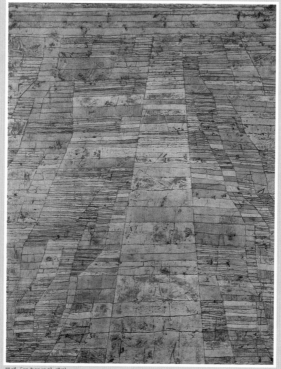

클레, 「고속도로와 샛길」

10. 곧은 길과 구부러진 길

••• 클레는 구불구불한 길과 곧은 길을 르 코르뷔지에와는 다른 방식으로 병치시켰다. 고속도로 내지 자동차도로와 사람들이 밟아서 만든 샛길. 좀더 밀고 가 보자. 굽은 길들만으로는 그림이 될 것 같지만, 자를 대로 그린 곧은 길만으론 그림이 되기 어렵지 않을까? 그렇다면 정말 직선만이 아름답다고 말할 수 있을까? 차라리 반대가 더 낫지 않을까? 다행인 것은 이 그림이 보여 주듯이 곧은 길만 있는 도시는 없으며, 어디나 곧은 길을 가로지르는 굽은 길들이 있다는 점이다. 물론 어떤 굽은 길, 샛길도 고속도로나 자동차도로에 의해 절단된다는 것 또한 사실이지만.

14

브뤼겔, 「어린이의 놀이」

도레, 「더블린 가」

사람들로 붐비는 영국의 미들즈브러 거리

11. 거리, 가난한 자들의 놀이터

••• 거리는 원래 가난한 자들의 놀이터였음을 확인하기 위해 굳이 브뤼겔의 유명한 그림까지 거슬러 갈 필요는 없다. 우리 역시 20여 년 전만 해도 길거리에서 축구를 하고 이런저런 놀이를 하며 놀았다. 그러나 19세기 위생개혁가나 '박애주의자'들은 애들이 거리에서 노는 것을 매우 위험하게 여겼다. 범죄를 배우고 행하는 장소라는 것이다. 또 하나, 도레의 그림에서처럼 마차나 자동차에 탄 사람(아마도 부르주아거나 권력자, 부자였을 것이다!) 입장에서 보면, 거리에서 노는 사람들은 자신의 갈 길을 막는 장애물이었을 것이다. 가난한 자들의 삶이 그들의 갈 길을 막는 장애물인 것처럼. 그래서 그들은 길거리에서 사람들을, 그들의 놀이와 삶을 '청소'(!)해 버리곤 자동차의 통과공간으로 만들어 버렸다. 거리에서 놀거나 축구를 하거나 하는 것은 법이나 조례로 금지된다. 우리의 경우 '경범죄'에 대한 처벌법은 그러한 계보학적 연원을 갖는다.

12. 인간 없는 도로, 인간 없는 휴머니즘

••• 르 코르뷔지에의 도시계획안 가운데 일부다. "자동차 전용도로에서 바라본 도심지"의 모습이다. 여기서 그는 "빛과 공기를 듬뿍 받는 고층 건축물의 앙상블을 본다"("도시계획」, 253쪽). 그가 도시의 '앙상블'을 어디서 보고 있는지 보여 주는 것 같다. 그래서인지 그의 시선 안에 자동차들은 보이지만 사람들은 보이지 않는다. 많이 지적된 것이지만, 그의 도시계획안을 다룬 수많은 그림이나 투시도 어디를 보아도 사람은 보이지 않는다. 즉 그기 계획한 도로에는 사람들의 삶이 고려되지 않는다. 그는 명시적으로 인간을 건축의 척도의 자리에 두려고 한다('모뒬로르'). 그러나 그가 만든 거리에는 거기서 사는 구체적인 사람들이 없듯이, 그가 말하는 휴머니즘에는 삶을 사는 구체적인 인간이 없는 게 아닐까? 아니, 휴머니즘이 원래 그런 건지도 모른다.

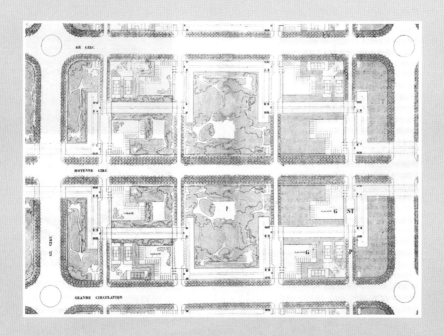

13. 르 코르뷔지에의 도시계획에서 주거단지 블록

●●●● 『도시계획』의 한 장을 시작하는 부분에 그는 이렇게 적어 놓았다. "도시의 성공은 속도에 달려 있다"(『도시계획』, 187쪽). 그의 도시계획에서 도로란 자동차의 속도를 최대한 빠르게 하는 것을 원칙으로 한다. 그것이 도시 전체의 형태를 직조한다. 이를 위해 그는 도로의 '절단'을 극소화하려 했고 그 결과 400m와 600m를 한 변으로 하는 블록으로 도시를 분할하고자 했다! 주도로의 폭은 50m다! 중간에 200m마다 중간도로를 만들어 두었지만, 그역시 "교통의 흐름이 이루어지는 도로"로서였다(『도시계획』, 240쪽). 그 도로를 걸어 이동하는 사람, 그 도로를 건너야 하는 사람은 전혀 고려되지 않는다. 문제는 "자동차의 속도"를 극대화하는 것일 뿐이다. 이런 점에서 그는 역사가 아리에스가 "무시무시한"이란 형용사를 붙여 지칭했던 19세기의 '박애주의자' 내지 '위생개혁가'들을 계보학적 기원으로 한다. "건축이냐 혁명이냐, 혁명은 피할 수 있는 것이다"라는 『새로운 건축을 향하여』의 마지막 구절도 정확하게 이를 보여 준다. 근대 도시계획이나 근대 건축의 '도덕주의'를 푸리에 같은 19세기의 코뮌주의에 연결하는 통상적인 족보는 전혀 잘못된 것이다. 그것은 코뮌주의와 '박애주의'라는, 정반대되는 계급적 전략을 구별하지 않고 하나라고 보는 어이없는 오류에 기인한다. 그것은 혁명을 위한 건축과 혁명을 피하기 위한 건축이 하나라고 보는 무지의 산물이다. 물론 근대 건축가들이 종종 사회주의적 성향을 표시한 적이 있다고 해도 말이다.

14. 격자형 도로와 블록화된 주거단지의 기원?

••• 방사형의 도로가 바로크적 연원을 갖는다는 것은 분명하다. 모든 길이 모이는 하나의 중심, 그것은 모든 권력이 퍼져 가는 왕의 자리였다. 그러나 도시를 블록들로 분할하는 격자형 도로들의 역사적 연원은 그다지 명확하지 않은 듯하다. 모든 중심이 사라지고, 표준화된 격자망으로 대체된 도시. 물론 로마나 베이징 같은 제국적 도시의 경우가 있긴 하지만, 지금 지배적인 게 된 격자형 도로는 그보다는 산업 자본주의 이후 새로이 출현한 것이라고 보아야 할 것 같다. 공장이나 집들을 토지를 가장 '효율적인' 방식으로 이용하면서 만들어낸 저 주거단지가 블록화된 단지와 격자형 도로의 기원은 아니었을까? 여기서 특권적 중심 없이 공리적 보편성의 형식으로 땅을 나누어 파는 자본주의적 공평성을 떠올리는 건 불가능할까?

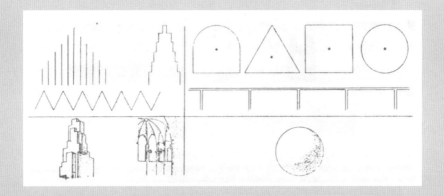

15. 야만주의와 고전주의

••• 야만과 문명, 열등한 것과 우등한 것을 나누는 무서운 '계몽주의적' 분할은 단지 비서구와 서구에 대해서만 적용된 것은 아니었다. 서구의 '고전적 전통'과 대립되는 것, 가령 고딕은 19세기 중반에 이르기까지 오랫동안 말 그대로 '끔찍한 것'으로서, 야만으로 남아 있었다. 르 코르뷔지에는 이를 20세기에까지 견고하게 견지하고 있는 것 같다. 고딕이나 '비고전적' 요소와 기하학적 형태를 대비시킨 이 두 도식에 대해 그는 이렇게 써 놓았다. "야만주의와 고전주의 상태를 결정하는 데는 이 그림만으로도 충분하다. 알다시피 이 두 상태에서 인간은 위대함에 도달할 수 있고, 그 작품들을 통해 감동할 수도 있다. 그런데도 한쪽은 다른 한쪽보다 훨씬 고결하고, 한쪽은 다른 한쪽에서 시도한 것을 결론짓는다. 한쪽은 우리에게 완벽의 표상이고 다른 한쪽은 단지 시도의 표상이다. 한쪽은 우리를 기쁘게 하고 다른 한쪽은 우리를 거역한다"(《도시계획》, 49쪽). 이런 점에서 근대 건축은 확실히 근대적이고, 근대 건축의 '도덕주의'는 분명 '계몽주의적'이다.

16. 기하학적 세계의 '미시정치학' 1 : 베르사유 궁전 정원

••• 자연에 질서를 부여한다는 것, 그것은 자연이 인간이 파악/장악한 질서 속에 있음을 확인하는 것이었다. 그래서 서구인들은 도시나 건축만이 아니라 자연에까지도 기하학을 덮어씌우고자 했다. 기하학적 직선과 도형들로 구획된 베르사유의 정원은 이를 잘 보여 준다. 그들은 심지어 나무들도 '오려서' 정확한 기하학적 형태로 만들고자 했다. 기하학이란 르 코르뷔지에 말대로 질서를 뜻하는 것이었으니 때문이나. 정원에 부여된 그 질서는 왕의 방에서 내려다보는 왕의 시선을 위한 것이었다. 정원이나 조경에 잔디를 사용하는 것은 이처럼 멀리서 보는 이 시선을, 오직 이 시선만을 위한 것이었다("들어가지 마시오!"). 그 시선은 자연을 영유하고 소유한 자의 뜻대로 질서 지어진 세계임을 표시한다.

20

17. 기하학적 세계의 '미시정치학' 2 : 뉘른베르크 나치 집회

••• 알겠지만, 뉘른베르크에서의 나치 집회 장면이다. 아래의 베르사유 정원과 비교해 보라! 두 사진의 유사성을 보지 못했다면, 자신의 기하학적 감각이 무디다는 것을 알아두는 게 좋다. 차이가 있다면, 자연을 기하학적으로 줄 세워 놓았는가 아니면 사람들을 줄 세워 놓았는가 하는 것뿐이다. 왕에게 정원이 그랬듯이, 저기 군인들, 아니 인민들은 총통의 시선을 위해 정확하게 기하학적으로(직선, 직각이 선호된다는 것은 잘 아는 바와 같다) 질서 지어진 대상이다. 총통의 뜻에 '장악된' 대상, 따라서 '총통의 뜻에 따라 움직일 준비가 된' 대상이다.

21

주은, 「붉은광장에서의 메이데이 집회」

18. 기하학적 세계의 '미시정치학' 3 : 소련의 군대 사열과 메이데이 집회

••• 군대를 기하학적으로 줄 세워 통수권자의 시선 앞에 사열하는 것이 나치만의 일일까? 군대가 있는 곳이면 어디나 하는 일 아닌가? 심지어 군인인 적이 없었던 나도 저런 사열을 위해 고등학교 시절 줄 서고 행진하는 훈련을 했던 기억이 생생하다. 그런데 혁명을 통해 이전 사회와 단절했다는 사회주의 소련에서도, 다른 사회주의 국가에서도, 이런 장면은 매년 몇 차례 보는 장면이다. 반면 대중들의 집회는, 사회주의 소련의 그림에서처럼 억지로라도 질서를 부여하고자 하는 경우에조차 기하학적 직선과 직각을 이탈하는 흐름들로 넘쳐나게 마련이다. 대중의 흐름이란 어떻게 해도 권력이 부여한, 혹은 권력을 위해 배열된 질서 안에 가두어 둘 수 없기 때문일 것이다. 직선의 기하학, 권력의 기하학보다는 탈주선을 그리는 대중의 흐름이 오히려 우리의 희망이라고 해야 하지 않을까?

19. 시선의 권력

••• 로마의 성 베드로 성당이다. 성당 앞엔 열주랑이 있고, 그 열주랑 저편으론 조그만 길이 건물 양편으로 있지만, 사실은 하나의 길을 큼직한 건물이 채우듯이 막고 있는 모습으로 보인다. 그 건물이 없으면 시선이 시원하게 뻗어 나갈 텐데 싶은 생각이 든다. 그래서일 것이다. 아래 사진을 보면 그 건물은 뽀개지고 없어졌다. 대신 넓은 길이 시원하게 뻗어 있다. 콘스탄티네 가이다. 이 두 장의 사진처럼 시선이 권력을 작동시키고 있음을 확실하게 보여 주는 사례는 찾기 어려울 듯하다. 시선은 자신을 가로막는 것을 뚫거나 부수고 뻗어 나가는 것이다. 정원이나 도시를 만들면서 직선적인 형태를 선호하게 되는 것은 직선으로 뻗어 나가려는 이 시선의 권력 때문이 아닐까? 건물이나 도시형태를 미리 보여 주는 투시도는 이 시선의 권력이 나아가려는 진행경로를 미리 보여 주는 것일 게다. 오스망이 파리개조사업을 벌이면서 이전의 건물들을 전부 부숴 버리고 직선화된 도로를 낸 것도, 그리고 그 도로를 따라 깔끔한 스카이라인 아래 통일적 파사드를 갖는 건물들로 재건축했던 것도 이런 이유에서였을 것이다. 그게 어디 파리만의 일이었을까? 도시를 하나의 시각적 대상으로 만들려는 발상, 쉽게 말해 보기 좋게 만들려는 르 코르뷔지에의 욕망이 이와 다른 것일까?

로지에의 책 「건축 에세이」에 실린 삽화

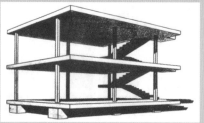

르 코르뷔지에, 「돔-이노(Dom-ino) 주택」

20. 건축의 원형

••• 18세기 프랑스의 로지에 신부는 이 '원시적인 오두막집'이 건축의 요체를 담고 있다고 주장한다. 지붕과 그 것을 받치는 기둥들. 그게 다다. 이 얼마나 간단명료한가! 물론 이에 동의하지 않는 사람도 있어서, 벽 없는 집이 어떻게 가능하겠느냐는 반문도 있었지만, 역사는 로지에 신부의 손을 들어준 것 같다. 그러나 정말 저것을 '집'이라고 할 수 있을까? 프랑스 인들은 저런 집에서 살 수 있을까? 원시인들의 미개함이나 소박함을 표상하며 "그래, 원시적인 집이니까" 하며 넘어갔던 건 아닐까? 저것은 사실 사람이 주거하던 원시적 집이 아니라, 로지에나 그의 동시대인들, 아니 서양 건축가들이 대체로 공유하던 통념을 그린 게 아닐까? 그것은 잘 알다시피 기둥과 지붕으로 만들어진 그리스 신전을 모델로 하는 것일 게다. 신전이라면 그래도 되지만, 집이 정말 저럴 수 있을까? 사실은 자신들이 모델로 삼는 건축형태를 '집'이라는 일반적 건축물로 확대하여 보편성을 부여하기 위해 일종의 허구적 '고전'을 만들어낸 게 아니었을까? 어쨌건 이런 발상은 서양 건축의 '고전'이 되었다. 근대 건축 역시 이런 고전을 공유한다. 르 코르뷔지에의 돔-이노 역시 이를 변형된 형태로 반복해서 보여 준다. 근대 건축이 벽을 제거하여 유리로 대체했을 때, 이러한 요체를 구현하는 것으로 받아들여진 것 역시 이런 이유에서였다. 그래서 그들은 유리벽 같은 '커튼월'을 좋아한다. 그러나 정말 그게 지붕과 기둥으로만 짜여진 건축물일까? 그 고전적 통념을 위해 벽이 없는 것처럼 일종의 '눈속임'(trompe-l'oeil)을 하고 있는 건 아닐까?

21. '원시적 집'의 모습들

••• 1964년 뉴욕현대미술관에서 개최되었고, 나중에 책으로 출판된 루도프스키의 '건축가 없는 건축' 전시회는 굳이 '원시적인 집'들이라고는 할 수 없을지 몰라도, 건축가들의 통념이 끼어들지 않은 집의 모습을 아주 흥미롭고 다양한 양상으로 보여 준다. 이는 자신이 본 적이 없는 원시적인 집을 자신의 통념으로 그려냈던 로지에의 오두막과 아주 대조적이다.

1 에게 해 산토린 섬 아파노메리아의 집들_ 일단 시각적으로 매우 '원시적인' 형태의 집들이다. 벽과 지붕이 그저 접히며 하나로 이어지면서 하나의 연속체를 만드는 느낌을 준다. 과묵해 보이는 벽에 나 있는 창문이 입과 눈처럼 표정을 만들고 있다. 기둥은? 글쎄, 벽들 속에 숨어 있는 것일까? 아니면 벽이 넓게 확대된 기둥이라고 해야 할까? 그보다는 차라리 "저건 원시적 집이 아니야"라고 말하는 게 더 나을 것 같다.

2 테라의 수도 피라의 집들_ 이것은 서구인들이 걸핏하면 돌아가는 그리스의 집이다. 그리스의 작은 군도인 테라
의 수도 피라는 산의 꼭대기에 있는 마을로, 아래 사진이 피라의 집들이다. 아래의 집들이나 위의 집들이나 아파노
메리아의 집들처럼 지붕까지 이어진 벽들의 연속체로 보인다. 가끔씩 창문이나 굴뚝의 구멍이 있는. 여기서도 지
붕을 최소한의 힘으로 받치고 있는 로지에의 기둥들은 보이지 않는다.

3 중국의 랴오닝성 지하마을_ 그리스의 집들보다 훨씬 더 '원시적'으로 보이는 집들이다. 중국의 랴오닝성 인근 마을에선 이처럼 땅을 파고 내려가 토굴을 만든다. 굴에 들어가 사는 이른바 '혈거인'이 원시인의 이미지에 부합한다면, 이는 그리스의 고대보다 더 오래된 원시적 모습에 근접한다고 해야 할 것 같다. 지표면이 지붕이 되고, 파들어간 공간이 집이 되는 이 주거형태에서 로지에의 원형적 건축형태를 찾아보긴 어렵다. 사실 토굴에 기둥이 어찌 있을 것이며, 어떻게 있을 수 있을 것인가를 생각해 보면, 차라리 당연한 무엇을 그들의 고전건축은 지우고 있는 게 아닐까?

4 도곤 족의 집들_ 서구인들이 '원시적'이고 '미개한' 모습을 가장 쉽게 찾던 곳이 아프리카였다면, 아프리카의 집들에서 다시 '원시적 집'을 짐작해 볼 수도 있을 것이다. 그곳은 서구인들의 말처럼 오랫동안 변화나 '진보'가 없던 곳이니 말이다. 수단의 도곤 족들이 사는 이 집들에서도 로지에나 서구 건축가들이 '영원한 고전'으로 삼았던 요소들은 발견하기 힘들다. 심지어 창문조차 없는 닫힌 벽들이 있고, 많은 경우 뾰족한 초가지붕을 얹은 집들이 있을 뿐이다.

5 키르디 지방의 오두막 _ 앗, 드디어 로지에의 오두막을 닮은 집을 발견했다. 지붕 밑에 간단히 받친 기둥들. 그러나 이는 따뜻한 지방, 바람 불지 않는 지방에서, 마치 우산이나 양산처럼 사용되는 집이다. 이는 건축이나 집의 기본요소라기보다는 기후나 삶의 방식이 제공하는 특별한 조건 속에서만 가능한 예외적 형태의 집이라고 해야 할 것이다.

6 기니와 베트남의 이동하는 집 _ 기둥을 대신해 사람이 지붕을 받치고 있는 기니인들의 모습은 로지에의 오두막의 또 다른 변형처럼 보인다. 그러나 그런 식으로 말하려면 기둥이란 이동하고 움직일 수 있는 것이어야 한다는 말을 추가해야 할 듯하다. 지붕 밑에 수많은 사람들이 바쁘게 움직이며 이동하는 베트남의 모습은 이를 좀더 극명하게 보여 준다. 물론 집이 이동한 뒤에는 기둥이 필요할 것이다. 그것은 기둥이란 이동이나 유동에 반하는 요소, 장소적으로 고정하는 요소임을 보여 주는 것 같다. 지붕을 받치고 버티는 요소로서의 기둥에 요구되는 수직성 역시 이와 무관하지 않을 것 같다. 덧붙이면, 로지에가 잊은 것은 지붕과 그것을 받치는 기둥이 확고한 토대에 기초해야 한다는 점이다. 그런데 이 세 요소는 건축의 기본 요소라기보다는 확고하고 안정적인 것, 불변적인 것을 추구하는 형이상학적 사고방식의 기본 요소라고 해야 한다. 로지에나 서양건축가들의 사고틀을 형성하는 이 요소들이 건축에 관한 그들의 통념을 만들고, 그것이 원시적 오두막을 만든 것이다. 그리고 이렇게 만들어진 건축의 관념은 다시 형이상학적 사고를 쉽게 표상하고 쉽게 사용하게 해준다. 철학이 건축의 은유를 자주 이용하는 것은 이 때문이다.

7 아풀리아의 '트룰리'라 불리는 농가_ B.C. 2세기 이래 변함없이 유지되어 왔다는 이 집들은 돌을 둥글게 쌓아 올려 원추형으로 만들어졌고, 꼭대기에 쐐기돌을 박았다. 이처럼 원뿔형으로 경사진 둥근벽을 가진 집은 토굴형의 지하주택과 다른 방식으로 기둥의 불가능성을 보여 준다. 수직으로 서서 떠받치는 것이 불필요할 뿐 아니라 불가능하기 때문이다. 뿐만 아니라 여기서는 지붕과 벽의 경계도 사라진다. 그렇다면 '집'을 출발점으로 삼는 건축의 기본 요소는 지붕도 기둥도 아니라고 해야 하지 않을까? 제대로 추상하려 한다면, 오히려 열림과 닫힘, 연결과 단절, 연속과 불연속의 요소로서 '벽'과 '문' 이야말로 올바르게 추상된 건축의 기본 요소라고 해야 하지 않을까? 지붕은 하늘을 향해 만든 벽이고, 창문은 시선을 위해 만들어진 문이라고 해야 하지 않을까? 근대 건축가들이 좋아하는 커튼월이란 그 창문을 최대한 확장하고 벽을 최소화한 것이라고 해야 하지 않을까?

가르니에, 오페라하우스

22. 역사주의 건축, 혹은 건축에서 장식

···건축의 '고전적' 요소를 찾고자 했던 사람들은 아마도 핵심을 이루는 최소 요소를 찾아 고전적인 방식으로 사용하고자 했겠지만, 그것은 어느새 고전적 요소를 주어진 목적에 따라 관습적으로 갖다 쓰는 방법이 되었다. '역사주의 건축'이라고도 불리는 19세기 건축이 대개 그러했지만, 그 가운데서도 프랑스의 에콜 데 보자르(예술학교)의 건축은 이러한 방법을 가장 화려한 장식적 건축으로 발전시켰다. 가르니에의 파리 오페라하우스는 이를 아주 잘 보여 준다. 그런데 근대 건축가들에게 이러한 장식적 건축은 부르주아의 허영을 과시하는 것처럼 보였다. "장식은 죄악이다"라는 아돌프 로스의 말은, 종교적 금욕주의의 관점에서 나온 것이란 점을 고려한다고 해도, 이런 맥락에서가 아니라면 이해하기 어려울 것이다.

로스, 뮐러 하우스

뮐러 하우스의 아이들 방

뮐러 하우스의 주응접실

23. "장식은 죄악이다"

••• 건축가 아돌프 로스를 정작 유명하게 만든 것은 그의 건축물보다는 그의 한마디 말이었다. "장식은 죄악이다." 이런 생각에서 그는 장식 없는 건축을 만들고자 했다. 그러나 건축이 예술인 한 '장식' 자체를 피한다는 것이 과연 가능할는지는 의문이다. 여기서 그들이 채택한 원리는 "형태는 기능을 따른다"는 설리번의 명제였다. 장식 없는 건축, 그것은 "기능을 따라 형태를 구성하는" 한에서만 장식이 허용되는 건축이었다. 프라하에 있는 뮐러 하우스는 이런 생각을 잘 보여 주는 듯하다. 건축물의 외관에는 화려한 파사드도 없고, 기하학적 입체 사이에 창문들만 있을 뿐이다. 고전 건축에서 창문을 장식하던 이디큘도 사라졌고, 벽이나 지붕 등을 치장하던 코니스나 몰딩 등도 보이지 않는다. 그럼에도 이 집이 아름다운 것은 기하학적 형태들의 배열양상과, 창틀에 칠한 색깔 등 때문이다. 실내 또한 그렇다. 아이들의 방은 그 성격('기능')에 맞추어 노랑, 빨강, 파랑 등의 색깔을 사용했지만, 기능상 사용되거나 분할되는 '도형'들을 따라 칠해져서, 별도의 장식이 없지만 훌륭한 장식이 된다. 주응접실은 뜻밖에도 그의 금욕주의를 저버리듯 매우 화려한데 그 화려함 역시 건축에서 사용하던 고전적 장식 없이 단지 대리석의 문양과 질감만을 이용했다. 이런 점에서 근대 건축은 장식 없는 건축이라기보다는 새로운 양식의 장식인지도 모른다.

로스, 시카고 트리뷴 사옥 현상설계안

24. 로스의 '고전주의'

••• 그런데 고전적 기둥이나 고전적 장식이 사라진 근대 건축의 형태를 기대하는 사람에게 로스의 시카고 트리뷴 사옥은 매우 의외의 작품이다. 육면체 '기단' 위에 도리스 식 기둥 하나를, 그것도 떠받칠(기능!) 지붕도 없이 홀로 서 있는 기둥 하나를 올려놓았다. 하지만 로스의 '고전주의적' 태도를 보여 준다고 하면 쉽게 넘어갈 수 있을지 모른다. 하지만 이는 '고전주의'라는 말이 얼마나 많은 것을 쉽게 받아들이게 하고, 얼마나 많은 것을 쉽게 넘어가게 하는 것인지 하는 생각을 하게 한다. 떠받칠 어떤 지붕도 없이, 그것도 홀로 멀뚱 서 있는 기둥의 '형태'가 어떤 기능을 따른 것이라고 생각하기는 힘들다. 비록 그것이 기둥이 아니라 건물의 몸체를 이루는 것이라고는 해도, 이것이야말로 건물 전체를 아무런 기능적 이유 없이 고전적 기둥의 형태로 장식한 것이라고 해야 하지 않을까? 그렇다면 "죄악"이란 단어까지 써 가며 장식을 비난했던 자신의 입장에 대한 배신이라고 보지 않을 수 있을까?

미스 반 데어 로에, 베를린 신 국립박물관

25. 철골과 철판으로 만든 신전

••• 근대 건축의 대가인 미스의 유명한 작품이다. 어떤 이들은 박물관을 단순한 육면체 박스로 만들었다고 비난하지만, 직선과 직각, 육면체로 이토록 멋진 건물을 만든 것을 보면 확실히 미스는 대가임이 분명하다. "적은 것이 많은 것이다"(Less is more)라는 단순성의 미학이 아주 탁월하게 실현된 작품이다. 그런데 유심히 보면 그리스 신전의 엔타블러처를 연상하게 하는, 기둥 밖으로 상당히 멀리 밀려나온 육중한 지붕과 그것을 받치는 기둥들, 그리고 그 전체를 기초짓는 기단으로 이루어져 있음을 알 수 있다. 다만 기둥이나 주두, 엔타블러처를 장식하던 요소들은 철근 같은 재료들의 노출로 대체되어 있다. 이런 점에서 로스뿐만 아니라 미스 역시 서구 건축가들의 '고향'과도 같은 고전 건축에 기대고 있다고 해야 할 것이다. 그런데 만약 박물관의 벽들을 벽돌이나 콘크리트 등으로 채워 넣었다면 이런 고전적 형상을 알아보기 어려웠을 것이다. 벽을 유리로 대체한 것은 이러한 '구조'를, 구조적 요소의 '기능'을 드러내기 위한 것이었을 것이다. 근대 건축가들이 유리벽을 좋아했던 것은 이런 이유에서였을 것이다. 그리고 그것은 또한 로지에가 벽을 제거하고 기둥만으로 버티는 오두막을 '건축의 원형'이라고 주장했던 이유이기도 할 것이다.

미스 반 데어 로에, 시그램 빌딩

시그램 빌딩 아래 부분

아이젠만, 웩스너 시각예술센터 내부

26. 기능 없는 기둥, 혹은 기능에 반하는 기둥

•••• 미스의 유명한 작품 시그램 빌딩이다. 철골과 유리로 된 커튼월로 만들어진 육면체만으로 힘차게 상승하는 힘을 표현하고 있다. 그 힘과 상승감을 만드는 것은 무엇보다 창문열 사이마다 직선으로 뻗어 올라가는 철골구조물이다. 높은 건축물의 몸체 전체를 떠받치고 확고하게 유지하는 기능을 하는 일종의 '기둥'일 것이다. 그러나 당혹스럽게도 이 기둥들은 대지에 발딛고 있지 않다! 공중에 뜬 채 건물을 떠받치고 있는 것이다. 즉 그것은 건물을 떠받치는 기능과는 아무런 상관없이 덧붙여진 '기둥'이고, 그런 점에서 기둥이길 그친 기둥이다. 나중에 해체주의자 아이젠만은 기둥의 하단을 잘라 대지 위에 띄워 놓음으로써 기둥의 기능이란 '고전적' 관념을 해체하려 한 바 있는데, 미스는 훨씬 더 자연스런 방식으로 이를 시연해 보여 준 셈이다. 혹은 포스트모더니스트들이 비난하던 것과 달리 미스는 기능 없는 기둥을 통해 모더니즘 건축이 장식이 없는 건축이 아니라 다른 종류의 장식적 건축임을 보여 주려고 했던 것일까?

미스 반 데어 로에, 판스워스 주택

27. 근대 건축의 역설

••• 미스의 판스워스 주택이다. 수목이 우거진 한가운데 벽을 전부 유리로 대체한 집. 작은 계단을 받아 다음 계단으로 넘기는 넓은 발판과 그것을 다시 받는 '현관'이 완전히 개방된 공간에서 반쯤 열린 공간으로 이어지며 유리 상자로 된 닫힌 방으로 연결된다. 상이한 세 개의 사각형이 상이한 입체감을 갖고 대비되며 이어진다. 집 전체를 대지로부터 살짝 띄워 올린 필로티가 집의 무게를 덜며 산뜻한 느낌을 준다. 이는 미스가 아무데나 육면체 박스를 설치하는 무뚝뚝하고 단조로운 사람이 아니라 아주 작은 변형을 더하는 것만으로도 탁월한 미감을 만들어내는 섬세한 사람임을 보여 준다. 물론 언제나 성공했던 것은 아니라고 해도 말이다(가령 일리노이 공대의 크라운 홀은, 특히 지붕 위로 살짝 솟은 두 개의 수직 보는 아무리 보아도 호감이 가지 않는다). 그런데 판스워스 주택을 의뢰했던 소유자는 미스가 만든 저 아름다운 집이 여름엔 너무 덥고 겨울엔 너무 추워 "안에 들어가 살기에" 부적절하다며 미스에 대해 손해배상청구소송을 걸었다. 오마이 갓! "형태는 기능을 따른다"는 신념을 갖고 건축을 하는 이 대가의 작품에 대해 이 무슨 모욕적인 처사인가! 아무리 그게 자기 집이라도 그렇지…. 아무리 그가 거기 직접 살면서 느끼고 체험한 것이라고 해도 그렇지…. 그러나 자신이 의뢰한 건축가에 대해, 그것도 근대 건축 최고의 대가에 대해 소송을 건다는 건 결코 쉬운 일은 아니었을 것이다. 즉 오죽하면 그랬을까 싶다. 그렇다면 미스는 기능에 반하는 주택을 지은 셈이다. 기능주의자가 지은, 기능에 반하는 주택! 이처럼 기능주의의 역설을 잘 보여 주는 것도 없을 것이다. 기능주의자의 건축물이 훌륭한 기능을 가질 것이란 기대가 허구적인 것이란 점을 극적으로 보여 주는 사건이었던 셈이다.

존슨, 유리집

28. 기능주의의 역설

••• 모더니즘 건축을 미국에 수입하여 전파했던 '전도사'였고, 미스의 제자를 자처하며 미국 건축계의 중심을 장악했던 필립 존슨은 판스워스 주택을 본떠 유리집을 만들었지만, 미스의 미감에는 많이 못 미치는 것 같다. 단순성과 단조로움은 결코 같은 것이 아니다. 하지만 미스와 달리 존슨이 소송에 휘말리는 일은 없을 것이다. 자기 집이니까. 단지 춥고 더운 것을 참으며 살면 된다. 그것은 아마도 벽의 기능을 무시했기 때문이었을 것이다. 열의 출입을 차단하는 벽의 기능을 무시하고 유리로 벽을 대신한 것은, 역시 지붕과 기둥의 구조적 기능을 잘 드러내기 위해서였을 것이다. 이 경우 '기능'이란, '집의 기능'이란 대체 무엇을 뜻하는 것일까? 아니, 우리가, 혹은 거기 사는 사람이 오해한 것인지도 모른다. 그들이 만든 것은 근대 건축 내지 서구 건축의 요체를 드러내는 '신전'이었던 것이다. 이를 겨우 집 따위로 착각하다니! 사실 그게 아니라면 저 유리상자가 주거공간인지 전시공간인지도 명확히 알기 어렵다. 시선을 차단하는 벽의 기능이 유리로 무화되었기 때문에, 그것을 커튼으로 대신하지만, 그 경우, 특히 커튼이 어설프게 쳐지기라도 하면 더욱더 유리상자의 아름다움은 금세 사라지고 만다. 이런 문제는 시그램 빌딩처럼 커튼월을 사용한 건물이면 어디나 발생하게 마련이다. 그래서 시그램 빌딩에서는 입주자들에게 정해진 시간에 정해진 길이 말고는 커튼을 사용하지 않겠다는 약속을 받고자 했고, '부당하게' 쳐진 커튼이 있으면 건물의 관리인이 돌아다니며 걷을 것을 종용한다고 한다. 이 역시 기능주의적 건축물이 구조의 기능은 잘 표현해 줄지 몰라도 그 안에 사는 데 필요한 기능과는 거리가 멀다는 것을 보여 준다. 그렇다면 그들이 말하는 '기능'이란 건축물의 구조적 기능이고, 그 기능에 따라 만들어진 형태란 실제로 건축물이 작동하고 기능하는 것을 위한 게 아니라 그 구조적 기능을 보여 주기 위한 장식이었다고 해야 하지 않을까?

가우디, 바트요 저택

29. 장식적 건물의 기능성

••• 가우디의 건축이 매우 장식적이라는 것은 따로 말할 필요가 없다. 그는 세부적인 것까지 마치 하나의 조각품을 만들듯이 세심하게 장식했다. 자칫하면 유치해지기 쉬운 장식적 요소를 사용하지만, 그의 작품은 한결같이 환상적일 정도로 아름답다. 그러나 페브스너 같은 '합리주의' 건축사가는 20세기 건축을 다룬 책에 가우디의 이름을 언급조차 하지 않았다. 장식은 죄악이기에 배제하는 데 별다른 거리낌도 없었을 것이다. 그러나 한 연구자의 세심한 연구에 따르면, 가우디의 이 장식적인 건축물이 미스의 크라운 홀 같은 기능주의 건축물에 비해 훨씬 더 기능적으로 탁월하다고 한다. 이는 판스워스 주택을 생각해 보면 쉽게 이해할 수 있는데, 기능주의자들은 기하학적 논리에 따라 '합리적'으로 생각해서 건축하지만, 가우디는 자신이 직접 공간을 사용한 경험을 통해서 건축하기 때문이라고 한다. 기능주의자들은 눈과 머리로 건축했지만, 가우디는 몸과 손으로 건축했다는 것 역시 건축사에서 하나의 거대한 역설이라고 하겠다.

야마자키, 프루이트 이고 주택단지

30. 근대 건축의 종언?

●●● 『포스트모던 건축의 언어』로 포스트모더니즘 건축의 최고 이론가가 되었던 찰스 젱크스는 그 책의 첫머리에서 이 프루이트 이고 주택단지의 폭파를 언급하며 '근대 건축의 종언'을 선언한 사건이었다고 말한다. 야마자키 미노루가 설계하여 1954년 완공된 이 주택단지는 33개동의 11층짜리 아파트로 만들어졌는데, 근대 건축가협회의 전적인 지지와 찬사 아래 만들어졌고, 만들어진 후에도 여러 상을 받았다. 그러나 '기능주의 원칙'에 따라 지어진 이 주택단지는 실제로는 사는 데 아주 불편한 요소들이 많아서 살던 사람들 자신에 의해 반복해서 버려졌고, 결국 1972년 폭파라는 극적 종말을 맞았다. 그런데 이 사건을 언급하면서 젱크스는 이것이 사는 사람들이 정을 붙이고 자기 것이라는 애착을 느끼게 해줄 장식적 요소의 부재 때문이라고 말한다. 정말일까? 이런 주택단지도 리모델링해서 새로 장식해서 상징적 의미를 부여할 수 있다면, 사람들이 살기 좋은 주택단지가 될까? 장식 없는 기능을 비판하면서 장식이 기능을 대신해 줄 거라고 믿어도 좋을까? 건축물을 사람들의 삶의 장이 아니라 시선의 대상으로 보는 태도야말로, 르 코르뷔지에의 유명한 정의("건축은 빛 속에 자태를 드러낸 매스들의 교묘하고 정확하며 장엄한 유희다."-『새로운 건축을 향하여』) 이래 계속된 근대 건축의 결함을 공유하고 있는 것이라고 해야 하지 않을까?

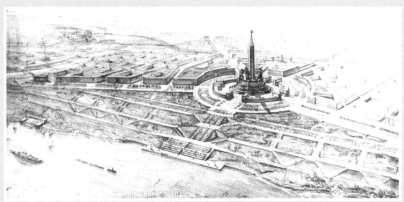

아르킨, 「스탈린그라드 광장 계획안」

31. 네오바로크 도시?

••• 러시아 혁명은 자본주의를 대신하는 새로운 종류의 사회를 만들어냈다. 혁명이란 낡은 생산양식의 전복이지만, 또한 낡은 삶의 방식의 전복이지 않으면 안 된다. 왜냐하면 삶이 바뀌지 않는다면, 혁명이란 결코 혁명이 될 수 없기 때문이다. 삶의 방식이 바뀐다는 것은 삶을 직조하는 시간과 공간의 형태, 삶이나 활동을 규제하는 원칙이 바뀌는 것이다. 가령 무조건 "좀더 많이, 좀더 빨리"를 외치며 효율성만을 계산하는 태도가 지속된다면, 그게 시간이 돈이고 속도가 '돈'이 되는 자본주의와 얼마나 다른 사회인지 의심해 봐야 한다. 공간도 그렇다. 그러나 앙리 르페브르는 사회주의 혁명이 새로운 종류의 공간을 만들어내지 못했음을 지적한 바 있다(『공간의 생산』). 가령 사회주의자들이 구상한 도시의 이 형상은 많은 길이 하나의 중심으로 모이고 그 중심에는 탑이나 오벨리스크, 궁전을 배치하는 바로크적 도시형태, 군주제적 도시공간을 동일하게 모사하고 있다. 도판 34(42~45쪽)를 보면, 도시공간만이 아니라 건축 자체도 고전주의적 건축을 확대재생산하고 있었음을 볼 수 있다. 이는 문학이나 미술 등 다른 예술에서도 마찬가지로 확인된다. 비판적 리얼리즘을 계승하는 사회주의 리얼리즘의 승리, 그것은 '위대한 19세기적 전통' 안에 안주하며 새로운 실험적 시도를 예술에서조차 배제하려던 입장의 승리를 뜻한다. 혁명이 시간과 공간의 전통적 형태 앞에서, 낡은 전통의 위대함 앞에서 멈추어 선 것이다.

이오판, 「노보로시스크」

32. 격자 속의 사회주의

●●● 바로크적 도시 못지않게 격자형의 도시형태도 사회주의 건축가의 표상을 사로잡은 '선험적 형식'이었다. 수직선과 수평선이 직교하는 사각형의 블록들, 그 안에 들어찬 육면체의 거대한 건축물들이 근대 건축가들의 표상 이상으로 사회주의 도시에서 반복된다. 근대 건축가들이 사회주의적인 건지, 아니면 사회주의 건축가들이 근대적인 건지 모르겠다. 하긴 서구에서는 근대 건축가들을 사회주의적이라고 오해했고, 사회주의자들은 자신들이 사는 세계를 근대화하기 위해 노력했다는 점을 안다면, 어느 것이든 맞다고 해야 할 것이다. 사회주의와 근대는 이렇듯 아주 가까이 있다. 그리고 그 '근대성'을 통해서 사회주의는 자본주의와 소통, 아니 내통하고 있었던 것인지도 모른다.

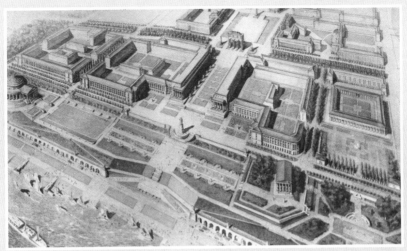

알라반 · 심비르체프, 「스탈린그라드 중심부 계획안」

33. 더욱 거대한 블록들

●●● 자동차의 속도를 빠르게 하기 위해 르 코르뷔지에가 블록의 한 변을 400~600m까지 연장하려 했다는 것은 앞서 말한 바 있다. 그가 표준으로 삼았던 것은 지하철 한 정거장 정도의 거리였다고 한다. 지하철 정도로 멈추지 않고 달리는 자동차, 그게 도시에 활력을 부여할 것이라고 보았던 것이다. 물론 누구도 그 거리를 걸어다니지 않을 것이고, 따라서 걸어다니는 사람이 드무니 거리는 비어 밤이 되면 걸어다니려 해도 다닐 수 없는 곳이 될 것이다. 도시는 걷는 자들을 위해 있는 게 아니라 차로 달리는 자들을 위해 있는 것이다. 억울하면 버스라도 타라! 그런데 사회주의자들이 생각한 이 도시의 모습은 르 코르뷔지에의 꿈을 '겨우 그 정도야' 하며 비웃는 듯하다. 척도가 표시되지 않아서 실제 거리가 얼마인지는 모르지만, 그려진 사람들의 크기로 비추어 보건대, 600m 정도는 쉽게 넘지 않을까 싶다. 하긴 그들은 건축물을 지을 때에도 자본주의의 근대 건축과는 비교할 수 없이 크게 지었다. 사회주의의 승리가 마치 건물의 크기나 블록의 크기로 표시될 수 있다고 생각했던 것일까?

41

1

34. '사회주의의 승리'를 표현하는 아파트

1 모스크바의 보스타니야 광장의 아파트_제국적 건축물을 상기하게 하는 거대한 스케일, 아치와 몰딩, 코니스 등의 고전적 장식들, 그리고 높이 솟은 건물의 귀퉁이에 심어 놓은 고딕적인 첨탑과 피너클들. 이 모두는 분명 스탈린이 선언한 '사회주의 승리'를 표현하는 요소들일 게다. 높은 곳에 오르는 것이 승리라고 하는 표상은 애나 어른이나 똑같은 경우가 많다. 몸집의 크기로 상대를 제압하여 승리하는 방법 역시 유치하지만 수많은 역사 속에서 반복되어 온 것이다. 덧붙이면, 알다시피 이러한 건축 스타일은 근대 건축 이전의 역사주의적 건축에 속한다. 자본주의 이후의 사회인지는 모르지만, 자본주의 내지 근대적 스타일 이전의 건축물이다. 건축양식에서 보여 주는 모더니즘 이전으로의 이러한 퇴행이 단지 건축에만 해당되는 것일까? 정말 소련은 자본주의 이후의 사회였을까? 하긴 포스트모더니즘이 19세기 역사주의 건축의 장식적 스타일을 다시 끌어들였음을 고려한다면, 이것도 근대 이후의 스타일이라고, 포스트모더니즘의 일종이라고 말해야 할지도 모르겠다. 포스트모더니즘 이전의 포스트모던 스타일! 이는 역으로 포스트모더니즘이 정말 근대 이후의 건축양식을 창안한 것인지 아닌지 다시 생각하게 한다.

2 보스타니아 아파트 1층 상점의 실내_ 19세기 부르주아의 어떤 건물의 실내가 이와 비교될 수 있을까? 거대하고 화려한 샹들리에가 중앙에만 2개, 옆에 4개 달려 있다. 대리석 바닥과 변형된 이오니아 식 주두(柱頭)를 갖는 거대한 기둥들. 천장도 창문도 모두 '고전적인, 너무나 고전적인' 형태로 만들어졌다. 역사주의가 정말 제대로 꽃핀 것은 19세기 서구가 아니라 20세기 소련이었다! 그에 비하면 그 샹들리에 아래에서 파는 물건들이 차라리 초라해 보일 지경이다. 어디서도 프롤레타리아의 냄새나 사회주의의 냄새는 나지 않는다. 서구의 부르주아들을 능가하는 이 과시적 장식들은 대체 무엇을 위한 것이었을까? 소련은 서구의 부르주아지를 이런 식으로 넘어서려고 했던 것일까? 아니면 프롤레타리아트에게 이 정도의 호사는 허용되어도 좋다고 생각했던 것일까?

44

3 고리키 가 아파트의 드로잉룸, 식당, 침실

4 영국 컨트리 하우스의 응접실과 침실: 노팅엄셔의 플린트햄 홀 응접실, 허트퍼드셔의 하트필드 하우스_ 고리키 가의 아파트는 1939년에 지어졌고, 왼쪽의 아파트 실내 사진은 1945년에 찍은 것이다. 이 방들을 19세기 영국 부르주아 컨트리 하우스의 응접실이나 침실(위)과 구별할 수 있을까? 방의 분위기나 가구, 카펫 등에서 큰 차이를 발견하기 어렵다. 공간뿐만 아니라 가구, 장식 등에서도 사회주의는 부르주아지의 전통을 잇고 있는 것이다. 그렇다면 그 공간 안에서 이루어지는 생활은 어땠을까? 물론 부르주아의 사교모임과 프롤레타리아의 '친교모임'이 같았을 거라고 믿지 않지만, 이런 분위기의 방과 장식은 부르주아의 스타일을 따라하고 싶게 만들지 않았을까? 공간이 그 안에서 이루어지는 행동이나 사고를 규정한다는 것을 안다면, 여기서 발견되는 두 방들의 연속성은 사회주의가 이전 사회와 진정 단절을 이루어낸 것일지 의심하게 만든다. 맑스주의 정치경제학이 스미스와 리카도의 정치경제학의 '과학적 전통'을 잇고, 맑스주의 철학이 헤겔 철학을 잇듯이, 그리고 사회주의 리얼리즘이 부르주아 리얼리즘의 '위대한 전통'을 이었던 것도 우연이 아닐 것 같다.

타틀린, 「제3인터내셔널 기념탑」

35. 혁명을 위한 건축

•••• 그러나 '승리한 사회주의'가 러시아 혁명의 전부였다고 할 순 없으며, 승리한 '고전주의'가 사회주의 건축의 전부였다고 할 순 없다. 승리하진 못했지만, 혁명이 야기한 단절을 말 그대로 단절로서 밀고 나가고자 했던 시도들 이 있었다. 가령 가족이 해체되어 새로운 공동체적 관계가 만들어질 때, 주거공간은 어떻게 되어야 할까? 언제나 가족을 전제로만 주거공간을 사유하던 것과 달리 그 단절 속에서 주거공간을 어떻게 새로이 구성할 것인가? 그리 고 주거나 생활에서 공동체 내지 코뮨적 요소가 형성되거나 촉진되게 하는 주거공간은 과연 어떻게 구성해야 할 것인가? 이처럼 그들은 혁명을 통해 변환된 삶의 방식을 좀더 확장시키고 밀고 나아가고자 했고, 그에 부응할 뿐 아니라 그것을 더욱 촉진할 건축공간을 만들고자 했다. 비록 초기는 혁명정부도 돈이 없던 시절이었고, 나중에는 정치적으로 승리한 전통적 건축양식에 밀려 그들의 계획은 지어지지 않은 채 그저 실험적 구상에 머문 것이 대부 분이었고, 그런 점에서 '아마추어리즘'이라는 비난 속에 그 뒤에도 반복해서 무시되곤 했지만, 그들의 시도는 분 명 미래의 시제를 갖는 것이었고, 혁명의 의미에 대해 긍정하게 하는 것이었다. 그것은 부르주아의 전통을 '비판 적으로 계승한' 고전주의와 전혀 다른 또 하나의 길이었다. 혁명은 언제나 이처럼 두 개의 길 사이에 있는 것일까?

긴즈부르크, 고스타르크 아파트

말레비치, 「절대주의 아키텍톤」

36. 기하학적 미학의 뒷면

　　　긴즈부르크는 르 코르뷔지에의 작업을 알고 있었고, 그로부터 적지 않은 영향을 받았다. 고전적인 스타일과 결별하고 기하학적 단순성으로 돌아가려는 태도는 그와 무관하지 않을 것이다. 물론 말레비치 등에 의해 러시아 내부에서 독자적으로 형성된 기하학적 예술이 긴즈부르크를 비롯한 구성주의자들의 일차적 자원이었다고 해야 하지만 말이다. 서구의 모더니스트들보다 더 빠르게 '모던한 스타일'을 확립했던 것은 이 때문일 것이다. 하지만 마야코프스키의 경고 못지 않게 그들 스스로도 구성주의가 또 하나의 미학유파가 되는 경계했다. 그래서 르 코르뷔지에가 엔지니어의 작품들에서 기계미학을 발견할 때, 긴즈부르크는 그가 '엔지니어에게 배우는 것'을 말하면 서도 사실은 그것을 '기계로부터 배우는 것'으로 착각했음을 지적한다. 그것은 집이나 건축물이 거기에 담길 어떤 삶의 방식을 위해 원활하게 작동하고 기능하게 하는 문제를, 기능에 따라 형태를 구성하는 미학적 문제와 혼동하 는 것에 대한 비판이었다. 이런 점에서 집이란 "그 안에 거주하기 위한 기계"라는 르 코르뷔지에의 정의에 정작 충 실했던 것은 러시아의 구성주의자들이었다. 긴즈부르크가 설계한 이 아파트는 외관상으로는 모더니스트의 그것 과 비슷해 보인다. 고전적 장식 없는 기하학적 입체로서의 건축물. 그러나 모더니스트에게는 집으로 기능하는 데 문제가 있더라도 이 문제가 특권적인 지위를 갖는 것이었다면, 구성주의자들에게는 그 안에서 방이나 복도, 부엌 등을 어떻게 배열해야 사람들이 공동의 삶을 구성하는 데 적절할 것인가 하는 문제가 중요했다. 따라서 보기보다 양자는 멀리 떨어져 있는 셈이다.

차자노프, 「F형 복층주거단위」

37. 공동의 공간, 코뮨의 공간

•••• 긴즈부르크와 그의 동료들은 개개의 집(방)으로 들어가는 진입로가 '주거의 사회화'에 중요하다고 보았다. 이는 '실내가로'(室內街路)라는 르 코르뷔지에의 개념과 비슷해 보이지만, 그것이 실제로 사람들이 자연스레 만나면서 공동성과 사회성이 형성되는 장이 되려면 그 공간이 볕이 잘 들고 쾌적한 공간이 되어야 한다고 생각했다. 이 모형은 F형 주거의 하나의 사례인데, 어느 것이든 진입로나 공동서비스시설을 공동성을 형성하는 요소로 사용하려 했음이 가장 중요하다. "수평방향의 통로, 자연채광이 되는 복도, 이런 것들의 존재는 매점, 주방, 휴게실 및 독서실, 욕실과 같은 건물 내 모든 요소들을 유기적으로 결합시켜 줄 것이다"(콥, 『소비에트 건축』, 102쪽에서 재인용). 반면 르 코르뷔지에의 위니테 다비타시옹에서 '실내가로'는 건물의 중심에 있어서 어두웠고, 결국 그런 기능을 하지 못했다. 아니, 애초부터 그런 기능이 그에게는 중요하지 않았다. 이런 점에서 구성주의자의 '실내가로'는 르 코르뷔지에보다는 차라리 거대한 길을 실내에 만들고자 했던 푸리에와, 혹은 유리덮개를 한 중정을 복도와 연결하여 코뮨적 공간으로 만들고자 했던 장-밥티스트 고댕과 더 가깝다고 해야 한다.

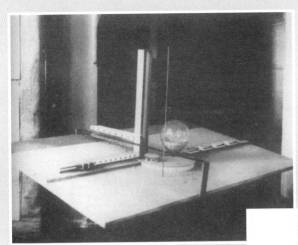

레오니도프, 「레닌도서관 계획」

38. 반시대적 건축?

　　■■■ 정치적으로 숙청되었고 역사에서도 지워져서 침묵 속에 갇혀 버린 구성주의자들의 시도가 새로이 빛을 보게 된 건 근대 건축, 아니 서구 건축 전체와 대결하고자 했던 해체주의자들 때문이었다. 특히 렘 콜하스는 구성주의 건축에 대한 연구를 통해 자신의 스타일을 만들어갔는데, 1988년 뉴욕현대미술관에서 열린 해체주의 전시회에서 그것을 주도한 필립 존슨과 마크 위글리는 무슨 이유 때문인지 '해체적' 건축가 7인의 작품을 모아 놓고는 데리다가 아닌 구성주의자들에게 이들을 연결해 버렸다. 거기 포함된 베르나르 추미나 피터 아이젠만이 데리다의 사상에 크게 영향을 받았을 뿐 아니라 그와 함께 작업한 사실이 있음을 알고 있음에도. 이유가 무엇든 구성주의자들은 이들로 인해 뜻밖의 시간, '때 아닌 시간' 속에서 되살아났다. 구성주의자들은 모더니스트들처럼 기하학적 형태를 사용했지만, 그들과 달리 직각이나 육면체에 사로잡히지 않았기에 사선이나 기운 형태, 균형을 위반하는 형태 등을 빈번히 사용했는데, 아마도 이것이 근대 건축과 다른 스타일의 요소로 작용한 것 같다. 특히 레오니도프의 레닌도서관은 그 형태적 독창성으로 인해 많은 주목을 받았는데, 사실 러시아에서 그의 작품은 고전적 취향의 건축가들로부터 구성주의자들의 '공상성'을 입증하는 대표적 사례로 비난받던 것이었다.

베스닌 형제, 「레닌도서관 최종계획안」

멜리니코프, 파리 장식예술 박람회의 소련관

39. 사선의 건축?

••• 긴즈부르크가 다른 이유로 지지하긴 했지만, 레오니도프는 구성주의의 주류에 속하는 인물은 아니었다. 레닌의 이름이 붙은 도서관이나 건축물은 수많은 사람들에 의해 계획되었는데, 구성주의자의 주류에 가까운 것은 차라리 베스닌 형제의 작품이라고 해야 할 것이다. 그들은 레오니도프나 다른 젊은 세대에 비하면 비교적 '안정된' 취향을 갖고 있었는데, 그럼에도 단순한 육면체에 만족하지 않고 사선의 창문을 전면에 내세운 것이 인상적이다. 이는 프라우다 신문사 사옥 계획안에서도 그러한데, 다른 구성주의자들은 사선을 좀더 적극적으로 사용한다. 가장 잘 알려진 것은 멜리니코프가 만든 파리 장식예술 박람회의 소련관일 것이다. 직각을 벗어나 비스듬히 놓인 계단실, 그리고 그 계단실 위로 서로 교차하며 하늘로 난 공간을 열고 닫는 사선의 '지붕'들이 정면의 격자형의 정돈된 창문과 대비되는 공간을 만들고 있다.

힘멜블라우, 「메르츠학교」

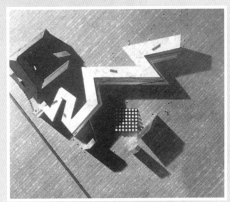

리베스킨트, 「유대인 박물관 모형」

40. 해체주의의 사선과 구성주의의 사선

해체주의 건축을 구성주의 건축에 잇대게 만든 요소는 모두 건축물의 외관 내지 형태와 관련된 것이다. 구성주의자들과 달리 해체주의자들은 혁명을 위한 건축도, 새로운 삶의 방식의 창안도, 그것을 위한 사회적 힘의 응축이나 변환도 전혀 고심하지 않았다. 다만 그들은 근대 건축, 아니 서구 건축 전체의 기본 통념과 대결하고자 했다. 토대와 안정성을 깨고, 직각의 고정성을 깨기 위해 그들 역시 사선을 즐겨 사용한다. 힘멜블라우의 학교 건물이나 리베스킨트의 박물관 건물 모형은 이런 사선적인 건축의 특징을 잘 보여 준다. 여기서 그렇듯이 그들의 사선은 불안해 보이는 걸 지나쳐 히스테리컬하고 신경질적으로 보인다. 자신들이 사는 세계의 불안을, 혹은 불안정성을 표현하려는 것이었을까? 반면 구성주의자들의 사선은 그런 불안감이나 히스테리와는 거리가 멀다. 차라리 그것은 혁명의 힘찬 역동성을 표현하는 것 같다. 같은 사선도 전혀 다른 감응을 야기할 수 있다는 것을 알려 주는 셈이다.

슈코 · 겔프베이크, 레닌도서관

「레닌도서관 내부 계획안」

41. 고전적인 너무도 고전적인

•••레오니도프의 '공상적인' 도서관은 물론 베스닌 형제의 레닌도서관도 지어지지 않았다. 대신 지어진 것은 보다시피 '고전적인, 너무도 고전적인' 도서관이었다. 그리스 신전 두 개를 교차시켜 놓은 듯한 외부도 그렇고, 고전적 기둥과 장식, 샹들리에로 천장과 바닥, 벽과 기둥 전체를 완전히 뒤덮은 실내도 그렇다. 승리한 것은 이런 종류의 사회주의였던 것이다. 그것은 다른 식으로 말하면, "맑스의 수염을 붙인 스탈린"이 아니라 "에콜 데 보자르의 교복을 입은 스탈린"이었다.

리시츠키, 「스카이 훅」

42. 공중에 뜬 모더니즘?

＊＊＊ 리시츠키는 건축에 육면체를 이용하는 아주 다른 방법을 보여 준다. 끄트머리도 일치하는 않는 두 육면체 중 하나를 중간에서 꺾어서 이었다. 그리고 세 개의 수직적 건물은 오히려 세 부분으로 나뉜 수평의 건물을 각각 홀로 받치고 있는 양상에 더 가깝다. 받쳐진 건물들이 길게 비어져 나와 있어 공중에 떠 있는 느낌을 준다. 중력에 반하는 힘을 가시화하려는 것일까? 모더니즘의 육면체를 굳건한 대지에서 들어 올리는 방식으로 건축을 그 기초(근거)에서 분리하려는 것일까?

질첸코, 「중앙공업소 사무국」

42. 권위적 건축을 우회하는 원

●●● 구성주의자들은 사선에 집착한 게 아니라 다양한 기하학적 형태를 매우 예상 밖의 방식으로 사용했다. 질첸코의 작품은 직사각형의 블록에 원형의 건물을 집어넣으면서 수평적 육면체를 비스듬히 사선으로 넣어서 직각성을 이탈하게 했다. 그 사선과 원의 이어짐이 사선의 이탈에 안정성을 준다. 그리고 수직으로 세워진 건물은 그 수평의 건물과 대조되지만 캔틸레버(Cantilever)들로 원형의 반복적인 캔틸레버 들과 이어지기에 단순한 직각성으로 귀착되지 않는다. 원형의 건물 위에 돌아가며 늘어선 원형의 건물들은 정부의 중앙기관들에 쉽사리 부여하는 권위적 형상과 정반대로 따뜻하고 부드러운 이미지를 갖고 있다. 약간의 유머마저 느껴진다.

54

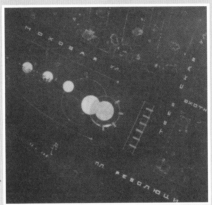

트라빈, 「회의장」

　'사회주의 리얼리즘', 아니 '사회주의 고전주의'가 아파트마저 거대한 스케일로 높이 솟게 하여 권위와 권력의 이미지를 전면에 내세운 것과는 아주 대조적이다. 권위나 권력의 직선적 선들을 우회하고 중화시키는 방식으로 원을 사용하려는 것일까? 트라빈의 '회의장' 건물도 그렇다. 테이블을 원형으로 배치하는 것만으로도 말하는 자와 듣는 자의 계몽적 이분법을 와해시킬 수 있음을 안다면, 원형은 중심성을 가짐에도 탈중심적인 방식으로 사용될 수 있다고 말해도 좋을 것이다. 하지만 연단을 필요로 하는 대회의장이 중심성을 면할 수 있을까? 그런데 트라빈은 적어도 그 위치를 둥글게 에워싼 큰 원의 중심에서 벗어나게 배치했으며, 세 개의 작은 원형의 건물들도 중심이나 중앙에서 벗어난 선을 따라 배열했다. 어쨌거나 여기서도 소비에트 건축의 권위적인 형상은 보이지 않는다.

메르니코프, 루사코프 노동자 클럽

43. 사회적 응축기

••• 구성주의자들이 건축을 사회적 관심 속에서 사유하는 데 가장 중요한 역할을 한 개념이 바로 '사회적 응축기'(social condenser)다. 그들은 새로운 사회에 부합하는 '인간'을 만들어내는 역할을, '인간혁명'의 역할을 건축물에 부여한다. 건축물은 삶의 방식을 변혁하기 위한 일종의 '응축기'라는 것이다. 낡은 삶의 방식을 혁파하고 새로운 삶의 방식을 형성하는 힘을 모으고 응집하는 기계. 그래서 그들은 르 코르뷔지에의 '돔-이노'와 대비하여 자신들이 구상하는 집-기계를 '돔-코뮤나'라고 명명한다. 노동자들이 모여서 토론하고 어떤 공동의 활동을 하는 노동자 클럽은 이런 사회적 응축기의 기능이 가장 집중되는 건축물이었다. 그래서 그들은 모두 노동자 클럽에 매우 많은 관심을 기울였다. 리시츠키 역시 노동자 클럽을 사회적 응축기로 정의하면서 이렇게 쓰고 있다. "기억해야 할 가장 중요한 사실은 대중들이 다만 오락을 추구하기 위해 외부로부터 클럽 안으로 모여들어선 안 되고 자신들의 독자적인 노력에 의해 잠재력의 실현에 도달해야 한다는 것이다"(『세계 혁명을 위한 건축』, 46쪽).

개정판 서문

이 책에서 나는 주거공간의 배치의 변화와 가족 형태의 변화를 역사적으로 다룸으로써 근대인들의 삶의 방식을 직조하는 가족적 삶의 방식이, 혹은 가족주의적 욕망의 배치가 어떻게 형성되었으며 어떠한 '물리적' 조건에 기초하고 있는가를 보여주고자 했다. 그리고 그러한 공간 안에서 개개인을 근대적 주체로 구성하는 일상적 메커니즘을 추적하고자 했다. 그것은 일차적으로 서구의 역사에 대한 계보학적 비판의 형태로 진행되었지만, 가령 서구에서 국가나 자본주의의 역사를 다루는 것이 단지 서구의 것만이 아닌 것처럼, 우리 자신의 삶의 방식이나 그것의 '물리적' 조건이 서구의 근대적인 그것을 그대로 따르고 있는 한, 이 역시 서구 이상으로 우리 자신의 삶의 방식에 대한 것이라고 믿는다.

사람에 따라 다르겠지만, 필자는 책을 내면서 교정을 꼼꼼히 보는 편이 아니다. 많은 경우 출판사에 맡겨두곤 잘 되었을 것이라고 믿는다. "뭐 약간 틀려도 대개 알아보지 않나?" 생각한다. 이런 식으로 내가 해야 할 일을 편집자에게 떠넘기는 셈이다. 그런데 이 책의 경우에는 다이어그램이나 표가 워낙 많은 데다, 본문과 표, 다이어그램 사이에 직접적인 연관이 많아서 그 일치 여부를 확인했어야 했다. 표기된 방의 이름을 원고에는 약자로 써놓았기 때문에, 다시 확인하고 치밀하게 교정을 보아야 했던 셈인데, 아마 당시 일이 많아서 그나마 대강하는 교정조차 전혀 보지 못했다. 이번에 다시 출판하려고 하면서 초판의 도판이나 다이어그램에 수많은 오식이 있음을 발견했고, 본문의 텍스트 또한 오식과 탈락은 물론 원고에서 누락된 부분마저 있음을 알았다. 물론 이 역시 필자가 발견한 것은 아니고, 새로 출판하기 위해 편집자가 원래의 원고와 출판된 책, 그리고 이 책이 모태로 하고 있던 박사학위논문의 표와 다이어그램들을 꼼꼼하게 대조하고 확인함으로써 발견한 것이다. 덕분에 이전 판에 있던 많은 오식이나 오류를 고칠 수 있었다. 이로 인해 편집에 많은 시간과 노력이 들어갔다. 일일이 대조하며 확인하고 고쳐준 그린비 편집부에 특별한 감사를 표시하고 싶다.

누구나 그렇겠지만 책을 다시 낼 때에는 무언가 고치거나 추가하고 싶은 것이 있게 마련이다. 필자 또한 그러해서, 주거공간의 역사와 관련해서는 19세기 말의 박애주의 전략과 코뮨주의 전략 이후에 덧붙이고 싶은 것이 있었다. 가령 지금의 건축이나 도시계획에 가장 중요한 모델을 제공한 모더니즘 건축이나 르 코르뷔지에에 대해서, 그들이 생각한 길과 도로, 질서, 그리고 주거와 건축에 대해 말하고 싶은 것이 있었다. 그리고 그와 다르게 혁명과 건축이란 주제에 대해서, 근대적 삶의 방식의 변환을 꿈꾸며 주거와 건축을 다시 사유하려던 시도들, 특히 러시아 구성주의자들의 그것에 대해서도 무언가 쓰고 싶은 것이 있었다. 그러나 원고를 고칠 시간도 없었지만, 원래의 책에 그것을 덧대는 것도 어울리지 않았기에, 부록의 형식을 빌리기로 했다. 그런데 그 내용이 많은 도판을 필요로 했고, 결국 새로 쓴 원고는 도판에 대한 설명이 되어버린 듯하다. 하지만 그런 형식이 대개 단일한 논지를 형성하는 일관성의 요구에 따르게 마련인 통상적인 원고에 비해 하고 싶은 말을 하기에 더 적절했던 것 같다. 읽기에도 더 편한 형식이 되어서, 부록이란 원래의 책 뒤에 덧붙이는 것이라는 통념을 깨고 책의 머리에 붙이는 것이 좋겠다는 편집자의 의견을 따랐다.

2007년 11월 1일
이진경

초판 서문

이 책은 필자가 1998년 제출했던 박사학위논문을 수정한 것이다. 논문을 내고서 2년 가까운 시간이 흘렀다. 원래 익숙지 않은 주제에다, 시간에 쫓기며 급하게 탈고한 논문이다 보니 미비하고 불비한 면이 많았지만, 책을 내려고 다시 살펴보니 그대로 만족하며 방치할 수 없다고 보이는 부분이 더욱더 많이 눈에 걸렸다. 심지어 가장 중심적인 논지마저 영 마뜩잖았다. 그건 그 시간 동안 필자의 생각도 멈추지 않고 변화의 여정을 계속했다는 뜻이려니 하고 위안을 삼기는 하지만, 불만스런 논지를 그대로 둔 채 출판한다는 것은 아무리 해도 내키지 않는 일이었다. 그래서 수정을 하겠다고 손을 대기 시작했던 것인데, 진행되면서 수정하는 커서는 원고의 대부분을 가로질렀고, 그 결과 일종의 '다른 책'이 되고 말았다.

사실 먼저 썼던 학위논문에서도 필자는 주거공간은 당연히 사생활의 공간이라는 관념, 주거공간의 역사란 이 사생활의 공간에 대한 욕망이 밀고 가는, 사적 공간의 진화 내지 발전의 역사라는 관념과 대결하려고 했다. 그래서 혼성적인 중세의 주거공간에서 분화가 발생하여 발전하는 과정이 반대로 주거공간이 '공적 공간'으로 발전하는 과정을 통해서 이루어졌다는 것을 명확히 하려고 했다. 그리고 부르주아의 주거공간과 노동자의 주거공간 사이에, 혹은 부르주아의 가족주의와 노동자의 가족주의 사이에 하나의 단절을 명시한 것에 자족하고, 그리고 코뮨주의적 주거공간에 관한 역사적 자원을 탐색할 수 있었던 것에서 의미를 찾으려고 했던 것 같다.

17세기를 지나 18세기 중반을 넘어서야 비로소 사적인 성격의 공간이 나타난다는 논문의 논지 또한 이러한 맥락에 있는 것이라고 이해했다. 그러나 이는 단지 사적 공간이 출현하는 시간을 얼마간 뒤로 늦춘 것에 지나지 않았다. 그 시간적 지체를 통과하고 나선, 사적 공간이 진화하리라는 가정이 어느새 다시 자판 뒤로 슬며시 다가와 다시 달라붙었던 것이다. 그래서 우습게도 18세기 후반에 내실이나 침실의 사적 성격이 다시 완화되는 현상에 대해 대체 어떻게 해석할 것인가 난감해하면서, 서둘러 모호하게 뭉뚱그렸던 것 같다. 그리고 그 뭉뚱그려진 지점에 19세기 이른바 '중간계급'이라고 불리던 부르주아지의 주거공간을 접착시켰다. 그런 만큼 17~18세기 귀족들의 주거공간의 배치와 19세기 '중간계급'의 주거공간의 배치에서 동형성을 찾아내려고 했던 것은 어쩌면 자연스런 일이었는지도 모른다. 사적 공간으로서 주거공간, 혹은 사적 공간 진화의 역사라는 관념은 그토록 강력한 힘을 갖고 있었던 셈이다.

이러한 논지의 약점과 모호함을 넘어서는 데 중요했던 것은 17~18세기 귀족들의 주거공간과 19세기 부르주아지의 주거공간 사이에서 확실한 단절을 찾아낸 것이었다. 즉 주거공간이 근대적 의미에서 사적 공간이 되고, 가족만의 공간이 되었던 것은, 가족 안에 사랑을 포개고, 결혼장치와 성적인 장치를 겹치게 하는 18세기 후반 이래의 부르주아지의 새로운 삶의 방식의 출현, 더불어 이와 나란히 진행된 가족관계 자체의 내부적 변화를 통해서였다는 것이다. 다시 말해 귀족들의 주거공간에서 근대의 사적인 주거공간으로 진화한 것이 아니라는 점, 사적 공간의 탄생은 귀족들의 주거공간 '외부'에서 시작되었다는 점을 명확하게 이해할 수 있었다. 그렇다면 오히려 18세기 후반에 내실이나 침실의 사적 성격이 이전 시기보다 완화되는 현상을 이해하는 것은 지극히 쉬운 일이었다. 더 나아가 귀족들의 주거공간에 나타났던 '사적인' 공간은, 그 당시 불리던 그대로 '편의적 공간'이었을 뿐 내밀한 가족적 공간으로서 사적 공간은 결코 아니었음 역시 명확히 구별할 수 있었다.

이럼으로써 주거공간의 역사를 사적 공간 진화의 역사로 보는 관점 전체를 근본적으로 넘어설 수 있으리라고 생각했다. 그래서 중세와 절대주의 시기 사이에, 절대주의와 근대 사이에, 그리고 부르주아지와 노동자계급의 주거공간 사이에 존재하는 변환의 문턱을, 각각이 갖는 고유한 의미와 더불어 분명하게 살려내야 한다고 생각했다. 나아가 필자가 '과시성의 배치'라고 불렀던 17~18세기 귀족들의 주거공간과 '내밀성의 배치'라고 불렀던 19세기 '중간계급'의 주거공간 사이에서 동형성을 찾으려던 이전 논문의 시도는 무망한 것이고 잘못된 것임이 분명해졌다. '초점'과 '역초점'이라는 개념이 그런 대칭성의 의미를 함축할 수 있다고 해도, 그것만으로 그런 결론을 내리는 것은 부적절하고 성급했던 것이다. 차라리 두 시기 주거공간에서 작동했던 주체생산의 메커니즘——이를 필자는 '거리화 메커니즘'이라고 불렀는데——이 갖는 비대칭성을 주목해야 했던 셈이고, 그것을 통해 단어의 대칭성이 야기하는 '문법의 환상'에서 벗어날 필요가 있었던 셈이다.

이러한 작업을 통해서 이 책은 이전 논문과 크게 다른 것이 되었다. 이러한 논지를 위해서 새로이 추가된 부분이나, 그것을 통해 수정된 부분, 그리고 구성 자체의 변화를 시도한 부분이 이러한 변환을 만든 요소들이다. 물론 이러한 변환이 성공적인 것인지 여부는 어차피 스스로의 자평과는 독립적인 것일 게다. 하지만 적어도 주거공간에 대한 너무도 당연시되어 있는 우리의 관념, 주거공간의 역사에 대한 진화론적 관념, 그것을 근거로 사적 공간을 절대화하는 관념 등에 대해 일정 정도 문제 제기를 할 수 있으리라고 생각한다. 그것을 통해 새로운 종류의 주거공간, 새로운 종류의 삶의 방식을 꿈꾸는 데 조금이라도 도움이 될 수 있다면 하는 바람이다.

2000년 7월 18일
이진경

:: 차례

| 일러두기 |

1 이 책은 『근대적 주거공간의 탄생』(소명출판, 2000)의 개정판이다.

2 이 책에서 인용한 글이나 내용의 출처는 괄호 안에 '저자명, 출간년도 : 쪽수'의 형식으로 표기했다. 출간년도는 저자가 인용한 판본을 기준으로 정리했으며, 각각의 자세한 서지사항은 책 뒷부분의 참고문헌에 정리하였다.

3 별다른 언급이 없는 경우, 강조는 모두 저자가 한 것이다.

4 인명, 지명, 작품명, 건축물의 세부명칭 등은 〈국립국어원〉에서 2002년에 펴낸 '외래어 표기법'에 근거해 표기했다.

1장 _ 공간의 사회학

우리는 근대적 세계 속에서 살고 있다. 근대적 시간을 표상하는 시계의 바늘을 따라 우리의 사고나 행동은 절단되고 채취된다. 지도에 그려지는 형태나 위치, 거리와 같은 요소로 환원되는 동질화된 공간, 혹은 공장과 기계로 상징되는 근대적 생산의 장(場)이나 도시와 고층빌딩으로 표상되는 근대적 생활의 장. 우리의 삶은 생산에 관한 것이든, 재생산에 관한 것이든, 혹은 생활에 관한 것이든 이 근대적 세계 속에서 이뤄진다.

이 세계에 속하는 자로서 누구도 피할 수 없는 영역이 있다면, 아마도 사적인 삶의 장인 집과 생산의 장인 공장, 그리고 교육의 장인 학교가 아닐까? 이 세 가지 사회적 장은 근대인이라면 누구든 대개는 통과해 가야 하는 영역이다. 이 세 영역의 조합은 근대의 개인들의 삶을 적어도 공식적으로는 전적으로 포괄한다. 가정과 학교는 어린이의 생활을, 가정과 공장은 노동자의 생활을 등등.

이 세 가지 영역은 근대적 삶이 이루어지는 공간이면서, 동시에 새로이 태어나거나 진입하는 사람들을 근대적 삶으로 끌어들이는 공간이다. 다시 말해 이들 세 영역은 개개인을 근대적 삶에 적절히 부응하여 살아갈 수 있는 '근대인'으로 만들어내는 장이다. 이 세 영역에서 개개인을 근대인으로 생산하지 못한다면, 아마도 근대적 삶 자체는 결코 '정상적으로' 유지되지 못할 것이다. 그것은 근대적 세계 자체의 동요와 위기를 뜻하는 것이기도 하다. 일상적으로 근대적 삶의 방식을 반복하여 재생산할 수 없는 세계는 자신의 질서와 지속성을 유지할 수 없다. 뒤집어 말하면, 근대적 세계가 지속적으로 유지되고 존속하기 위해선 개개인을 일상적으로 근대적 주체로 변형시키고 길들이는 조건이 필수적이라는 것이다. 이런 점에서 이 세 가지 기본적인 영역이 개개인을 근대인으로 생산 내지 재생산하는 영역이라는 점을 추론하는 것은 매우 자연스러운 일이다. 이는 바로 이들 영역에서 개개인을 근대인으로 만들어 가는 메커니즘이 작동하고 있으리라는 것을 의미한다.

다른 식으로 말하면 가정과 학교, 공장 등은, 그것을 거쳐 가는 개개인을 근대적 형태로 생활하고 행동하도록 만드는 특정한 힘(force)을 행사한다. 그것은 개개인이 특정한 형태의 생활방식을 습득하고 반복하게 하는 영역이며, 그것을 통해 개개인은 근대 사회에서 요구되는 '주체'가 된다.* 따라서 그 영역 각각은 개인들의 행동과 사고에 특정한 양상의 힘이 작용하는 일종의 '사회적 장(場)'이라고 하겠다. 그것은 근대 사회에 태어난 어떤 사람이나 대개는 거쳐 가는 경로를 구성한다는 점에서 '기본적인' 사회적 장이다.

이 책에서는 이처럼 근대인을 생산하는 방식을 '주체생산방식'이라는 말로 정의하고, 이를 주로 공간적 배치와 관련해 검토할 것이다.** 다시 말해 가정, 학교, 공장 등 각각의 영역에서 확인할 수 있는 공간적 배치의 양상이 이 연구의 중요한 관심사이다. 나아가 이 각각의 영역에서 배치의 양상과 그것이 작동하는 방식에 대한 비교가 필요하다. 즉 그 각각의 배치들이 갖는 고유성은 무엇이며, 그것들의 구체적 양상과 형태는 또 어떻게 서로 다른지, 그것들을 '근대적' 배치라는 동일한 말로 포괄할 수 있게 해주는 어떤 통일성 내지 동형성이 있는지 하는 것이다.

하지만 여기서는 일단 직접적 생활공간으로서 주거공간의 배치에 대한 것으로 연구의 대상을 제한하려고 한다. 그 제한의 직접적 이유야, 다루어야 할 폭과 내용의 범위가 하나의 책으로 포괄하기에는 지나치게 넓다는 점 때문이지만, 세 가지 기본적인 영역 가운데 가정 내지 주거공간을 우선 선택하는 데에는 별도의 이유가 없진 않다. 맑스가 잘 지적했듯이, 공장은 그 직접적인 작동방식이 개개인을 근대의 새로운 규율에 길들이는 것을 목적으로 발생했다.

이 목적을 위해서, 또 '나태와 방탕 또는 낭만적인 자유의 환상을 근절하기 위해서, 나아가서 구빈세의 경감과 근로정신의 조장 및 매뉴팩처

---

* 여기서 사용하려는 '주체' 개념은 데카르트나 홉스, 혹은 칸트 등에게서처럼 출발점을 이루는 어떤 실체가 아니라, 반대로 특정한 조건 속에서 만들어지고 구성되는 것이다. 여기서 우리는 맑스의 다음과 같은 말을 참조할 수 있을 것이다. "흑인은 흑인이다. 특정한 조건 속에서만 그는 노예가 된다." 그런데 문제는 특정한 조건이 어떤 개인을 자동적으로 그 사회가 요구하는 주체로 만드는 것은 아니라는 점이다. 특정한 노동과 생산의 방식, 특정한 삶의 방식, 혹은 그것을 제도화하고 강제하는 장치 등을 통해서 개개인은 때론 노예로, 때론 임노동자로 생산된다. 여기서 공간과 주체의 관계를 설정하는 것도 마찬가지 관점에서다. 즉 어떤 주체가 따로 있고, 어떤 형태의 공간이 있어서 관계를 맺는 것이 아니라, 특정한 공간적 배치가 개개인을 특정한 형태의 주체로 생산한다는 것이다. 물론 이 말이 공간적 배치가 주체를 생산하는 유일한 '조건'은 아니며, 반대로 다수의 '조건들' 가운데 하나라는 점, 여기서 연구하는 것은 이 다수의 조건들 가운데 공간이란 조건을 선택해서 그것의 주체효과를 포착하려는 것이란 점은 두말할 것도 없다. 덧붙이자면, 이러한 '주체효과'는 개개인의 욕망의 배치와 결합되어 있는데, 욕망의 배치는 일차적으로 탈주선에 의해 특징지어지기 때문에 효과는 일의적이지 않으며, 겨냥한 목표는 종종 빗나간다. 이러한 빗나감과 미끄러짐은 공간적 배치의 변형을 야기하는 시점이 된다.

** 여기서 통상적으로 사용되는 '주체의 형성'이라는 말 대신에 굳이 '주체의 생산'이란 말을 사용하는 것은, 주체의 형성은 예를 들어 '노동자 계급의 형성'에서처럼 분산되어 있는 어떤 요소들이 모여서 하나의 집합적 주체를 이룰 때 사용하는 데 반해, 여기서 말하려는 것은 개개인이 특정한 형태의 주체로 만들어지는 것이란 이유에서이다.

에서의 노동가격 인하를 위해서', 자본의 충실한 대변인인 우리의 에카르트는 공적 자선에 의지하고 있는 이러한 노동자를 하나의 '이상적 구빈원'에 가두어 두자는 든든한 수단을 제안한다. '이러한 집은 공포의 집이 되지 않으면 안 된다.' ……자본의 혼이 아직 꿈만 꾸고 있던 1770년의 피구휼민을 위한 공포의 집이 불과 몇 년 뒤에는 매뉴팩처 노동자 자신을 위한 거대한 '구빈원'으로 나타났다. 그것이 바로 공장이었다. (Marx, 1987 : 321~322)

학교도 공장과 마찬가지로 그러한 규율의 교육과 훈육을 주요 목적으로 한다는 것은, 특히 산업혁명 이후의 근대 사회에서는 명시적인 것이었다.

1772년 포웰은 교육이 (공장에서 가르치는) '근면한 습관'을 훈련시키는 것이라고 여겼다. 어린이들은 6~7세에 이르면 이미 '노동과 피로에 자연스럽게 적응하고 나아가 (그것을) 습관화해야 한다.' 윌리엄 터너 목사는 1786년 뉴캐슬에서 쓴 글에서 레이크스의 학교를 '질서와 규칙의 표본'으로 추천했다. 그리고 글로스터의 아마 및 대마 공장에 대해 언급하면서, 이 학교의 영향으로 특별한 변화가 이루어졌음을 확언하였다. '그들은……유순하고 순종적으로 바뀌었고, 다투거나 나쁜 짓을 하는 것이 덜해졌다.' ……일단 교문을 들어서면 아이들은 엄격한 시간 규율을 지켜야 하는 새로운 세계에 있게 되었다. 요크 지방의 감리교 주일학교에서는 교사들도 시간을 어기면 벌금을 물어야 했다. (Thompson, 1991 : 387~388)

따라서 공장이나 학교의 경우에는 그 효과를 낳는 구체적 양상이 규명되어야 함에도 불구하고, 그 안에서 작용하는 힘의 벡터가 어떠한 방향을 갖는지는 상대적으로 쉽게 예상할 수 있고 검토할 수 있다. 반면 가정은 개개인이 그 피곤한 '공적인' 삶에서, 그 규율의 직접적 작동에서 물러나 쉴 수 있는 영역이란 점에서 위의 두 영역과 대비된다.* 더구나 근대에 이르러 출현한 '프라이버시'(privacy)와, 그것을 보장하는 사적 공간은 그 안에서 작동하는 벡터의 방향이 공장이나 학교와는 상반되는 것으로 보이게 한다.** 따라서 가정 내지 주거공간에서 배치와 그 배치가 작동하는 방식에 대해서는 결론적인 벡터의 방향을 쉽게 추론하기 어려우며, 오히려 반대의 추론을 용이하게 한다. 공적 공간과 사적 공간의 대립이 그것을 직접적으로 보여 준다.

그렇다면 우리 근대인은 두 개의 전혀 상이한 장 속에서, 상반되는 힘의 작용 안에서 생활하는 것일까? 만약 그렇다면 '근대' 내지 '근대성'이란 개념을 생활양식 내지 사회적 주체의 특징을 포괄하기 위해 사용하는 것은 불가능해지는 것은 아닐까? 거기서 근대인의 '정체성/동일성'(identity)이란 말은 과연 유효성을 가질 수 있는 것일까? 또한 만약 그렇다면 공장에 기초하고 있는, 다시 말해 자본주의 생산양식에 기초하고 있는 이 근대 사회는 대체 어떻게 유지되고 존속할 수 있는 것일까? 나아가 그토록 많은 대중들이 가족에 몰두하고, 또 TV나 헐리우드

---

* 이하에서 가족은 결연관계(alliance)와 친자관계(filiation)에 의해 조직되는 친족관계의 기본 단위라면, 집(house) 내지 주거(housing, dwelling, habitation)는 가족적인 생활이 이루어지는 공간적 단위고, 가정(home)은 그러한 공간적 단위 안에서 이루어지는 가족들의 생활로 정의하여 구별해 사용할 것이다.
** 이런 이유에서 래쉬는 근대 사회에서 가족을 '무정한 세상의 안식처'라고 불렀다(Lasch, 1977).

영화처럼 수많은 매체들이 가족주의를 선동하고 있는 것을 자본에 반하는 것으로 간주해야 하는 것일까?

이것이 근대적 생활공간으로서 주거, 가정이란 영역에 일차적 관심을 갖게 하는 이유다. 사실 이러한 사적 영역에서의 삶이 '근대화' 되지 않는다면 개개인은 그 두 가지 상이한 삶의 대립에 견디기 힘들며, 공장의 피곤한 삶에서 벗어나려 하기 마련이다. 근대 초기에 흔히 나타나는 것이지만, 예컨대 한국에서도 농촌에서 공장으로 갓 진입한 노동자들이 2~3일을 견디지 못한 채 공장에서 탈출을 시도하려 했으며, 자본가들은 이를 막기 위해 마치 감옥과도 같은 담으로 둘러친 공간 안에 가두고 가혹한 처벌을 가했다는 것은* 이러한 두 가지 세계가 형식적으로 대립하고 있는 경우를 보여 주는 것이라고 하겠다.

이런 이유에서 일찍이 공장주들이나 부르주아들은 학교 교육은 물론 가정에서 이루어지는 생활에 대해서 일관된 요구를 해왔다. 결국 근대 주거공간의 배치에서 근대성과 근대인을 생산하는 근대적 방식에 대해 결론적 가정을 해야 하는데, 이는 겉으로는 '프라이버시' 내지 사적 공간이라고 하는, 다른 방향으로 뚫린 것 같은 저 터널을 통과해야 한다.

이런 맥락에서 우리는 서구에서 주거공간의 변화과정을 역사적으로 검토하려고 한다. 다시 말해 주거와 직장이 분리되지 않았던 중세의 혼성적인 삶의 공간에서부터, 기능적인 공간들의 분리와 분화가 명확하게 진행되기 시작한 이른바 '궁정귀족' 들의 오텔, 그리고 사적이고 가정적인 공간으로서 성격을 명확하게 획득하게 되는 19세기 부르주아지의 아파트, 그리고 계급투쟁과 결부된 전략적 고려의 산물이기도 한 근대

---

* 이에 관해서는 강이수(1991 : 128 이하) 참조.

적 노동자주택에 이르기까지 주거공간의 역사적 변환을 검토할 것이다. 이러한 변환의 과정을 통해서 형성된 서구의 근대적 주거공간은, 서구라는 공간적 제약과 19세기라는 시간적 제약의 한계를 넘어서, 역시 '근대'라는 이름으로 불리는 우리의 현재적 삶을 규정하는 물질적 조건이기도 하다. 농촌의 산기슭에까지 자리잡고 서 있는 높다란 아파트나, '분양'이라고 불리는 주거획득의 방법, 기능적 분화와 단일화로 표상되는 주거공간의 구획방식, 사적이고 내밀한 공간으로서 주거공간 등은, 역사와 지리의 한계를 가로질러 우리의 현재적 주거와 삶을 요약하는 근대적 징표들이다. 우리의 가까운 과거보다는 서구의 먼 과거와 더 근접해 있고, 우리의 주변을 둘러싼 공간보다는 멀리 떨어진 서구의 공간에 훨씬 더 근접해 있는 것이 우리의 현재적 삶인 것이다.

이런 이유에서 서구 주거공간의 변환의 역사를 다루는 것은 단지 서구의 과거에 대한 역사적 관심이 아니라, 우리의 현재적 삶과 주거공간에 접근하기 위한 현재적 관심이라고 할 수 있을 것이다. 서구 주거공간의 역사를 다루면서, 그것이 '우리'의 역사와 접속되는 지점을 굳이 찾으려고 하지 않아도 좋은 것은 바로 이런 이유 때문일 것이다.

한편 서구의 주거공간을 어떤 통계적 평균으로 다루는 것은 불가능할 뿐만 아니라 무의미하다. 반대로 특이성들의 변환과 그러한 특이점들의 분포를 다루는 것이 중요하다. 대개는 평균을 표상하게 되는 대표성이란 이 경우 특이점들의 분포를 표시하는 어떤 하나의 곡선을 뜻할 뿐이다. 이런 점에서 우리는 서구라는 이름으로 포괄되는 모든 나라, 모든 시대, 모든 주택을 다룰 필요가 없다. 오히려 중요한 것은 주어진 시기에 사람들이 주거공간을 대하는 태도를 전형적으로 보여 주는 사례나, 새로운 선을 그리는 돌출점들 등이 이러한 역사를 다루는 데 훨씬 더 적절할 것이다. 우리는 이러한 사례를 다루기 위해서 이런 저런 주거공간으로 들어가 보겠지만, 특히 프랑스의 주거공간을 유심히 검토할 것이다. 먼저 절대주의 시기 이후 귀족들의 대저택이었던 오텔(hôtel)은, 주거공간의 분화가 본격적으로 시작된 주택이었다는 점뿐만 아니라, 그 자료의 풍부함이나, 건축 이론의 발전에서 갖는 중요성, 그리고 다양한 건축적 구성을 '실험' 할 수 있는 재정적이고 계급적인 조건으로 인해 가장 중요한 연구 대상이 된다. 이는 이 저택들에서 보이는 방들의 분화된 명칭이 가령 영어에서 그대로 반복되며 존속하고 있다는 점만으로도 충분히 이해할 수 있는 일이다.

　　다른 한편 이러한 저택의 역사와는 다른 차원에서 19세기 이후 본격적으로 등장한, 지금은 보통 아파트라고 불리는 임대주택(Maison à loyer)이나, 산업혁명 이후, 아니 위생개혁을 위한 법과 운동이 주택개량과 결부되어 발전하기 시작한 19세기 후반 이후 노동자나 서민주택은, 사회적·경제적 등등의 모든 면에서 귀족들의 저택과는 매우 다른 발생적 '계보'와 특징을 갖는다. 따라서 그것은 오텔이나 귀족저택과는 별도로 다루어야 한다. 특히 노동자의 주거공간은 귀족이나 부르주아지의 그것과 달리 자연발생적인 탄생의 경로를 밟은 것이 아니라, 명확한 목적의식을 갖고 기획되고 만들어졌다. 거기에는 계급적인 적대와 연관된 두 가지 상이한 전략이 관여되어 있었는데, 노동자주택의 공간적 배치는 이 상반되는 두 가지 전략을 통해서 검토되어야 한다.

*　　*　　*

사회적인 차원에서 다루어지는 공간은 흔히 고전적인 기하학에서처럼 어떤 사물의 연장(extension)을 정의해 주는 좌표계나, 고전 물리학에서처럼 그 안에서 물리적 운동이 이루어지는 텅 빈 허공이 아니다. 또한 그 것은 자연적으로 주어진 실재도 아니다. 반대로 그것은 건축적인 요소 들에 의해 둘러싸임으로써 만들어지거나, 그렇게 만들어진 것들의 복합 체로 구성된다. 예컨대 집이라는 주거공간은 벽과 문을 통해 정의되는 방들의 복합체다. 따라서 사회적인 차원에서 공간은 어떤 건축적 요소 의 특정한 배열을 통해 형성되는, 언제나 어떤 형식과 질서를 갖는 '배 치'(agencement, arrangement)로서 존재한다.

그것은 가장 추상적인 수준에서도 그렇다. 예를 들어 집이나 공장 은 물론 모든 단위 공간은 최소한 벽과 문을 갖는다. 다시 말해 경계와 출입구를 포함하지 않는 공간은 없다. 그리고 출입구가 벽과 맞닿는 것 은 불가능하다. 즉 출입구는 언제나 열린 공간으로 연결되어야 한다. 이 로 인해 출입구와 경계만을 갖는 추상적 단위공간의 복합은, 그것이 자 연발생적으로 이루어질 경우에도 일정한 형태학적(morphological) 특 징을 갖는다(Hillier and Hanson, 1984 : 33~37).

이처럼 최소한의 추상적인 조건만으로도 공간은 그에 대한 임의적 인 접근(random access)을 제한하고, 접근과 드나듦, 만남과 같은 가장 기본적인 사람들의 활동을 제약한다. 이로 인해 그것이 배열되고 조직 되는 양상은 드나듦과 만남과 같은 기본적인 활동을 특정한 것으로 제 한하고 그것에 일정한 방향성을 부여한다. 즉 그것은 그 공간 안에서 이 루어지는 사람들의 활동을 특정한 형태로 관계짓는다. 임의적인 접근에 대한 제한이 자연발생적인 것이 아니라 인위적인 경우에는 더욱 말할 나위가 없다. 이러한 경우 공간의 건축적 배치는 타인을 '자동적으로' 만나게 되고 그와 '자동적으로' 특정한 관계를 형성하게 되는 양상을 규 정한다.

바로 이런 의미에서 공간적 배치에 관한 문제는 그것을 통해 이루어지는 제한의 본질은 무엇이고, 그것은 사람들을 서로 어떻게 관계짓는가에 관한 질문인 셈이다. 선구적으로 이러한 질문 속에서 궁정사회를 연구했던 엘리아스는 다음과 같이 쓰고 있다.

사회적 단위 내지 사람들을 통합하는 형식들은……공간적 배치(arrangement)의 특정한 유형에 의해 특징지어진다. 왜냐하면 그것들은 언제나 상호 연관된 사람들의 단위들이기 때문이다. 이러한 관계의 본질이 오직 공간적 범주에 의해서만 표현되는 것은 아니라고 해도, 그것은 어떤 식으로건 공간적 범주들에 의해서도 표현될 수 있음은 분명하다. 왜냐하면 모든 종류의 사람들의 '연계'(being together)는 그에 상응하는 공간적인 배치를 가지며, **그것을 통해** 연계되어야 할 사람들은 실제로 연계되거나 연계될 수 있기 때문이다.(Elias, 1983 : 43, 강조는 원저자)

요컨대 **공간적 배치는 드나듦과 만남을 비롯한 다양한 공간적 실천을 정의하고 통제함으로써 사회적 관계를 형성하거나 표현한다. 사회적 관계는 건축적 구조와 분포 등을 통해 공간 자체를 배열하며, 그러한 공간 속에 사람들을 배치한다**(Hillier and Hanson, 1984 : 26~27) . 그리고 공간적 배치가 그처럼 사회적 관계를 표현한다면, 그러한 배치를 통해, 그 안에서 이루어지는 공간적 실천에 대해 미치는 효과를 포착할 수 있을 것이다. 그것은 실천을 사회적 관계 속에 포섭하는 효과일 뿐만 아니라, 활동하고 실천하는 일상적인 방식을 개개인의 생활과 신체에 새기는 그런 효과일 것이다. 이러한 효과를 통해 개개인은 일상적으로 그 공간적 배치와 사회적 관계에서 요구하는 주체로 생산된다. 졸라의 말은 이를 압축적으로 보여 준다. "네가 어떻게 사는지 말해. 그러면 내가 네가 누군지 말해 주지." 공간적 배치가 사람들에게 미치는 효과는 바로 이러한 질문을 통해 일종의 '사회학적' 연구의 주제가 된다.

그런데 공간을 사회학적으로 다루는 방법은 크게 두 개의 상이한 방법으로 대비될 수 있다. 하나는 **특정한 종류의 공간, 특정한 형태의 공간이 발생하게 한 사회적인 원인이나 요인, 혹은 어떤 공간형태에서 다른 것으로 변환되게 한 사회적인 요인을 추적하는 것이다.** 사회학의 통상적인 관념에 부합하는 이 방법은 공간적 변환의 사회적 원인에 주목하며, 그것에 대한 사회학적 설명을 추구한다는 점에서 '공간에 대한 사회학'이라고 말할 수 있을 것이다. 여기서 공간 내지 공간적 배치는 굳이 말하자면 '독립변수'라기보다는 설명되어야 할 '종속변수'인 셈이다.[*]

다른 하나는 그와 반대로 공간적 형태나 배치 등의 변환을 야기한 원인보다는, 그것이 야기한 효과를 포착하려는 것이다. 즉 **특정한 공간적 배치의 변환을 통해서, 혹은 특정한 공간적 형태가 만들어지고 작동함으로써, 그 안에서 사는 사람들의 삶의 양상이 어떻게 변화되었는지를 추적하려 한다는 것이다.** 이는 공간이 갖는 사회적 효과에 주목한다는 점에서 '공간의 사회학'이라고 말할 수 있을 것이다. 여기서 공간은 설명되어야 할 '종속변수'가 아니라 설명해 주는 '독립변수'인 셈이다.

사실상 연구가 진행되면서 이러한 두 가지 측면은 어느새 공존하고

---

[*] 예를 들면 생태학적 조건의 변화를 통해 공간적 분포의 변화를 설명하는 시카고 학파의 생태학적 이론이나, 자본의 논리나 집합적 소비, 지대 등의 경제적 요인들을 통해 도시의 공간적 분화와 변형을 다루는 카스텔(Castells, 1977), 하비(Harvey, 1994) 등의 정치경제학적 입장이 이러한 관점에 포함된다고 할 수 있다.

뒤섞인다. 때에 따라 이런 분석 혹은 저런 분석이 필요하거나 유용하게 되기 때문이다. 양자를 가르고 구분하는 경계는 모호해진다. 따라서 양자를 배타적인 것으로, 그래서 "이것이냐 저것이냐"라는 양자택일의 대상으로 간주하는 것은 부적절한 일이 될 것이다. 이하의 연구 역시 때로는 전자가, 때로는 후자가 전면에 등장하거나 서술의 중심을 차지하게 될 것이다. 그럼에도 불구하고 이러한 구분은 공간 내지 공간적 배치의 문제에 접근하는 데, 특히 연구의 전체 방향을 설정하는 것과 관련해서는 충분한 유효성을 갖는다. 이와 관련하여 특별히 분별지심을 발동해 말한다면, 적어도 이 책 전체에서 다루고자 하는 연구는, 더불어 각각의 장에서 다루고자 하는 것은 특정한 공간적 배치가 발생하게 되는 사회적인 요인보다는, 그것이 생산하는 사회적 효과에 더 가까이 있다고 할 것이다.

요컨대 이 책에서 우리는 **근대적인 주거공간이 그 안에서 사는 개개인에 미치는 효과를, 근대적인 삶의 형식을 공간적으로 조직함으로써 개개인을 근대적 주체로 생산하는 양상**을 보려고 할 것이다. 다시 말해 서구에서 형성된 근대적 주거공간에 대한 검토를 통해 주거공간을 둘러싼 사회적 관계와 그 공간 안에서 사회적 실천이 조직되는 양상을 추적하고, 그것을 통해 주거공간에서 근대적 주체를 생산하는 방식에 대해 연구하려는 것이다. 이런 이유로 인해 이 책에서는 예컨대 17세기나 19세기에 나타나는 주거공간 배치의 변환을 다루면서도 그 불연속적인 변환의 '원인' 내지 이행을 야기한 '요인'을 찾고자 하기보다는, 그러한 배치의 '효과'가 어떻게 달라지며 상이한 방식의 주체생산 메커니즘을 작동시키는지, 그리고 그러한 변환이 보여 주는 불연속성 내지 단층의 깊이는 어떠한지를 보려고 할 것이다.[*]

*　　*　　*

사회적 공간을 공간적 배치로 다루는 데서 가장 중요한 것 가운데 하나
는 그것을 **시선 및 동선의 배치**로 다루는 것이다. 시선과 동선은 공간적
배치를 이루는 형상이나 분포와 반복하여 계열화되는 요소며, 또한 공
간적 형상이나 분포는 바로 이 시선과 동선을 겨냥하여 배치된다. 그리
고 이러한 시선과 동선의 반복적인 계열화는, 그것이 작용하는 공간 안
에서 사람들의 행동과 사고를 통제하거나 포섭함으로써, 그것을 특정한
양태로 생산해낸다. 달리 말하면, 시선 및/혹은 동선을 통해서 공간적
배치는 작동하고 나름의 효과를 생산한다. 따라서 시선 및/혹은 동선의
집중과 분산을 야기하면서 그것을 절단하고 채취하는 공간적 분포, 그
리고 그것과 반복적으로 계열화되는 사회적 이용의 규칙 내지 전략을
통해서 공간적 배치를 연구하려는 것이다. 즉 공간적 배치의 사회적 효

---

* 전통적으로 사회학이나 역사학은, 근대적인 지식의 모델이 되었던 자연과학의 그것과 마찬가
지로 대부분의 경우 어떤 사건이나 현상을 그 원인을 추적하는 방식으로 연구했다. 예를 들면
군주제나 의회제 같은 제도가 출현한 이유는 무엇이며, 상품의 교환을 가능하게 한 요인은 무
엇인지, 서구에만 유독 자본주의가 출현한 이유는 무엇인지, 혹은 프랑스 혁명의 원인은 무엇
이며, 그것을 가능하게 한 요인은 무엇이었는지 등과 같은 방식으로 질문하며, 그 질문으로
사태를 포착하려 한다. 그것은 모든 사태는 고유한 원인을 갖는다는 근대과학의 인과적 가정
을 전제로 하고 있다.
반면 어떤 사태의 원인보다는 그것이 야기한 효과를 주목하려고 한다면, 그것은 결정적인 원
인을 찾는 것이 철학적으로 근거지어질 수 없다는 데 대한 철학적 불안 때문이 아니라, 그것
으로 인해 만들어지고 작동하는, 우리의 삶을 규정하는 현재적인 메커니즘을 보는 방법이 중
요하리라는 생각 때문이다. 예컨대 상품교환을 가능하게 한 것이 무엇인지와는 다른 차원에
서, 그것이 그것에 포섭된 사람들에게 미치는 효과를 주목하려는 것이다. 이는 그것의 발생
적인 요인이 무엇인가에 대한 명확한 답이 없이도 충분히 연구될 수 있는 것이다. 마찬가지
로 근대적 주거공간이 만들어진 원인이 무엇이든, 그것이 그 안에서 사는 사람들의 행동과
사고, 태도와 욕망에 미치는 효과는 연구될 수 있고, 또한 연구되어야 한다. 좀더 과감하게 말
하자면, 근대적 주거공간이나 상품교환처럼 어떤 사태가 이미 현실로 존재한다면, 그것의 원
인이 무엇인가라는 질문보다 오히려 그것이 어떤 효과를 야기하는지를 묻는 것이 훨씬 더 실
제적이고 중요하다고 생각한다.

과를 연구하려는 공간의 사회학은 시선 및/혹은 동선의 배치를 그 분석 대상으로 한다.

공간적 문제설정과 공간적 연구의 방법을 의식적으로 추구했던 푸코는 그 위치에 의해 외연(外延)이 정의되는 어떤 텅 빈 공간이나, 동질성을 갖는 어떤 전체가 아닌, 그 자체로 이질적이며 그런 만큼 그 안에서 발생하는 공간적 관계화가 이질적인 결과로 귀결되는 것으로 공간을 개념화한다.

> ······우리는 동질적이고 텅 빈 공간에 살고 있지 않다.······우리가 그 속에 살며, 그것을 통해 우리 자신의 외부로 이끌리고, 그 안에서 우리의 삶, 우리의 시간, 우리의 역사의 침식작용이 진행되는 공간, 우리가 갉아먹으며 주름을 만들어내는 공간은 그 자체로 이질적이다. 다시 말해 우리는 개인이나 사물을 그 안에 위치지을 수 있는, 다채로운 색들이 칠해질 수 있는 일종의 공백 속에서 살지 않는다. 오히려 우리는 하나를 다른 하나로 환원할 수 없는 어떤 배치(emplacement)를 정의하는, 절대적으로 포개질 수도 없는 관계들의 집합 안에서 사는 것이다.
> (Foucault, 1994 : 754~755)

푸코 말처럼, 사회적인 차원에서 공간의 문제는 그 안에 무언가가 놓여질 수 있는 어떤 텅 빈 공간의 문제가 아니며, 연장적(延長的)인 공간의 문제도 아니다. 또한 벽체나 지붕 등에 의해 둘러싸이며 만들어지는 공간적 형태의 문제만도 아니다. 그것은 오히려 **어떤 공간 안에서, 혹은 어떤 공간적 조건 위에서 이루어지는 사람들의 실천이나 행동의 문제며, 그것과 결부된 다양하고 이질적인 요소들의 계열화 및 그러한 계열화의 반복**

의 문제다. 따라서 공간적 실천과 결부되어 반복적으로 계열화되는 이웃한 요소들의 관계, 위치 관계 내지 위상적 관계가 공간의 문제에서 중요하며, 바로 그런 만큼 공간의 문제는 공간적 배열의 문제요, 공간적 배치의 문제다. 푸코 말대로 이제 "공간은 위치 관계의 형태로 우리에게 주어진다"(같은 책, 754).

전체로서의 공간 개념이 있을 수 있다면 그것은 배열의 양상에 따라 전혀 이질적인 것이 산출되는 어떤 모태일 수 있을 뿐이다. 이를 푸코는 '헤테로토피아(hétérotopia)의 원리'라고 부른다. 여기서 공간이란 언제나 구체적인 배치로서만 존재할 뿐이다. "이제 (중세의) 국지화(localisation)를 대체했던 (데카르트 식의) 외연(으로서 공간)을 배치가 대체한다. 배치는 점 내지 요소들 사이의 이웃관계에 의해 정의되며, 이를 계열이나 트리, 격자로써 형식적으로 서술할 수 있다"(같은 책, 753).*

좀더 나아가, 공간적 배열을 통해 반복되는, 공간적 실천과 결부된 어떤 계열의 반복은 특정한 양상의 실천을 반복해서 만들어내고, 이러한 반복적 실천은 특정한 양상으로 반복하여 행동하는 습속을 만들어내며, 이러한 습속을 통해 개개인을 특정한 형태의 실천을 생활로서 반복하는 특정한 주체로 생산한다. 바꿔 말하자면 주체생산의 문제와 결부해 공간의 문제를 포착한다는 것은, 공간적 실천과 계열화되는 공간적

---

* 사실 푸코의 거의 모든 저작은 이러한 배치에 관한 것이라고 할 수 있다. 예를 들어 『임상의학의 탄생』(Foucault, 1993a)은 볼 수 있는 것과 볼 수 없는 것을 분할하고 정의하는 가시성의 공간 내지 가시성의 배치에 관한 책이고, 『말과 사물』(Foucault, 1986)은 사유할 수 있는 것과 사유할 수 없는 것을 가르고 정의하는 무의식적인 사유공간 내지 인식론적 배치에 관한 것이며, 『지식의 고고학』(Foucault, 1992)과 『담론의 질서』(Foucault, 1993b)는 언표가능한 것과 언표불가능한 것을 가르고 정의하는 지식의 공간 내지 언표가능성의 배치고, 『감시와 처벌』(Foucault, 1989a)과 『성의 역사 1 : 앎의 의지』(Foucault, 1990)는 권력의 시선이 개개인을 근대적인 삶으로 훈육하는 권력의 배치에 관한 것이다.

요소들이, 연관된 실천에 작용하여 특정한 효과를 생산하는 양상을 포착하는 것이다.

이는 무엇보다도 건축적으로 구성된 특정한 공간적 분포 안에서, 그것에 의해 임의적 흐름이 제한된 동선의 문제요, 그러한 조건 아래서 공간적인 실천을 통제하고 규제하는 시선의 문제다. 공간적 배치는 특정한 공간적 조건 아래서 동선과 시선의 흐름을 특정한 양상으로 절단하고 채취하는 '기계적인' 작동을 통해 특정한 형태의 공간적 실천을 생산한다. 공간-기계. 집이나 학교, 공장, 병원 등의 건축적인 '구조'나 공간적인 분포, 각각의 공간마다 대응하는 어떤 공간적 행동의 집합 등은 그 안에서 시선과 동선의 연결과 차단, 집중과 분산 등을 통해 개개인의 신체에 작용한다. 따라서 공간적 배치의 문제는 특정한 공간-기계가 동선과 시선의 흐름을 절단하고 채취하는 특정한 양상을 포착하는 문제라고 할 수 있겠다.

예를 들어 17세기 프랑스의 귀족 저택에서 흔히 나타나는 것이지만, 내실(chambre)이 카비네는 물론 살롱이나 그랑 카비네, 식당처럼 많은 사람들이 모이고 드나드는 방들과 직접 연결되어 있다면, 다시 말해 다양하고 이질적인 다수의 동선을 절단하지 못하고, 오히려 그것의 흐름을 허용하는 위치에서 다른 방들과 계열화되어 있다면, 그 방이 비록 침실(chambre à coucher)로 정의되어 있는 경우에도 지금 침실이란 말에서 떠올리는 은밀하고 사적인 공간일 수는 없는 것이며, 따라서 그 방안에서의 행동 역시 타인의 시선을 고려하지 않아도 좋은 것일 수는 없는 것이다. 반대로 그것은 이른바 '공적인' 동선의 흐름에 개방되어 있으며, 다양한 타인의 시선을 의식해서 행동하는 공간이 된다. 이런 점에서 동선과 시선의 절단과 채취 방식은 공간의 용법(usage)을 규정하고 제한하는 요건이 된다고 할 수 있을 것이다. 다른 한편 푸코가 원형감시장치(panopticon)에 대한 분석에서 탁월하게 보여 준 것처럼, 건축적이고 기하학적인 어떤 배치만으로도 감시자 없이 작용하는 감시장치를 만들 수 있으며, 감시자 없이도 감시자의 시선을 항상 의식하고 행동하는 공간적 조건을 부여할 수 있다.

따라서 어떤 공간의 특정한 배치가 갖는 주체효과에 관한 연구는 공간의 문제를 무엇보다도 우선 동선과 시선에 관한 문제로 정의할 것을 요구한다. 이하에서 우리는 서구의 근대적 주거공간을 이처럼 시선과 동선의 집중과 분산, 절단과 채취의 문제로 포착하고자 한다.

이러한 틀 속에서 정의되고 연구되는 근대적 주거공간의 배치는 결국 근대에 이르러 나타난 특정한 **'욕망의 배치'**로 소급되어야 한다. 다시 말해 공간적 배치는 공간을 특정한 양상으로 배열하려는 욕망이며 공간을 특정한 방법으로 이용하려는 의지를 표현한다는 점에서 공간과 관련된 욕망의 배치기 때문이다. 하지만 이는 흔히 사생활의 욕망에 대해 생각하듯이, 자연적으로 주어진 어떤 본능 같은 것이 아니라 반대로 특정한 사회적인 조건 등을 통해서 형성되고 변환되는 것이다. 이런 관점에서 근대적 주거공간의 배치에 대한 검토는 근대적인 사생활의 욕망이 어떻게 주거공간의 배치를 '장악'하여 가는지, 혹은 반대로 그러한 욕망이 근대적인 주거공간의 생성과 더불어 어떻게 생성되는지, 그것은 사람들의 일상적인 삶의 방식 내지 실천의 양상을 어떻게 변환시키는지를 파악하려는 작업으로 간주해도 좋을 것이다. 근대적인 '내밀성'(intimacy)의 문제를 공간적 배치의 문제와 결부하여 검토하는 것은 이런 이유에서다. 그것은 사생활을 욕망하는 근대적인 배치가 '권력의 배치'로 변환되는 지점이기도 하다.

방과 문을 기본 요소로 하는 건축적 단위들은, 그것이 서로 간에 연결되는 방식과 그 연결된 방들의 분포를 통해, 그 안에서 이루어지는 생활과 활동의 임의성에 특정한 제한을 가한다. 이런 점에서 방들의 이웃관계들로 이루어지는 공간적 분포는 주거공간에 대한 임의적 이용 내지 임의적 접근을 제한하는 조건을 형성한다고 할 수 있다. 공간에 대한 임의적 접근을 제한하는 이러한 조건들은, 앞서 인용한 엘리아스 말처럼 사람들이 서로 간에 자동적으로 만나고 자동적으로 접촉하는 양상을, 따라서 그들이 일상적으로 관계지어지는 양상을 규정한다. 그것은 주어진 공간 안에서 동선의 흐름을 특정한 양상으로 절단하고 채취하는 '물질적' 조건, '신체적' 조건이다.

다른 한편 공간의 임의적 이용을 제한하는, 건축적인 것은 아닌 또 다른 규칙들이 있다. 방마다 상이하게 붙여지는 이름으로써 그 방들의 용법을 명시하고 제한하며, 출입이 허용되거나 출입하는 동선의 성격을 규정한다. 남자들이 이용하는 방, 여자들이 이용하는 방, 손님을 접대하는 방, 잠을 자는 방 등의 구분과 분절이 이루어진다. 그리고 용도를 표시하는 이름에 따라 적절한 방의 장식과 형태 등이 정의되고, 더불어 그 안에서 적절하다고 판단되는 동작과 행동의 집합이 때론 묵시적으로, 때론 명시적으로 정의되고 지시된다. 공간의 용법에 직접적으로 결부된 이용의 규칙들. 이는 건축물의 '물질적 신체' 자체는 아니지만, 그 신체의 표면에 새겨지는 것이고, 신체와 마찬가지로, 아니 신체와 함께 특정한 관계를 반복하여 만들어내는 방식으로 사람들의 동선을 절단하고 채취한다.

건축물은 이처럼 이중적인 차원에서 분절되고 형식화된다. 건축물의 물리적 신체를 조직하는 '건축적인' 형식과, 그것의 표면에서 건축물의 이용에 관련된 모든 활동을 표현하고 규제하는, 대개는 언표적인 그물을 이루는 '비건축적인' 형식.[*] 여기서 공간적 분포라는 '건축적' 형식은 공간의 용법이라는 '비건축적' 형식으로 환원되지 않으며, 반대도 마찬가지다. 다시 말해 공간적 분포가 공간의 용법을 직접 규정하거나 반대로 공간의 용법이 공간적 분포를 직접 규정하는 인과적 관계를 설정할 수는 없다는 것이다. 가령 공간적 분포상의 중앙에 자리잡은 방이 언제나 거실이 되는 것은 아니며, 반대로 침실이라고 해서 언제나 공간적 분포상의 구석에 처박히는 것은 아니기 때문이다. 동일한 침실조차도 용법에 의해서 자리잡을 위치가 달라질 수 있다. 이런 점에서 어느 하나로 공간적 배치 전체를 설명하거나, 하나를 다른 하나의 종속변수로 취급하는 것은 분명히 잘못된 결과를 초래할 것이다. 이것이 두 가지를 동시에, 그리고 독립적으로 다루어야 하는 이유다.

하지만 그렇다고 양자가 서로 무관하거나 따로 논다고 생각하는 것 또한 잘못된 생각이다. 공간의 용법은 그에 적절한 행동과 활동을 내포한다. 이러한 활동은 그것이 적절하게 이루어질 수 있는 '건축적' 조건, '물질적' 조건을 확보하고자 할 것이 분명하고, 그런 만큼 그것이 달라지면 그와 결부된 방의 위치에 변용을 야기할 것이 분명하기 때문이다.

---

[*] 이 두 가지 형식에 대해 들뢰즈와 가타리는 각각 '내용의 형식'과 '표현의 형식'이라는 개념을 부여한다. 전자는 그들이 사용하는 '기계적 배치'라는 개념으로 바꾸어 말할 수 있다면, 후자는 '언표행위의 배치'라는 개념으로 바꾸어 말할 수 있을 것이다(Deleuze et Guattari, 1980 : 58 이하). 주거공간뿐만 아니라 사람들의 활동이 행해지는 모든 건축물은 이처럼 내용의 형식과 표현의 형식, 혹은 기계적 배치와 언표행위의 배치라는 이중적인 형식으로 분절된다. 이 양자는 건축물의 배치를 형성하는 두 가지 변인이다.

침실을 부부만의 사적인 공간으로 사용하고자 하는 새로운 용법의 출현은, 이전과 달리 침실을 이동의 경로로 만드는 위치나 사람들이 드나들기 쉬운 위치에서 벗어나 동선의 끝자락에 위치하게 한다. 반대의 경우도 마찬가지일 것이다. 이런 점에서 양자는 독립적인 형식이면서도, 서로에 대해 개입하고 서로에 대해 관여하며 서로를 변환시킨다.*

어떤 공간의 '의미/방향'(sens)은 이 두 가지 성분이 함께 작용하여 만들어내는 것이다. 다른 측면에서 말하자면, 이 두 가지 성분은 함께 작용하면서, 공간적 배치를 작동시킨다. 그 작동의 결과 주어진 공간 안에서 반복적인 활동과 실천의 조건을 형성하고, 그것을 통해 활동의 양상에 대해 특정한 방향과 양상을 규정하는 권력의 벡터를 작용하게 한다. 그러한 작용의 결과에 우리가 앞서 '효과'라고 명명한 개념을 대응시킬 수 있다. 그렇다면 이제 이렇게 다시 말할 수 있다. 즉 주거공간의 문제를 그 사회적 '효과'라는 관점에서 연구하려는 공간사회학적 방법은, 이처럼 공간적 분포와 공간적 용법이라는 두 가지 성분이 함께 작용함으로써 그 안에서 이루어지는 활동과 생활에 특정한 형식과 방향을 반복하여 만들어내는 양상을 검토하는 것이고, 그리하여 그러한 권력의 효과 아래 어떠한 생활형식, 어떠한 활동방식, 어떠한 주체성의 형식을

---

* 이 두 가지 형식은 모든 공간적 배치의 성분이다. 다른 한편 공간적 배치는 다른 두 가지 성분을 갖는데, 하나는 동선의 흐름을 '탈영토화' 하는 성분이라면, 다른 하나는 '재영토화' 하는 성분이다. 예를 들면 뒤에서 자세하게 분석될 것이지만, 서양의 귀족저택에서 보통 동선의 흐름은 궁정생활 내지 사교가 이루어지던 살롱으로 영토화된다. 이런 이유 때문에 살롱은 공간의 분포 상에서 중앙 가까이에 위치한다. 다른 방들, 가령 대기실이나 식당은 물론 심지어 침실조차 살롱을 중심으로 배열되고, 살롱으로 영토화하는 흐름을 따른다. 반면 궁정생활이나 사교생활에서 벗어나 쉬고 싶다는 욕망은 그런 과시적인 공간에서 벗어나 쉴 수 있는 공간을 찾아낸다. 내실이나 침실에 부속된 방들이 그것인데, 바로 이 방들이 기존의 배치를 탈영토화 하는 성분인 셈이다.

만들어내는가를 보는 것이다.

　이러한 관점에서 우리는 근대적 주거공간이 어떻게 탄생했으며, 그 안에서 어떠한 삶의 형식이 조직되고, 어떠한 주체생산방식의 메커니즘이 작동하는지를 볼 것이다. 하지만 이를 위해서는 먼저 그 이전의 주거공간이 어떠했는지에 대한 검토와, 그것이 어떻게 분화와 '발전'의 과정을 밟게 되는지, 그것이 어떻게 근대적인 사적 공간으로 변형되는지를 보아야 할 것이다.

*　　*　　*

이하에서는 주로 프랑스에서의 주거공간 변환을 중심에 두고 유럽에서의 주거공간 변환을 검토할 것이다. 프랑스의 주거공간에 중심을 두는 데는 몇 가지 이유가 있다. 먼저 혁명 이전의 구체제(ancient régime) 내지 '고전주의 시대'(l'âge classique)라고 불리는 시기, 혹은 궁정사회와 결부되었던 절대주의 시기는, 이전의 미분화된 주거공간에서 분화가 본격적으로 진행되고 저택의 건축이 크게 발전하던 시기였다. 그런데 이러한 궁정적 생활과 그것이 행해지던 대저택의 건축에서, 그리고 주거공간의 내부적인 분화에서 가장 앞서갔을 뿐 아니라 가장 분화된 양상을 보여 주었던 것이 바로 프랑스였다는 점이다. 이는 단지 프랑스에 머물지 않았다. 마치 베르사유가 유럽 절대군주들이 꿈꾸었던 궁전의 모델이 되었던 것처럼, 프랑스 궁정사회의 사교의 공간이었던 오텔은 많은 유럽 귀족사회의 모델이 되었다. 르네상스 시대 이탈리아의 문화가 그랬듯이, 이번에는 프랑스 궁정사회와 건축공간이 유럽에 영향력을 행사하며 확장되어 간다.

　한편 영국의 주거공간은 프랑스 건축과 문화의 이러한 영향력에도 불구하고 크게 다른 색조를 띠고 있었는데, 그것은 일차적으로 영국의 귀족이 지방의 대지주였다는 점, 따라서 귀족들이 파리에 집중되어 있던 프랑스와 달리 컨트리 하우스라는 영국식 저택이 그들의 일차적인 주거공간이었다는 점과 관련된 것이다(이는 이후 부르주아지 역시 일차적 주거지를 시의 경계에서 벗어난 교외에 구하려던 태도와도 무관하지 않을 것이다). 하지만 그들 지주적 귀족들 역시 중앙의 궁전에 드나들고 수도에 거주하며 궁정을 중심으로 하는 사교의 네트워크에 가담해야 했기 때문에, 수도인 런던에 별도의 주거지를 만들어야 했다. 하지만 컨트리 하우스처럼 거대한 저택을 거기에 또 다시 만들 순 없었던 것이고, 이로 인해 화려한 외관을 공유하면서 내부는 독립적인 공간으로 분리된 이른바 '테라스 하우스'가 일찍부터 발달한다.

이상의 여러 요인들로 인해 20세기 초반에 이르기까지도 영국의 중간계급조차 집합주택에 대해서 거부감을 강하게 가지고 있었다. 더불어 여러 가지 제약으로 인하여 이 책에서는 절대주의 시대 귀족 건축은 전형적이고 극단적인 양상을 보여 주었던 프랑스의 귀족저택으로 제한하고, 그것에 대해서 영국에서 나타났던 차이를 부연하는 식으로 진행할 것이다.

둘째, 현재 우리의 근대적 주거공간에 근접한 형태를 보여 주는 것은 귀족주택도 아니고, 이른바 '중간계급'이라고 불리던 부르주아지의 주택도 아니다. 오히려 그것은 산업화와 더불어 진행된 위생문제나 주택문제, 그리고 계급투쟁 등으로 인해 19세기 후반부터 본격적으로 진행된 노동자의 주거공간이다. '분양'이라는 제도조차도 여기에 그 발생의 지점을 두고 있는데, 여기서 가장 앞서나간 것은 물론 산업화가 가장 빨랐던 영국이었다. 하지만 19세기 노동자 주택문제의 실질적 진행에서 가장 결정적인 영향을 미친 것은 계급투쟁이었고, 프랑스의 경우 주택문제 자체가 그러한 계급투쟁의 양상으로 진행되었다는 점에서 그 본질적인 성격이 뚜렷하게 드러나며, 나아가 주택문제를 단순히 주택정책이나 사회복지의 문제라는 국가적 관점에서 벗어나 사유하는 데 중요한 참조점을 제공한다.

2장 _ 공간 개념과 연구방법:
공간 사회학의 이론적 요소들

철학에서 공간이라는 주제는 아리스토텔레스에 의해 명시적인 주제로 떠오른 이래 오랫동안 중요한 철학적 주제를 형성했다. 모든 사물에 적절한 자리가 이미 주어져 있으며, 사물이 우주 안의 적절한 자리에 놓이는 것이 조화요 질서라는 '코스모스'(Cosmos)의 공간관념은 고대적 우주관의 전체를 요약하는 것이라고 해도 과언이 아닐 것이다. 지구가 그 우주의 중심에 위치해야 한다는 중세의 기독교적 관념은, 신이 인간을 위해 마련해 준 적절한 자리에 대한 공간관념으로서 고대적인 코스모스 개념의 연장선상에 있는 것이었다.[*]

이러한 공간관념을 근본적으로 해체한 것은 아마 데카르트의 업적으로 돌려야 할 것이다. 그는 만물의 물질적인 속성을 연장(extension)으로 정의하고, 그 연장은 공간상의 위치로 환원한다. 그리고 그 공간은 수학적인 좌표로 정의함으로써, 공간상의 위치가 갖는 모든 특성과 특

---

[*] 이런 점에서 본다면 지구에서 태양으로 그 중심을 바꾸는 것은, 중세적인 중심의 관념에서 벗어나며, 그것을 뒤집는—코페르니쿠스적인 의미에서 revolve—것이 분명하지만, 여전히 공간 안에서 어떤 특권적인 자리를 설정하고 있다는 점에서는 고대적인 코스모스 개념에서 벗어난 것은 아니었다고 말할 수 있을 것이다.

권을 추상해 버렸다. 이제 공간은 대수적인 수의 조합으로 환원되는 동질적인 무엇이 되었다. 칸트는 이런 공간을 시간과 더불어 경험이 그 안에서 가능하게 되는 어떤 선험적인 직관형식으로 변형시킴으로써 주관의 내부로 끌어들였다. 그렇지만 그것이 아무리 주관 내부에 존재하는 것이라 해도 그 본질이 수학적이고 기하학적인 것인 점은 분명했다.

그러나 그것은 그것이 모델로 했던 유클리드 기하학이 그 절대적인 자리를 상실함으로써 또 다시 해체되고 만다. 이후 현상학은 시간과 더불어 공간을 구체적인 체험의 양상 속에서 다룰 수 있는 대상으로 재정의함으로써, 그 체험의 양상을 통해 작용하는 본질(eidos)을 의식의 지향성이라는 형태로 재발견한다. 물론 이는 후설뿐만 아니라 하이데거 (Heidegger, 1998)의 사유를 통해 시간과 공간을 현존재의 구조와 연관지을 수 있게 됨으로써 가능하게 되었던 것이다(Bollnow, 1994).

사회학에서 공간에 관한 연구는 짐멜의 선례(Simmel, 1957〔1909년 발표〕; 1983〔1903년 발표〕)를 제외하면 별로 오랜 역사를 갖지 않는다. 오히려 많은 경우 공간 내지 공간적 배치의 차이에 기인하는 것조차 다른 사회적 요인에 의해 설명하는 것이 '사회학적' 연구로서 간주되는 것이 일반적이었다. 공간적 차이와 결부된 현상들을, 독립변수로든 종속변수로든 명시적으로 다루어 왔던 것은 지리학자들이었다(Soja, 1997). 지리학은 그것이 연구하려는 대상이 이미 지리라는 공간적 범주를 통해 정의되기 때문에 공간적 범주 위에서, 공간을 변수로 연구했다.

그러나 지리학에서 공간은 지리적 요인이나, 그와 결부된 생태적·경제적 요인으로 환원되며, 연구의 대상이 되는 공간 자체가 지리적인 분포와 결부되어 개념화된다. 다시 말해 공간의 개념은 어떤 대상이나 특성의 지리적 분포에 머물며, 공간 그 자체의 형태나 형상을 통해 작용하는 공간 자체의 고유한 효과를 포착하지 못한다. 이는 연구하려는 대상이 애시당초 다르게 설정되고 있다는 점에 연유하는 것이기에, 어떤 개념적 결함이나 단점이라고 할 수 없는 것이다. 하지만 이는 어떤 개념도 피할 수 없는 나름의 경계/한계인 셈이어서, 주거공간의 배치나 기타 부분적인 공간의 배치를 연구하려는 경우에는 그것과는 경계를 달리하는 공간 개념을 원용하는 것이 불가피하다.

　우리가 근대적 주체가 일상적으로 생산·재생산되는 메커니즘과 결부하여 주거공간의 문제를 사회학적으로 연구하려고 하는 한, 공간의 문제를 그것의 사회적 효과와 관련해서 다루고 분석할 수 있는 개념과 분석방법이 필요하다. 앞서처럼 사회적 효과라는 차원에서 공간의 문제를 다루는 방법을 '공간 사회학적 방법'이라고 정의할 수 있을 것이다. 이 책에서는 이러한 공간 사회학적 방법을 연구의 방법론으로 삼고자 하는데, 짐멜의 몇몇 이론적 단상을 제외하면 사회학적 차원에서 이를 이론적으로 체계화한 경우는 아직 없다. 이를 위해 일단 이 장에서는 이 책의 연구에 이론적 자원이 될 수 있는 이론적 요소들을, 사회학 내지 사회과학이란 분과적 제한을 뛰어넘어 공간에 대한 연구방법이란 관점에서 확인해 볼 것이다. 그리고 도식화가 포함하는 단순화와 추상의 위험을 무릅쓰고, 몇 개의 입장으로 분류하여 간략하게 검토할 것이다.

1. 형태적 공간 개념

우선 첫째로, 거칠지만 '형태론적(formalistic) 입장'이라고 부를 수 있는 것으로, 형태 및 형태들로 구성되는 구조를 주목하는 입장이다. 이는 형태나 형상을 구성하는 특징적 요인들에 주목하며, 그러한 요인들의 차이를 통해 형상이나 건축적 공간이 구성되는 역사적으로 상이한 양식을 설명한다. 이런 점에서 이는 '양식론'이라는 이름으로 불리며, 또한 양식론에서 직접적으로 강력한 영향을 받은 입장들도 포괄된다. 여기서 가장 선구적이고 강력한 영향을 미친 사람이 하인리히 뵐플린이라는 것은 이론의 여지가 없다. 초기에는 감정이입(Einfühlung) 이론과 심리학적 이론의 경향을 취하던 그는 『르네상스와 바로크』(Wölfflin, 1967)를 내면서, 형상을 구성하는 상이한 양식적 특징에 주목하고, 이를 다수의 대립 개념을 통해 설명한다. 그는 이후 『미술사의 기초개념』(Wölfflin, 1995)에서 이를 좀더 일반화하여, 선적인 것과 회화적인 것, 평면성과 깊이감, 폐쇄된 형태와 개방된 형태, 다원성과 일원성, 명료성과 불명료성이라는 다섯 쌍의 대립개념을 통해 르네상스와 바로크의 양식적 특징을 설명한다.

뵐플린의 이러한 연구는 이후 미술사 연구에 결정적인 획을 그은 것이었음에도 불구하고, 건축에 관해서는 그다지 설득력 있는 설명을 제시하지 못하고 있으며,[*] 오히려 건축의 3차원적인 공간조차 회화의 2차원적인 평면으로 끌어내려 설명한다는 비판을 받았다(Van de Ven, 1994). 또한 "건축은 물질적 매스(mass)의 예술이다"라는 그의 주장처럼, 그가 건축에 대해 주목하는 경우에도 그것은 공간적 예술보다는 조각적(彫刻的)인 매스의 성격이 강하다. 다시 말해 뵐플린의 관심사는 건축에서도 공간적 측면이 아니라 매스의 형태적 측면이었던 셈이다.

이와 달리 쉬마르조프는 공간 개념이 역사적으로 양식화된다는 점

---

[*] 이는 뵐플린의 제자였던 파울 프랑클이, 뵐플린에게 제출한 자신의 교수자격논문 『건축형태의 원리』 서문에서 지적하고 있다(Frankl, 1989 : 14).

을 지적하면서, 그러한 공간 개념을 표현하는 것으로서 공간 형태 (Raumgestalt)를 정의한다. 이런 맥락에서 그는 '둘러싸는 매스'와 '둘러싸이는 공간'을 구별하며, 이 양자의 창조가 바로 공간 형태를 규정하는 두 극이라고 한다(Schmarsow, 1920 ; 1922). 이런 점에서 그는 공간 형태와 매스의 형태를 구별하지 않고, 전자를 후자로 대체해 버렸다고 뵐플린을 비판한다.

프랑클은 쉬마르조프의 영향 아래 뵐플린의 이런 양식론적 입장을 건축의 영역에 대해 독자적으로 발전시켰다. 그는 공간의 구성방식을 '공간 형태'(spatial form), 매스의 구성방식을 '물질적 형태'(corporeal form), 빛, 색채 및 기타 시각적 효과에 대한 처리방식을 '가시적 형태' (visible form), 디자인과 사회적 기능의 관계를 '목적 의도'(purposive intention)라는 연구의 대상으로 설정하고, 그 각각에 대해 대립 개념을 제시한다. 즉 공간의 부가/공간의 분할(공간 형태), 힘의 중심/힘의 전달체(물질적 형태), 하나의 상/다수의 상(가시적 형태), 자유/억제(목적 의도)가 그것이다(Frankl, 1989 : 284).** 프랑클의 연구는 앞서 형태론 내지 양식론이란 말로 특징지을 수 있지만, 그 연구의 세심함으로 인해 그는 단지 형태론적 분석을 넘어서는 요소들을 틈틈이 제기한다. 공간 형태 내지 물질적 형태, 가시적 형태의 분석을 그것이 둘러싸고 있는 관찰자의 움직임과 연관짓는 부분이 그것인데,*** 이는 이후 볼 수 있듯 공간을 배치로서 연구하는 데 중요한 참조점을 제공하는 것이다.

** 이 각각은 네 개의 단계 중에 실제로 그 구별이 유효한 두 개의 단계(1단계와 2단계; 이는 르네상스와 바로크에 해당한다)에 해당한다.
*** 가령 공간 군(spatial group)과 공간 열(spatial series) 개념 또한 그렇다(Frankl, 1968 : 45, 63~64). 또한 물체 형태를 분석하면서, 방이나 복도, 문 등을 분석하는 것이 동선과 연관된 배치의 문제임을 분명히 하고 있다(같은 책, 140).

나아가 투시법적 공간을 축으로 르네상스 시기의 공간과 입체파 이후 현대적 공간을 구별하는 기디온(Giedion, 1967) 역시 이런 입장의 연장선 위에 있다고 할 수 있다. 그는 뵐플린과 마찬가지로 헤겔의 말을 빌려 시대정신과 건축을 결부시키려 한다. 하지만 형태론적 연구가 갖는 특성과 투시법적인 공간 개념 사이에 어떤 연관을 부여하지 못하고 있다. 즉 투시적 공간은 그것이 성립할 때와 붕괴할 때에만 분석의 중요한 변수가 되며, 그 사이나 붕괴 이후 건축 형태나 구조의 연구에서는 그다지 설득력 있는 결과를 내지 못하고 있다.[*]

그런데 뵐플린의 입장은 회화나 조각 혹은 건축물의 형태적 특징을 단지 양식적 차이로 서술하는 데 머물지 않는다. 왜냐하면 그러한 양식적 특징이 서술될 수 있다는 것은 개별적인 예술가나 건축가의 특성으로 환원되지 않는 어떤 것이 있음을 전제해야 하기 때문이다. 그 경우 개인적인 층위를 넘어서 존재하는 이 '어떤 것'을 어떻게 정의해야 할 것인가? 이에 대해 뵐플린은 자신이 연구하려는 것은 바로 특정한 정서와 무관하게 "가장 이질적인 예술가들에게조차 공통적으로 드러날 수 있는 시각방식이라는 층"이라고 말한다(Wölfflin, 1995 : 29).이는 그가 다른 곳에서 '형태적 취향'이라고 부르기도 하고(같은 책, 25), 또 다른 곳에서는 '재현방식 그 자체'(같은 책, 28)라고 부르기도 하는 것이다. 이는 좀더 정확하게 말하면 볼 수 있는 것과 볼 수 없는 것을 분할하고 볼 수

---

[*] 그가 그로피우스의 바우하우스 건물(Bauhaus in Desau)에 대해 내리는, 근대의 투시적 공간을 해체했다는 평가가 사실은 매우 과장된 것이라는 점은 콜린 로우의 책(Rowe, 1986)에 실린 탁월한 논문 「투명성 : 허와 실」("Transparency : Literal and phenomenal")을 참조. 더불어 말하자면 젬퍼, 반 드 벤(Van de Ven, 1994), 얀첸(Jantzen, 1987) 등의 연구 역시, 뵐플린과는 다른 전통에서지만, 형태론적인 것으로 간주할 수 있으며, 『건축의 고전 언어』로 커다란 성공을 거둔 존 서머슨 역시 마찬가지라고 하겠다(Summerson, 1963).

있는 것을 특정한 형태로 가시화하게 하는 "정신적 내지 관습적 요소"다(같은 책, 25).** 그리고 이러한 "보는 방식 그 자체도 고유한 역사를 지니고 있으며, 이 '시각적인 층'의 규명이 미술사의 가장 근원적인 과제"라고 한다(같은 책, 28).*** 따라서 그는 "양식사에서 재현 자체와 관련된 더 근원적인 개념층을 발견하여, 개인의 성향이나 민족성의 다양함과는 별 관련이 없는 서유럽의 시각(방식) 발달사를 정립시킬 수 있다"(같은 책, 30).****

뵐플린이 '양식사'로서 연구하려는 것은 어떤 형태적 특징의 집합이 아니다. 이런 점에서 형태적 특징을 규정하는 어떤 함수관계를 찾으려고 하는 젬퍼의***** 실증주의적 입장, 혹은 형태적 특징의 집합을 통해 양식사를 정의하려는 얀첸의 입장과는 매우 큰 차이가 있다. 또한 그는 형태적 특징이 구체적으로 체험되는 양상 속에서 만들어내는 의미작

** 여기서 시각 방식이라는 층, 개개의 예술가로 하여금 특정한 방식으로 보게 하고 표현하게 하는 이 층을 들뢰즈의 개념으로 쓰자면 '가시성(le visible)의 배치'라고 할 수 있을 것이다.(Deleuze, 1986). 가시적인 것과 비가시적인 것을 가르는 방식이 근대 의학에서 어떻게 역사적으로 달라지는가를 보여 주는 푸코의 연구도 이런 맥락에서 '가시성의 배치'에 대한 분석이라고 할 수 있을 것이다(Foucault, 1993a).

*** 이러한 '고유한 역사'를 뵐플린은 '시대정신'이라는 헤겔적인 개념과 연관짓는다. "르네상스로부터 바로크로의 양식 변동은, 어떻게 새로운 시대정신이 새로운 형태를 낳게 되는가를 보여 주는 좋은 범례가 된다."(Wölfflin, 1995 : 26) 하지만 그가 말하는 시대정신은 특정한 시대 전체를 통해 사물을 보고 포착하는 무의식적인 어떤 지층을 지칭하며, 헤겔적인 이성의 역사적 운동에 따라 위치지어지지 않는다는 점에서 헤겔보다는 푸코의 에피스테메(épistémè) 개념에 가깝다.

**** "재현(표상)을 규정하는, 재현보다 근원적인 층에 있는 재현방식 그 자체"는 푸코가 말하는 에피스테메와 매우 근접한 개념적 가치를 갖는다. 이와 연관해 푸코의 연구에서 시기 구분이 기존의 예술사에서 시기구분을 그대로 따르고 있다는 지적(김현, 1990)이 새롭게 상기된다. 한편 여기서 뵐플린이 그것을 집합적인 차원의 습관·습속으로서 ─ 부르디외의 개념을 쓰자면 하비투스(Habitus)로서 ─ 간주하고 있음 또한 주목해야 한다.

***** 젬퍼는 형태 디자인을 재료, 목적, 기술의 함수로 정의한다. 또한 공간의 구성요소를 폭, 높이, 깊이로 나누고, 그것에 의해 대칭, 비례, 방향이 정의된다고 하며, 이 세 가지 개념을 통해 공간을 분석할 수 있다고 본다(Van de Ven, 1980). 이 경우에도 공간은 형태론적 관점에서 분석된다.

용에는 아무런 관심이 없으며, 다만 형태를 특정한 양상으로(만) 포착하게 하는 시각방식 자체를 다루고 있다는 점에서 현상학적 입장과도 구별된다.

결국 건축 공간을 구성하는 형태 요소들 간의 관계를 통해, 특정한 방식으로 보게 하는 지반으로 접근하기 때문에 실증주의적 단편성이나 자의적이고 주관적인 해석을 넘어설 가능성을 열어 준다는 결정적인 장점이 있다. 그러나 형태론은, 서머슨의 가장 소박한 형태론에서부터* 뵐플린이나 프랑클, 나아가 쉬마르조프의 공간적 형태론에 이르기까지 양식적 내지 형태적 특징의 비교 서술에 머물고 만다. 즉 그처럼 상이한 형태를 취하는 공간이 어떤 '의미' 내지 효과를 갖는지는 그들의 특별한 관심사가 아니라는 것이다. 이는 뵐플린처럼 형태적 특징을 시각과 연관해서 설명하는 경우에도, 그것은 일종의 시각방식이라는 전체적인 개념을 넘어 시선의 작용을 분석하지 않는다. 이는 각각의 공간적 형태들이 사실은 시선(및 동선)의 작용을 통해 작동하는 것임에도 불구하고, 형태들을 그것들과 연관 아래 분석하지는 않기 때문이며, 근본적으로 공간 개념이 조형적(造形的) 내지 조각적(彫刻的)인 형태 개념에서 유추된 것이라는 점에 기인하는 것 같다. 바로 이 점이 공간 형태에 대한 분석이 유효함에도 불구하고 사회학적 연구로 이어지지 못하게 되는 이유이기도 하다. 이는 공간의 형태 개념이 이미 시선과 동선을 포함하고 있어야 한다는 점을 주목하게 한다.

---

* 그는 그리스와 로마의 신전 건축에서 보이는 도리아, 이오니아, 코린트, 토스카니, 콤포지트 등의 5가지 주범(柱範, order)의 일부를 사용한 경우를 '건축의 고전적 언어'라고 부른다 (Summerson, 1989). 이는 형태들이 만드는 어떤 공간적이고 형상적인 특징과도 무관하게 형태적 요소들 그 자체를 절대화한다는 점에서 매우 극단적이고 소박한 형태론이다. 이는 실증주의적인 파편화를 마찬가지로 피하지 못한다.

2. 현상학적 공간 개념

둘째로는, 가령 부르디외가 따옴표를 붙여 '현상학적'이라 불렀던 입장으로, 건축물의 형태가 갖는 구체적 특징을 그 '의미작용'(signification)을 통해 재해석하는 방법을 취한다. 하지만 이러한 철학적 내지 방법론적 특징은 단순히 현상학에 직접적으로 의존하는 경우로 제한되진 않는다. 즉 '현상학적'이란 말은 형태의 의미(Sinn) 내지 의미작용을 통해 건축을 연구하려는 입장의 제유(提喩)인 셈이다.

이 입장은 철학적으로 공간을 기하학적인 내지 물리학적인 어떤 척도나 좌표계가 아니라, 그 안에 존재하는 사람들이 구체적으로 체험하는 공간(espace vécue, erlebten Raum, lived space)으로 간주하며,** 그러한 공간이 사람들 내지 '현존재'(Dasein)에 의해 체험되는 방식을 추적한다. 알다시피 현상학은 주체와 대상의 이분에 따른 철학적 난제를 넘어서기 위해, 그 양자의 관계를 지향성(Intention)으로 개념화하며, 그 지향성의 메커니즘 안에서 지향된 대상 — 노에마(noema) — 과 지향작용 — 노에시스(noesis) — 을 통해 사물의 의미(작용)를 포착한다. 즉 이러한 현상학적 지향성 속에서, 혹은 해석학적 지평 속에서 공간이

** 시간과 공간을 이처럼 '체험된' 것으로 다루는 데 매우 큰 영향을 미친 것은 정신과 의사였던 민코프스키(Minkowski, 1968. 초판은 1930)였다. 그는 자신의 정신병 환자들의 과거와 현재, 미래에 대한 '특이한' 경험에 주목하여, 그것이 체험되는 양상의 연구를 통해서 그들의 이전 퍼스낼리티와 현재의 파편화되고 해체되어 버린 퍼스낼리티를 연관지으려 한다. 그는 '체험된 시간'을 분석하는 현상학적 방법을 통해 환자들의 시간·공간적 표상체계가 변화하는 원인이나 기원을 도출하려고 한다. 비교적 최근의 것으로, 투시법을 축으로 근대적 시간·공간적 표상체계의 해체와 연관해 '시간과 공간의 문화'를 다루는 컨의 연구는 명시적으로 이에 기대고 있으며(Kern, 1983 : 2~5), 현상학 내지 해석학적 관점의 대표적인 공간 연구인 볼노브의 연구 역시 이를 중요하게 언급하고 있다(Bollnow, 1994 : 13~20).

체험되는 양상을 다룬다는 것이다.* 이와 관련해 유효한 성과를 냈던 것은 철학자와 예술사가들이었다. 먼저 철학적인 연구로서 중요한 것은 바슐라르와 볼노브를 들 수 있겠다.

바슐라르는 후기의 시학 연구의 일환으로서 진행된 『공간의 시학』에서 공간적 이미지의 현상학적 결정에 대해 연구한다(Bachelard, 1990 : 84). 여기서 문제가 되는 것은 존재를 관조하는 게 아니라 존재를 그 직접성 가운데 사는(체험하는) 것이다(같은 책, 404). 그것은 한마디로 공간을 상상력의 현상학을 통해 연구하는 것이다. 다시 말해 공간의 상상적인 체험을 통해 그 체험 속에서 그 체험을 조직하고 구성하는 지향성을, 그 체험된 현상의 원형을 찾아내려는 것이다. 그가 이 책에서 연구하는 대상은 집, 조개껍질로 상징되는 웅크리고 들어서는 조그만 공간, 구석, 내밀한 공간, 안과 밖, 원 등이다. 예를 들어 그는 집이란 험한 세계로부터 우리를 지켜주고 평화롭게 해주며, 그 세계로부터 도피할 수 있는 '피난처'다(같은 책, 116~118). 즉 그것은 보호받는 내밀함의 이미지와 직접 연결되어 있다(같은 책, 114). 이는 수직성에 대한 의식의 지향성과** 중심적 내지 중심을 통해 형성되는 응집성에 대한 의식의 지향성과 결부되어 있다. 수직성은 낮의 경험이 언제나 밤의 공포를 지워버릴 수 있는 지붕 밑의 방과 지하의 힘에 참여하는 어두운 실체로서 지하실이라는 양극을 갖는데, 이 가운데 전자는 하늘 내지 우주를 향한 의

---

* 이는 시간을 내적인 체험의 형식으로 다루었던 후설에 의해 체계화된 것이며(Husserl, 1996), 역시 후설의 영향 아래서 시간을 현존재의 존재형식으로 다루었던 하이데거(Heideggar, 1998)의 존재론 및 그것에 기초한 해석학적 관점과 많은 경우 결부되어 있는 것이기도 하지만, 그것이 체계화되거나 알려지기 이전에도 그러한 입장에서 연구를 한 경우들이 있기에 그들의 이름에 모두 연결시킬 수 있는 것은 아니다.

** "집은 수직적인 존재로 상상된다. 집은 위로 솟는 것이다. 그것은 수직의 방향에서 여러 다른 모습들로 분화된다"(Bachelard, 1990 : 84).

지와 용기를 표현한다면, 후자는 어두운 만큼 내밀한 가치를 포함한다. 집의 중심성은 우리를 어떤 힘의 중심으로, 그것에 의해 잘 지켜져 있는 보호구역 안으로 우리를 불러들인다.

> 자기 집의 한가운데, 램프의 둥근 불빛 아래 있으면서, 자신이 둥근 집 속에서, 원초적인 오두막집에서 살고 있다는 것을 알기 위해서는, 가족들이 모여 앉아 있는 방의 광경을 조금만 아늑하게 그리면 되었고, 바깥에서는 북풍이 집을 포위하고 있는 동안 잠자리에 들기 전의 저녁 시간의 고요 속에서 활활 대며 타는 난로의 불꽃소리만을 들으면 되었다.
> (같은 책, 149)

이런 점에서 은자(隱者)의 오두막집은 하나의 원형적인 판화다(같은 책, 150). 이러한 이미지는 "우리들에게 존재에 대한 확신이 응집되는 존재 차원의 거소, 존재의 집을 되돌려 준다"(같은 책, 152).

바슐라르의 연구는 공간을 상상된 이미지라는 특정한 체험의 양상 아래서 연구한 것이라면, 볼노브의 연구는 일상적인 체험 속에서의 공간에 관한 것이다. 그는 이를 인간적 현존재(Dasein) ─ 이는 '거기 있음'(da-sein)이라는 공간적 개념이기도 한데 ─ 에 대한 공간적 파악의 문제로 제기하는데, 이는 인간과 공간 간의 관계를 뜻하는 것으로서, 인간적 현존재의 구조 그 자체며, 인간적 삶의 공간성에 관한 것이기도 하다(Bollnow, 1994 : 13, 22).

이런 관점에서 그는 수직적인 것과 수평적인 것·지표면·앞과 뒤·오른쪽과 왼쪽 등의 자연적인 축(軸)의 체계, 공간의 중앙과 중심화된 질서, 공간의 방향성, 투시적 관점(Perspektive) 등을 통해 인간의 삶이 공간적으로 구성되는 양상을 보여 준다(Bollow, 1994 : 44~81). 이를 기초로 하여 그는 이제 먼 것·가까운 것·낯선 것·길과 거리·집의 의미는 물론 작업공간·낮 공간·밤 공간·공동 생활 공간 등을 구성하는 의미작용에 대해 서술한다. 그리고 공간-속에-있음(Im-Raum-sein)과 공간을-가짐(Raum-haben)이라는 개념을 통해 인간 삶의 공간성을 규명하려고 한다(같은 책, 271~284). 다시 말해 그는 수직성과 수평성·연결과 분리·열림과 닫힘·중심성과 방향성 등의 개념을 통해 길과 거리·집이나 방·문과 창문·난로와 침대 등의 대상이 현상으로서 체험되는 양상을 서술하고 있는 것이다.*

이는 분석적이라기보다는 사변적인 양상으로 진행되고 있으며, 분석 범주들이 의식의 영역 안에 갇혀 있음에도 불구하고, 공간을 구성하는 요소나, 공간의 형태가 체험되는 양상을, 주관적인 경험을 넘어서 서술할 수 있는 잠재성을 보여 주는 것이다. 하지만 이런 잠재성이 현재화하려면 공간의 요소나 형태가 의식의 영역에서 벗어나 차라리 그것들의 효과(effect)로서 서술되어야 한다. 이를 위해선 지향성의 범주를 벗어나 시선과 동선을 공간적 배치의 내적인 부분으로 다룰 수 있어야 한다.

한편 현상학과는 무관하게, 아니 현상학보다 훨씬 이전에, 건축공간을 직접 다루어야 했던 예술사가 내지 건축사가들은, 독자적으로 공간에 대한 나름의 개념들을 제시하고 그것을 통해 건축물로 구현된 공간구조에 대해 연구해 왔다.

---

* 그의 이러한 연구는 그가 인용하는 것 이상으로 공간에 관한 짐멜의 연구와 강한 유사성을 보여 준다. 이는 역으로 짐멜의 공간사회학적 연구가, 후설 이전에 행해진 것임에도 불구하고 '현상학적' 성격을 갖는다는 것을 보여 주는 것이기도 하다. 하지만 이 논문에서는 그것이 단지 '의미작용' 차원을 넘어서 사람들의 활동을 특정한 방식으로 조직하는 양상과 결부되어 있다는 점에서, 이후 사회적 공간 개념의 범주로 분류해서 다룰 것이다.

알로이스 리글은 예술작품의 형태를 재료, 목적, 기술의 함수로 보았던 젬퍼를 비판하면서 '예술의지'(Kunstwollen)라는 개념을 발전시켰다. 그가 보기에 예술작품의 형태는 그것을 무엇으로 만들었는가, 무엇을 위해 만들었는가, 어떻게 만들었는가로 환원될 수 없는 고유함을 가지고 있다. 즉 어떤 건축물의 예술적 성격은 그 건축물의 기능으로 환원될 수 없다는 것이며, 예술적 현상은 '현상-너머에-있는'(more-than-phenomenal) 무엇이라는 것이다. 따라서 작품을 예술적 현상으로서 다루기 위해서는 그 기능이나 물질적 특성을 '괄호쳐야'(이는 물론 리글의 용어는 아니다) 하며, 일상적인 삶으로부터 고립시켜야 한다. 기능이나 재료, 기술은 형태를 제한하는 부정적 요인일 뿐인 것이다.[**] 중요한 것은 기능 등을 괄호침으로써 비로소 사유할 수 있게 되는 예술의지며, 바로 이 예술의지야말로 작품의 내적 의미(Sinn)다. 따라서 리글의 예술의지는 후설의 '괄호치기 장치'를 상기시킨다는 주장은 타당하며, 이런 점에서 리글을 현상학적 입장에 연루시키는 것은 적절하다고 하겠다.

또 한 사람의 중요한 예술사가인 파노프스키 역시 현상학과 직접 연관이 없지만, 형태를 의미작용 속에서 포착하려 한다는 점에서 이러한 입장으로 분류할 수 있을 것이다. 파노프스키는 "현상적 의미는 사물의 의미와 표현의 의미로 나누어질 수 있다"고 하며, 이를 '사실적 의미'와 '표현적 의미'로 다시 개념화한다. 여기서 중요한 것은 사물의 의미 내지 사실적 의미로 환원되지 않는 표현적 의미의 고유성임은 두말할

[**] 한편 반 드 벤은 리글에 대한 젬퍼나 힐데브란트의 영향을 강조하지만, 이는 부당한 것이다 (Van de Ven, 1980 : 121~122).

것도 없다. 이는 도상(icon)을 다루는 두 가지 상이한 방법과도 결부되어 있다. 하나는 도상의 이미지나 이야기, 알레고리 등에 표명되어 있는 주제나 개념을, 그 관습적인 주제를 다룬다. 다른 하나는 도상적인 의미나 구성방법 등을 한 국민이나 시대, 계급의 문화를 표현하는 '문화적 상징'으로서 다룸으로써만 추적할 수 있는 내적인 의미나 내용을 다룬다. 그는 전자를 도상학(圖像學, Iconography)이라고 하며, 후자를 도상론(圖像論, Iconology)이라고 구분한다(Panofsky, 1957). 고전적 고딕 성당의 다양한 구성원리는 물론 구성요소들까지도, 스콜라 철학의 구성요소 및 체계화 원리와 결부시켜, 그 동형성을 보여 주려는 분석 역시 사실적인 의미를 표현적인 의미를 통해 재해석하려는 것이란 점에서 마찬가지다(Panofsky, 1957).

노베르그-슐츠는 현상학적 방법을 건축 및 건축사 연구에 직접적 및 명시적으로 이용하려고 한다. 『건축에서 지향성』(Intentions in Architecture)에서 그는 피아제의 심리학·게슈탈트(Gestalt) 심리학 등의 성과를 현상학의 지향성 개념과 결합하여, 건축물의 의미론을 구성하려고 한다(Noberg-Schulz, 1987). 이러한 이론적 작업을 기초로 그는 바로크 건축 및 후기 바로크, 로코코에 대한 연구를 하며(Noberg-Schulz, 1971 ; Noberg-Schulz, 1972), 서양건축사 전체를 의미작용이란 관점에서 재해석하려 한다(Noberg-Schulz, 1977).

현상학을 직접적으로 이용하든 않든 간에, 혹은 노베르그-슐츠처럼 형태심리학 등을 새로이 끌어들여 지향성의 범주를 형태적 차원에서 구체화하려고 하든 간에, 현상학적 입장은 실증주의와 달리 건축의 형태가 갖는 의미를 다층적으로 추적할 고리를 마련해 주며, 소박한 형태론(서머슨)처럼 형태상의 몇몇 특징과 그 변화를 통해 모든 것을 설명하는 과장을 피할 수 있다는 장점을 갖는다. 그러나 부르디외가 지적하듯이 의미의 (재)해석이 언제나 현재적 관심 속에서 '투사적(投射的)인 검토'에 머물 수 있다는 점, 해석된 현상들이 해석자의 그것과 일치하는 것은 이미 그것이 의미작용의 기능 속에서 소급적으로 명명되고 구성된 것이기 때문이라는 악순환을 피할 수 없다는 난점이 있다(Bourdieu, 1967). 더불어 또 다른 난점은 이러한 입장에서는 공간적 배치의 효과를 단지 '의미'와 '해석'으로 환원시키고 만다는 것이다.

특정한 공간적 구성물은 사람들의 시선이나 동선의 흐름을 나름의 방식으로 절단하고 채취함으로써 주어진 공간 내부에서 사람들의 활동 그 자체를 특정한 양상으로 반복하여 만들어내는 효과를 가진다. "공간은 기계다."* 이는 단지 의미로 환원될 수 없는 것이라는 점이 특히나 사회학적 관점에서 공간의 문제를 연구하는 데 중요하다. 반면 현상학적 입장에는 공간의 문제를 단지 의미의 문제로 환원시키는 것은 인간학적 관점을 전제한다는 점을 접어둔다고 해도, 바로 그런 효과의 문제를 의미의 문제로 환원할 위험이 있다.

또 하나의 문제는 공간의 의미는 단지 그 형태적 특징이 갖는 지향성으로 환원되지 않는다는 것이다. 공간의 의미를 실증주의처럼 기능으로 환원하는 것은 적절하지 않다고 해도, 공간은 어떠한 것이든 그것이 어떤 식으로 '이용'된다는 특징을 갖는다. 이는 예술사가들의 연구대상

---

* 여기서 기계는 흐름을 절단하고 채취하는 방식으로 작동하는 모든 것을 지칭한다. "기계란 인간의 통제 하에 운동을 전달하고 과제를 수행하기 위해 각각 특정한 기능과 작동을 갖고 있는 고정적 요소들의 결합이라고 간주할 수 있다. 그렇다면 인간기계야말로 진정한 기계다. 사회기계는 그것이 부동의 동자로서 나타나고 다양한 개입을 행하는 한 은유와는 아무런 관계가 없는 문자 그대로의 기계다"(Deleuze et Guattari, 1983 : 141). 한편 이와는 전혀 다른 영역에서, 그리고 전혀 다른 관점에서 연구하던 힐리어(Hillier, 1996) 역시 "공간은 기계다"라는 명제를 제시하고, 자신의 책을 그 제목으로 출판했다.

인 교회나 궁전과 같은 건축물의 경우에도 마찬가지이다. 따라서 공간의 의미는 이러한 '이용'의 문제와 분리될 수 없으며, 공간 형태의 문제 역시 이와 무관하지 않다는 점을 유념할 필요가 있다. 이는 집이나 학교·병원 등과 같은 실용적인 건축물의 경우에는 더욱 그렇다. 그리고 여기서 공간의 형태는 단지 그것의 형태적인 특징뿐만 아니라 방들의 분포 자체도 포함한다. 그리고 바로 그러한 공간적 분포는 공간을 이용하는 방식과 밀접하게 연관되어 있다. 이런 점에서 우리는 비트겐슈타인이 언어의 의미를 정의하던 방식(Wittgenstein, 1994)을 따라 이렇게 말할 수 있다. "공간의 의미는 그 공간의 용법이다." 이는 공간의 의미에 대해 현상학과는 다른 접근방식이 있을 수 있다는 것을 뜻한다.

3. 사회적 공간 개념

세번째로 사회적인 차원의 공간 개념을 다룰 것이다. 공간을 사회학적 차원에서 다루는 이러한 관점을 가장 먼저 제안했던 사람은 짐멜이다(Simmel, 1983). 그는 1903년에 쓰여진 「공간의 사회학」(Soziologie des Raumes)에서 '공간 사회학'이라는 말을 처음 사용한 바 있으며, '공간의 배타성'·'공간적 경계'·'고정화'·'거리와 이웃관계'·'장소의 이동' 등과 같은 공간적 현상이 야기하는 사회적 효과에 대해 검토한 바 있다. 또 1909년에 쓰여진 「다리와 문」(Brücke und Tür)에서는 연결과 통합이라는 개념을 통해 다리와 문의 '공간적 의미'를 연구한 바 있다.

「공간의 사회학」은 공간 형식의 문제를 사람 사이의 관계와 사람들의 활동을 공간적으로 절단·채취하는 문제로 포착할 단서를 담고 있다는 점에서 공간의 문제를 사회적 효과 차원에서, 즉 공간을 '공간-기계'

차원에서 다루려는 우리에게 매우 중요한 선례를 남겨 주고 있다. 그렇지만 그것은 공간의 문제를 '경계'나 '이웃관계'등과 같은 추상적이고 일반적인 형식의 문제로만 다루며, 그와 연관된 '사회'는 상대적으로 포괄적인 차원에서 대응시키기 때문에, 주거공간이나 학교 등의 공간적이고 구체적인 배치의 효과를 다루기에는 부족하다. 오히려 그것은 어느 관계에서나 적용될 수 있는 일반적인 공간적 범주의 문제처럼 보인다.

반면 「다리와 문」은 문과 다리라는 구체적인 요소를, 사람들의 동선의 흐름을 공간적으로 관계화하는 양상 속에서 포착함으로써, 그것을 구체적인 배치로 다룰 수 있는 단서를 담고 있는 것이었다. 그러나 이 경우에는 문과 다리를 사람들의 활동의 흐름을 절단하는 효과를 통해 본다기보다는, 오히려 그 인간학적인 '의미'를 추적함으로써 주관적이고 현상학적인 공간 개념에 더 근접하고 있다. 요컨대 그는 공간 사회학적 방법에 관한 선구적인 통찰에도 불구하고 공간을 '기계'로 다루는 곳에서는 그것을 구체적인 배치로 다루지 못하고, 구체적인 배치로 다루는 곳에서는 효과를 생산하는 '기계'로 다루지 못하고 있다. 하지만 반대로 우리는 공간을 사회적 효과를 생산하는 기계로 다루는 방법을 첫번째 논문에서 추론하여 좀더 밀고 나갈 수 있으며, 기계를 추상적 공간 범주가 아니라 구체적 배치의 문제로 다루는 방법을 두번째 논문에서 추론하여 이용할 수 있을 것이다. 다시 말해 구체적 요소들이 동선의 흐름을 절단하고 채취하는 양상을 통해, 공간적 배치가 야기하는 사회적 효과를 포착하는 것이 공간 사회학의 중요한 연구방법이 되리라는 것이다.

한편 공간을 사회학적으로 다룬다는 것은, 공간이란 사회적 관계의 형식이며, 따라서 공간적 형식 그 자체가 사회적 관계의 양상을 제약한다고 보는 것이다. 여기서 공간이라는 관계형식과 사회적 관계 사이에는 두 가지 상이한 양상의 관계를 설정할 수 있다. 하나는 보통 사회학이라는 말에서 흔히 떠올리듯, 특정한 공간적 형식은 어떤 사회적 관계 내지 사회적 조건의 산물이라고 보는 것이다. 다시 말하면 사회적 조건의 변화에 따라 공간이 취하는 형태나 양상이 달라질 수 있다는 것이다.

이런 관점에서 르페브르는 "공간은 사회적 생산물이다"라고 주장한다(Lefebvre, 1991 : 26). 즉 공간이란 텅 빈 허공이나 좌표계가 아니라, 사람들의 사고와 행동의 수단이며, 그런 만큼 그것을 지배하고 통제하는 수단으로서(같은 책, 154), 사회적으로 생산된다는 것이다. 이는 공간에 관한 두 가지 대비되는, 하지만 근본적으로 유사한 두 가지 통념에 반하는 것이다. 하나는 공간은 그 자체가 투명한 것이며, 인지할 수 있는 것이고 행동을 자유롭게 해준다고 보는 '투명성의 환상'이다. 다른 하나는 공간을 자연적인 어떤 실체로 보아 당연한 것으로 여기는 '실재론적 환상'이다(같은 책, 27~29). 르페브르가 보기에 공간이란 사회적 관계, 혹은 생산양식의 재생산과 관련해서 생산되는 생산물이다. 따라서 모든 사회는 각각에 고유한 공간을 갖는다.

이러한 입장은 공간의 문제를 공간적 실천의 문제로서 정립했다는 점에서, 다시 말해 특정한 공간이 강제하는 특정한 실천의 집합을 포착하려 했다는 점에서, 현상학적 입장과는 달리 사회학적 연구의 포석을 마련했다고 할 수 있다. 더불어 체험과 의미의 차원을 넘어서 공간이 개개인에 대해 집합적으로 행사하는 효과에 주목할 수 있게 했다는 점에서 이는 우리의 문제의식에 유효한 자원을 제공한다.

여기서 우리는 공간적 배치의 문제는 결국 '공간적 실천'의 문제라는 명제를 추출할 수 있다. 즉 어떤 공간적 배치는 그와 연관된 어떤 사회적 관계와 결부된 특정한 실천의 집합을 생산한다는 것이다. 오히려 이렇게 말하는 것이 더 적절할 것 같다. 공간적 배치는 특정한 실천의 집합을 반복적으로 생산함으로써 특정한 사회적 관계를 생산/재생산한다고.* 르페브르가 공간의 역사이론, 혹은 공간의 역사유물론을 시도하고 있었다면, 그것은 바로 이런 의미에서였을 것이다.

이런 전제 위에서 르페브르는 고대적이고 신화적인 세계의 사회적 공간을 '절대적 공간'이라고 개념화하며, 자본주의에 상응하는 것을 '추상적 공간'이라고 부른다. 모세가 신의 계명을 받던, 다른 이의 접근이 금지되고 오직 그만이 출입할 수 있는 시나이 산이나, 신탁을 받는 신관만이 접근할 수 있었던 신전 등이 그가 말하는 절대적 공간이다(같은 책, 48, 251). 반면 추상적 공간은 마치 자본이 모든 생산물에서 사용가치를 제거하고 추상적인 가치로 동질화하듯이, 모든 것에서 질적인 차이를 제거하는 공간이고(같은 책, 49~50, 307), 국가에 의해 제도화된 제도적 공간이며, 폭력과 전쟁 등을 통해 창출된 '주권'이라는 개념을 통해 경계를 짓는 정치적 공간이다(같은 책, 285).**

또한 그는 추상적 공간을 형성하는 구성소(構成素, formant)를 기하

---

* 이는 공간은 사회적 관계의 산물이라고 보는 입장이지만, 그렇다고 이것을 공간을 사회적 관계로 환원하는 입장으로 간주한다면 커다란 오해가 될 것이다. 오히려 그 반대가 적절해 보인다. 즉 공간은 사회적 관계의 형태로 환원되지 않는 고유한 형식으로서, 바로 이 형식적 특징들에 의해 사회적 관계의 양상이 조직된다는 것이다. 그러나 어떠한 공간적 형식이 선택되고 사용되는지는 결코 자의적이지 않으며, 사회적 관계의 성격에 의해 좌우된다. 다만 선택되고 사용되는 어떤 형식의 사회적 효과는 그 자체의 내적인 연관 속에서 이루어지기에 사회적 관계로 환원되지 않는 자율성을 갖는다.
** 이 추상적 공간은 사용자의 침묵을 강제하지만, 계급투쟁은 이러한 추상화 작용에 대한 저지 기능을 한다고 봄으로써 르페브르는 맑스의 전통적인 범주들과 사회적 공간 개념을 연결한다. 그는 이에 머물지 않고 더 나아가, 사회주의는 추상적 공간과 다른 어떤 새로운 공간도 생산하지 못했다는 점을 지적하면서(Lefebvre, 1991 : 54), 모든 것을 동질화하려는 추상적 공간에 반대하여, 차이의 세계를 복원하려는 투쟁을 통해 '차이적(differential) 공간'을 생성해야 한다고 본다(같은 책, 52).

학적인 구성소, 시각적 구성소, 남근적 구성소로 구분하여 설명한다. 기하학적 구성소로서 추상적 공간은 유클리드적인 동질적인 공간으로 자연 및 사회의 모든 공간을 환원한다(Lefebvre, 1991 : 285). 시각적 구성소는 모든 것을 시각적인 것으로 변환시키는데, 모든 것을 문어(文語)와 스펙터클로 바꾸는 방식으로 작동하며, 그 결과 다른 모든 감각에 대해 시각이 승리를 거둔다(같은 책, 286). 이는 건물의 파사드(façade)가 특권화되는 것에서 쉽게 그 예를 찾아볼 수 있다. 끝으로 남근적 구성소인데, 그는 추상적 공간의 이러한 구성소들은 전체 대상(full object)을 시각화할 것을 요구한다고 하면서, 정신분석학에 의거해 남근이 전체 대상, 대상적 '절대성'의 자리를 차지한다고 말한다(같은 책, 287).* 그것은 공간을 지배하는 권력의 형식이다. 도시의 곳곳에서 수직으로 솟아오른 기념비들은 이런 남근적인 발기의 상징으로 간주된다(Lefebvre, 1991 : 49 ; Pile, 1996 : 162~163).**

그러나 실천과 결부된 이 공간의 문제를 르페브르는 전반적인 차원의 외연을 갖는 전체적 범주로 정의하기 때문에, 동질화하려는 공간적 '압력' 속에서도 동질화되지 않은 것의 존재를 지적하고 있음에도 불구하고, 다양한 공간적 실천들을, 그리고 그것을 생산하는 다기한 공간적 배치들을 포착하기 힘들다는 치명적인 약점을 갖는다. 즉 르페브르가 말하는 공간 개념은 생산양식 내지 사회구성체라는 전 사회적 차원의

---

* 라캉의 정신분석학에 입각하여 르페브르를 해석하는 파일은 이렇게 말한다. "권력의 통제는 오만한 권력의지를 전제하고 수립하며 유지한다. 남근적 공간은 힘있는 자들의 가치체계를 재생산하는 행동을 생산한다. 공간은 이제 남근에 의해서, 그 오만함과 권력의지, 남성적인 잔인성에 의해서 특징지어진다"(Pile, 1996 : 163). 그것은 거세를 통해 조직되는 공간이고(같은 책, 164), 그런 만큼 시각적으로 상징화된 남근중심적인 고리를 따라 조직된 공간이다(같은 책, 165).

범주여서, 부분공간이 갖는 상이한 양상이나 효과에 대해서는 분석적 능력을 갖지 못한다.

예를 들어 동일한 자본주의 아래서라도 집이라는 공간과 학교라는 공간은 결코 동일하지 않은 배치를 가지며, 그 안에서 작용하는 힘이나 권력의 효과도 상이하다. 그의 '포괄적' 공간 개념은 이런 차이를 규명할 수 없다. 또한 집이나 학교에서 작용하는 공간적 배치의 효과가, 기하학적인 추상화나 시각적 추상화, 남근적인 추상화와 아무런 연관이 없다고까지 말할 순 없다고 해도, 그것으로 환원될 수 있는 것도 아니다. 그러나 전반적인 공간 개념을 끌어들이게 되면, 각각의 공간적 배치가 갖는 고유한 효과를 추상적 공간의 삼중의 추상화로 환원해야 한다는 문제가 나타난다.

또한 이러한 포괄적 공간 개념은, 사회적 공간이 실제로 작동하는 방식은 언제나 한 공간을 다른 여타의 공간과 이질적인 것으로 구획하고 부분공간화하면서 나타난다는 점을 보지 못한다. 이런 점에서 요에디케의 다음과 같은 문장은 시사적이다. "공간을 창출한다는 것은 큰 공

** 파일은 여기서 르페브르를 더욱더 정신분석학으로 끌고 들어간다. 그는 르페브르가 말하는 '지각되는 공간'(공간적 실천), '개념화된 공간'(공간의 표상), '체험된 것'(표상적 공간)을 라캉의 실재계(the Real), 상상계(the Imaginary), 상징계(the Symbolic)에 각각 대응된다고 본다(Pile, 1996 : 154~155). 남근이란 시각적 추상에 의한 신체의 추상이며, 추상적 공간은 이처럼 추상화된 시선과 추상적 기표로서 남근에 의해 조직된다고 말한다(같은 책, 162~164). 그리하여 주체성과 공간은 권력에 의해 서로 융합된다는 것이 그가 공간과 신체를 관련시키는 논지의 요지를 이룬다(같은 책, 168~169). 여기서 이 연관이 신체와 남근, 권력을 연결시키는 것을 통해 이루어진다는 것은 물론이다. 하지만 그도 부분적으로 인정하듯이 라캉과 르페브르의 세 개의 '계'를 대응시킨 것은 적절하지 않다. 굳이 도식화하자면, 개념화된 공간은 오히려 상징계에 가깝고, 체험된 것은 상상계에 가깝다. 그리고 또 하나의 근본적인 문제는 이렇게 남근중심주의를 통해 공간과 신체를 연결시킨다면, 그것의 사회 역사적 차이를 이해할 수 없다는 난점이 생긴다. 르페브르는 이를 맑스와 가치법칙, 혹은 근대 국가의 주권적 영토 개념을 통해 피해 가지만, 남근적 구성소와 관련해서는 사실 그 역시 피하기 힘든 문제임은 사실이다.

간으로부터 좀더 작은 공간을 나누는 것이란 사실을 항상 내포하고 있다"(Joedicke, 1985 : 19).

4. 배치로서의 공간 개념

마지막으로 공간의 문제를 배치로서 개념화하여 다루는 것이다. 가령 힐리어와 핸슨을 비롯한 일군의 건축학자들은 공간적 분포로써 공간적 배치를 정의하고, 그에 대한 분석의 방법을 특별히 발전시켰다. 그들의 관심은 건축물의 공간구조나 촌락 내지 도시의 정착(settlement) 형태가 어떻게 특정한 형상을 취하는가에 대한 질문에서 시작한다. 그리고 그 것은 불가피하게 공간과 사회생활 간의 관계를 주목하게 됨을 지적한다 (Hillier and Hanson, 1984). 그러나 그 질문을 하는 순간, 어떤 건축물 이나 정착형태가 어떤 점에서 정말 사회적인 것인지, 그리고 어떤 사회 적 관계를 체현하고 있는 것인지를 말하기 곤란해진다는 점을 발견한다 (같은 책, 2). 그들이 보기에 기존 패러다임은 사회적 내용 없이 공간을 다루거나, 아니면 공간적 내용 없이 사회를 다루는 것에 머물렀다는 것 이다(같은 책). 따라서 공간과 사회를 서로 내적인(intrinsic) 관계를 설 정하는 것이 무엇보다 시급한 것이다. '사회에 대한 공간적 논리'가 필 요한 만큼, 또한 '공간에 대한 사회적 논리' 역시 필요하다는 것이다.

여기서 그들은 건축물의 기능이나 장식이 아닌 공간 자체, 혹은 공 허부들의 배열을 통해 공간 형태에 접근하려고 시도한다. 왜냐하면 공 간 형태란 만남이 이루어지고 통제되는 방식과 관련된 것이며, 그것을 특정한 방식으로 제한하는 조건이기 때문이다(같은 책, 18). 즉 사회적 관계란 그처럼 사람들의 운동과 활동이 서로 만나고 묶이거나 분산되는 양상을 통해 실제로 형성되는 것이라고 할 때, 이 만남을 통제하고 제한하는 공간적인 조건이야말로 사회와 공간 형태가 내적으로 결부되는 하나의 동일한 연관을 보여 주는 것이라고 생각할 수 있기 때문이다. 여기서 그들은 공간적 질서란 "임의적인 접근(random access)에 대한 제한"이라고 정의한다(같은 책, 11). 즉 공간적 질서에 대한 질문이란 바로 그러한 제한의 본질에 관한 질문이며, 그것이 사람들을 어떻게 관계 짓는가에 관한 질문이다(같은 책, 11, 34). 그것은 달리 말하면, 공간적 분포 그 자체가 사람들의 활동 내지 실천을 어떻게 관계 짓는가에 대한 질문이기도 하다.

그러한 제한을 통해 형성되며, 또한 그러한 제한을 반복하여 작동시키는 공간적 배열은 "타인을 자동적으로 알게 되는 정도를 결정한다"(같은 책, 24). 이는 그러한 제한이 바로 사회적 관계를 특정화하리라는 것이다. 요컨대 공간이란 한편으로는 사회적 연대 형태의 기능이며, 다른 한편으로는 사회구조의 산물이다(같은 책, 22). "각각의 사회는 특정한 원리에 따라 공간을 배치함으로써 나름의 고유한 영역(ethnic domain)을 구성한다"(같은 책, 48).* 이러한 관점에서 그들이 공간적 분

---

* 이것이 공간적 논리를 사회적 논리로 환원하거나 대체함을 뜻하는 것은 아니다. 그들은 오히려 어떤 국지적(local)이고 부분적인 공간 배열의 원리에서 공간의 전반적(global)인 형태를 형성하는 일종의 통사적(統辭的) 규칙(syntax)을 찾으려 한다(Hillier and Hanson, 1984 : 38~39, 150~151 ; Hillier, Hanson and Graham, 1987). 다시 말해 "각각의 대상들에게 관계적인 동일성(identity)을 부여하며, 이러한 관계적 동일성의 축적을 통해 시·공간적으로 전반적인 패턴이 발생하게 할 수 있는" 배치(arrangement)를, 그리고 그러한 배치의 기본 형태를 찾으려는 것이다(그들은 배치를 이렇게 정의한다. "처음에는 임의적으로 분배되지만 시·공간적으로 상이한 관계에 들어가며, 이 관계의 배열 원칙을 서술함으로써 재생할 수 있는 실재들의 어떤 집합"(같은 책, 1984: 50~51)). 결국 그들에게 공간의 사회이론이란 공간조직 및 만남의 체계에서 패턴 발생의 원리들 간 관계를 이해하는 문제를 다루는 것이다(같은 책, 50).

포를 분석하는 방법을[*] 우리 역시 공간적 배치의 한 축으로서 공간적 분포를 분석하는 데 사용할 것이다.

그렇지만 그들의 연구는 매우 중요한 한계를 또한 보여 준다. 그것은 첫째로, 형태학적 방법을 사용하면서, 그들은 다양한 공간 형태—표현형—를 만들어내는 어떤 일반적이고 심층적인 때로는 '패턴', 때로는 '유전형'이라고도 부르는 어떤 상수와 규칙을 찾으려 한다는 점이다. 그것은 그것이 가능한가 여부의 문제[**]와는 별도로, 공간적 배치라는 개념이 갖는 장점을 무효화시킨다. 즉 그것은 앞서 르페브르에 대한 비판에서 보았듯이, 어떤 공간들 내지 일군의 공간들 사이에 존재하는 유의미한 차이들을 상수로 환원함으로써 무화시킬 수 있기 때문이다.

물론 다양한 형태들 사이에서 반복되는 배치들의 어떤 공통된 효과나, 혹은 상이한 배치들 사이에서 발견될 수 있는 어떤 동형적인 효과를 사전에 가정하는 것만큼이나 사전에 배제하는 것 역시 잘못일 것이다. 그렇지만 그것은 공간적 배치나 공간 형태의 어떤 일반성을 찾아내는 것과는 달리, 배치의 효과들이 갖는 동형성을 찾는 것이란 점에서, 배치의 일반적 패턴이나 유전형을 추출함으로써 찾아낼 수 있는 것은 아니

---

[*] 공간적 분포의 효과를 분석하기 위해 그들은 형태학(morphology)과 위상수학을 이용한다. 그것은 구체적이기만 한 자연적 언어와 추상적이기만 한 수학적 언어 모두와 다른 것인데, 형태 발생의 추상적 규칙을 통해 구체적인 형태적 배열을 보려는 것이라고 한다(Hillier and Hanson, 1984 : 48~49). 즉 구체적인 만큼 개별적인 모습—이를 그들은 '표현형'(phenotypes)이라고 부른다—을 취하는 공간 형태들 가운데서 일정한 규칙성을 찾고, 그것을 형성하는 어떤 일정한 상수—이를 '유전형'(genotype)이라고 부른다—를 찾고자 하는 것이다(같은 책, 12, 38).

[**] 프랑스의 주택들에 대한 그들의 연구에서도 보이듯이 그러한 상수를 찾는 작업은 성공하지 못한 것으로 보인다(Hillier, Hanson and Graham, 1987). 이로 인해서인지 그들은 상수를 찾는 작업에서 점차 멀어지고 있는 것 같다. 단적인 예는 최근의 저작에서 힐리어는 패턴이라는 말을, 그것이 실재하는 것 이상으로 강한 규칙성을 포함하는 말이란 점에서 포기하고, 형상(configuration)을 연구의 대상으로 다시 정의한다(Hillier, 1996 : 33).

다. 이는 배치와는 다른 차원에서 배치의 효과를 추상하여 파악할 수 있는 별도의 개념을 필요로 한다.*** 여기서 우리는, 다음 절에서 서술할 것이지만, **공간적 분포의 문제를 동선의 규제 내지 통제의 문제로 봄으로써** 공간적 배열의 효과가 그 안에서 행동하고 생활하는 사람들에 작용하는 지점을 포착할 수 있으리라고 본다.

다른 한편 그 구성부분을 뚜렷하게 구분하지는 않았고, 배치에 대해 이처럼 명시적인 정의를 하지는 않았지만, 엘리아스나 푸코는 분포 내지 용법의 문제로서 공간적 배치에 관해 연구한 바 있다.**** 엘리아스는 『궁정 사회』(1969)의 한 장을 "사회 구조의 지표로서 주거 구조"라는 주제에 할당한 바 있는데, 여기서 그는 앞서 인용한 바 있듯이 사회적 관계가 공간적 배치를 통해 표현될 수 있음을 보여 준다. 그에 따르면 "귀족들의 도시 주거지인 오텔은 숙박과 관련하여 궁정 사회의 사회학적으로 적절한 욕구를 매우 명확하고 단순한 형태로 보여 준다."*****

여기서 그는 디드로와 달랑베르의 『백과전서』에 실린 블롱델의 도

*** 들뢰즈/가타리의 '추상기계'라는 개념은 바로 이런 방식으로 배치라는 개념과 관련되어 정의된다.

**** 사실 푸코는 이미 1966년에 출판한 『말과 사물』에서 자신이 연구하려는 대상을, 어떤 인식이나 담론들이 그 위에서 이루어지는 무의식적인 지반으로서 에피스테메라고 규정하며, 이를 '인식론적 배치'(disposition épistémologie)라는 말로 대체하여 사용한 바 있다(Foucault, 1986 : 62). 여기에서 에피스테메 혹은 인식론적 배치는 인식과 관련된 요소들이 반복적으로 계열화되는 방식을 지칭하는 것으로 다시 정의할 수 있는데, 이 점에서 동일한 배치의 개념을 이미 사용하고 있는 셈이다. 이는 계열화의 양상에 따라 상이한 것이 되는 공간, 이질성의 공간 개념을 일종의 모태로서 전제한다. 푸코는 『말과 사물』의 서문에서 이를 헤테로토피아(hétérotopia)라는 개념으로 제시한 바 있으며(같은 책, 14~15) 이러한 배치 개념은 1967년에 건축가들의 초청에 의해 이루어진 공간에 관한 강연에서 공간 자체에 대한 새로운 정의로 발전한다(Foucault, 1994 : 755).

***** 이는 집의 공간적 배치가 '욕망의 배치'라는 것을 시사하는 것이다. 예를 들어 사적인 공간으로서 근대의 주택에서 사생활의 공간에 대한 욕망, 나만의 내밀한 공간에 대한 욕망을 발견하는 것은 전혀 어려운 일이 아니다. 다시 말해 근대적 주택은 근대인들의 '욕망의 배치'를 보여 주는 것이다.

면을 통해 귀족들의 저택인 오텔의 공간적 배치를 분석한다. 예를 들어 어디서나 발견되며, 방들의 다수를 차지하는 대기실(antichambre)은 구체제하에서 궁정 사회의 상징적 특징을 보여 준다. 그것은 주인의 생활이 하인에 의존하고 있음을 보여 주는 것인데, 주인의 방과 붙어 있지만 동시에 분리되어 있다는 점에서, 양자의 공간적 근접성과 사회적 거리가 공존하고 있음을 보여 주고 있다는 것이다(Elias, 1983 : 47~48). 오텔에서 사람들을 끌어당기는 중력의 중심은 접대공간이었고, 특히 대살롱(main salon)은 궁정 귀족들의 사회생활의 중심이었다. 이를 중심으로 한쪽은 비교적 친밀한 관계를 중심으로 생활이 이뤄지던 아파르트망 드 소시에테(appartement de société)로, 다른 한쪽은 의례적이고 과시적인 영역인 아파르트망 드 파라드(appartement de parade)로 이어진다(같은 책, 51~52). 어느 것이나 사회적이고 거의 공공적인 생활이 이루어지는 곳인데, 이처럼 사생활을 공적인 것으로 간주하는 것은, 사생활과 직업생활의 기능이 혼재되어 있었던 궁정인들의 생활의 특징이었다(같은 책, 53). 또한 그것의 과시적이고 낭비적인 양상은 그들의 선택이라기보다는 지위를 지속하기 위한 조건이었다. 그는 저택의 건축에서도 경제적인 면에 비해서 장식적이고 과시적인 면이 확고한 우위를 점하는 것도 이러한 조건의 산물이었다고 본다(같은 책, 56~57, 63~64).

이처럼 엘리아스는 궁정 귀족들의 저택에서 나타나는 공간적 분포의 문제를, 사회적 관계의 차원에서 포착하고 있으며, 궁정 사회의 사회적 관계와 그들 저택의 공간적 배치가 갖는 동형성을 간명하게 보여 주고 있다.* 그러나 이에 관한 그의 서술은 공간적 배열과 사회적 관계의 배열이 갖는 유사성을 통해 유비(analogie)하는 데 머물고 있다. 따라서 공간적 배열 내지 분포가 그 안에서 활동하고 움직이는 사람들에게 미치는 효과로 변환되는 지대를 포착할 수 있는 요인을 분명히 하고 그와 연관된 개념들을 발전시켜야 한다.

공간의 문제를 배치로서 다루는 것은, 공간의 문제를 다양한 요소들이 관련된 실천과 반복적으로 계열화되는 양상으로 포착하려는 것이다. 이런 점에서 공간적 배치의 문제는 공간적 실천의 문제다. 즉 그것은 공간과 결부된 실천의 문제를 다루는 방법인 것이다. 그런데 공간적 실천의 문제로서 공간의 문제를 다룬다는 것은 공간적 배치의 사회적 효과를 특정한 실천의 집합을 생산하는 문제로 연구하는 것이다. 이를 위해서는 공간과 연관된 사람들의 실천을 일상적으로 조직하고 생산하는 다양한 부분공간들의 구체적인 배치에 주목해야 한다. **각각의 부분화된 공간들을 통해 작동하는 배치가 특정한 실천적 집합을 반복적으로 생산하는 방식**을 분석해야 한다는 것이다. 공간을 배치로서 다루는 방법이 중요하게 보이는 것은 바로 이런 맥락에서다.

이를 위해 일단 '배치'라는 개념을 좀더 엄밀하게 정의할 필요가 있다. '배치'라는 말을 명확하게 철학적으로 개념화했던 것은 들뢰즈와 가타리였다. 이보다 오래 전에 들뢰즈는 사실(fait)과 의미(sens)를 구별하며, 후자를 사실들의 특정한 계열화(mis en série)를 통해 정의한 바 있다. 예를 들어 시계가 실험실 및 과학자와 접속(connection)되어 계열화되면 그것은 운동이나 반응의 속도를 측정하는 기술적인 기계가 되지

---

* 그러나 그의 연구는 공간적 배치 그 자체의 효과라기보다는 모델화된 공간적 분포와 사회적 관계에 대한 유추에 머물고 있으며, 공간적 배치가 어떻게 사회적 관계를 특정한 양상으로 제한하고 통제하는지를 분석하거나 설명하지는 못하고 있다. 또한 그가 의거하고 있는 모델이 18세기의 대표적 건축가 가운데 하나인 블롱델의 도면이라는 점에서 무효한 것은 아니지만, 당시의 오텔이 대부분 그가 말하는 것처럼 단순하고 명쾌한 내부구조를 갖고 있었던 것은 아니었다는 점 역시 간과할 수 없는 한계다.

만, 공장 및 시간관리인과 계열화되면 그것은 출근시간과 노동시간을 통제하는 사회적인 기계가 된다. 날아가는 축구공은 그 앞뒤에 어떤 사람들이 접속되는가에 따라 '패스'가 되기도 하고 '패스미스'가 되기도 하며, '슛'이 되기도 하고 '아웃'이 되기도 한다. 방도 마찬가지다. 동일한 하나의 공간도 침대와 접속되면 침실이 되고, 책상 및 책들과 접속되면 서재가 되고, 복수의 책상들과 접속되면 사무실이 된다. 그리고 이러한 계열화가 어떤 조건에 의해 반복될 때, 그 반복적인 계열화를 '배치'라고 정의할 수 있다.[*]

그렇다면 이제 우리는 '공간적 배치'란, **그것을 구성하는 어떤 요소들의 반복적인 공간적 계열화**로 정의할 수 있다. 예를 들어 강의실의 공간적 배치는 책걸상들, 그것과 마주선 중앙의 교탁, 그리고 그것들에 상이한 높이를 부여하는 교단의 반복적 계열화라고 말할 수 있다. 이는 그 공간 안에 들어가는 모든 사람들의 관계나, 그 안에서 이루어지는 모든 활동을 거의 자동적으로 일정한 양상으로 반복되도록 공간적으로 규정한

---

[*] 이 경우 배치는 어떤 활동의 흐름의 반복적인 계열화를, 혹은 그것을 낳는 생산적인 능력이나 의지의 반복적 계열화를 의미하며, 따라서 그것은 무엇보다도 우선 '욕망의 배치'다. 그런데 그것은 욕망의 흐름을 일정한 양상으로 제한하고, 많은 경우 그 양상을 강제하려 한다는 점에서 대개는 '권력의 배치'가 된다. 들뢰즈와 가타리는 배치가 갖는 4가성을 지적한다. 즉 한편으로 그것은 신체적인 것(corpereal)인가 그렇지 않은가에 따라 기계적인 배치와 언표행위(nonciation)의 배치로 구분된다. 다른 한편 그것은 욕망의 흐름을 끌어당기고 포섭하며 길들이는 영토화의 지대와 그것에서 벗어나는 탈영토화의 첨점(尖點)을 포함한다. '영토화'(territorialisation)란 방금 말했듯이 어떤 영역이나 대상을 영토로 장악하고 영유하는 동시에 그것에 길들고 매이는 것을 뜻하고, 탈영토화(déterritorialisation)는 기존의 영토를 벗어나는 것을 뜻하며, 재영토화(reterritorialisation)는 다른 영토를 통해 다시 영토화되는 것을 뜻한다. 한편 이와 함께 사용되는 코드화(codage)란 개념은 욕망의 흐름을 어떤 코드의 규제 아래 두는 것을 뜻하며, 탈코드화와 재코드화는 그것으로부터 벗어나는 것과 다시 다른 코드에 포섭되는 것을 뜻한다. 예컨대 학교나 정신병원이 기계적인 배치라면, 교사나 학생들이 말하는 특정한 방식 내지 그것에 관한 담론으로서 교육학은 언표행위의 배치다. 그것은 규율과 감시를 통해서든, 활동능력의 생산이나 규범적 동일화를 통해서든 학생들을 훈육하고 길들이는 영토화의 지대를 포함하지만, 동시에 그것에서 벗어나는 탈영토화의 첨점을 배제하지 못한다.

다. 여기서 보듯이 공간적 배치는 그것을 통과하는 사람들의 활동의 흐름을 특정한 양상으로 절단하고 채취하는 기계다. 이런 점에서 이를 '공간-기계'라고 정의할 수 있다.

이제 우리는 공간을 통과하고 공간적으로 절단 채취되는 시선과 동선을 특정한 실천의 형태로 반복적으로 계열화하는 양상을 이러한 '공간-기계'라는 말로 개념화할 수 있을 것이다. 그것은 특정한 공간적 상관물을 갖는 모든 미시적인 실천의 집합을 다룰 수 있는 개념인 셈이다. 공간적 배치는 공간-기계가 시선과 동선을 절단하고 채취하는 방식으로 정의할 수 있다. 따라서 공간적 배치는 시선과 동선의 흐름을 물질적으로 규정하는 '공간적 분포' 및 관련된 '공간의 용법'을 포함한다. 그것은 공간적 분포를 통해 동선의 임의적인 흐름을 제한함으로써, 그리고 공간의 용법을 통해 공간적인 실천을 특정한 양상으로 제한함으로써 특정한 사회적 효과를 생산한다.[**]

이하에서는 이러한 공간적 배치의 개념을 통해서, 주거공간이 역사적으로 변화되는 양상을 개념적으로 검토할 수 있을 것이다.

5. 공간적 분포의 분석 방법

우리는 앞서 공간적 배치를 크게 두 가지 측면으로 나누어, 공간적 분포와 공간의 용법으로 포착할 수 있다고 보았다. 공간적 용법이라면 각각

[**] 배치는 어떤 사물이나 사실, 혹은 공간의 용법을 어떤 조건을 통해 반복되도록 제한함으로써 의미의 발산을 제한한다. 그것은 말의 의미를 규정하고 그 발산을 제한하는 언어게임과 마찬가지로, 그 안에서 의미가 가변화되는 폭을 규정하는 한계인 셈이다. 마찬가지로 용법으로 정의되는 '의미' 역시 이 배치 안에 제한되고, 배치에 따라 달라진다.

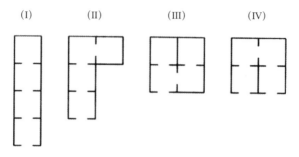

<그림 2.1> 물리적 형태와 공간적 분포

의 시대마다 고유한 이용의 양상과 이용을 규제하는 규칙 등을 통해 쉽
사리 접근할 수 있다. 그런데 공간적 분포의 경우, 건물의 물리적 형태를
통해서는 포착되지 않는다. 왜냐하면 동일한, 혹은 유사한 물리적 형태
를 가진 건물이더라도, 방들 간의 연결을 만드는 벽과 문의 배치에 따라
전혀 다른 동선의 분포를 가질 수 있기 때문이다. 가령 <그림 2.1>에서 네
개의 방을 가진 집의 네 가지 다이어그램은 이러한 물리적 형태와 공간
적 분포가 어떻게 다를 수 있는지를 보여 준다.

　보다시피 (I)과 (II)는 상이한 물리적인 형태를 갖고 있고, (III)과
(IV)는 동일한 물리적 형태를 갖고 있다. 하지만 문과 벽을 통해 만들어
지는 동선의 형태를 보면 (I)과 (II)는 동일하고, (III)과 (IV)는 다르다.
이런 점에서 (I)과 (II)는 동선의 분포가 동일한 반면, (III)과 (IV)는 동선
의 분포가 다르다고 할 것이다.

　물리적 형태는 보통 평면도나 여러 가지 도면을 통해, 혹은 외부형
태를 그린 투시도나 사진을 통해 포착된다. 반면 물리적 형태로 환원되
지 않는 이 동선의 분포는 어떻게 표시할 수 있을까? 더구나 방들의 수
가 위의 예처럼 적고 양상이 간단하지 않은 경우라면 이는 쉽지 않은 문

제다. 나아가 이러한 동선의 분포상에서, 어떤 방이 갖는 위상을, 다시 말해 그것이 얼마나 중심적인 방인지, 아니면 주변적인 방인지, 동선이 많이 몰리는 방인지 그렇지 않은 방인지 등을 분석할 수 있는 방법은 없을까?*

공간적 분포의 요소가 되는 단위 공간(방)은 가장 단순하게 말해 경계와 입구로, 즉 벽과 문으로 이루어져 있다고 말할 수 있다. 벽은 이웃한 방들을 분리하고, 문은 연결시킨다. 여기서 동선의 분포를 다루는 문제는 이웃한 방들이 문을 통해 연결되는지, 아니면 벽을 통해 단절되는

---

* 힐리어와 핸슨은 이러한 분석을 위한 수학적 방법을 제시한 바 있다(Hillier and Hanson, 1984 ; Hillier, 1996). 그 책에서 그들은 도시 공간에 대한 연구와 관련해 외부공간의 분포를 분석하는 방법에 대해 '알파-분석'(α-analysis)이라는 이름을 붙였고, 건축공간과 관련해 내부공간의 분포를 분석하는 방법에 대해 '감마-분석'(γ-analysis)이라는 이름을 붙였다. 이하에서 소개하고 이용하려는 것은 내부공간의 분석방법인 '감마-분석'인데, 이는 일차적으로 동선의 분배 양상을 통해 공간적 분포를 다루는 분석적 방법을 제공해 준다.
이들은 자신들의 이러한 분석방법에 '형태학'(morphology)이라는 이름을 붙이고 있는데, 이는 애초에 단위 공간의 임의적인 군집화가 이루는 형태학적인 특징에 주목하려고 하는 데서 출발했다는 점에서(Hillier and Hanson, 1984 : 56 이하) 이해할 수 있는 것이지만, 동선의 분배 양상을 통해 분포를 연구하는 실질적인 방법은 위상수학의 그래프 이론에 의거하고 있으며, 형태학적 관심과 독립적이다. 따라서 형태학적 특징에 대한 관심에서 벗어나게 되면 '형태학'이라는 코드에 집착할 이유는 없다고 보인다.
다른 한편 이후 힐리어는 건축물의 내부공간에서 시선의 분포를 다루는 방법 역시 제시했지만(Hillier, 1996), 그것이 몇 가지 근본적인 문제점을 안고 있었다는 점(Peponis et al, 1997) 이외에도, 모든 문과 창문이 열려 있을 때를 가정하는 것을 비롯해, 주거공간에 관한 한, 우리가 보기엔 무력한 가정을 포함하고 있다. 그리고 좀더 근본적으로는 시선의 배치에 관한 문제를 단지 시선에 개방된 공허부의 문제로 환원한다는 한계를 안고 있다. 이런 이유로 이들이 사용하는 시선의 분포에 관한 방법은 이 논문에서는 사용하지 않을 것이다.
실제로 시선의 분배를 다루는 데서 결정적인 것은 어떤 공간이 어느 정도 시선에 개방되어 있는가 여부라기보다는, 오히려 하나의 동일한 공간에서도 시선을 잡아끄는 어떤 사물이나 형태를 어떻게 이용하고 배열하는가, 혹은 그와 연관해 빛을 어떤 식으로 이용하고 배치하는가 하는 점이기 때문이다. 이로 인해 고딕이나 바로크 건축에서 시선의 분포와 관련해서는 오히려 뵐플린(Wölffiln, 1995)이나 프랑클(Frankl, 1989) 등의 '형태론' 내지 '양식론적' 분석이 더 적절하게 이용될 수 있으리라고 본다. 다른 한편 주거공간처럼 실제적이고 기능적인 어떤 공간에서 시선의 배치는 시선과 시선의 대상을 관계짓는 실천적인 제한과 조절의 규칙들과 훨씬 더 긴밀한 연관을 맺고 있다. 이는 감옥의 배치에 대한 푸코의 연구(Foucault, 1989a)에서 훌륭한 예를 찾아볼 수 있다.

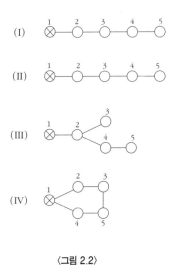

지 여부에 의해 결정된다는 것을 알 수 있다. 이처럼 이웃한 방들과의 관계를 위상수학(topology)의 개념을 빌려 '이웃관계'라고 정의하자.* 그러면 공간의 분포 내지 공간적 구조를 포착하는 데서 중요한 것은 인접한 방들과의 '이웃관계'며, 그 이웃관계는 방들의 연결과 차단에 의해 그것들이 계열화되는 양상에 따라 달라진다고 말할 수 있을 것이다.

또한 이웃한 방들 간의 연속/불연속 여부를 다이어그램으로 그린다면, 물리적 구조와는 다른 차원에서 동선의 형태를 가시화할 수 있을 것이다. 앞서 말했듯이 문에 의해서 이루어지는 방들의 연결과 차단이란 방들 사이에서 동선이 연속적인가 불연속적인가와 동일한 의미를 갖는다. 즉 그것은 문과 벽에 의해 동선의 흐름이 연결되는지 절단되는지를 보여 주는 것이다. 단위공간을 이루는 방은 일단 벽에 의해 둘러싸임으로써 정의된다는 점에서 하나의 원으로 표시할 수 있다. 그것은 마치 벽이 그렇듯이, 내부공간과 외부공간 사이에 불연속을 만드는 폐곡선이다. 반면 문은 벽으로 둘러싸인 방을 그 외부를 향해 개방한다. 즉 방의 내부공간을 이웃한 다른 공간과 연결한다. 따라서 문은 이웃한 방 사이에 연속성을 만들어낸다. 방 사이에서 만들어지는 이러

---

* 이는 위상수학에서 이웃관계를 정의하는 방식과 동일하다. 즉 형태나 거리 등의 다른 속성을 추상하고 오직 이웃관계에 의해 정의되는 것이 위상적인 관계며, 그 관계에서 결정적인 것은 어떤 점의 근방이 연속인가 불연속인가다(김용운/김용국, 1988).

한 동선의 연속성은 그 폐곡선을 연결하는 선으로 표시할 수 있을 것이다. 그렇다면 이제 방을 구성하는 최소요소인 벽과 문은 불연속과 연속을 만드는 두 가지 다이어그램적 성분으로 표시할 수 있게 되고, 이것으로써 방들간의 연결관계 전체를 표시할 수 있을 것이다.

한편 단위공간(방)들의 집합인 건축물 전체에 대해서, 그것의 외부 또한 건축물 내부의 동선의 분포를 이해하는 데 배제되어선 안 된다. 방들이 다른 방들과 연결되는지 여부가 중요하듯이, 건축물 전체의 동선이 그 외부를 향해 어떻게, 어느 정도로 개방되는지 여부는 내부 동선의 분포나 성격을 이해하는 데 중요하기 때문이다. 하지만 외부공간은 그것이 무엇이든 간에 전체 건물의 내부공간에 대한 외부공간으로서만 의미를 갖기 때문에, 그것의 위치나 방향이 어딘가, 그 외부공간이 어디로 연결되는가는 문제가 되지 않는다. 여기서도 역시 연속과 불연속 여부만을 판단할 수 있는 이웃관계만으로 충분하다. 그래서 외부공간 전체를 하나의 단위공간으로, 즉 하나의 단일 폐곡선(원)으로 표시할 수 있다. 하지만 내부공간의 방들과 구분하기 위해 외부공간을 표시하는 원에는 X 표시를 하기로 하자. 그러면 〈그림 2.1〉의 네 개의 공간은 각각 〈그림 2.2〉와 같이 표시할 수 있을 것이다.

이 네 개의 그래프는 〈그림 2.1〉과 달리 (I)과 (II)의 동선의 형태가, 그 물리적 형태의 차이에도 불구하고 동일하다는 것을, 반면 (III)과 (IV)는 물리적 형태의 유사성에도 불구하고 동선의 형태가 다르다는 것을 명확하게 보여 준다. 이는 이웃관계를 표시하는 위상학적 그래프란 점에서, 동선의 위상학적 그래프라고 부르자. 공간적 분포를 표시하는 이 그래프들은 어느 하나의 방에서 갈 수 있는 방들과 그것을 위해 선택할 수 있는 동선들을 보여 준다.

이제 이 방에서 저 방으로 이동하는 경우를 생각해 보자. 이동을 위해 가능한 가장 짧은 동선을 선택하리라는 점을 가정한다면, 이 그래프를 통해 우리는 어느 하나의 방에서 다른 방으로 이동하기 위해 통과해야 할 동선의 개수(문의 수)가 얼마인지 알 수 있다. 가령 (I)의 경우 외부공간에서 가장 멀리 있는 5번 방으로 가기 위해 통과해야 할 동선의 수는 4이고, 외부공간에 이웃한 2번 방에서 5번 방까지 가기 위해 통과해야 할 동선의 수는 3이다.

이처럼 어느 하나의 방에서 다른 방으로 가기 위해 통과해야 할 동선의 수를 그 공간의 '깊이'(depth)라고 정의하면, 어느 하나의 방에서 다른 모든 방들까지의 '평균깊이'(mean depth)를 구할 수 있다. 가령 위의 (III)에서 3번 방의 평균깊이는, 1번 방까지 깊이가 2, 2번 방까지 1, 4번 방까지 2, 5번 방까지 3이므로, $\frac{2+1+2+3}{4}$ =2 다. 4번 방의 평균깊이는 $\frac{2+1+2+1}{4}$ =1.5 이다. 이는 3번 방에 비해 4번 방이 다른 방들로 이동하기가 상대적으로 더 수월하다는 것을 뜻한다. 그렇다면 이제 어떤 각각의 방이 갖고 있는 평균깊이(MD)를 다음과 같이 일반적인 방식으로 정의할 수 있다.

$$MD = \frac{\sum di}{k-1}$$ (k는 방의 수, di는 각 방까지의 깊이)

이는 기준이 되는 그 방으로부터 갈 수 있는 방의 수로, 그리로 가기 위해 통과해야 할 동선의 합을 나눈 것이다. 이 값은 주어진 공간 안에서 어떤 방으로부터 다른 방들로 이동하기 위해 필요한 평균적인 동선의 수를 뜻하지만, 역으로 다른 방들로부터 이 방에 접근하는 데 필요한 평균적인 동선의 수(깊이)기도 하다. 따라서 어떤 방의 평균깊이가 크다는 것은 그 방에 가기 위해 많은 문을 통과해야 한다는 것을 뜻한다. 그것은 그만큼 그 방에 대한 접근가능성('접근도'라고 부르자)이 떨어진다는 것, 그 방이 다른 방들로부터 떨어져 깊숙이 있다는 것을 뜻한다.

다음으로 어떤 방이 전체 분포에서 차지하는 위상을 이해하는 데 '대칭성'이 중요하게 사용될 수 있다. 먼저 대칭성에 대해 살펴보면, a에 대한 b의 관계가 b에 대한 a의 관계와 동일할 때, 양자의 관계가 대칭적이라고 한다. 즉 대수적으로 $a \circ b = b \circ a$일 때, a와 b는 서로 대칭이라고 정의한다.[*] 양자가 대칭적이라는 것은 양자가 서로 교환가능하다는 것을 뜻한다. 예를 들면 〈그림 2.2〉의 (III)에서 3번 방과 4번 방은 1번 방(외부공간)에 대해서 대칭적이며, 2번 방에 대해서도 대칭적이다. 즉 두 방의 위치를 서로 바꾸어도 깊이가 각각 달라지지 않는다. 그러나 그 두 방은 5번 방에 대해서는 대칭적이지 않다. 또 2번 방과 5번 방은 4번 방에 대해서 서로 대칭적이다. 그러나 3번 방에 대해서는 비대칭적이다. (I)의 경우 3번 방에 대해서 1번 방과 5번 방은 대칭적이며, 2번 방과 4번 방 역시 대칭적이지만, 1번 방과 4번 방은 비대칭적이다.

여기서 유심히 볼 것은 (I)에서 3번 방에 대해 대칭적인 방은 1과 5, 2와 4로 두 쌍이 있는데, 2번 방에 대해 대칭인 방은 1과 3의 한 쌍이 있으며, 1번이나 5번 방에 대해서는 하나도 없다는 것이다. 이는 다른 다이어그램의 경우도 마찬가지다. 요컨대 동선의 분포를 표시하는 다이어그램에서 중앙에 가까이 있는 방일수록 대칭적인 방의 수가 많고, 주변에 있는 방일수록 대칭적인 방의 수가 적어진다는 것이다. 뒤집어 말하면, **어떤 방을 기준으로 전체 방의 수에 대한 대칭적인 방의 수가 많을수록,**

---

[*] 이는 알다시피 '교환법칙'이라고 하는데, '대칭률'이라고도 한다. 그런데 이러한 정의는 일단 대수적인 것으로, 형태 내지 위치관계의 대칭성을 뜻하는 기하학에서의 대칭성과 혼동해선 곤란하다.

기준이 되었던 그 방은 전체 동선 분포상의 중심에 가까이 있다는 것이다. 반대로 어떤 방에 대해 비대칭인 방의 비율이 크면 클수록 그 방은 중앙에서 멀리 떨어진 주변에 자리잡고 있음을 알 수 있다. 그렇다면 어떤 방에 대해 비대칭인 방의 비율을 찾아낼 수 있다면, 주어진 방의 비대칭성이 크면 그 방은 동선의 분포 안에서 주변에 있는 방임을 알 수 있고, 비대칭성이 작다면(=대칭성이 크다면) 그 방은 동선 분포의 중심에 가까이 있는 방임을 알 수 있다. 이런 방식으로 비대칭성 내지 그것의 역수를 통해 어떤 방이 전체 동선의 분포에서 어떤 위상을 갖고 있는지를 분석할 수 있다.

힐리어와 핸슨은 기준이 되는 어떤 방에 대해 다른 방들의 (상대적인) 비대칭성 RA(Relative Asymmetry)를 다음과 같이 정의한다(Hillier and Hanson, 1984 : 108).

$$RA = \frac{2(MD-1)}{k-2} \text{ (MD 는 평균깊이, k 는 방의 수)}$$

예를 들어보면, 〈그림 2.2〉의 (I)에서 3번 방은 $MD = \frac{6}{4} = 1.5$ 이므로, $RA = \frac{2(1.5-1)}{5-2} = 0.333$ 이고, 5번 방은 $MD = \frac{10}{4} = 2.5$ 이므로, $RA = \frac{2(2.5-1)}{5-2} = 1$ 이다. 5번 방처럼 RA가 1이라는 것은 완전히 비대칭임을 뜻한다. 즉 5번 방에 대해 대칭인 방은 한 쌍도 없다는 것이다.

반복이지만, 어떤 방의 RA값이 크다는 것은 대칭성이 작다는 것이고, 따라서 주변에 있다는 것이다. 힐리어와 핸슨은 이처럼 어떤 방의 비대칭성이 크다는 것(주변적 위치에 있다는 것)을 그 방이 전체 공간의 '체계'로부터 분리되려는 경향이 강하다는 것을 의미한다고 보고, 반대로 비대칭성이 작다는 것은 체계에 통합되려는 경향이 강하다는 것을 뜻하는 것이라고 본다(Hillier and Hanson, 1984 : 109). 이와 관련해 각 방이 갖는 '통합성'은 상대적 비대칭성의 역수로 정의될 수 있다. 즉 각 방이 갖고 있는 이 통합성을 I_i로 표시하면,

$$I_i = \frac{1}{RA_i} \text{ (단 } RA_i = 0 \text{일 때 } I_i = \infty. \text{ 이는 완전히 '통합' 되어 있음을 의미)}$$

하지만 통합성을 체계에 통합되려는 경향이라고 보는 이런 해석이 적절하다고 보이진 않는다. 왜냐하면 동선 분포의 중심에 있는 것이 체계로 통합되려는 경향의 강도를 뜻한다고 말할 이유는 없기 때문이다. 하지만 비대칭성(RA)값의 역수로 정의되는 '통합성'을 각 방이 전체 방들의 동선의 분포에서 중앙에 근접하는 정도를 표시하는 지표로 해석하여 이용할 수 있을 것이다. 이하에서 비대칭성을 표시하는 RA보다 통합도(I)를 주로 이용하는 것은 중심성에 반비례하는 값보다는 비례하는 값이 서술하기에 편리하다는 기술적(記述的)인 이유에서일 뿐이다.

한편 MD와 RA(혹은 I 값)의 의미를 간단히 비교할 필요가 있다. RA의 정의에서 보이듯이 RA와 MD는 비례한다. 즉 MD가 커지면 RA도 커진다. 하지만 이 관계가 선형적인 것은 아니다. 가령 MD는 그 방에 대해 깊이가 큰 방이 늘어나면 무조건 증가하지만, 깊이가 큰 방이 늘어도 그것이 대칭적인 경우에는 RA는 오히려 감소한다. 이는 MD는 어떤 방과 다른 하나의 방 사이의 직접적 관계를 (평균화해서) 표시하지만, RA는 어떤 방에 대해 대칭인 방들 사이의 관계와, 그런 방들 사이의 관계에 대한 그 방의 관계를 표시한다. 즉 MD는 어떤 방이 가지고 있는, 혹은 그 방에 대해 다른 방들이 가지고 있는 어떤 개별적 특징을 표시하는 반면, RA는 어떤 방을 통해 다른 방들이 어떠한 관계를 갖고 있는가를 표시한다. 따라서 RA는 방들의 '관계의 관계'를 표시하는 셈이고, 이런 점에서 전체 분포상에서 그 방의 위상적 특징을 표시한다. 이런 이유에서 공간

적 분포를 분석하는 데 RA 값이나 그 역수인 I 값이 좀더 유효하다.

한편 방들 간의 국지적인 관계에서 동선이 분배/집중되는 정도를 이웃한 방들과 동선을 분배/공유하는 정도에 의해 정의할 수 있다. 어떤 방(i)에 바로 이웃한 방들이 n개라면, 그 방의 동선은 그 이웃의 방들 각각에 대해 $\frac{1}{n}$씩 분배된다. 달리 말하면 이웃한 n개의 방들은 그 방의 동선을 각각 $\frac{1}{n}$씩 나누어 받는 셈이다. 이를 p_i이라고 하자. 그렇다면 어떤 방이 이웃한 다른 방들로부터 나누어 받는 동선 p_i의 합을 구할 수 있다. 이는 바로 이웃한 방들과의 국지적 관계 속에서 어떤 방으로 동선이 집중되는 정도를 보여 준다. 가령 〈그림 2.2〉의 (III)에서 1번 방에는 2번 방의 동선의 $\frac{1}{3}$이 주어진다. 3번 방도 그렇다. 2번 방에는 1, 3번 방 각각의 동선 1 전체가 주어지고, 4번 방의 동선의 $\frac{1}{2}$만큼이 주어진다. 따라서 2번 방이 이웃한 방에서 분배받는 동선은 $1+1+\frac{1}{2}=2.5$다.

이처럼 이웃한 방들로부터 분배받는 동선의 합은 달리 말하면 이웃한 방에서 그 방으로 동선이 집중되는 정도를 표시하기도 한다. 이를 '동선의 응집도'(degree of condensation)라고 하고, C라고 쓰자. 그러면 C는 이웃한 방이 분배해 주는 동선의 비율 p_i의 합으로 정의할 수 있다.* 즉,

$$C = \sum_{i=1}^{n} P_i$$

여기서 방의 '통합도'를 표시하는 I와 동선의 응집도 C의 차이에

---

*이는 힐리어와 핸슨이 도시의 도로망을 분석하면서 사용한 것을 방들의 분포에 이용한 것이다. 그들은 각각의 도로가, 그것과 교차하는 다른 도로들에 의해 나누어 받는 동선의 합을 통제값(E)(control value[E])라고 표시한다(Hillier and Hanson, 1984 : 109). 각각의 도로가 이웃한 도로로부터 분배받는 동선의 비율의 합을 그들은 그렇게 정의하는데, 이를 단지 방에 대한 것으로 바꾸기만 하면, 여기서 사용하려는 응집도 C가 정의될 수 있다.

대해 잠시 말해 둘 필요가 있다. 어떤 방의 통합도는 그것을 기준으로 대칭적인 깊이를 갖는 방의 비율을 통해, 그 방을 중심으로 '전체적인' 분포가 어떻게 되어 있는지를 함축한다. 반면 응집도는 바로 옆에 이웃한 방의 수와, 다시 말해 동선을 공유하는 방의 수와 직접 결부되어 있다. 따라서 그것은 그 방을 둘러싼 '국지적인' 동선의 분포를 보여 준다. 물론 이는 통합성과 일정한 상관성을 갖지만, 그것이 내포하는 방들 간의 관계는 분명히 다르다. 굳이 말하자면, 전자가 전반적인 '구조' 안에서 그 방의 위상을 보여 준다면, 후자는 국지적으로 동선이 집중되고 분배되는 양상을 보여 준다는 것이다.

이후 우리는 공간적 배치의 한 성분인 공간적 분포를 분석하기 위해, 여기서 제시한 몇 가지 분석적 개념을 이용할 것이다. 하지만 이러한 분석적 지표의 양화된 값 그 자체가 모든 것을 말해 주는 것이라고 생각하면 곤란하다. 정작 중요한 것은 어떤 방이 그러한 값을 갖게 되는 이유와 이웃관계의 양상이고, 그것이 뜻하는 바에 대한 해석이다. 가령 내실이나 침실이 바로 이웃에 카비네나 의상실과 같은 부속실을 갖는 경우, 동선의 응집도는 높아지지만, 그것이 곧바로 그 방의 개방성을 뜻하는 것은 결코 아니다. 그러나 이런 점에 충분히 유의한다면 이 분석적 지표들은 공간적 분포의 분석에 유용한 지표로 이용할 수 있을 것이다.

3장_주거공간과 혼성성: 중세 유럽의 주거공간

첫번째 '밀레니엄'의 고비를 넘기면서, 흔히 암흑과도 같은 어두운 음색으로 발음되는 서양의 중세라는 시기 속에, 어둠을 걷는 새로운 색조의 빛들이 스며들기 시작한다. 그것은 생산의 새로운 능력으로 인해 살갗에 달라붙은 궁핍의 고통이 덜어짐에 따라, 금세라도 닥칠 듯하던 심판의 날이 삶의 새로운 희망이 성장하는 만큼 멀어지고, 지옥의 불길이 뿜는 열기가 그 멀어진 거리만큼 서늘해지면서, '연옥'이라고 불리는 새로운 연기(延期)와 유예의 공간이 탄생했던 시기였다(Le Goff, 1995).

12세기 이래 꽃피우기 시작한, 고딕이라고 불리는 새로운 건축양식은 요새와도 같은 방벽으로 둘러친 로마네스크의 어두운 공간에 새로이 과감한 빛을, 화려하게 채색된 새로운 빛을 끌어들였다(Panofsky, 1957). 생드니의 쉬제 신부가 만들어낸 이 새로운 '신의 나라'(Civitas Dei)가 그 새로운 생산력의 산물이라고만 할 순 없겠지만, 적어도 그러한 생산력이 만들어낸 여유, 삶의 여유와 사고의 여유와 무관하다고도 할 수는 없을 것이다.

그러나 북구의 무거운 대기를 관통하면서 찌를 듯 하늘로 올라가던 이 화려한 성당들의 시대에도, 그리고 그 이후의 시대에도 사람들이 사는 공간이 그렇게 화려하고 거대하게 지어지지는 않았다. 지금은 아름답다는 미적 판단의 대상이 되는 성들도, 대개는 사방에서 조여오는 적들의 압력으로 인해 좁게 오므라들고, 단단하게 응어리진 것이었다.

미적 취향이 전면에 자리잡은, 화려하고 거대한 건축물이 거주공간으로서 만들어지기 시작한 것은 또 다른 하나의 문턱을 넘어서야 가능했던 것 같다. 그것은 보통 '르네상스'라고 불리는 시기로서, 유럽은 물론 비잔틴 제국과 이슬람, 아시아에 이르는 광대한 교역의 영토를 통해 새로이 거대한 부를 집적한 거대 상인가문들의 출현과 밀접한 관련이 있다. 특히 피렌체가 그 새로운 문화가 형성되고 확산되는 중심점이 되었던 것 역시 이런 점에서 이들의 거대한 부와 밀접하게 결부된 것이었다. 비트루비우스의 『건축 십서』가 '발견'되면서 고전적 형태와 비례로 구성된 건축의 새로운 코드가 만들어지고, 그것이 신에게 봉헌되는 종교적 영역을 벗어나 세속적 건축물을 향하게 되며, 그에 따라 '팔라초' (palazzo)라고 불리는 궁전(palace)과도 같은 대저택들이 본격적으로 지어지게 되었던 것도 바로 이 시기였다. 그것은 새로운 시대의 '징후'가 다양한 양상으로 부상하던 시기였고, 중세라고 불리던 이전 시대가 가을로 접어들게 된 시기(Huizinga, 1988)였다.

이렇게 지어진 건물들의 외부를 비례와 대칭성이라는 수학적 형상, 주범(柱範, order)이라는 고전적 형태가 장악해 간 것과 더불어, 그 내부에서도 새로운 시대의 징후는 서서히 그 모습을 드러내기 시작한다. 새로운 종류의 방들이 만들어지기 시작했고, 방들을 특정한 목적에 따라 이용하려는 시도들, 주인의 공간과 하인의 공간을 가르고 분별하려는 시도들이 나타난다. 하지만 그것은 다만 징후일 뿐이어서, 훗날 만들어진 것들에 연결되고 그것의 전조로 해석됨으로써만 분별은 그 의미를 갖게 될 뿐이다. 르네상스 시대의 팔라초 역시 아직은 다양한 활동, 다양한 사람들이 서로 뒤섞여 살고 생활하는 혼성적(混成的)인 공간이라는 점에서는 중세라고 불리는 시기 안에 있었다.

1. 중세의 생활과 주거공간

중세의 생활이 폐쇄적인 어떤 결사체에 의해 지배되고 있었으며, 그것의 영향력은 개인적인, 혹은 '사적인' 어떤 행동에 대해서도 개입하고 간섭했다는 것은 잘 알려져 있다. 이런 점에서 엄격한 의미의 '사생활' 내지 '프라이버시'가 없었다는 것, 그리고 가족 내부에서도 정서적인 내밀성(intimacy)이 없었다는 것은, 흔히 그러한 요소에 의해 특징지어지는 근대적 생활방식과 언제나 대비되고 대조되는 점이다.[*] 그러나 이러한 대조나 대비는 결코 결백하지 않다. 대개는 대비의 양상은 프라이버시의 '결여'나 내밀성의 '부재'의 형식으로 서술되어, 무언가 (당연히) 있어야 할 것의 결여나 부재처럼 다루어지기 십상이다. 그리고 개인적 인격의 결여나 부재와 은밀히 겹치며 만들어지는 가치평가가 그 대비의 선을 가로질러 관통하기 마련이다.

하지만 언제나처럼 현재를 기준이자 척도로 두고, 그것을 투사하는 이러한 대비와 대조만이 존재하는 것은 아니다. 반대로 루이스 멈포드의 눈에는 그처럼 프라이버시라는 개인적 삶의 영역도 없고, 연인들 간의 내밀한 관계도 보장되지 않는 중세도시의 가족이 근대적인 것보다

---

[*] 예를 들면 쇼터(Shorter, 1975)와 스톤(Stone, 1977), 그리고 이에 관한 한 쇼터에 크게 의존하고 있는 기든스(Giddens, 1996) 등이 대표적이다.

훨씬 더 개방적인 세계로 표상된다. 즉 중세의 가족은 부모 자식이나 핏줄을 나눈 친척은 물론, 함께 살며 일하는 도제나 노동자들, 그리고 하인들까지 포함하며, 그들의 공통의 삶이 그 안에서 이루어지는 개방적인 단위였다(Mumford, 1990 : 306). 또한 노동과 생활이 분리되지 않아서, 주거공간과 작업장은 하나로 결합되어 있었다.

> 작업장이 가정이었고, 상인의 상점 역시 마찬가지였다. 가족 구성원은 같은 식탁에서 밥을 먹고, 같은 방에서 일하고, 같은 방에서 혹은 공동홀에서 잠을 잤으며, 가족기도에 참가하고, 공동오락에 참여했다……조합 자체도 일종의 가부장적 가족이었으니, 가정 내에서 질서를 유지하고 도시정부와는 전혀 별개로 형제들에 대한 작은 범법사건을 처벌하고 벌금을 물렸다……이 노동과 가정 생활의 친근한 결합은 중세기 가정집의 살림살이를 좌우했다.(같은 책, 306)

하나의 가족과 그 외부자의 경계도 매우 가변적이고 약했다. 친소 관계에 따라 함께 거주하는 가족의 외부는 친지와 친구, 이웃으로 구분되었는데, 이들은 서로의 집에 드나드는 것이 자유로웠으며, 많은 경우 서로 초대하고 방문하며 함께 지냈다. "로지아(loggia, 회랑), 이웃집, 널찍한 벤치로 둘러싸인 도시의 광장들은 날씨가 좋은 아침이나 저녁이면 사람들이 모이는 곳이었다. 사람들은 자주 집으로 손님을 초대했고, 이 집 저 집으로 자주 오고 갔다……손님에 대한 이러한 환대는 잘사는 사람에게만 국한되지 않았다. 덜 잘사는 사람들도 재력이 허용하는 한 자신의 집을 친척과 친구, 이웃에게 개방했다"(Ariès et Duby[éd], 1985 : 245~247). 심지어 어떤 이유에서건 방랑하는 외부인에 대해서

도, 적절한 음식과 잠자리를 대접하는 것이 귀족들의 경우 관대함과 미덕으로 간주되었다.[*]

가난한 사람들의 경우에는 하나의 방이 모든 목적에 이용되었지만, 두 개의 방을 이용할 수 있을 경우, 하나는 홀(sala, salle, hall)로, 다른 하나는 내실(camera, chambre, chamber)로 이용되었다. 그런 점에서 서양에서 중세의 주거는 보통 그 두 가지 공간으로 구성된다고 할 수 있다. 물론 신분과 계급에 따라 주택의 규모가 달라지고, 그에 따라 그것을 구성하는 요소 역시 다양해질 수는 있지만, 방의 수가 많아도 방이 기능적으로 분화되지는 않았기 때문에 대부분 잡다하고 혼성적인 목적으로 사용되는 '방'일 뿐이었다.

반면 홀은 대부분의 경우 집의 중심적인 부분을 차지하며, 중앙에 위치하고 있는 경우가 대부분이었다. 또한 홀의 천장은 대개 지붕과 인접하거나 지붕 밑의 다락에 인접했으며, 그에 따라 이층인 경우에는 홀을 사이에 두고 위층이 두 부분으로 분리되는 경우가 일반적이었다. 이는 중세의 집이 애초에 단일한 홀에서 방이 점점 독립적인 공간으로 분할되어 가는 방식으로 주택구조가 진화되었기 때문이라고 간주된다. 이런 의미에서 중세 초기에는 방조차도 홀에 부속된 공간이었던 셈이다. "마치 헛간 같은 홀이 중세 후기에 이르기까지 공동적이고(communal) 의식적(儀式的)인 질을 보유하고 있었다"(Barley, 1963 : 17). 모든 공간

---

[*] "누군가를 염탐하기 위해 그 집에 들어가는 것은 쉬운 일이었다. 거지, 거리의 악사들, 커다란 집 대문 앞에 모여 청원하려는 사람 등은 쉽게 문턱을 넘었다. 그 외에도……불가피한 서비스를 수행하는 사람들이 매일 드나들었다……부유한 사람들은 손님을 받는 것을 의무로 생각했고, 이는 부자의 윤리였다. 자유와 친교는 부자가 피할 수 없는 의무였다"(Ariès et Duby[éd], 1985 : 282~283). 반면 여자들, 특히 젊은 미혼의 여자들은 외부세계와의 접촉에 많은 제한과 감시가 따랐다(같은 책, 285 이하).

은 홀을 통과해서 들어가며, 또한 홀에 대부분 직접 연결되었다. 이로 인해 많은 경우 H자 형의 평면이 만들어졌다. 복수의 층을 갖는 집의 경우, 대개 홀에 부속된 1층의 방들은 침실보다는 서비스 공간으로 사용되었고, 2층의 방들이 1층의 홀과 더불어 침실로 사용되었다.[*]

그러나 홀과 내실이라는 명확한 공간을 넘어 별도의 부속공간이 나타나게 되는 것은 사실상 불가피했다. 물건을 쌓아 두거나 식품 내지 곡식을 저장하는 창고, 그리고 조리하는 부엌이 점차로 독립적인 공간을 차지하게 되었기 때문이다. 그럼에도 불구하고 그 공간들은, 심지어 식품을 보관하는 곳조차 단지 부속공간에만 머물지는 않아서, 종종 사람들이 자는 곳으로 사용되었다. 반대로 홀이나 방 역시 이런 저런 물건들로 그득 쌓이기 십상이었다.

방과 통로의 구별 역시 분명하지 않았기 때문에, 침대에는 닫집과 일종의 '커튼'이 필요했다. 이는 유럽에서 방과 분리된 복도를 가장 먼저 도입했던 영국의 경우도 다르지 않았다. 나아가 후기에 이르러 팔러(parlour)나 거실(living room)이 있는 경우에도 그 경계는 역시 모호했으며, 거실이나 팔러에서 침대를 보는 것도 전혀 이상한 일이 아니었다. 심지어 외양간조차도 분리된 별도의 건물에 두지 않고 홀에 인접해 있는 경우도 영국의 몇몇 지역에서는 흔한 일이었다(Barley, 1963 : 27). 17세기 영국 데번셔(Devonshire)에서 일반적으로 발견되는 농가의 평면도를 보면, 가축이 드나드는 입구는 따로 있지만, 외양간은 집과 하나의 건물에 마련되어 있다. 이것이 별도의 건물로 분리되는 것은 홀과 내

---

[*] 우리가 1층이라고 부르는 것을 유럽에서는 땅층(ground floor, rez-de-chaussée, Erd geschoß)이라고 부르고, 그 위부터 1층이라고 하며, 출판된 책 역시 이에 따르는데, 여기서는 우리말의 용법에 맞추어 각각 1층, 2층 등으로 바꾸어 사용할 것이다.

실이 분리되는 과정과 함께 진행되었다.

부엌은 그 기능적인 특성으로 인해 특이한 위치를 갖게 되었다. 난방이나 조명을 위해 별도의 연료를 사용하기 힘들었던 이 시기에 화덕은 조리는 물론 난방과 조명의 기능조차 겸해야 했다. 그것이 집의 중심, 즉 홀의 한쪽 중심부에 자리잡게 되는 것은 당연한 일이었다. 그것은 사람들이 모여서 조리하며 먹고 놀고 말하고 쉬는 활동의 중심이었다. 이는 중세 말이나 근대 초에까지 흔히 발견되는 현상이었다. 그러나 바로 그 점으로 인해 부엌은 또한 화재가 발생할 위험을 항상 안고 있는 곳이기도 했다. 귀족이나 부유한 상인들처럼 석조 건물을 지은 경우는 그 위험이 그다지 심각하지 않았지만, 서민들의 경우에는 그것은 치명적인 위험이었다. 그래서 중간 정도의 위치를 갖는, 좋은 집을 갖진 못하지만, 그 위험을 피할 여유를 갖는 사람들은 부엌을 별도의 공간으로 분리했다(같은 책, 24).

내실——이 말은 그리 적절한 것은 아닌데——은 밤에 자고 쉬는 것을 주목적으로 하지만, 이 목적만을 위해 항상 사용된 공간은 전혀 없었다. 즉 방은 극히 다양한 목적으로 사용되었고, 그곳은 주인만이 아니라 아이들은 물론 친구, 이웃 등의 손님들, 하인들이 함께 사용하는 공간이었다. 물론 내실 역시 귀족의 집인 경우 과시적인 방식으로 이용되었는데, 이 경우 침대가 가장 중요한 과시 수단이었고, 침대 커튼은 침대의 이 기념비적인 성격을 한층 고양시켰다. 한편 침대가 언제나 내실과 결부되어 있던 것도 아니었다. 홀에서 침대를 발견하는 것 역시 전혀 이상한 일이 아니어서, 17세기의 중상류층 가정에서도 침대는 홀이나 거실에 있는 경우가 많았다.

그러나 중세의 가구에서 침대는 특권적인 것이었고, 비싼 것이었기 때문에, 많은 수를 갖는다는 것은 대개의 경우는 불가능한 일이었다. 따라서 부모와 자식, 형제는 물론, 주인과 하인이 성을 불문하고 하나의 침대에서 함께 자는 것은 전혀 이상한 일이 아니었다. "밀짚을 깐 거실 안에서 양친, 숙부, 숙모, 종형제, 종매제, 어린 아이들, 노예, 하인들이 침대를 공동으로 사용하며, 공동으로 뒤섞여 나체로 잠을 잤던 것이다. 이러한 집이 이 시대(카롤링거 시대)에도 아직 남아 있었는데, 현실적으로 대부분의 주민들이 이런 식으로 생활하고 있어서 교회에 두통거리를 안겨 주었다"(Dibie, 1994 : 76). 또한 손님이 올 경우 따로 방이 없으면 가족들이 사용하는 방의 침대를 함께 사용했다. 하나의 방에서 하인이나 손님까지 함께 자는 것은 심지어 17세기 파리의 대저택이나 루브르에서도 발견된다(Babelon, 1978 : 127~128).

방 내지 내실은 언제나 사람들이 법석대는 공간이었다. "침실은 왕이 잠잘 뿐만 아니라 틀어박혀서 기도를 하거나 세 명의 거지가 발을 씻는 장소기도 했다.……왕이 옷을 입거나 벗는 방도 이 방이었다. 반대로 루이 9세가 열여섯 명의 거지를 맞아들인 곳도, 경부임파선염에 걸린 환자를 접하거나 커다란 난로 앞에서 왕의 기사들을 맞이한 것도 이 방이었다"(Dibie, 1994 : 85). 이런 점에서 사람들은 홀로 있고자 하지 않았고, 사생활과 편안함에 그다지 집착하지 않았다. 반대로 홀로 된다는 것은 두려운 일이었을 뿐만 아니라 피해야 할 일이기도 했다.

그럼에도 불구하고 내실은 주인의 방이고, 일정한 제한이 가해지는 곳이며, 주인의 긴밀한 감시가 행해지는 곳이기도 했다. 이는 주인의 귀중품이나 중요한 문서, 재물 등이 보관되는 곳이어서 그랬는데, 이로 인해 내실에서 가장 중요한 가구는 잠글 수 있는 궤(櫃)였다. 한편 커튼이 달린 침대가 발명되기 이전에 섹스는 대부분 덮개 밑에서, 그리고 언제나 캄캄한 시간에 이루어지거나, 아니면 어둡고 컴컴한 곳에서 이루어졌다. 혹은 이와 달리 인적이 드문 정원이나 숲, 울타리 밑 등을 이용했다고 한다(Mumford, 1990 : 310).

이처럼 중세의 주거공간에서 방들은 다양한 종류의 활동이 이루어졌다는 점에서 다기능적(多機能的)이고 다가적(多價的)인 공간이었으며, 어떤 특정한 기능으로 특정화되거나 단일화되지 않았다는 점에서 혼성적인 공간이었다. 물론 중세 후기에 오면서, 집의 규모가 매우 커지고 방의 수가 늘어남에 따라 방들 사이에 일정한 기능적 분화가 발생한다. 그렇지만 이 경우에도 어떤 특정한 기능을 부여받는 공간은 주로 저장실·창고·빵방 등과 같이 부엌 내지 서비스 공간과 관련된 공간으로 제한된다. 르네상스식의 팔라초처럼 대규모 저택을 이루는 경우에는 대기실이나 살로네처럼 특정한 명칭을 갖는 방이 생기지만, 그 방을 사용하거나 치장하는 방식은 다른 방과 별다른 바가 없으며, 공간적 분포상에서 그 방이 차지하는 위상 역시 별다른 차이를 보여 주지 않는다.[*]

다만 집의 규모나 재산, 살림의 규모가 커지거나, 혹은 신분이 높은 집일 경우, 하인의 공간과 주인의 공간을 구별하려는 시도는 다른 구별에 비해 상대적으로 빨리 진전된다. 예를 들어 영국의 경우 엘리자베스 시대에 이르면 1층은 홀과 하인들의 서비스 공간으로 이용하고, 2층은 주인의 공간으로 이용하는 방식이 일반화되고 있으며, 르네상스 팔라초의 경우 꼭대기 층을 하인과 서비스 공간으로 이용하는 방식이 점차 널

---

[*] 사실 집의 공간을 나누는 홀(sala)과 내실(camera) 사이의 구별조차도 이 점에서 본다면 결코 근본적이지 않았다. 물론 홀이 사회적 내지 의식적인 활동이 이루어지는 공간이었고, 내실은 그에 비하면 부차적이고 비공식적인 일들이 이루어지는 공간이었지만, 사회적 활동과 개인적 활동, 공적인 생활과 사적인 생활의 경계가 결코 뚜렷하지 않았기 때문에, 그러한 구별은 단지 부분적이고 제한적인 의미만을 가질 뿐이었다.

리 확장되고 있다. 하지만 이 경우에도 시종이나 시녀들은 가까이에 두어야 했기 때문에, 이런 구별 역시 매우 제한적인 의미를 가질 뿐이다.

집이 커지면서 방의 수가 늘어나면, 도시에서는 주로 부엌 관련 공간(저장실, 빵방 등)과 내실을 추가했다. 귀족이든 농민이든, 상인이든 빈민이든 홀은 집 전체의 중심이었을 뿐만 아니라, 생활의 중심이기도 했다. 귀족들의 경우 홀은 공식적인 모임과 연회, 식사 등이 성대하게 이뤄지는 공간이었는데, 이 모임이나 연회는 그 집의 주인을 중심으로 행해지는 일종의 의식(儀式)이었고, 권력의 표현이었다(Girouard, 1978 : 30). 여기서 중요한 일은 주로 식사와 관련되어 있었는데, 영국의 경우 심지어 200명이 앉을 수 있는 테이블이 있는 홀이 있었다고 지루아드는 전한다(같은 책, 33).

공간적인 경계가 모호한 것은 단지 방들 사이에서만이 아니라 주거공간 내부와 외부 사이에서도 마찬가지였다. 즉 주거공간은 외부에 대해 넓게 개방되어 있었을 뿐만 아니라, 외부공간과 매우 빈번히 소통하고 교류하고 있었다. 공간의 구획이나 구별이 이렇듯 느슨하고 그 용법 역시 명확히 구별되는 어떤 코드를 갖지 않았던 것은, 왕이나 대공과 같은 특별한 사람의 집에서, 특별한 어떤 행사를 하는 것이 아닌 한, 그 공간 안에서의 생활이나 행동이 전반적으로 느슨하고 별다른 통제가 없었다는 사실을 표현하는 것이기도 하다.

2. 르네상스기 귀족 저택의 공간적 분포

르네상스 시대에 이르면서 큰 규모의 저택이 본격적으로 지어지기 시작한다. 일찍이 중세적인 장원과 농업이라는 영토에서 벗어나면서, 자유로운 공기를 허용하는 성벽 안에서 화폐라는 새로운 권력의 자원을 축적하던 상인들은, 한자 동맹과 같은 연합체를 통해서, 그리고 원거리 무역을 통해 점차 거대한 부를 형성하게 된다. 그들은 비록 봉건적 관계, 봉건적 대지를 떠난 것은 아니었지만, 거대한 부의 집적을 통해 새로운 종류의 영토를, 하지만 이미 봉건제로 환원될 수 없는 새로운 영토를 만들어간다. 15세기에 도시는 이미 저무는 봉건제의 외부로서 확고한 자리를 잡게 된다.

동시에 그것은 중세를 지배한 또 하나의 세계와 구별되는 또 하나의 세계를 만들기 시작한다. 일찍이 교회가 상인들의 축재에 대해 퍼부은 비난은 잘 알려져 있다. 뿐만 아니라 고리대와 같은 축재의 또 한 수단은 물론, 이자 자체에 대해서도, 신의 시간을 훔치는 것이라는 비판이 이론적으로 뿐만 아니라 그것을 금지하는 여러 공의회의 조치들을 통해 실질적으로 행해졌으며, 이자를 내포한다는 점에서 환어음에 대해서도 동일한 비난과 금지가 행해진 바 있다(Attali, 1982 : 116~117).

영주들과 달리 교회는 도시의 내부에 들어갔으며, 거기서 한가운데를 차지함으로써 이 봉건제의 외부에서도 교회는 그 중심지를 장악할 수 있었지만, 도시의 중앙, 교회가 자리잡은 광장(piazza)의 다른 한편에는 상인 등의 새로운 권력이 조직되던 시청사가 자리잡고 있었다. 더우기 그 광장은 길들을 통해 다른 광장들로 연결되며, 대부분의 그런 광장들은 정기적으로, 혹은 항상적으로 시장이 만들어지는 공간을 제공했다는 점에서, 상인과 교회 간의 팽팽한 긴장이 어디에 자리 잡고 있는가를 상징적으로 보여 주었다.

하지만 이미 권력을 장악하고 움직이고 있는 것은 어떤 정치조직보다 광범위한 권력의 네트워크를 갖고 있던 교회였고, 그런 만큼 상인들은 타협하면서 장사하고, 새로운 틈새를 화폐의 힘으로 채우는 조용한 전투를 택했던 셈이다. 하지만 15세기에 이르면 이미 거대한 부를 집적한 몇몇 상인 가문들의 화폐는 교회의 권력조차 유효하게 작동하기 위한 결정적인 자원이 되었고, 그것을 위해 교회의 권력 일부조차 그들에게 내주지 않으면 안 되었다. 피렌체의 메디치(Medici)가는 이러한 조건에서 교회의 중요한 직위로 진출하기 시작했고, 그들의 부는 단지 경제만이 아니라 피렌체 전체를 지배하는 새로운 권력이 되었다. 더불어 그들은, 당시에는 물론 '장인'이었던 예술가들에 대한 지원을 아끼지 않음으로써, 새로운 싹을 틔우기 시작했던 미술과 건축 등의 예술과 문화 전반에 대해 막대한 힘을 행사했다.

팔라초라는, 궁전과도 같은 거대한 저택이 이들 최고의 예술가들의 손에 의해 지어지기 시작했고, 그것은 이후 상인이나 신흥 부르주아지는 물론 부나 권력이 있는 사람이라면 누구나 선망하게 되는 시대의 상징이 된다. 그것은 새로운 중심으로 부상한 도시 안에서, 거대한 네이브(nave)와 높이 솟은 탑으로 상징되던 신성한 세계의 권력과 대비되는 다른 하나의 권력이 들어섰음을 가시화하는 새로운 물리적 신체, 새로운 건축적 신체였다.

피렌체와 베네치아 등 북부 이탈리아에서 시작된 이 새로운 흐름은, 이전에는 교회로 집중되었던 건축적 혁신의 시도들이 새로이 투여되던 또 하나의 장이었다. 투시법과 결부된 미술의 혁신과 함께, 이후 북부 유럽의 다른 나라로 확산되었던 이러한 새로운 양식의 건축에서 가장 앞서 있었던 것은 당연히 피렌체였다. 이후 로마 역시 이 새로운 흐름을 적극적으로 흡수하여 또 하나의 중심이 되지만, 그 경우 교황청의 영향이 지배적이었다는 점에서, 로마의 주된 관심사는 역시 성당이었다.

이후 바로크 건축의 발전에서 새로운 실험과 창안이 로마에서 이루어졌지만, 그것은 주로 성당 건축에 집중되어 있었던 반면, 세속 권력의 상징인 저택이나 궁전의 건축은 절대군주의 권력이 귀족들에 대해 전적인 지배력을 장악했던 프랑스에서 그 첨단점을 이루게 된다. 성 베드로 성당이 결코 모방될 수 없는 교회의 '신성한' 권력의 거대함을 상징했다면, 베르사유 궁전은 유럽의 모든 군주들이 선망하고 모방코자 했던 세속적 권력의 거대함을 상징했다고 하겠다.

이런 점에서 르네상스 시대 저택에 대해 분석하려는 이 장의 시도는, 이 책이 전체적으로 프랑스에 초점을 맞추고 있음에도 불구하고, 이탈리아의 팔라초를 경유하는 것이 불가피하다.

1) 이탈리아의 팔라초

피렌체의 가장 강력한 가문이었고, 그 실질적 지배자였던 메디치 가의 저택은 팔라초 메디치-리카르디라고 불리는 3층짜리 석조 건물인데, 전반기 르네상스 건축의 거장 중 한 사람인 미켈로초에 의해 만들어졌다. 거리에 면한 두 면은 각각 거의 정방형에 가까운 기하학적 형태와, 규칙적으로 배열된 동일한 크기와 형태의 창, 러스티케이션(rustication)으로 처리된 벽면에, 특별히 부각되는 어떤 방식이나 중심화하는 어떤 요소도 없는, 매우 건조한 느낌마저 주는 전형적인 르네상스 스타일의 건물이다.

일단 전체적으로 보면, 1층의 경우 일종의 중정(court)인 안뜰(courtyard)은 포티코(portico)로 구획된 안마당(cortile)을 내부에 포함하고 있는데, 이 안뜰을 둘러싸고 방들이 배열되어 있으며, 대부분의 방들은 이 안뜰과 연결된다. 즉 동선이 안뜰(중정)로 집중되고 있다. 동시

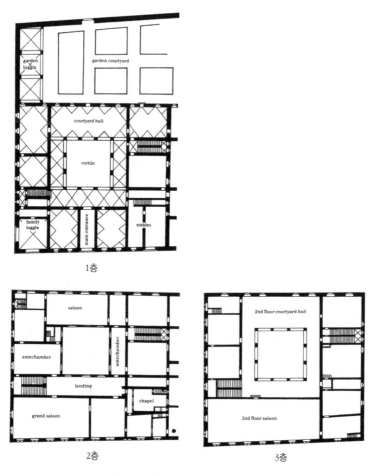

〈그림 3.1-1〉 팔라초 메디치-리카르디의 평면도

에 방들 사이를 복수의 동선으로 연결하는 고리(ring)*가 중첩되면서 복잡하게 얽혀 있다. 이는 방들이 중정으로 중심화되어 있으면서도, 다른 방들 상호간에 연결과 개방의 폭이 매우 크며, 이동가능한 통로가 복수여서 1층이라는 공간 전체의 통합성 또한 크라는 것을 보여 준다. 이는 1층 전체의 평균통합성의 값(7.348)으로 표시되고 있다.

1층이 중정(안뜰)으로 강력하게 집중된 분포를 보여 줌에 비해 2층은 그러한 단일한 중심은 보이지 않으며, 복수의 소(小)중심들을 매듭으로 하는 그물의 형상을 취하고 있다. 대부분의 방이 2개 이상의 다른 방들에 연결되어 있으며, 동선의 끝에 위치한 방은 극히 적다. 그리고 방들의 명확한 분화는 보이지 않지만, 몇 가지 특정한 목적에 할당된 방들이 부분적으로 눈에 띈다. 대기실(antechamber), 대홀(grand saloon), 홀(saloon) 등의 명칭이 여러 방들에 붙어 있다. 그러나 그 명칭들은, 그 말에서 우리가 쉽게 떠올리게 되는 기능에 적절하게 배열되어 있지 않다. 가령 홀처럼 동선이 집중되는 '공적인' 방들이 전체 분포의 구석에 있으며, 대기실은 그런 방들과 무관하게 연결되어 있다.

　　한편 3층은 1층과 유사하게 홀의 기능을 수행하는 안뜰을 중심으로 방들이 배열되어 있고, 동선 역시 그곳으로 집중되어 있다. 고리를 만드는 복수의 동선들이 다수 있지만, 1층이나 2층에 비해서 단순하고 비중이 적다. 이는 통합도의 값에도 나타나는데, 층 전체의 통합도는 1층(7.348)이 가장 크고, 그 다음은 2층(6.711), 그리고 3층(5.656)의 순이다. 여기에도 인접한 방들 사이에 어떤 유기적인 연관성이나 위계, 체계성은 보이지 않는다.

　　외부 공간과 내부 공간의 관계를 보면, 외부공간의 통합도가 8.308로 1층 전체의 평균 통합도 7.348보다 많이 크다. 1층의 평균 통합도가

---

* 〈그림 3.1-2〉의 1층 분포도에서 가령 2와 7, 2와 8번 방은 동선의 가지가 뻗어나간 형상을 취하고 있음에 비해, 가령 1, 2, 3번 방을 잇는 동선은 하나의 '고리'를 형성한다. 고리를 이룬다는 것은 이동하기 위해 선택할 수 있는 동선이 복수(複數)라는 것을 뜻한다. 당연히 이런 관계는 연결된 방들 사이의 통합성과 개방성을 증가시킨다. 반면 가지(枝) 형의 형상을 이루는 경우에는 방들의 동선 선택이 단일하고, 가지의 끝에 있는 방은 다른 방으로의 연결통로로 전혀 기능하지 않는다. 따라서 그 방은 은폐되고 제약된 동선을 갖는다.

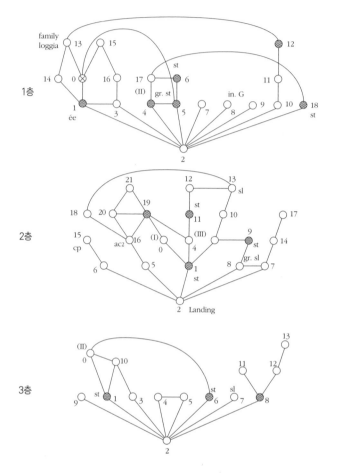

〈그림 3.1-2〉 팔라초 메디치 – 리카르디의 공간적 분포

다른 층에 비해 가장 큰 것이었음을 감안한다면, 이 건물의 외부공간의 통합도는 매우 큰 것임을 쉽게 알 수 있다. 외부공간의 통합도가 이렇게 크다는 것은 외부공간이 주거공간의 분포 전체의 중심에 근접해 있다는 것, 따라서 주거공간에서 외부로 나가거나 그 반대로 외부에서 내부로 들어오는 것이 매우 용이하다는 것을 뜻한다. 달리 말하면 이는 주거공

		응집도	통합도
0	⊗	1.333	8.308
1	현관	1.197	9.000
2	홀	5.167	10.800
3		0.861	8.308
4	대 계단	0.694	8.100
5		1.194	9.000
6	계단	0.583	6.480
7		0.111	6.894
8	중정	0.111	6.894
9	갤러리	0.111	6.894
10		0.611	7.714
11		1.000	6.231
12		0.833	5.684
13	패밀로 로지아	1.250	6.612
14		0.583	6.750
15		0.750	6.113
16		0.833	6.353
17	2층	1.333	6.113
18	계단	0.444	7.364
합 계		19.000	139.611
평 균		1.000	7.348
표준편차		1.055	1.262

〈1층〉

		응집도	통합도
0	2층	1.333	4.971
1	계단	0.958	6.259
2	홀	4.167	8.895
3		0.625	6.036
4		0.625	5.633
5		0.625	5.633
6	계단	0.458	6.036
7	홀	0.125	5.452
8		1.625	6.760
9		0.458	5.828
10	계단	0.833	4.694
11		0.333	4.568
12		1.333	4.829
13		0.500	3.596
합 계		14.000	79.188
평 균		1.000	5.656
표준편차		0.969	1.193

〈3층〉

		응집도	통합도
0	1층	0.450	7.475
1	계단	1.367	9.000
2	계단	2.083	8.820
3	대기실1	1.750	7.350
4	3층	0.950	8.167
5		0.450	7.737
6		1.200	6.485
7		1.200	6.785
8	대 홀	0.533	6.582
9	계단	0.333	5.513
10		0.667	6.485
11	계단	0.833	6.485
12		0.833	5.727
13	홀	1.333	6.211
14		1.333	5.313
15	채플	0.500	5.011
16	대기실2	1.533	7.737
17		0.500	4.282
18		1.083	6.891
19	계단	2.083	7.230
20		0.450	6.391
21		0.533	5.959
합 계		22.000	147.636
평 균		1.000	6.711
표준편차		0.526	1.157

〈2층〉

〈그림 3.1-3〉

간 전체가 외부공간에 대해 개방되어 있다는 것을 뜻한다고 하겠다. 또한 외부공간의 동선의 응집도도 1.33으로 홀을 제외한 다른 어떤 공간보다도 크다. 이는 홀로 들어가는 입구가 2개라는 점뿐만 아니라,* 그것을 통하지 않고서 직접 드나들 수 있는 방이 둘 이나 된다는 점 때문이다. 이 역시 외부공간에 대한 개방성, 혹은 외부공간과의 소통성이 크다는 점과 긴밀하게 결부된 것이다.

한편 패밀리 로지아는 사회적인 교제(intercourse)와 과시를 위해서 이용되었는데(Büttner/Meissner, 1983 : 121), 특별히 이 방에는 직접 외부로 통하는 문이 둘이나 있다. 이는 18세기의 과시적 공간인 샹브르 드 파라드(chambre de parade)와 달리 의식적(儀式的)이고도 과시적인 성격보다는 차라리 사람들이 쉽게 드나들며 교제하는 공간으로서의 성격이 강했음을 짐작케 한다. 이 방의 통합성은 6.612로 평균보다 1가량 작아서, 집의 분포상의 중심에서 상대적으로 벗어나 있음을 알 수 있다. 한편 동선의 응집도는 1.25로서 다른 방들에 비해서 높은 편이다. 통합도는 낮은 반면 응집도는 높은 이런 공간은, 더구나 이 시기 주거공간에서는 그리 흔하지 않은데,** 이 방은 집 전체의 중심에서 약간 벗어나 있으면서, 드나들기 쉬운 공간이라는 것을 알 수 있다. 이런 점에서 이 방은

---

* 르네상스기에 지어진 대부분의 팔라초가 대부분 복수의 문을 갖고 있었음을 고려한다면, 다른 건물의 경우에도 외부공간의 응집도가 마찬가지로 크리라는 것을 쉽게 짐작할 수 있다.
** 통합도나 응집도 모두 연결된 동선의 수가 늘면 커지기 때문에, 두 수치 간에는 양의 상관관계가 있다. 그래서 대개는 둘이 함께 커지거나 함께 작아지기 십상이다. 그렇지만 18세기 프랑스 오텔에서 샹브르 드 파라드처럼 분포의 중앙에 위치하지만 동선의 연결은 적어서 폐쇄적인 공간은 상대적으로 통합도가 높고 응집도는 낮은 경우가 있다. 반면 상대적으로 응집도가 높은 반면 통합도가 높은 공간은 카비네나 의상실(garde-robe) 같은 부속실을 갖는 내실이 주변에 위치하는 경우나, 부엌처럼 여러 공간에 연결되지만 상대적으로 주변에 위치하는 공간이 그러한데, 이 경우에 통합도가 낮다는 것은 평균보다 약간 낮은 정도인 경우가 대부분이어서 미미하게만 드러난다.

외부공간과 내부공간을 연결하는 일종의 대기(待期)공간 내지 점이지대적 성격을 갖는 것처럼 보인다.

1층의 방들을 분석한 표에서 17번 방은 하나의 방이 아니라 상층, 아니 정확히는 직접적으로 이웃하는 상층인 2층 전체를 표시하는 것인데, 이 공간에 관한 수치를 통해 1층과 2층간의 관계를 알 수 있다. 1층 전체에서 이 공간의 통합성은 6.113으로 평균에 비해 1.2 가량 작다. 이는 두 층 간의 통합성이 1층 내적인 통합성보다 작음을 의미하는 것이다. 다시 말해 1층의 방들의 분포에서 2층은 그다지 중심적인 위상을 갖고 있지 않다는 말이다.

한편 2층 전체에서 1층과 3층의 통합성은 모두 매우 큰 값을 갖고 있다. 즉 2층의 분포에서 1층의 통합성은 7.475로 2층의 평균 통합성 6.711을 상당히 상회한다. 3층의 통합성은 더욱 커서 8.167이다. 이는 1층의 분포와는 달리 층간 통합성이 2층의 내적인 통합성보다 크다는 것을 뜻한다. 다시 말해 이는 2층의 공간적 분포에서 1층과 3층이 중심에 매우 가까이 있다는 것을, 2층에서 1층이나 3층으로의(혹은 그 반대방향으로의) 접근성이 용이하다는 것을 의미한다. 3층의 경우 하층(2층)의 통합성은 4.971로 평균 통합성 5.656보다 약간 하회한다. 즉 3층의 경우에는 층간 통합성이 3층 내적인 통합성보다 작다. 이는 3층이 하층에 대해서 상대적으로 독립성이 크다는 것을 뜻한다.

따라서 세 층의 상호 관련에 대해 말한다면, 1층 및 3층이 층내의 통합성이 강한 반면, 2층은 층내 통합성보다 층간 통합성이 더 강하다. 이는 2층이 상대적으로 다른 두 층에 비해 독립성이 적다는 것을, 즉 다른 층에 상대적으로 '의존'하고 있다는 것을 의미한다. 특히 3층에 대한 의존도는 매우 큰데, 이는 3층이 홀을 제외하면 모두 하인이 사용하던 서비스 공간이었다는 점(Büttner/Meissner, 1983 : 121)을 고려한다면, 매우 쉽게 납득할 수 있는 것이다.

여기서 우리는 르네상스기 이탈리아에서 주인과 하인의 관계의 일단을 살펴볼 수 있다. 팔라초 메디치-리카르디의 경우 2층은 공식적인 홀(saloon)과 대 홀(grand saloon), 채플 등이 있음으로 보아 주인의 생활이 이루어지는 중심공간이라고 말할 수 있을 것이다. 반면 이탈리아에서 꼭대기 층은 부엌을 비롯해서 하인들이 사용하는 공간이었다.* 그런데 앞에서 본 것처럼 주인층인 2층 전체의 공간적 분포에서 하인의 공간인 3층이 갖는 통합성(8.167)은 큰 데 반해, 3층의 분포에서 2층의 통합성(4.971)은 거의 절반에 가까운 수준으로 낮았다. 이것은 2층과 3층의 관계가 대칭적이지 않았다는 것을 보여 준다. 즉 주인의 공간(2층)에서 하인의 공간(3층)이 중심에 가까이 있다는 것은 주인의 공간이 하인의 공간에 의존하고 있음을 보여 주는 것이다. 반면, 하인의 공간(3층)은 주인의 공간으로부터 상대적으로 독립되어 있다. 요컨대 하인의 공간이 주인의 공간에 상당히 깊이 들어와 있음에 반해 주인의 공간은 하인의 공간에 대해 깊이 들어가지 않고 오히려 거리를 두고 있다는 것이다. 여기서 우리는 주인의 공간은 하인의 공간에 대해 개방되어 있었지만, 하인의 공간은 주인의 공간에 대해 상대적으로 폐쇄되어 있다는 것을 알 수 있다.

주인의 공간과 하인의 공간이 갖는 이러한 비대칭성은 르네상스 시기 주인과 하인의 사회적 관계와 일정한 동형성을 보여 준다. 주인의 생활은 하인의 시중을 필수적인 요소로 하고 있었기 때문에, 하인들은 주

---

* 영국의 경우에는 1층이 그렇게 사용되었다.

인의 공간에 쉽게 접근할 수 있었어야 했던 반면, 주인은 하인들과 자신을 분리함으로써 자신의 품위를 지키고자 했으며, 그들의 일에 세세하게 관여하거나 간섭하기보다는 적절하게 거리를 두는 것을 관대함으로 여겼다. 이는 절약이 미덕이 아니라 악덕으로 간주되고, 반대로 커다란 씀씀이가 미덕으로 간주되던 중세 귀족의 도덕의 연장선상에 있는 것이다(Ariès et Duby[éd], 1985 : 66~67, 238, 283~284).[**]

주인생활의 중심이었던 2층에는 대 홀(grand saloon)이나 홀(saloon)과 같은, 나중이라면 그랑 살롱(grand salon)이나 살롱(salon)이라고 불렸을, 공적인 모임과 교제가 행해졌을 공간이 별도로 마련되어 있다. 이들 공간과, 아무런 표시도 없는, 대개는 방으로 사용되었을 다른 공간을 비교해 보면, 통합성이나 응집성이라는 면에서 홀이란 명칭을 갖는 방들과 다른 평범한 방들 사이에서 변별력 있는 차이를 발견하기 힘들다. 오히려 통합도나 응집도가 높은 곳은 계단이나 계단참(landing), 대기실 등이다. 이런 공간은 다른 방들을 연결하는, 동선 분배의 매듭과 같은 역할을 하기 때문에, 통합도와 응집도가 높아지는 것은 당연하다. 이상의 사실로 보건대, 적어도 공간적 분포상으로 팔라초 메디치-리카르디에서 홀이나 대 홀은 보통의 다른 방들과 구별되는 공간적 위상을 갖고 있지 않다고 할 수 있다. 다시 말해 근대적 분절에 익숙한 우리라면 대개 '사적 공간'과 '공적 공간'이라는 이름으로 대비하기 십상인 두 가지 공간이, 여기서는 명칭상으로 구별되어 있음에도 불구하고 공간적 분포상에서는 어떠한 실질적 구별을 보여 주지 않는다는

[**] 이는 주인들이 하인들로부터 일정한 거리를 두고자 했던, 그리고 그러한 공간적 분포를 만들어냈던 17~18세기와 분명하게 대조되는 양상이다. 이에 대해서는 4장 참조.

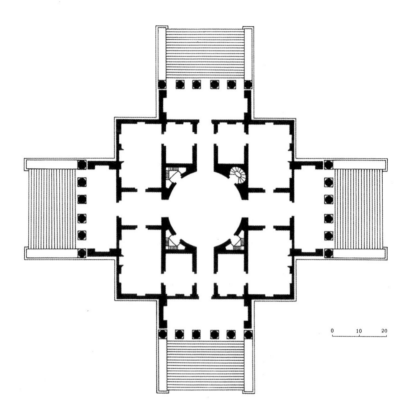

〈그림 3.2-1〉 팔라디오, 빌라 로톤다

것이다.

이러한 특징들은 이탈리아의 다른 건물들에서, 건물마다 약간의 차이와 특색을 갖고 있지만, 유사한 양상으로 발견된다. 가령 팔라초 다스테(Palazzo d'Aste)의 공간적 통합성은 다른 팔라초와 유사하게 전체적으로 높은 편이며, 공간 분포는 홀에 집중되어 있다. 홀과 다른 방들의 차이가 이처럼 뚜렷한 데 반해, 다른 방들 사이의 차이는 그다지 분명하지 않다. 다만 이 건축물에 특이한 것은 외부공간의 통합성이 다른 팔라

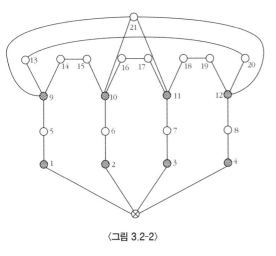

〈그림 3.2-2〉

		응집도	통합도
0	⊗	2.00	7.350
1		0.75	6.485
2		0.75	6.485
3		0.75	6.485
4		0.75	6.485
5		0.75	7.113
6		0.75	7.113
7		0.75	7.113
8		0.75	7.113
9		1.75	8.481
10		1.75	8.481
11		1.75	8.481
12		1.75	8.481
13		0.75	6.682
14		0.75	6.682
15		0.75	6.682
16		0.75	6.682
17		0.75	6.682
18		0.75	6.682
19		0.75	6.682
20		0.75	6.682
21	홀	1.00	10.023
합　계		22.00	159.143
평　균		1.00	7.234
표준편차		0.44	0.923

〈그림 3.2-3〉

초에 비해 약한 편이며, 응집성 또한 낮다는 점이다.

　팔라초 스트로치의 경우 거의 모든 방이 홀로 연결되어 있는데, 그 집중의 정도는 극단적일 정도다. 따라서 홀의 통합성과 응집성 모두 엄청나게 큰 값을 갖는 것은 당연한 일이다. 또 하나, 팔라초 스트로치 역시 다른 대부분의 이탈리아 팔라초처럼 외부공간의 통합도와 응집도가 매우 높은 것으로 보아, 외부공간에 대해 매우 개방되어 있음을 확인할 수 있다.

　서구의 빌라 건축에 커다란 영향을 미쳤던 팔라디오의 작품 빌라 로톤다(Villa Rotonda)는 정방형과 기하학적 대칭, 그리고 그리스 식의 오더(order)와 페디먼트(pediment)를 훌륭하게 결합한 건물이다. 마니에리스모(manierismo, 매너리즘) 양식을 대표하는 이 건물은 때론 모더니즘을 대표하는 건축가 르 코르뷔지에와 비교되기도 하고(예를 들면 Rowe, 1986), 때론 그와 반대로 포스트모더니즘의 전조와 연루되기도 한다(Ventury, 1995). 팔라초라는 거대 저택과 달리 간결한 전원주택의 형식을 취하는 이 건물은, 그 외부형태 뿐만 아니라 평면 또한 르네상스적 이상에 따라 정방형과 대칭형의 구성을 갖고 있다.

이 건물의 방들을 위상학적 다이어그램으로 그리면, 막히거나 끊긴 동선을 갖는 방이 하나도 없는 그물형의 형상으로 나타난다. 각각의 방은 2개 내지 4개의 동선을 가지며, 홀과 외부공간을 제외하고는 모두 나란히 병렬되는 방들을 가진다. 그래서 통합성과 응집성을 교차시킨 그래프를 그리면, 외부공간을 포함해 22개의 셀을 갖는 이 건물에서 구별되는 점은 오직 6개만이 나타난다. 중앙에 있는 홀은, 4개의 동선을 갖지만, 동선의 응집도는 정확하게 평균값인 1이다. 그러나 통합도는 모든 공간 가운데 가장 높아서 10을 넘는다. 즉 중앙 홀은 지극히 평범한 동선의 응집성을 갖고 있음에도 불구하고 공간적 분포의 중앙에 자리잡고 있는 확고한 중심인 것이다.

외부공간 역시 4개의 동선이 연결되어 있는데, 동선의 응집도는 정확히 2로서, 평균의 2배며, 모든 방들 가운데 가장 크다. 이는 건물 전체가 외부공간을 향해 크게 열려 있음을 뜻하는 것이다. 한편 외부공간의 통합도는 7.35로서 평균에 가까운 값이다. 이는 외부공간이 특별히 중앙에 근접하여 자리잡고 있는 건 아니지만, 그렇다고 주변적인 것도 아닌 위상을 차지하고 있음을 보여 준다.

여기서 중앙의 홀와 외부공간은 매우 대조적인 위치를 갖고 있음을 알 수 있다. 홀은 매우 높은 통합도를 띠고 있어 공간적 분포의 중심이지만 동선의 응집도는 그다지 높지 않았던 반면, 외부공간은 동선의 응집도는 가장 높지만 통합도는 평균적이었다는 점에서 그러한 사실을 확인할 수 있다. 통합적 중심과 동선의 응집이 매우 상관적이면서도 독립적일 수 있음을 보여 주는 이 사례는, 중심적인 방이 외부로부터 거리를 두면서도 외부에 대한 개방성을 극대화할 수 있는 것이 어떻게 가능한가를 보여 준다고 하겠다.

2) 프랑스의 오텔

프랑스의 대저택은 보통 몇 가지 다른 이름으로 불린다. 팔레(palais), 오텔, 메종(maison) 등이 그것인데, 디드로와 달랑베르의 『백과전서』에 따르면 팔레가 보통 왕이나 왕족의 저택에 대해 사용하는 이름이라면, 오텔은 고위 궁정 귀족의 저택에 대해 사용했고, 메종은 부르주아지의 집에 대해 사용했다고 한다. 특히 '팔레'라는 말은, 지위 고하를 막론하고 왕족 이외의 집에 붙이는 것은 금지되어 있었다고 한다(Elias, 1983 : 54).

그런데 오텔은 팔레를 그 모델로 하고 있었으며, 18세기 말과 19세기에 지어진 부르주아지의 집들 역시 귀족들의 오텔을 모델로 하고 있었기 때문에, 이 세 종류의 저택들 사이에 일정한 동족성(同族性)이 있으리라고 가정하는 것은 충분히 근거가 있다. 부르주아지의 저택은 궁정 귀족들의 생활양식이나 윤리와는 전혀 다른 그들의 생활양식 및 윤리로 인해 궁정적인 저택들과 적지 않은 불연속성을 보여 주지만, 귀족들이 지배하는 궁정사회에 속해 있었으며, 그 안에서 출세의 길을 모색해야 했기에, 적어도 18세기까지는 궁정 귀족의 스타일을 모방하고 쫓아가려 애를 썼다. 그런 점에서 오텔이란 말은 프랑스 지배계급, 특히 귀족적인 지배계급의 대저택을 일반적으로 지칭하는 일종의 환유적(換喩

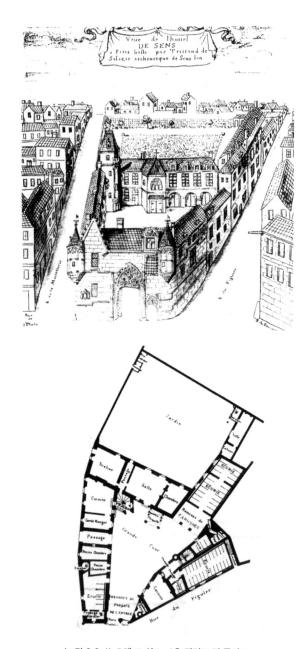

〈그림 3.3-1〉 오텔 드 상스, 1층 평면도 및 투시도

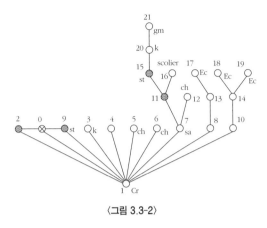

〈그림 3.3-2〉

		응집도	통합도
0	⊗	1.100	7.350
1	중정	6.667	10.500
2		0.433	7.230
3		0.100	7.113
4		0.100	7.113
5	내실	0.100	7.113
6	내실	0.100	7.113
7	홀	1.433	8.820
8		0.600	7.603
9		0.433	7.230
10		0.433	7.875
11		1.833	7.113
12	내실	0.333	6.300
13		1.500	5.803
14	통로	2.500	6.125
15		0.833	5.654
16		0.333	5.378
17		0.500	4.594
18		0.333	4.793
19		0.333	4.793
20	부엌	1.500	4.594
21	식기실	0.500	3.802
합 계		22.00	144.008
평 균		1.00	6.546
표준편차		1.389	1.524

〈그림 3.3-3〉

的) 용어로 사용할 수 있을 것이다.

중세의 오텔 가운데 남아 있는 것은 얼마 되지 않는다. 데니스의 연구에 따르면 중세 오텔로 남아 있는 것은 오텔 드 상스(Hôtel de Sens, 1475~1507)와 오텔 드 클뤼니(Hôtel de Cluny, 1495~1510) 두 개뿐이라고 한다(Dennis, 1986 : 32).[*]

오텔 드 상스의 평면은 위상학적 다이어그램에서 보듯이 중정(中庭, cour/court)으로 대부분의 공간이 집중되어 있다. 중정의 통합성과 응집성은 10.5와 6.667로서 극히 높은

*물론 이는 르네상스기를 중세에서 제외하는 그 나름의 시기 개념 때문에 축소된 것이기는 하다. 그 역시 바로 뒤이어 제시하는, 세를리오가 건축한 르 그랑 페라르(Le Grand Ferrare, 1544~1546) 등의 건물이 다수 있기 때문이다. 여기서는 르네상스 스타일의 건물까지 중세 주거공간에 포함되는 것으로 다룰 것이다.

값을 갖고 있다. 홀이나 중정이라는 하나의 중심으로 많은 방들이 집중되는 이런 양상은 중세의 저택에 일반적인 것인데, 여기서는 그 정도가 매우 강한 편이다. 또한 홀(salle)의 통합도 역시 8.82로, 중정을 제외하고는 가장 큰 값을 갖고 있다. 외부공간의 경우, 응집도는 1.1에 불과하지만 통합도는 7.35로서 통합도가 가장 큰 부류에 속한다. 방들이 전체적으로 중정과 홀, 외부공간을 중심으로 몰려 있는 셈이다. 이것은 외부공간과 내부공간이 강하게 통합되어 있으며, 동선 역시 외부와 내부공간 사이에서 포괄적으로 분배되어 있음을 보여 주는 것이다. 한편 방(chambre ; ch)들은 모두 동선의 끝점에 위치하고 있어서 응집도가 매우 작다. 그러나 통합도는 평균을 약간 하회하는(6.3) 방이 하나, 평균보다 큰(7.113) 방이 두 개로, 결코 작다고 할 수 없는 것이다.

르네상스기 이탈리아의 유명한 건축가 가운데 한 사람인 세를리오가 1544~1546년 사이에 퐁텐블로에 지은 오텔 드 페라르는, 보통 르그랑 페라르로 불리는데, 이후 1세기 동안 오텔 건축의 표준적 형태를 수립한 것으로 간주된다(Babelon, 1978 : 83 이하). 그 건물의 외부형태는 고전적인 엔타블러처(entablature)와 이디큘(aedicule)을 이용해 안정과 조화를 추구하는 르네상스적 비례와 대칭의 원리에 따라 만들어졌으며, 건물의 평면 또한 베스티뷸(vestibule)에서 문을 잇는 중심축을 기준으로 기하학적 대칭을 이루고 있다. 중정은 건물로 3면을 둘러싸고, 외부와 내부를 구별하는 벽으로 다른 한 면을 둘러싸고 있어서, 보통 따로 벽이 없이 건물로 네 벽을 대신하는 전형적인 이탈리아 팔라초의 형식에서 벗어나 있다.

그런데 그 양 옆으로 또 다른 중정과 서비스 중정이 자리잡고 있는데, 이는 외부공간과 연결되는 동선이 복수적임을 보여 준다. 또한 건물의 뒤쪽으로 베스티뷸과 두 개의 방의 문이 외부로 나 있어서, 외부로 통하는 동선은 모두 6개나 된다. 이는 외부공간의 동선 응집도가 매우 높으리라는 것을 시사하는데, 실제로 계산된 값은 2.31로 매우 큰 값이다. 또한 외부공간의 통합도는 14.113으로, 유래없이 큰 값이다. 이는 방들의 분포를 강력하게 중심화하고 있는 중정의 통합도(14.720)와 더불어 가장 높은 값이다. 따라서 건물 전체의 공간적 분포에서 외부공간은 매우 중심적인 위상에 자리잡고 있다고 하겠다. 이런 점에서 다른 중세의 저택과 마찬가지로 내부공간과 외부공간의 근접성과 소통성은 매우 높다고 할 것이다.

중앙의 주(主) 중정은 세 부분으로 나뉘어진 본채를 연결하는 중심의 위상을 차지하고 있는데, 응집도와 통합도가 각각 3.833과 14.72로 두 값 모두 모든 공간 가운데 가장 높다. 한편 그 옆에 있는 서비스 중정 역시 통합도는 10.695고, 응집도는 중정과 마찬가지로 3.833이다. 이 또한 본 중정과 더불어 공간적 분포의 중심이 되고 있다는 것을 의미한다. 두 개의 중정이 모두 다 공간적 분포의 중심에 자리잡고 있는 것이다. 여기서 홀 대신에 중정이 공간적 분포의 중심이 된다는 프랑스적 특징이 두드러지게 나타난다. 중정이 홀에 비해 외부공간에 좀더 가깝다는 사실을 고려한다면, 실내의 홀이 중심을 이루는 영국과 비교해서 프랑스의 중세 저택은 외부공간과의 근접성이 더 강하다고 말할 수 있겠다.

한편 팔라초 메디치-리카르디에서처럼 이 오텔에서도 방의 용법과 관련해 일정한 분화가 나타난다. 홀(salle)과 내실(chambre), 대기실(antichambre), 카비네(cabinet) 등의 명칭을 볼 수 있다. 하지만 이러한 명칭의 분화가 반드시 실질적인 기능과 용법상의 분화로 이어지지는 않는다. 여기서 내실들의 통합도는 11.408과 9.313인데, 홀의 그것은

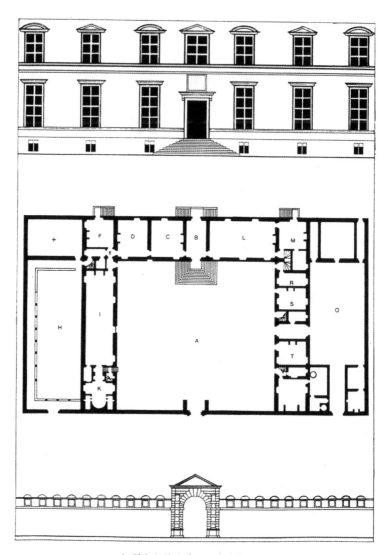

〈그림 3.4-1〉 오텔 르 그랑 페라르 1층

A. 중정   E. 데가주망   H. 소(小) 중정   M. 내실
B. 베스티뷸   F. 카비네   I. 갤러리   O. 서비스중정
C. 대기실   +. 격자 무늬 천장으   K. 채플   R, S, T. 서비스공간
D. 내실   로 덮인 중정   L. 홀

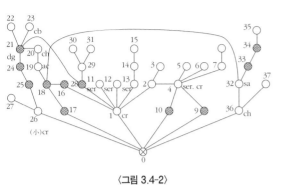

〈그림 3.4-2〉

		응집도	통합도
0	⊗	2.310	14.113
1	중정	3.833	14.720
2		1.310	11.904
3		0.333	9.066
4	서비스 공간 · 중정	3.833	10.695
5		0.167	8.348
6		0.167	8.348
7		1.167	8.451
8		0.500	6.914
9		0.333	11.314
10		0.333	11.314
11	서비스 공간	0.143	10.612
12	서비스 공간	0.143	10.612
13	서비스 공간	0.643	10.952
14	서비스 공간	1.500	8.610
15		0.500	7.021
16		0.393	11.904
17		0.417	11.221
18	베스티블	1.833	11.130
19	대기실	0.750	9.507
20	내실	0.700	9.313
21		3.333	10.695
22		0.200	8.348
23	카비네	0.200	8.348
24		0.700	9.007
25		0.833	9.507
26	중정	1.667	11.130
27		0.333	8.610
28		0.676	12.333
29	갤러리	2.333	9.573
30		0.333	7.648
31	채플	0.333	7.648
32	홀	1.083	9.920
33		0.833	8.053
34		1.500	6.711
35		0.500	5.704
36	내실	1.500	11.408
37		0.333	8.776
합 계		38.000	369.490
평 균		1.000	9.723
표준편차		0.977	1.956

〈그림 3.4-3〉

9.920, 대기실은 9.507이어서 적어도 분 포상의 분화는 발견되지 않는다. 더불어 17세기 전반에 이르기까지 방의 기능은 다가적(polyvalent)이었으며, 그 안에서 매우 이질적인 활동이 뒤섞여 진행되었던 것이 일반적이었다는 지적(Eleb-Vidal et Debarre-Blanchard, 1989 : 19, 31)을 추 가해 두자.

방들의 이러한 기초적인 분화는 16 세기의 후반이 되면 좀더 뚜렷하게 드러 난다. 들로름과 더불어 건축이론에 대한 책을 많이 남겼던 건축가 뒤 세르소가 1560년 경에 쓴 책『작은 집들』(Petites Habitations)에 있는 오텔의 평면도는 방 들이 다른 부속 공간들과 더불어 일정한 단위를 이루기 시작하고 있음을 보여 준다〈그림 3.5-1〉. 엘리자베스 시대 영국의 귀족 저택 건축에서 가장 중요한 건축가인 스미스슨에게도 직접적인 영향을 미쳤던(Girouard, 1983 : 102~103) 이 도면에서 우리는 의상실(garde-robe)과 카비네(cabinet)가 내실의 부속 공간으로 함께 묶여 붙어 다니기 시작하고 있음을 본다. 이러한 거주단위의 독립은 이후 내부공간 건축의 발전에서 중요한 계기가 된다.

한편 방들이 내실 주변에 이처럼 일정한 단위를 이루며 만들어진다는 것은 내실의 기능적 위상이 상승하였음을 뜻하는 것임은 분명하다. 적어도 그것은 내실이 국지적 분포의 중심이 되었음을 뜻하며, 그것을 사용하는 방식에서 일정한 분화가 발생했음을 뜻하기 때문이다. 즉 의상실이나 카비네가 17~18세기나 19세기의 그것과 동일한 기능을 수행했던 것은 분명 아니지만, 내실 자체에 부속된 공간이 따로 설치되게 되었다는 것은 단위공간을 편성하게 하는 어떤 생활의 (국지적인) 중심이 형성되기 시작했음을 추측할 수 있게 한다. 그러나 여기서 곧바로 내실의 사적 성격이 강화되었다고 추론해선 안 된다. 가령 의상실의 추가는 내실의 기능을 보조하는 것일 수도 있지만, 반대로 내실의 과시적 성격이 강화되면서, 눈에 거슬리는 것들을 치워 두는 방으로 이용될 수도 있기 때문이다.*

---

* 예를 들어 1905년의 『라루스』(Larousse) 사전에서 카비네는 '내밀한' 부속실로 정의되지만, 바로크 말기의 중요한 건축이론가였던 다빌레의 『건축론집』(Cours d'Architecture, 1691)에서는 글을 쓰고 공부하고 가장 귀중한 물건을 간수해 두는 곳으로 정의되고 있다. 의상실 역시 1877년의 『건축 사전』(Dictionaire raisonné d'architecture)에서는 아파트의 한 방으로 옷이나 속옷을 두는 곳으로 정의되지만, 다빌레는 옷을 두거나 자신이 데리고 있는 시종을 재우는 곳으로 정의하고 있다. 물론 다빌레의 책이 뒤 세르소의 그것보다 140여년 뒤에 쓰여진 것인 만큼, 그들 사이의 차이도 작지 않을 것임을 잊지 않아야 하지만 말이다.

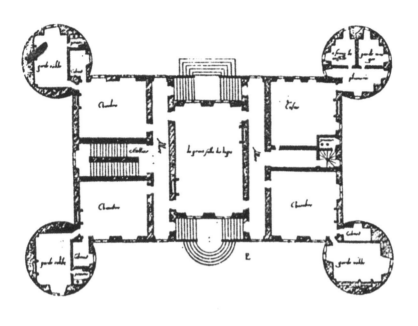

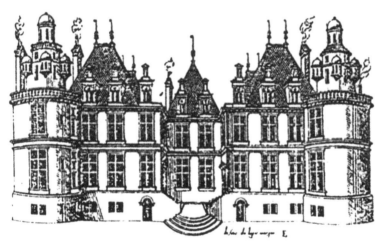

〈그림 3.5-1〉 뒤 세르소, 오텔 계획안

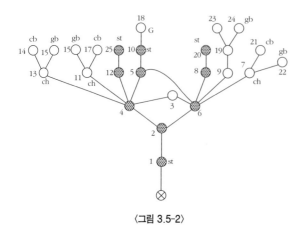

〈그림 3.5-2〉

	응집도	통합도
0	⊗	0.500	5.734
1	계단	1.333	7.353
2	통로	0.833	9.921
3	대 홀	0.333	9.328
4	통로	2.333	9.921
5	통로	0.833	9.921
6	통로	2.500	10.246
7	내실	2.167	7.716
8	통로	1.167	7.530
9		0.500	7.911
10	계단	1.333	7.353
11	내실	2.167	7.530
12	통로	1.167	7.353
13	내실	2.167	7.530
14	카비네	0.333	5.841
15	갤러리	0.333	5.841
16	의상실	0.333	5.841
17	카비네	0.333	5.841
18	갤러리	0.500	5.734
19		2.500	6.313
20	통로	0.500	5.841
21	카비네	0.333	5.952
22	의상실	0.333	5.952
23	카비네	0.333	5.081
24	의상실	0.333	5.081
25	계단	0.500	5.734
합 계		26.000	184.401
평 균		1.000	7.092
표준편차		0.783	1.586

〈그림 3.5-3〉 팔레 부르봉

다시 뒤 세르소의 도면을 보면, 대
홀(grande salle)과 그것을 둘러싼 통로
를 중심으로 내부공간은 상하, 좌우로
거의 대칭상(對稱狀)을 이루고 있다. 한
편 이 도면에서 각 방이 갖는 통합도와
응집도를 구해서 교차시켜 보면, 앞의
것과는 다른 특징이 나타난다.

첫째로, 외부공간의 통합성이 이전
에 비해 많이 낮아져서(5.734), 평균 통
합도보다 1이상 작으며, 전체 공간 가운
데 가장 낮은 편에 속한다. 둘째로, 중앙
에 있는 대 홀은 높은 통합도를 갖는 것

으로 보아 여기서도 분포의 실질적 중심임이 분명하다. 하지만 특이하
게도 홀을 에워싼 통로(passage)로 인해 모이는 동선은 분산되어 응집
도는 매우 낮은 값(0.333)을 갖게 되며, 더불어 대 홀에 못지않은 높은

통합도 값을 그 복도들이 나누어 갖는다. 그러나 홀로 집중되는 양상이 달라지는 것을 의미하지는 않는다. 대 홀과 그것을 둘러싼 통로의 통합도는 다른 방들의 그것과 확연하게 구별되기 때문이다. 셋째로, 내실의 부속공간으로 새로이 나타난 카비네나 의상실의 통합도와 응집도는 모두 매우 낮다. 한편 내실들은 통합도도 작지 않지만, 응집도는 상당히 큰 값을 갖는다. 물론 응집도는 이웃한 방들과 동선을 국지적으로 집중/분배하는 정도를 표시하는 것이기에, 이웃한 방에 의해 크게 좌우된다. 여기서 방의 응집도가 크게 나타난 것은 내실에 부속된 공간들이 오직 방을 통해서만 드나들게 되어 있기 때문이다. 그런 만큼 내실과 부속공간을 대비하는 것은 그다지 적절하다고 할 수 없다. 그러나 적어도 그 부속공간들이 분포상의 중심에서 벗어난 위치를 공통적으로 갖게 되었다는 점은 전에 볼 수 없었던 사실이다.

3) 영국의 컨트리 하우스

르네상스 자체는 유럽에서도 국지적인 현상이었음에도 불구하고, 그것의 영향력은 ── 그것이 이탈리아의 르네상스와 동형적인 양상이라곤 할 수 없지만 ── 유럽의 문화를 전체적으로 갱신하는 데 기여한 것은 분명하다. 앞서 세를리오의 그랑 페라르가 프랑스 오텔의 100년의 역사를 좌우했었다는 말은 이런 의미로 이해해야 할 것이다.[*]

알베르티나 팔라디오, 세를리오 등 르네상스기 이탈리아 건축가나

---

[*] 알다시피 15세기 후반 이후 반 에이크나 반 데어 바이덴 등으로 대표되는 플랑드르 화파 역시 자신들만의 고유한 회화적 세계를 이루었지만(이들의 회화 및 건축이 구축한 세계가 이탈리아 르네상스의 그것과 다른 고유성을 갖고 있다는 점에 대해서는 하비슨의 책(Harbison, 1995 : 25 이하) 참조), 그들 역시 어떤 식으로든 이탈리아 르네상스의 영향 아래 있었음이 분명하다.

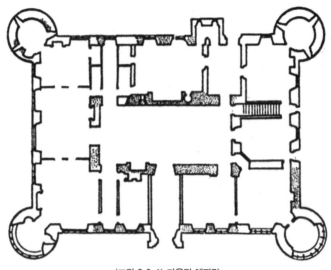

〈그림 3.6-1〉 마운틴 에지컴

이론가들의 작업은, 그 당시 개화되기 시작한 인쇄술의 발달로 인해 이탈리아라는 제한된 지역을 넘어서 감각 있고 앞서가는 예술가나 건축가들에게 영향을 미칠 수 있었다. 영국의 경우 지리적인 조건이나, 경제적인 조건으로 인해 그 영향의 폭은 유럽의 중심적인 나라들보다 훨씬 약했음이 분명하지만, 이러한 영향에서 벗어날 순 없었다. 엘리자베스 여왕의 이름으로 불리는 시기는 아마도 이런 점에서 유럽 대륙의 르네상스 문화가 약간의 지체를 두고 영향력을 미치던 시기였다고 할 수 있을 것이다. 엘리자베스 시대와 대륙의 르네상스기 사이에, 일정한 시간적 지체가 개재하긴 하지만, 일정하게 대응시키는 것은 단지 관례적이라고만은 할 수 없는 이유가 있는 셈이다.

엘리자베스 시대 영국의 귀족 저택은 중세적인 것과 새로운 문화의 영향을 받은 것이 공존하던 시기였으며, 그 결과 두 가지 요소가 하나의 저택에 공존하던 시기였고, 중세적인 특징에서 크게 벗어나지 않으면서

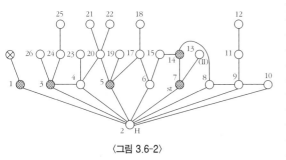

〈그림 3.6-2〉

		응집도	통합도
0	⊗	0.500	6.969
1		1.111	9.389
2	홀	3.000	13.796
3	통로	1.611	10.730
4		1.611	10.903
5	통로	1.694	10.903
6		0.778	10.400
7		1.444	9.941
8		0.694	10.090
9		1.444	10.090
10		0.361	9.521
11		1.250	7.511
12		0.500	5.878
13	2층	0.333	7.269
14		1.000	8.346
15		1.667	8.145
16		0.333	6.259
17		1.583	8.667
18		0.333	6.563
19		0.250	7.770
20		2.500	9.013
21		0.250	6.760
22		0.250	6.760
23		0.250	7.770
24		1.500	7.860
25		0.500	6.090
26		0.250	7.682
합 계		27.000	231.075
평 균		1.000	8.558
표준편차		0.731	1.846

〈그림 3.6-3〉

도, 동시에 일정한 변형과 갱신을 시작한 시기였다(Girouard, 1978 : Girouard, 1983). 가령 16세기 초의 워크워스 성(Warkwarth Castle)은 홀과 그 옆의 통로가 통합의 중심을 이루면서도, 방들의 배열이나 동선의 배치가 매우 비체계적이고 산만한 중세적 실내 공간을 보여 주고 있다. 스코틀랜드 지방에서 널리 발견되는, 전형적인 탑형 주택의 하나인 클레이포츠 성(Claypotts Castle)은 그 시기가 1569년으로 16세기가 끝나갈 무렵에 지어진 것임에도 불구하고, 더욱더 중세적인 양상을 보여 준다. 각각의 층은 거의 단일한 동선으로 연결되어 있고, 방들은 다만 그 동선의 중간 중간에 한 자리를 차지하고 있을 뿐이다. 숨막힐 것 같은 이 극도로 비대칭적인 공간 분포에서 그나마 숨 돌릴 여유를 제공하는 것은 각 층의 양 끝에 있는 계단들이다.

콘월(Cornwall)에 있는 마운트 에지컴(Mt. Edgcumbe, 1546)은 외

부형태에서 대칭성이 약하고, 비례의 조화를 추구한 흔적이 없다는 점에서 아직 르네상스의 영향을 그다지 받지 않은 것으로 보인다. 그런데 동선의 위상학적 분포를 보면, 홀을 중심으로 1의 깊이를 갖는 공간들이 연결되고, 거기에 다른 방들이 고리를 이루면서 연결되어 베네치아 팔라초나 팔라초 메디치-리카르디의 1층과 유사한 형상을 보여 준다. 여기서 홀의 통합도와 응집도가 매우 높을 것이라는 것은 이 다이어그램만으로도 쉽게 짐작할 수 있는 일이다. 홀의 중심성이나 고리 형태로 분배된 동선이야 다른 중세 주택에서도 흔히 발견되는 것이지만, 여기에서는 그것이 홀을 중심으로 부채형의 형상을 이룸으로써 동선의 흐름이 정돈되고 있다. 반면 외부공간의 통합도나 응집도는 모두 평균보다 많이 작다.

발보로 홀(Barlborough Hall, 1583)에서 동선의 위상학적 분포 역시 에지컴와 유사하게 부채형의 형상을 취하고 있다. 다만 홀을 대신해 통로가 그 중심에 자리잡고 있으며, 고리들의 연결이 원환적인 형태를 취한다는 점, 그것을 넘어 더 깊이 들어가는 방이 외부공간 말고는 없다는 점, 홀은 그 고리 위의 한 점을 차지하고 있다는 점이 다르다. 한편 홀의 통합성은 중심에 있는 통로를 제외하고는 가장 크며, 반대로 외부공간은 가장 작고 다른 공간들의 군으로부터 상당히 동떨어져 있다. 외부공간의 통합성이 이처럼 작은 것은 다른 나라의 이 시기 저택들과 매우 다른 특징인데, 영국의 엘리자베스기 컨트리 하우스에서는 대부분 공통되는 것이다.

그러나 부채형의 이런 형상이 이 시기 영국의 컨트리 하우스에 공통된 것은 아니다. 가령 1593~1600년에 지어진 도딩턴 홀(Doddington Hall)은 나뭇가지의 형상으로 분기하며 고리를 이루는 동선이 별로 나타

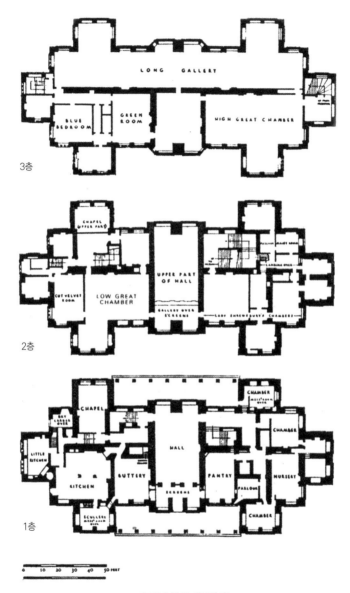

〈그림 3.7-1〉 하드윅 홀

나지 않는다. 나무형의 형상에서 통합도와 응집도는 보통 동선의 가지들이 분기하는 분기점들에서 크게 마련이다. 이 집의 경우 그것은 모두 홀과 통로가 차지하고 있는데, 이 역시 나무형 분포의 특징이다. 하지만 그런데도 홀의 통합성과 응집성은 매우 큰 편이다. 반면 외부공간의 통합성은 모든 공간 가운데 가장 작다.

하드윅 홀(Hardwick Hall, 1590~1597)은 엘리자베스 시대의 가장 유능하고 중요한 건축가였던 로버트 스미스슨이 만든 것이다. 그 건물의 평면을 보면 지금까지와는 달리 홀의 세로축을 중심으로 좌우로 형태상의 대칭을 이루고 있으며, 건물 전체의 가로축을 중심으로 상하 또한 대략적으로 형태적 대칭을 이루고 있다. 이는 분명히 르네상스 건축의 영향을 받은 것이지만,* 동시에 르네상스의 건축적 질서로는 환원될 수 없는, 명쾌하지 못하고 약간 혼돈스러운 특징을 그대로 갖고 있다. 정방형에 대한 선호도 없으며, 상하좌우 모두 외부의 윤곽선만으로 대칭성은 제한되어 평면 배치에서 대칭성을 정확히 발견하기는 힘들며, 방들의 배열은 불규칙적이다. 외벽의 디테일에서도 이런 절충적인 양상은 마찬가지로 보인다. 층간을 구별하는 엔타블러처(entablature)를 사용하기는 했지만, 매우 좁아서 그 자체로 독자적인 형태적 위상을 확보하지 못하고 있다. 창문은 고전적인 이디큘을 전혀 사용하지 않고 있으며, 차라리 후기 고딕의 요소가 강하다. 창문의 크기 역시 르네상스적인 조화

---

* 비슷한 시기에 지어진 월래튼 홀(Wollaton Hall)은 정방형에 상하좌우가 거의 대칭상을 이루고 있어서, 더욱더 르네상스적인 취향에 근접하고 있다. 이 건물은 앞서 살펴본 뒤 세르소의 책과 도면의 영향 또한 크게 받은 것이다(Girouard, 1983 : 101~102). 지루아드는 르네상스의 영향은 평면보다 디테일에서 더욱 크다고 말한다(같은 책, 88). 한편 그가 모시던 윌러비 (Willoughby)의 도서실에는 16세기 및 17세기 초에 출판된, 그가 이용했을 것이 분명한 책들이 풍부하게 있었다고 한다. 이 책들의 목록에는 세를리오의 7권의 『건축서』, 팔라디오와 비뇰라의 중요한 책들, 프랑스의 들로름과 뒤 세르소의 책들이 포함되어 있었다(같은 책).

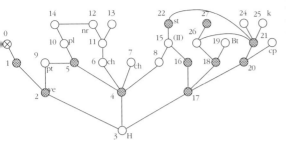

〈그림 3.7-2-a〉 1층

		응집도	통합도
0	⊗	0.500	5.207
1	통로	1.333	6.395
2	베스티뷸	1.333	8.100
3	홀	0.783	9.986
4	통로	2.667	9.592
5	통로	1.200	7.924
6	내실	0.533	7.674
7	내실	0.200	7.147
8	계단	0.533	8.284
9	식품저장실	0.667	7.290
10	팔러	0.833	6.509
11	내실	2.000	6.395
12	보육실	0.833	5.440
13		0.333	5.207
14	큰 방	1.000	5.565
15	2층	1.500	8.100
16	계단	0.583	7.674
17	통로	1.500	9.720
18	통로	1.583	8.011
19	Bt	0.333	6.231
20	통로	1.450	8.191
21	교회당	0.333	6.339
22	계단	0.533	7.290
23	통로	3.167	7.364
24		0.200	5.832
25	부엌	0.200	5.832
26	부엌	1.533	7.078
27		0.333	5.651
합 계		28.000	200.027
평 균		1.000	7.144
표준편차		0.733	1.316

〈그림 3.7-2-b〉 1층

와 비례와는 거리가 멀고, 르네상스식 기둥은 거의 사용되지 않는다. 이러한 절충주의적 특징은 그가 지은 거의 모든 건물들에 공통된다.

건물은 3층으로 되어 있는데, 1층의 중심에는 2층으로까지 밀려 올라간 커다란 홀이 자리잡고 있으며, 그 주위를 서비스 공간이 에워싸고 있다. 홀은 동선을 모으지 않으며, 그렇다고 홀로 모이는 동선을 분산시키기 위한 통로를 따로 만들어 둔 것도 아니다. 다만 홀에서 다른 공간으로 이동하기 위한 통로가 상대적으로 동선을 모으고 있을 뿐이다. 그래서 동선의 위상적 관계를 표시하는 다이어그램은 복잡한 그물형의 형상을 취하고 있으며, 동선이 집중되는 명시적인 중심도 눈에 보이지 않는다. 홀의 응집도는 1이 채 안 된다. 그러나 통합도는 10에 가깝고, 홀에서 이어지는 다른 두 통로(4, 17번 방) 역시 마찬가지다. 홀이 동선을 모으지 않으면서도 공간적 분포의 중심에 자리잡고 있는 이런 경우를 우리는 앞서 뒤 세르소의

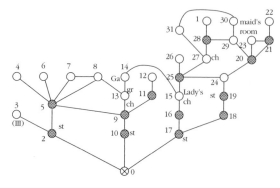

〈그림 3.7-3-a〉 2층

		응집도	통합도
0	⊗	1.167	1.001
1		0.333	4.688
2		1.500	8.076
3		0.333	6.537
4		0.417	6.281
5		3.417	7.688
6		0.167	6.281
7		0.500	6.816
8		1.000	7.508
9		1.500	8.144
10		0.583	7.877
11		1.000	6.450
12		0.500	5.369
13	큰 내실	1.083	8.430
14		0.667	9.066
15	여주인의 방	1.250	10.010
16		0.667	9.152
17		1.333	9.806
18		0.667	9.422
19		1.250	9.515
20		1.500	8.580
21		1.750	7.015
22		0.333	5.824
23	하녀의 방	0.583	6.964
24		0.583	8.981
25		1.167	9.907
26		0.250	7.688
27		1.083	8.658
28		1.667	7.750
29		1.083	7.750
30		0.833	6.914
31		0.833	7.280
합 계		32.000	241.427
평 균		1.000	7.545
표준편차		0.652	1.775

〈그림 3.7-3-b〉 2층

도면에서 본 적이 있다.[*] 외부공간은 응집도나 통합도가 모두 낮은 값을 가져서, 1층의 공간들 가운데 가장 낮은 방에 속한다. 이는 영국의 저택들이 갖는 특징을 이 저택 역시 공유하고 있음을 보여 준다.

일반적인 명칭 대신에 특정한 이름이 붙은 방으로 1층에 팔러(parlour)와 보육실(nursery)이 있다. 이 시기에 팔러는 비공식적인 담소를 나누거나 음식을 먹는 방으로 주로 사용되었으며, 또한 많은 경우 중세와 마찬가지로 상급 하인들이 식사하는 공간으

---

[*] 스미슨이 뒤 세르소의 책을 참조했다는 것은 앞의 주에서 언급한 바 있다. 한편 1601년에서 1610년 사이에 역시 스미슨에 의해 지어진 버튼 아그네스 홀(Burton Agnes Hall) 역시 그물형의 배열을 취하는데, 여기서 홀의 통합도는 더욱 낮아져서 다른 방들에 가까워지고 있으며, 외부공간의 통합도 또한 더욱 낮아진다.

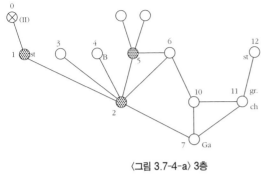

〈그림 3.7-4-a〉 3층

		응집도	통합도
0	2층	0.500	3.692
1	계단	1.167	5.143
2	통로	3.417	7.579
3		0.167	4.800
4	침실	0.167	4.800
5	통로	2.500	6.000
6		0.750	6.261
7		0.833	6.000
8		0.250	4.114
9		0.250	4.114
10		1.000	5.143
11	큰 방	1.667	4.654
12	계단	0.333	3.429
합　계		13.000	65.720
평　균		1.000	5.055
표준편차		0.955	1.116

〈그림 3.7-4-b〉 3층

로 사용되었다(Girouard, 1978 : 103~
104). 팔러의 위치가 식품저장실
(pantry)에 이웃하고 있다는 점은 이와 무관하지 않은 듯하다. 한편 영
국에서는 전통적으로 1층이 서비스 공간 내지 하인의 공간으로 사용되
었다는 점을 염두에 둔다면, 그리고 이 시기에 보육은 하인들의 일이었
으며, 심지어 부모의 방에서 아이를 키우는 일도 거의 없었다는 점(Ariès
et Duby[éd], 1985 : 220~221)을 고려한다면, 보육실이 1층에 있는 것도
쉽게 이해할 수 있을 것이다.

　주인의 생활의 중심이었던 2층을 보면, 여주인의 방은 갤러리에 이
웃하며, 통합도가 10을 넘어 전체 방들 가운데 가장 크다. 이 방이 공간
적 분포의 중심을 차지하고 있음을 뜻하는데, 이는 여주인의 방이 우리
가 기대하는 내밀함이나 사적인 성격과는 전혀 거리가 멀다는 것을 단
적으로 보여 준다. 남자 주인의 주 공간이었던 큰 내실(great chamber)
역시 평균(7.545)보다 많이 높은 통합도(8.430)를 가지며, 갤러리와 바
로 이웃하고 있다는 점에서 여주인의 방과 다르지 않다. 반면 하녀의 방
은 구석에 있으며, 평균보다 상당히 낮은 통합도를 갖는다는 점에서 상

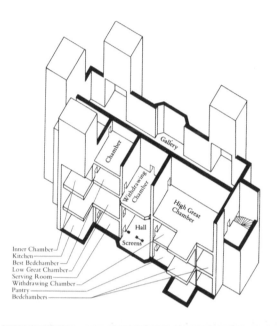

〈그림 3.7-5〉

대적으로 '은밀한' 내지 '숨겨진' 위상을 갖는다. 이는 내밀함이나 은밀함이 주인의 사생활에 대한 보호와 무관하며, 반대로 하녀들의 방처럼 감추어 두고 싶은 방에 해당된다는 것을 보여 주는 것이라고 하겠다.

이상에서 보았듯이 홀과 내실을 기본 요소로 하는 유럽의 중세 내지 르네상스 시대 주거공간은 그 공간적 분포에서 몇 가지 공통된 특징을 보여 준다. 첫째, 영국의 경우 약간 다른 양상을 보여 주지만, 대체로 외부공간의 통합도가 매우 높다는 특징을 공유한다. 이는 근대의 주거공간에서 외부공간의 통합도가 전체 방들 가운데 가장 낮은 편에 속한다는 사실과 매우 대조되는 것이다. 외부공간의 통합도가 크다는 것은 주거공간의 분포에서 외부공간이 중심적인 위상에 근접해 있다는 것을 뜻하며, 내부공간과 외부공간의 구획이 매우 약하다는 것을 의미하며, 결국은 주거공간이 외부세계에 대해 열려 있다는 것을 시사한다. 이는 주거공간에서 이루어지는 생활이 그 외부에서 이루어지는 생활과 명확히 구분되지 않는다는 사실과 외연을 같이 한다. 이는 도시의 상인이나 장인들의 경우라면 직주가 분리되지 않고 연속성을 가진다는 것을 뜻하고, 귀족이나 부호들의 경우라면 이웃한 사람들에 대해 주거공간이 개방되어 있음을 뜻할 것이다.

둘째, 르네상스기에 이르면서 저택의 규모가 커지고, 방들의 수가 늘어나면서, 방들 간에 일정한 분화가 발생한다. 그러나 기능적인 별도의 명칭들이 사용되고 있음에도 불구하고, 구분의 강도는 약하며, 각각의 방들은 매우 다양한 목적과 다양한 활동을 위해 혼성적으로 사용된다. 한편 가장 기본적인 구분인 홀과 내실의 구분은 홀이 분포의 중심성을 확고하게 갖고 있다는 점에서 차이가 있지만, 내실 역시 통합도가 크다는 점에서 홀과 대비되는 주변적이고 은밀한 위치를 차지하기보다는 반대로 중심에 가까이 위치하고 있다고 할 수 있다. 또한 실제로 사용되는 양상 역시 그다지 명확하게 구분되지 않아서, 홀에 침대를 두는 경우나 홀에서 자는 경우가 이 시기까지도 그대로 이어졌다. 내실 역시 다양한 활동이 혼성적으로 이루어지는 공간이었다는 사실 또한 마찬가지였다. 따라서 이 기본적인 두 공간조차 기능적으로 명료한 경계를 갖지는 않는다고 하겠다.

셋째, 홀이나 중정이 전체 방들의 공간적 분포의 중심이 되고 있으며, 이로 인해 그 방의 통합도가 매우 높다. 이는 홀이 생활의 중심이라는 점과, 방들 사이를 이동하기 위한 통과공간이라는 점 등이 중첩되어 나타난 결과로 보인다. 프랑스 오텔의 경우에는 이 두 가지 점이 홀과 중정으로 분리되며, 특히 중정의 통합도가 높게 나타난다. 한편 내실의 통합도는 일정하지 않은데, 대개는 통합도가 높은 편이며, 심지어 홀에 버금갈 만큼 매우 높은 것도 적지 않다.

이러한 특징들은 나라마다 약간의 차이가 있지만, 전체적으로 르네상스기에 이르기까지 유럽의 주거공간, 특히 대저택들의 경우에 공통적으로 나타나는 현상이다. 전체적으로 공간적인 분화가 뚜렷하지 않다는 점이 이 현상들을 포괄하는 문장인 셈인데, 17세기 초반을 지나면서 이제 새로운 공간적 분화의 기운이 이 저택들을 관통하기 시작한다. 이른바 절대주의 시대, 혹은 궁정사회라고 불리는 사회적 조건 속에서 시작되는 이러한 분화는 주거공간의 내부를 이전과는 전혀 다른 것으로 변화시킨다. 궁정적인 문화가 궁정 귀족들의 주거공간 전체를 장악하고 그 공간들을 궁정사회의 일부분으로 만들어가는 것이다. 프랑스의 귀족 저택인 오텔은 이러한 분화과정을 가장 명료하고 극한적인 양상으로 보여 준다.

4장_주거공간과 바로크:
17~18세기 귀족 계급의 주거공간

중세의 주거공간이 홀과 방을 기본요소로 했지만, 그 명칭에 부합하는 만큼의 기능적 분화조차 있었다고는 하기 힘든, 그리하여 모든 종류의 다양한 활동이 뒤섞여 이루어졌던 것과 달리, 현재의 우리의 삶을 에워싸고 그것을 규정하는 근대적 주거공간은 개인적인 공간과 공동의 공간 사이의 구별이 뚜렷하고, 기능적인 분화도 매우 명확하다는 점에서 크게 대비된다. 또한 중세의 주거공간은 그 내부와 외부 사이에 단절이 그다지 강하지 않았고, 그런 만큼 그것은 가족만의 폐쇄된 공간이 아니라 외부 내지 이웃과 소통하고 호흡하는 개방된 공간이었다. 반면 근대에 이르면 주거공간은 외부인의 출입이 제한되고 외부공간과 명확하고 강하게 분절되는 가족만의 내밀한 공간이 된다. 거실이나 식당과 같은 공동의 공간은 가족들이 모여서 가족임을 확인하는 가족들의 공간이 되었고, 침실은 외부인은 물론 다른 가족들 역시 적지 않은 부담을 느끼지 않고는 들어가기 힘든 밀폐된 사적 공간이 된다.

이러한 변화를 사람들은 흔히 '사적인 공간의 발전'이라는 도식 아래 이해한다. 다시 말해 사적인 공간, 프라이버시가 보장되는 공간에 대한 욕망을 '사생활의 욕망'이라고 부른다면, 근대에 이르기까지 주거공간의 발전이란 이런 사생활의 욕망에 의해 추동되는 '사적 공간의 발전의 역사'라는 것이다. 강한 의미에서 사적인 공간의 분화를 보기 힘든 중세의 주거공간과, 강한 의미에서 사적 공간으로서 분화된 현재의 주거공간을 양극으로 하여, 그 두 극 사이를 '발전' 내지 '진화'로 불리는 역사화의 매질로 채울 때, 그러한 이름의 계열화의 선이 그려지는 것은 어쩌면 극히 자연스럽고 당연한 것처럼 보인다.

그러나 이제 보려는 것처럼, 주거공간의 내적인 분화는 주거공간 내부에서 사생활의 공간이 형성되고 발전함으로써 시작되지 않았다. 정반대로 그것은 **'사적'인 것과 반대라는 의미에서** '공적' 공간으로 발전하는 것으로 시작했다. 중세의 혼성적인 주거공간과 근대의 사적인 주거공간 사이에 있는 17~18세기 프랑스 귀족저택은, 바로 두 개의 상반되는 극 사이에서 그러한 공간의 변화가 어떠한 양상으로 진행되었는지를 이해하는 데 중요한 지대를 형성하고 있다.

여기서 혹자들은 그러한 과정을 검토하기 위해 '민중'이나 농민들의 집이 아니라 귀족들의 저택을 선택한 것에 대해 이의를 제기할 수도 있다. 그러나 가령 브로델도 말한 바 있듯이(Braudel, 1981), 공간적인 여유와 그것을 확보할 수 있는 경제적인 여유가 없다면, 새로운 공간의 형성이나 분화를 보기는 어려운 법이다. 즉 기껏해야 한두 개의 방을 사용할 수 있었던 농민이나 민중들의 주택에서, 주거공간의 분화과정을 보려는 것은 개천에서 고래를 찾으려는 것과 크게 다르지 않을 것이다.

물론 민중들의 주거공간 역시 변한다. 중세와 달리 지금의 노동자나 민중들의 주거공간은 분명히 기능적으로 명확하게 구분된 방으로 분화된 공간이요 가족만의 내밀한 공간이다. 그러나 이러한 공간적 변화을 중세의 방들이 현재의 방들로 직접적으로 달라진 것이라고 추론하는 것은 아주 부적절한 것이다. 공간의 분화나 변화를 야기한 욕망이 작용하기에 민중들의 집은 너무도 협소했기 때문이다. 그 변화는 차라리 동일한 시대를 함께 살았던, 혹은 그보다 약간 앞서 살았던, 그러나 분화를 야기하는 욕망이 작용하기에는 충분히 넓은 공간을 이용할 수 있었던 다른 계급의 주거공간의 변화에 의해 영향을 받으면서 이루어진 것이라고 보는 것이 더 적절하다.

먼저 이 장에서는 정치사에서 '구체제'(ancien régime) 내지 '절대주의'라는 이름으로 불리고, 예술사에서는 '바로크'라고 불리며, 프랑스에서는 고유하게 '고전주의 시대'(l'age classique)이라고 불리는 17~18세기의 프랑스 귀족들의 저택인 '오텔'(hôtel)의 분화과정에 대해 검토할 것이다.

1. 17~18세기 프랑스 오텔의 공간 분포

1) 17세기의 프랑스 오텔

7권 11책으로 된 대저 『프랑스 고전 건축의 역사』를 쓴 루이 오트쾨르에 따르면 프랑스 왕 앙리 2세(Henri II, 재위 : 1547~1559)는 루브르 궁에 단지 샹브르 드 파라드(chambre de parade)와 침실(chambre à coucher) 단 두 개의 방만을 갖고 있었다고 하며, 여기서 그는 자고 먹고 일하고 내방객을 맞는 등 모든 일을 다 했다고 한다. 이런 사정은 17세기 초가 되어도 그리 달라지지 않았다(Hautecoeur, 1963〔I-2〕: 693). 앙리 4세(재위 : 1589~1610) 시기에도 평면은 여전히 초보적이었고, 단순했으며, 방들은 혼성적이고 다기능적이었다(Hautecoeur, 1962〔I-3〕: 693).

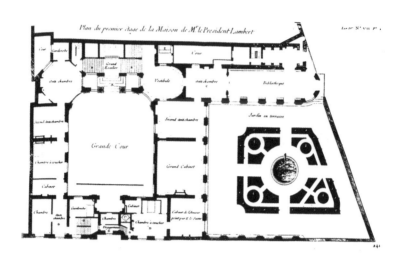

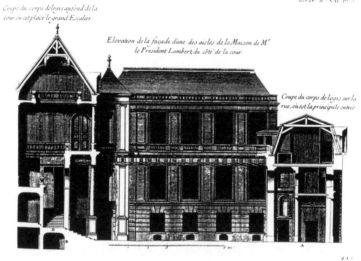

<그림 4.1-1> 오텔 랑베르

17세기에 오면서 건축은 이제 단지 그 외부의 장식이나 물리적 형태의 미적 비례, 혹은 평면의 기하학적 조화라는 문제를 넘어서 생활과 연관된 공간으로서 주목되기 시작한다. 이 시기의 건축가로서 언급되는 사람 중 하나는 르 뮈에(le Muet)이다. 하지만 가령 그의 책『모든 종류의 사람을 위한 건축방식』(Manière de bastir pour toutes sortes de personnes, 1623)에 실린 오텔 계획안은 앞선 시대의 건축과 그의 건축 사이에 별다른 차이를 보여 주지 못한다. 여기서 1층은 중정을 사이에 두고 서비스 공간과 주 공간으로 나눠지며, 주 공간은 홀과 내실이라는, 중세의 가장 기본적인 두 방으로 나뉜다. 알다시피 이는 중세 주택의 기본적인 요소만을 갖고 있는 것이다. 2층 역시 그리 다르지 않다. 내실과 더불어 카비네나 의상실이 있다는 것이 1층과 다르지만, 이는 앞서 뒤 세르소의 오텔 계획안에서 좀더 체계적으로 나타난다는 것을 본 바 있다. 내실의 위치나 부속공간의 배열이나 모두 산만하게 연결되어 있을 뿐, 체계적인 연결이나 방들의 그룹화를 형성하는 어떤 개념도 보이지 않는다. 통합도와 응집도로 확인되는 방들의 분화도 나타나지 않는다.*

한편 1643년경 만들어진 오텔 튀뵈프(Hôtel Tubeuf)는 몇 가지 새

---

* 데니스는 르 뮈에야말로 공간의 분포에 주목함으로써 기능주의적인 문제설정을 환기시킨 최초의 인물일 것이라고 본다(Dennis, 1986 : 52). 그러나 방금 본 것처럼 이러한 평가는 결코 타당하지 않다. 평범한 수준에도 못 미치는 그의 건축적 감각은 접어둔다 해도, 그가 보여 주는 내부공간은 이전 시대의 뒤 세르소보다도 더 낡은 것으로 보이기 때문이다. 한편 기능주의적인 관점을, 근대적인 편의성과 유용성 개념에 따라 공간의 분포를 결정하려는 관점이라고 정의한다면, 그것은 일차적으로 동선의 효율성과 기능성을 통해 방들을 배열하는 방법에 의해 구체적 형식을 획득하는데, 이 경우 보통은 블롱델을 그 선구자로 간주하며, 좀더 거슬러 가는 경우에도 17세기 후반의 이론가였던 샤를르 다빌레에서 연원을 찾는 것이 일반적이다(예를 들면 Eleb-Vidale et Debarre-Blanchard, 1989). 반대로 방들을 기능적으로 연관시킨 발상을 두고 말한다면, 앞서 보았듯이 내실과 의상실, 카비네라는 단위공간을 형성하여 동선의 끝자락에 연결하려고 했던 뒤 세르소가 르 뮈에에 앞서 있었다.

로운 양상을 보여 준다. 앞의 계획안과 달리 이 건물에서는 식당이 별도
의 공간으로 독립되어 있다.* 또한 대기실이 명시적으로 독립된다. 내실
의 한쪽을 막아 침대를 두는 벽감(壁龕, alcôve)이 만들어지며, 카비네는
그 벽감에 부속된 공간의 위치를 갖고 있다. 이는 내실에서 침대가 특권
적인 자리를 차지하게 되었음을 보여 주는 동시에, 내실이 단지 잠을 자
는 방으로만 이용되지는 않았음을 거꾸로 보여 준다. 그러나 내실과 홀
의 분화조차 분포상의 변별적 차이를 보여 주지 못한다는 점에서 이전
의 건축과 구별되지 않는다.

한편 오텔 건축의 기능적 발전에서 오히려 큰 역할을 했던 사람 중
하나는 랑부이예 후작부인이었다. "사교와 예술을 하나의 문화양식으로
결합해 훗날 모든 살롱들의 절대적인 본보기"(Heyden-Rynsch, 1999 :
37)를 만들었다고 간주되는 이 사람은 사교와 대화의 장이 되기에 걸맞
는 새로운 내부공간을 만들기를 원했다.** 그녀는 건축가들이 장식에만
관심을 갖는 것을 비판하면서, 좀더 실제적인 공간 배치를 주문하고 요
구했으며, 실제로 자신의 집을 지으면서 새롭고 구체적인 제안을 했다.
그녀는 홀을 큰 홀(grandes salles)과 작은 홀(sallette)로 나누었고, 거주
자가 기거하는 내부 영역과 비거주자가 지나 다니는 순환 영역을 구별
했으며, 주 계단과 구분해서 하인들이 사용하는 계단을 따로 배치했다
(Babelon, 1965 : 187). 건축가가 아니라 건축공간의 수요자 내지 사용

---

* 프랑스의 경우, 식당은 1630년경이 되면 기능적으로 특정한 방으로 독립된다고 한다
  (Dennis, 1986 : 52).
** 17세기 이래 프랑스식 사교계의 모범, 나아가 유럽 사교계의 전범을 만들어낸 사람이 이탈
  리아 출신인 랑부이예 후작부인이라는 사실은 그 시대의 역사를 쓴 많은 책들에서 공통적으
  로 확인할 수 있다. 이에 대한 개략적인 서술로는 앞에서 인용한 린쉬(Heyden-Rynsch,
  1999)와 트뤽(Truc, 1995[II])의 책을 참조하라.

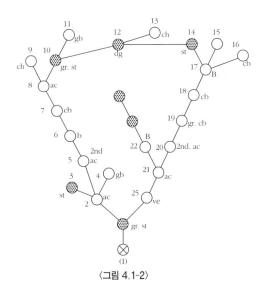

〈그림 4.1-2〉

		응집도	통합도
0	1층	0.333	4.735
1	대 · 계단	1.750	5.787
2	대기실	2.833	5.734
3	계단	0.250	4.699
4	의상실	0.250	4.699
5	제2대기실	0.750	5.580
6	침실	1.000	5.531
7	카비네	0.833	5.482
8	대기실	1.833	5.435
9	내실	0.333	4.496
10	계단	1.667	5.435
11	의상실	0.333	4.496
12	데가쥬망	1.833	5.482
13	내실	0.333	4.529
14	계단	0.583	5.482
15		0.250	4.630
16	카비네	0.250	4.630
17	침실	3.000	5.631
18	카비네	0.750	5.682
19	대 · 카비네	1.000	5.734
20	제2대기실 2	0.833	5.787
21	대기실 2	1.500	5.896
22	침실	0.833	4.960
23	통로	1.500	4.223
24	계단	0.500	3.634
25	베스티뷸	0.667	5.787
합 계		26.000	134.196
평 균		1.000	5.161
표준편차		0.760	0.600

〈그림 4.1-3〉

자가 이처럼 건축공간의 구성에 관여하고 발언하며 개선을 요구했다는 사실은, 17세기 중반에 접어들면서 이미 낡은 건축 방식과 상충하는 새로운 생활양식이 등장하기 시작했다는 것을 시사해 준다(Eleb-Vidal et Debarre-Blanchard, 1989 : 35).

베르사유 궁전의 건축에 참여했던 루이 르 보는 이러한 새로운 생활방식의 요구를 이해하고, 그것을 건축에 반영하려고 했던 사람이었다. 그가 지은 오텔 랑베르(Hôtel Lambert, 1642~1644)에서 방들은 앞서와는 달리 대기실과 내실, 카비네(그리고 부분적으로는 의상실)로 분화되고 차례로 배열된다. 또한 침실로 인도하는 동선과 그랑 카비네로 인도하는 동선을 아예 별도의 몸체(corps -

de -logis)로 분할하고 있다. 즉 한 쪽은 대기실에서 침실, 카비네로 이어지며, 다른 하나는 별도의 대기실에서 살롱의 기능을 대신했을 것으로 보이는 그랑 카비네(grand cabinet)로 이어진다. 물론 그 뒤에는 다시 내실이 이어지고, 그 방에는 독자적인 부속공간이 마련되어 있으며, 분리된 그 두 개의 몸체는 비공식적 통로인 데가주망(dégagement)으로 연결되고 있다. 이 연결 통로로 인해 방들의 다이어그램은 전체적으로 하나의 커다란 고리를 이루고 있다.

전체 방들의 분포를 보면 각 방들의 통합도는 전반적으로 고른 편이지만(표준편차가 0.6이다), 응집도의 편차는 작지 않은 편이다. 응집도가 특히 큰 것은 침실(17번 방)과 대기실(2번 방)인데, 이는 딸려 있는 부속공간 때문이다. 다른 침실 역시 통합도는 평균 이상이고, 응집도 역시 평균적인 값을 갖고 있어서, 그랑 카비네나 일부 대기실, 베스티뷸과 유사한 위상을 갖고 있다. 이런 점에서 여기서도 침실은 이른바 '공적인' 공간과 분포상의 특별한 구별을 보여 주지 않는다.

하지만 여기서 놓쳐선 안 될 것은 침실로 이어지는 일련의 방들과 그랑 카비네로 이어지는 방들이 별도의 건물을 갖는 별도의 동선으로 분할되고 있다는 사실이다. 이는 상이한 성격의 동선을 분할하고 분리함으로써, 각각이 갖는 동선의 성격과 특징을 명료하게 구분하려는 태도를 보여 주는 것이며, 이전에 볼 수 없던 것이다. 이 건물의 입구에 들어선 사람은 자신이 방문한 목적이나 방문한 사람에 따라 처음부터 어떤 하나의 동선을 선택해야 한다. 이런 점에서 이는 기능이나 특성, 목적에 따른 공간의 분화라는 현상을, 홀과 내실의 구분과는 다른 차원에서 명확하게 보여 주는 것이라고 하겠다.

하지만 이러한 분화를 사적인 것과 공적인 것을 나누는 익숙한 이

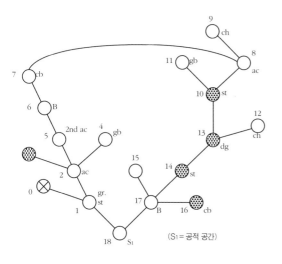

		응집도	통합도
0	1층	0.333	4.320
1		1.750	5.586
2	대기실	2.833	5.492
3		0.250	4.263
4	의상실	0.250	4.263
5	제2대기실	0.750	5.226
6	침실	1.000	5.063
7	카비네	0.833	5.063
8	대기실	1.833	5.226
9	내실	0.333	4.101
10		1.667	5.311
11	의상실	0.333	4.154
12	내실	0.333	4.263
13		1.833	5.492
14		0.583	5.684
15		0.250	4.500
16	카비네	0.250	4.500
17	침실	3.000	5.891
18	S_1	0.583	5.684
합 계		19.000	94.081
평 균		1.000	4.952
표준편차		0.865	0.600

〈그림 4.2-1〉 오텔 랑베르의 T—그래프의 변형

〈그림 4.2-2〉

분법에 대응시키는 것은 부적절하다. 알다시피 내밀한 공간으로서 사적 공간은 공적 공간과 달리 동선의 끝자락에, 대개는 분포의 주변에 있게 마련이고, 응집도 역시 클 이유가 전혀 없는데, 위에서 말했듯이 침실의 응집도는 전체 방들 가운데 가장 큰 편에 속한다. 즉 분포상의 위치로 확인되는 침실의 성격은 그랑 카비네나 대기실 등의 방들과 그다지 구분되지 않는다는 것이다.

이는 구별되는 상이한 두 동선에 대해서도 마찬가지다. 이는 공간적 분포를 표시하는 다이어그램을 조작적(operationally)으로 변형하여, 통합도나 응집도를 살펴보는 방법으로 확인할 수 있다. 먼저 흔히 '공적 공간'으로 분류되는 공간인 베스티뷸·대기실·제2대기실·그랑 카비네·카비네를 하나로 묶어서 S_1이라고 놓자. 그러면 다이어그램은 〈그림

4.2-1)과 같이 변형된다. 다음으로, 침실과 그에 부속된 공간을 하나로 묶어서 S_2라고 하면, 다이어그램은 〈그림 4.2-3〉과 같이 된다. 이제 이 다이어그램에서 S_1의 통합도와 응집도는 그랑 카비네를 중심으로 한, 지금 감각으로는 '공적 공간'이라고 불릴 방들 내지 동선의 위상을 표시하는 지표가 되고, S_2의 그것은 침실을 중심으로 한, 이른바 '사적 공간'의 위상을 표시하는 지표가 된다. 보다시피 전체 분포에서 S_1의 통합도 (5.684)는 평균(4.952)을 상회하고, 응집도(0.583)는 매우 작은 값이다. 여기서 두 침실의 통합도는 각각 5.891과 5.063으로서, S_1의 통합도는 그 두 값 사이에 있다. 즉 침실과 S_1의 통합도는 변별적인 차이를 보여 주지 못한다.

한편 침실로 이어지는 방들의 묶음은 두 개(S_2, S_2')가 생기는데, 주침실의 동선을 포함하는 S_2의 통합도와 응집도는 각각 5.128과 0.833이고, 그랑 카비네에 근접한 S_2'의 그것은 각각 4.545와 1.0이다. 그런데 앞의 것은 그랑 카비네보다 통합도가 크고, 제2대기실과 같은 값이며, 뒤의 것은 그랑 카비네와 응집도가 같고 통합도는 미소한 차이만을 보인다. 다시 말해 침실과 연관된 방들을 묶은 공간군은 그랑 카비네와 같은 방들과 통합도나 응집도의 측면에서 별다른 차이를 보여 주지 않는다. 따라서 이 건물에 대해 '공적 공간'이나 '사적 공간'이라는 말은 유효한 구별을 내포하지 않으며, 따라서 그대로 적용하기는 부적절하다고 하겠다.

하지만 유효한 구별의 부재가 중세나 르네상스의 저택에서처럼 방들의 기능적 미분화를 뜻하는 것만은 아니란 점을 추가해야 한다. 이는 방금 위에서 말했듯이 침실로 이어지는 방들과 그랑 카비네로 이어지는 방들을 구별되는 건물로 독립시킴으로써, 공간의 분화에 대한 관념이

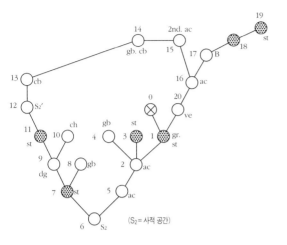

〈그림 4.2-3〉 오텔 랑베르의 T—그래프의 변형

		응집도	통합도
0	1층	0.333	4.494
1	대 · 계단	1.750	5.714
2	대기실	2.833	5.714
3	계단	0.250	4.494
4	의상실	0.250	4.494
5	제2대기실	0.750	5.405
6	S₂	0.833	5.128
7	계단	1.833	4.878
8	의상실	0.333	3.960
9	의상실	1.833	4.706
10	내실	0.333	3.846
11	계단	0.833	4.598
12	S₂′	1.000	4.545
13	카비네	1.000	4.651
14	그랑 카비네	1.000	4.878
15	제2대기실	0.833	5.128
16	대기실	1.500	5.479
17	침실	0.833	4.545
18	통로	1.500	3.810
19	계단	0.500	3.226
20	베스티뷸	0.667	5.556
합 계		21.000	99.252
평 균		1.000	4.726
표준편차		0.648	0.645

〈그림 4.2-4〉

출현하고 있다는 점에서 충분히 드러나는 것이다. 그렇다면 여기서 나타나는 공간적 분화의 양상은 사적 공간과 공적 공간이라는, 우리의 현재적이고 익숙한 관념과는 다른 것이었음을 의미하는 것임을 짐작할 수 있다.

이 시기에 들어와 새로이 나타나는 공간적 분화를 이해하기 위해서는, 궁정사회라고 불리기도 하던 이 시기 귀족 사회에서 집이란 대체 어떤 공간이었던가를 고려해야 한다. 다시 말해 이 시기 궁정 귀족들에게 집이란 우리의 관념과 달리 '사적인 공간'이 아니라, 오히려 '공적이고' 형식적인 공간이었고, 그런 만큼 과시적인 성격을 강하게 갖는 공간이었다는 사실(Dennis, 1986 : 79 ; Elias, 1983 : 53, 57)이 중요하다는 것이다. 즉 그랑 카비네나 살롱과 같은 방뿐

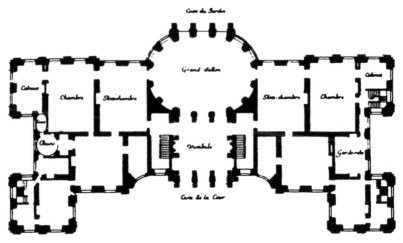

〈그림 4.3-1〉 보-르-비콩트 성

만 아니라 내실 내지 침실조차도 집을 찾는 객들에게 공개되는 공간이었고, 따라서 과시적인 가구와 과시적인 장식이 중요했던 과시적 공간이었다는 것이다. 바로 이런 점이 침실의 통합도가 다른 방들보다 높은 이유를 거꾸로 설명해 준다. 나중에 보겠지만, 카비네나 의상실과 같은 방들이 사적인 공간 내지 내밀한 공간으로 발전하는 것도 바로 이런 과시적 공간이라는 사실에 기인한다.

　이런 특징은 루이 14세 초기의 재무상이었던 니콜라스 푸케의 대저택인 보-르-비콩트(Vaux-Le-Vicomte, 1656) 성의 평면에서도 반복되어 나타난다. 그 화려함으로 인해 착공식에 초대되었던 왕의 노여움을 사, 며칠 뒤 감옥에 갇히는 바람에 평생 한 번도 살아보지 못했다는 우스운 비극으로 유명한 이 저택(Benevolo, 1983: 708~710)은 가장 기본적인 방들이 '대기실-내실-카비네-의상실'로 직접 연결되며 하나의 아파르트망(appartement)을* 형성하고 있음을 보여 준다. 여기서는 그랑 살롱이나 대기실, 베스티뷸은 평균을 크게 상회하는 아주 높은 통합도를 갖고 있어서, 그 공간적 중심성을 분명히 알 수 있다. 내실은 대기실이나 그랑 살롱에 비해 통합도가 상대적으로 낮은 편이지만, 그래도 평균 이상의 높은 통합도를 갖고 있다. 여기서 내실의 통합도가 큰 이유는 카비네나 의상실과 같은 이웃한 다른 방들과 직접 연결하기 때문이다. 이는 관련된 방들 사이에 소통가능성을 높이려는 것이며, 그런 만큼 내실이라는 말에서 우리가 손쉽게 떠올리는 사적 성격이 반대로 극소화되고 있음을 알 수 있다. 이는 그랑 살롱보다는 덜 하지만, 내실 역시 공간적 분포의 중심에 가까이 둠으로써 외부의 손님들과 함께 하는 공식적이고 '공적인' 활동을 하는 데 적절한 위치를 부여하려고 했음을 보여주는 것이라고 하겠다.

한편 여기서 잠시 카비네와 의상실, 특히 카비네의 성격이 변하는 양상에 대해 따로 언급할 필요가 있다. 의상실과 더불어 카비네가 내실에 부속된 방으로 체계적으로 나타나기 시작한 것은 뒤 세르소의 도면 〈그림 3.5-1〉에서였다. 카비네와 의상실은 17세기의 저택에서도 이러한 위상을 갖는 방으로서 계속하여 존재한다. 내실 주변에 위치하는 이런 방들은 이 시기에 들어와 많은 저택에서 흔히 발견되는 '일반성'을 획득

---

* 아파르트망이란 용법이나 기능상 관련된 방들을 하나의 군집단위로 묶음으로써, 내부공간 전체를 부분(part)들로 분할하는 것을 말한다. '대기실-내실-카비네-의상실'은 내실과 관련된 아파르트망이고, 형식적이고 과시적인 방들의 묶음은 '아파르트망 드 파라드'(appartement de parade)라고 하며, 상대적으로 덜 형식적이고 가까운 사람들과 함께 하는 데 이용하는 친교적인 방들은 '아파르트망 드 소시에테'(appartement de société)라고 불린다. 아파트라는 말은 하나의 건물을 분할하는 이러한 방법에서 연유한 것이지만, 아파르트망은 하나의 단위 주거공간을 소단위들의 집합으로 분할하는 것이라면, 아파트는 하나의 건물을 복수의 단위로 분할하는 것이란 점에서 다르다. 이런 점에서 '아파르트망'은 친숙한 '아파트'라는 말과 다른 개념으로, 프랑스어를 음역하여 사용하겠다.

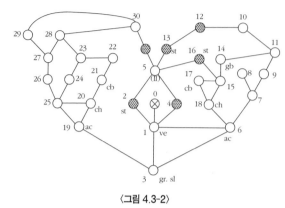

〈그림 4.3-2〉

		응집도	통합도
0	⊗	0.200	7.508
1	베스티블	2.583	9.806
2	계단	0.400	9.152
3	대·살롱	0.783	9.806
4	계단	0.400	9.152
5	2층	2.500	9.707
6	대기실 1	1.200	9.806
7		1.750	8.284
8		0.333	6.582
9		0.583	7.450
10		0.583	6.493
11		1.833	7.392
12	통로	1.250	7.280
13	계단	0.533	8.144
14	의상실	0.500	7.280
15	통로	1.833	8.504
16	계단	0.450	8.284
17	카비네	0.583	7.450
18	내실	1.000	8.658
19	대기실 2	0.917	8.981
20	내실	1.083	7.688
21	카비네	0.833	6.628
22		0.833	6.322
23		1.333	7.066
24	통로	0.583	7.119
25		1.667	8.076
26		0.583	7.119
27		1.333	6.964
28		1.000	7.392
29		0.667	6.964
30	통로	1.333	8.076
31	계단	0.533	8.736
합 계		32.000	253.871
평 균		1.000	7.933
표준편차		0.599	1.029

〈그림 4.3-3〉

한다(오텔 랑베르〈그림 4.1-1〉에서 16번
방, 보-르-비콩트 성〈그림 4.3-1〉에서
14, 21번 방, 그리고 뒤에 나오는 다빌레
의 오텔 계획안〈그림 4.4-1〉에서 15, 38번
방 등).

하지만 반대의 경우가 나타나기 시
작하는 것도 이 시기다. 특히 카비네가
내실에서 독립된 공간으로 '진출'하는
경우도 적지 않게 나타난다. 오텔 랑베
르의 경우 살롱이나 홀의 기능을 한 것
으로 보이는 방의 명칭이 '그랑 카비
네'였다는 점에서 이러한 변용의 극단
적 경우를 보여 주는데, 이런 식의 명칭

은 동시대의 다른 많은 저택들에서 나타난다.[*] 나아가 이런 방의 대기실
성격을 띠는 앙티-카비네는 카비네가 획득한 새로운 지위를 잘 보여 주

는 또 하나의 예라고 하겠다. 또한 카비네가 내실에 부속된 공간이 되는 경우에도, 오텔 랑베르나 보-르-비콩트 성의 도면에서 보이듯이 사람들이 빈번히 드나드는 주(主) 동선 위에 자리잡고 있는 경우가 많다.** 이는 의상실의 경우에도 크게 다르지 않았다.

　이런 점에서 카비네와 의상실은 매우 상반되는 두 방향으로 나아가는 것처럼 보인다. 즉, 내실에 부속된 방으로서 점차 일반성을 확장해 가는 한편, 반대로 더욱더 적극적이고 '공적인' 위상으로 진출하고 있다는 것이다. 그러나 마치 두 개의 극단을 향해 분해되어 가는 듯한 이 상반되는 양상은, 이 시기 주거공간의 성격을 이해한다면 차라리 일관된 것으로 보인다. 앞서 말했지만 이 시기 귀족들의 주거공간은 궁정인들의 사교와 모임이 행해지는 사회적 공간이었고, 자신들의 재산과 지위, 취향과 감각을 과시하는, 그럼으로써 자신의 남다른 귀족적 자질을 보여 주는 과시적 공간이었다. 내실이 과시적 공간이었음은 물론, 침대조차 가장 과시적인 가구에 속했다. 그런 만큼 일상생활이 동시에 이루어지는 내실은 눈에 거슬리는 물건이나 장면이 노출되기 쉬운 공간이기도 했다. 따라서 그것이 과시적 공간으로서 훌륭하게 보이기 위해선 그런 것들을 치워 두고 감추어 둘 공간이 필요했으리라는 것은 쉽게 이해할 수 있을 것이다. 다시 말해 **구석지고 은폐된 공간으로서 카비네와 의상실이 확장되고 '일반화' 된 것은 주거공간이 '공적' 이고 과시적인 공간으로 발전하게 되었다는 사실에 기인한다는 것이다.**

　반대로 카비네 자체가 새로이 '공적인' 공간으로 이용되게 되었다

＊가령 조금 뒤에 나오는 다빌레의 이상적 오텔 계획안에서도 그랑 카비네를 볼 수 있다.
＊＊이 경우 이전에 비해 통합도가 상승하리라는 것은 쉽게 예상할 수 있다. 이 장에서 다루어지는 대다수 저택들에서 이런 변화를 발견할 수 있을 것이다.

는 것은, 그러한 사교적인 생활이 확장되면서, '공적인' 공간을 늘리고 확장하려는 욕망이, 기존에 없던 공간을 만들거나 모호한 용법을 갖던 공간을 새로이 끌어들인 것이라고 하겠다. 그 결과 카비네가 전혀 다른 사회적 공간으로 변환되기도 하고, 의상실과 더불어 내실의 위세를 높이는 부속공간으로서 중요한 동선상으로 진출하게 되었던 셈이다. 이것은 앞서와 전혀 다른 방향의 공간으로 카비네가 발전하는 경로를 그리게 된다.

샤를르 다빌레가 구상한 '이상적 오텔' (Hôtel idéal)의 계획안(1691년) 역시 별도의 회로로 동선을 분리시킴으로써 공간을 구분한다는 점에서 오텔 랑베르와 유사한 특징을 공유한다. 중정에서부터 동선은 분리되어 3개의 독립적인 베스티뷸로 갈라진다. 중앙의 베스티뷸에서 동선은 다시 둘로 갈라지는데, 그 중 하나는 홀과 식당, 대기실, 샹브르 드 파라드 등으로, 다른 하나는 주 계단이나 홀을 통해 앙티 카비네를 거쳐 그랑 카비네로 이어진다. 전자는 형식적이고 과시적인 기능을 중심으로 하는 방들의 집합인 아파르트망 드 파라드의 동선이고, 후자는 상대적으로 덜 형식적이고 가까운 친구들과의 모임이 이루어지던 방들인 아파르트망 드 소시에테의 동선이다. 여기서 아파르트망 드 파라드와 아파르트망 드 소시에테를 홀 내지 살롱의 양쪽에 두는 프랑스 궁정 오텔의 전형적인 공간 배치를 찾아볼 수 있다. 이에 대해 엘리아스는 궁정인들의 삶의 중심이 접대공간에 있다고 하면서 다음과 같이 쓰고 있다.

접대공간은 둘로 나뉘어진다. 그 중심에는 이층으로 올라가는, 코린트식 기둥으로 장식된 주 살롱이 보통 있게 마련인데, 이는 궁정 귀족의 사회생활의 중심이었다. 주 건물의 계단 밖에서 마차에서 내린 방문자는 커다란 사각형의 홀(베스티뷸)을 지나 원형의 살롱에 이른다. 이 살롱의 한쪽에는, 별도의 입구를 통해 들어갈 수 있는 아파르트망 드 소시에테의 방들이 있는데, 대기실과 휴게실, 그리고 살 드 콩파뉴(salle de compagne), 조그맣고 내밀한 달걀 모양의 살롱이 그에 이어지며, 뷔페(buffet)로 연결되는 식당이 그에 이웃한다. 주 살롱의 다른 한쪽에는 아파르트망 드 파라드가 있는데, 여기에는 조그만 과시적 살롱과 카비네가 포함된다……이 과시적 아파르트망에는 모든 부속공간을 갖춘 침실도 포함된다.(Elias, 1983 : 51~52)[*]

다빌레의 계획안에서 이 두 개의 아파르트망은 중정에서 직접 연결되는 독립적인 두 개의 베스티뷸로 이어진다. 하지만 여기서 강조되어야 할 것은 좌우의 별도의 곁채(corps‒de‒logis)를 차지한, 대기실‒내실‒카비네‒의상실로 이루어진 두 공간군이, 살롱의 좌우에 자리잡은 앞서의 두 아파르트망과 분절되어 독자적인 입구와 동선을 갖는다는 점이다. 즉 오른쪽의 아파르트망에서 내실은 베스티뷸과 대기실을 통과하는 독자적인 동선을 이루고 있으며, 왼쪽의 아파르트망 역시 위의 베스티뷸에서 아래의 대기실로 이어지는 별도의 동선을 갖고 있다. 이 동

---

[*] 엘리아스는 이를 디드로와 달랑베르의 『백과전서』에 실린 블롱델의 도면을 토대로 하여 설명하고 있다(Elias, 1983 : 44). 하지만 주의할 것은, 그가 모델로 하고 있는 블롱델의 구상은 18세기 중반에 나온 것이고, 사적 공간에 대한 욕망이 과시적인 주거 공간 내부에 확고하게 침투하기 시작한 이후의 것이며, 이런 점에서 아파르트망 드 파라드와 아파르트망 드 소시에테가 17세기 후반에 자리잡은 것에 반해 블롱델이나 그에 앞선 다빌레에게 새로운 면은 아파르트망 드 코모디테(appartement de commodité)였다는 점이다(Eleb-Vidal et Debarre-Blanchard, 1989 : 53 ; Dennis, 1986 : 101, 105). 바로 이 점이 그가 기능주의의 선구자로서 확고한 자리를 잡게 되는 이유이기도 했다. 이에 비하면 그가 말하는 이런 공간 배열은 개념적으로 이상화된 것이어서, 실제로 수많은 오텔의 도면에서 그대로 발견되는 경우가 별로 없다는 점은 오히려 부차적인 것처럼 보인다.

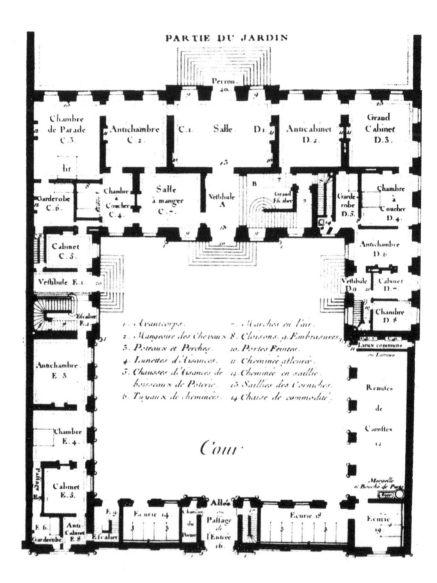

〈그림 4.4-1〉 다빌레, 이상적 오텔의 계획안, 1층

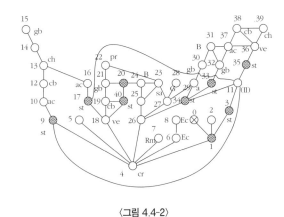

〈그림 4.4-2〉

		응집도	통합도
0	⊗	0.250	8.989
1	통로	2.643	11.511
2		0.250	8.989
3	계단	0.450	11.348
4	중정	3.583	14.286
5		0.143	10.596
6	마굿간	1.143	10.738
7	마차고	0.143	10.596
8	마굿간	0.500	8.511
9	계단	0.843	13.333
10	대기실	0.833	10.667
11	2층	1.917	14.159
12	카비네	0.833	8.889
13	내실	1.500	8.649
14	통로	1.333	7.207
15	의상실	0.500	6.130
16	대기실	0.667	10.323
17	계단	0.950	12.800
18	베스티불	1.143	12.903
19	카비네	0.917	10.458
20	통로	1.000	9.524
21	의상실	1.167	9.249
22	샹브르 드 파라드	0.583	8.602
23	대기실	1.417	9.697
24	침실	0.917	9.697
25	식당	0.833	10.884
26	베스티불	0.976	13.445
27	홀	1.833	11.429
28	갤러리	0.250	8.939
29	카비네	1.000	11.268
30	대 · 카비네	0.667	9.467
31	침실	1.083	8.247
32	의상실	1.083	9.091
33	계단	0.583	10.667
34	대 · 계단	1.283	13.223
35	계단	0.450	11.348
36	베스티불	1.583	9.581
37	대기실	1.250	8.743
38	카비네	1.000	8.205
39	내실	0.583	7.805
40	계단	0.917	10.390
합 계		41.000	420.580
평 균		1.000	10.258
표준편차		0.647	1.872

〈그림 4.4-3〉

선들은 각각 접대공간과 연결되는 동선과 분절되어 있다.

이 두 아파르트망이 앞의 경우와 달리 접대공간 내지 공적 공간으로 보이는 방을 포함하지 않고 있음은 따로 말할 필요가 없다. 여기에서 다빌레는 사적인 방들을 접대공간에서부터 분리시키고, 그것의 동선을 공적 공간의 동선과 분절시킴으로써, 아파르트망 드 파라드나 아파르트망 드 소시에테와 구별되는 새로운 아파르트망으로 독립시키고 있다.

여기서 우리는 상이한 성격의 내실이 출현하기 시작하고 있음을 볼 수 있다. 하나는 앞서 본 것처럼 아파르트망 드 파라드 등의 접대공간 안에 포함되어 있는 내실로서, 과시적이고 공개적인 방이라는 성격을 갖는다. 다른 하나는 여기서 나타나는 것처럼 접대공간과는 별도의 동선으로 분절된 공간군 안에 자리잡은 내실로서, 공개적이고 과시적인 성격은 당연히 축소된다. 굳이 익숙한 표현을 쓰자면 공적인 내실과 사적인 내실이라는 두 개의 상이한 내실이 출현하는 셈이다.

이는 또한 통합도라는 측면에서 일정한 차이를 보여 준다. 아파르트망 드 파라드에 속하는 침실(24번 방)의 통합도(9.697)에 비해, 곁채의 독자적 동선 안에 있는 내실들의 통합도(13번 방은 8.649, 39번 방은 7.805)는 확실히 작은 값을 갖는다. 물론 아파르트망 드 소시에테에 속하는 침실의 통합도(31번 방 8.247)와의 차이는 변별적이지 않다. 이는 아파르트망 드 소시에테가 아파르트망 드 파라드보다는 덜 공식적이고, 가족이나 친구 등 가깝고 친밀한 사람들과 좀더 가볍고 비공식적인 친교의 기능을 행하던 곳이란 점(Elias,1983 : 52 ; Dennis, 1986 : 118)과 연관된 것이다.

한편 중정은 통합도(14.286)와 응집도(3.583) 모두 매우 큰 값을 갖고 있고, 베스티뷸들의 통합도 역시 매우 크다. 접대공간의 중심인 홀 역시 통합도(11.429)와 응집도(1.833)가 모두 크다. 이 '방'들은 다른 모든 방들과 통합도의 측면에서 확연하게 구별되는 위치를 갖고 있다. 아파르트망 드 파라드에 속한 거의 모든 방들, 그리고 아파르트망 드 소시에테의 주 공간인 앙티 카비네와 그랑 카비네는, 곁채로 독립된 방들과 그 부속공간보다 통합도가 커서, 대략적이나마 분포상에 일정한 차이가 형성되고 있음을 짐작할 수 있다.

그러나 이러한 분화가 내실의 통합도가 낮아지는 방식으로 이루어진 것은 아니며, 이로 인해 샹브르 드 소시에테에 속한 침실과 독립적 내실의 차이가 변별적이지 않았다는 점을 기억한다면, 이러한 **분화가 내실의 사사화(私事化, privitation)를 통해 이루어진 것은 아니란 점**은 이해하기 쉬운 일이다. 여기서 새로이 나타난 배열방식이, 사실 이전에도 있었던 내실 중심의 아파르트망에, 살롱이나 아파르트망 드 파라드, 혹은 아파르트망 드 소시에테와는 다른 나름의 고유한 위상을 부여하려는 그러한 태도임은 분명하지만, 그것은 사적인 욕망보다는 오히려 **사교와 친교의 또 다른 형식을 추구하려는 욕망**과 관련된 것이라고 해야 할 것이다.

2) 18세기 전반기의 프랑스 오텔

루이-르-보와 함께 베르사유 궁전 건축을 주도했으며, 피에르 불레와 더불어 17세기 오텔의 원리를 완성한 것으로 간주되는 쥘-아르두앵 망사르는 오텔의 공간 분포에 새로운 요소를 도입함으로써 18세기 오텔 건축방식의 새로운 문을 열었다. 가령 1706~1709년 사이에 완성된 샤토 뇌프(Chteau Neuf)는 공간을 배열하는 새로운 방식을 보여 준다. 즉 양쪽으로 방이 길게 늘어서 있는 주(主) 복도(corridor)는 이전의 오텔에 없던 것이다. 또한 망사르와 비슷한 시기에 피에르 불레가 만든, 두 개의 건물이 하나로 연결되었다는 점에서 독특한 오텔 크로자 및 오텔 데브레(Hôtels Crozats et d'Evreux, 1702~1707)는 방을 우회하기 위한 통로로 복도를 사용하고 있다.

물론 방을 피하며 통로를 만드는 것은 부분적으로 이전에도 아주 없었다고는 할 수 없다. 앞서 루이 르보의 오텔 랑베르나 앙투완 르 포트르가 만든 오텔 드 보베(Hôtel de Beauvais, 1652~1655)는 비공식적 통로인 데가주망을 이용한 바 있으며, 통로(passage)를 별도로 설치하는

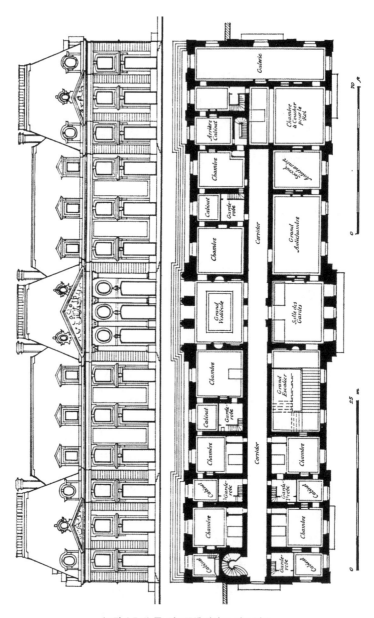

〈그림 4.5-1〉 쥘-아르두앵 망사르, 샤토 뇌프

경우는 드문 일이 아니었다. 그렇지만 망사르가 여기서 주 복도를 이용하는 방식은 내실에 직접 관련되지 않은 모든 동선을 외부로 뽑아 내어 내실을 통과하는 동선을 극소화하려는 것이다.

불레 역시 망사르와 마찬가지로 복도를 이용했지만, 그것은 아직 이처럼 전면적이지 않았고, 따라서 침실을 통과하는 동선을 제거하지 못했다. 반면 샤토 뇌프에서 망사르는 방들을 완전히 아파르트망으로 단위화하고 있으며, 아파르트망 간에 동선을 연결하기는 하지만, 동시에 그 각각을 모두 직접 주 복도로 연결함으로써 내실에서 통과공간의 성격을 완전히 제거했다. 이 경우 주 복도의 응집도(6.00)와 통합도(18.645)는 유례없이 큰 값을 보여 주고 있다. 공간 전체의 분포는 바로 이 주 복도를 중심으로 과잉-집중화되어 있다. 홀이나 중정으로 동선이 집중되고, 그것이 분포의 중심이 되었던 이전의 건축물과 달리 여기서는 실내의 주 복도가 분포의 중심이자 동선의 중심이 되는 새로운 집중의 형상이 나타나고 있다.[*]

확실히 이것은 새로운 종류의 공간에 대한 욕망이, 새로운 욕망이 출현하고 있음을 보여 준다. 그러나 사태는 결코 단순하지 않아서, 이러한 욕망을 이전의 생활과 쉽사리 대립시키는 것을 허용하지 않는다. 다시 말해 통로를 방의 외부로 빼려는 태도에서 방들을 사적으로 이용하

---

[*] 비슷한 시기에, 흔히 망사르가 지은 것으로 알려졌지만, 사실은 망사르의 조카였던 모리스 가브리엘(M. Gabriel)이 지은 오텔 드 바랑주빌(Hôtel de Varangeville, 1704)은, 그 아마추어적인 서투름에도 불구하고, 복도를 내실의 외부로 완전히 빼는 이런 평면을 선취하고 있다. 이것이 망사르의 영향 때문인지, 아니면 새로운 생활양식의 요구를 재빠르게 감지했던 조카의 구상에서 망사르가 영감을 받은 것인지는 확인할 수는 없지만, 이는 '최초의' 역사적 사실을 찾는 것에 별 관심 없는 이 논문으로서는 중요한 일이 아니다. 오히려 중요한 것은 18세기에 들어서면서 복도를 이용해 내실의 잉여적인 동선을 흡수하는 배치가 다수 나타나기 시작했다는 점이다.

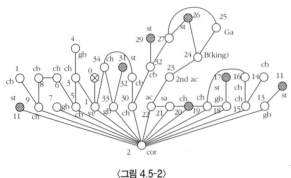

〈그림 4.5-2〉

		응집도	통합도
0	⊗	0.250	9.714
1	베스티뷸	1.738	13.442
2	주 복도	6.000	18.645
3	내실	1.583	10.321
4	의상실	0.333	7.972
5	카비네	0.905	13.136
6	내실	0.833	9.880
7	의상실	0.071	12.168
8	카비네	0.833	9.797
9	내실	1.571	12.844
10	카비네	0.333	9.398
11	계단	0.071	12.168
12	계단	0.500	9.175
13	의상실	1.071	12.430
14	카비네	0.333	9.323
15	내실	1.571	12.703
16	카비네	0.583	9.714
17	계단	0.333	9.323
18	의상실	1.321	12.703
19	내실	1.238	12.844
20	계단	0.655	12.565
21	살 드 갸르드	0.738	12.989
22	대기실	0.905	13.442
23	대기실 2	0.667	10.414
24	침실(king)	1.500	8.627
25	갤러리	0.667	7.410
26	계단	0.667	7.410
27		1.333	8.892
28	카비네	1.667	11.010
29	계단	0.333	8.377
30	내실	0.905	14.098
31	계단	0.333	9.398
32	카비네	0.667	10.804
33	의상실	1.405	12.844
34	내실	1.083	10.804
합 계		35.000	386.784
평 균		1.000	11.051
표준편차		0.982	2.296

〈그림 4.5-3〉

고자 하는 '사적인 욕망'을 끄집어내선 곤란하다는 것이다. 왜냐하면 이처럼 동선을 모으는 강력한 주 복도를 만들었음에도 불구하고, 내부의 방들을 연결하는 동선 또한 그대로 남아 있어서, 복도로 집중화된 동시에 그물망처럼 얽힌 형상의 다이어그램이 그려진다. 즉 방마다 연결된 고리들이 마치 마디처럼 복도를 에워싸고 있는 것이다. 따라서 방들의 통합도는 전체적으로 매우 높아서, 평균이 11을 넘는다. 그리고 내실이나 카비네, 의상실, 대기실 등 어떤 방도 통합도나 응집도 면에서 특별한 분화의 양상을 보여 주지 않는다. 갤러리의 통합도 또한 가장 낮은 편에 속한다.

주 복도를 외부로 빼면서도 또한

내부의 동선을 극대화하는 이러한 복합적 배치는 한편으로는 방들의 독립성을 추구하면서도, 동시에 사교와 모임의 장으로서 방들을 이용하는 생활방식과 태도가 공존하고 있음을 뜻하는 것이다. 그것은 한편으로는 방들의 독립성에 대한 욕망이라는 새로운 요소와, 사교를 축으로 하는 궁정사회의 생활이라는 오래된 요소가 공존하는 것을 뜻하는 것처럼 보인다.

라쉬랑스와 더불어 망사르의 수석 조수였던 제르맹 보프랑의 오텔 다믈로(Hôtel d'Amelot, 1712)는 새로이 나타난 욕망을, 다른 방식의 공간적 배열을 통해서 보여 준다. 그것은 동선의 위상학적 특징을 이용하는 것이다.

이 오텔에서 특징적인 것은 내실 중심의 아파르트망과 살롱 중심의 아파르트망, 그리고 부엌을 중심으로 하는 서비스 공간이 명확하게 그룹화되면서, 그것을 잇는 동선이 명확히 분절되고 있다는 점이다. 내실과 부속실로 되어 있는 아파르트망은 베스티뷸에서 살롱으로 이어지는 '공적인' 아파르트망에 직접 이웃하고 있지만, 그것의 동선과는 독립적인 동선을 가지며, 그 동선 안에는 공적인 성격의 방이 전혀 없기 때문에 공적 공간의 동선은 거기서 끊어진다. 나아가 그 동선은 다른 아파르트망으로 이어지지 않는다. 따라서 그 저택에 들어선 사람은 살롱에서 '이것이야 저것이냐'의 선택을 해야 한다. 이는 다른 두 개의 아파르트망이 서로 복수의 동선으로 연결되어 있다는 점과 명확하게 대비된다. 요컨대 사적인 아파르트망의 동선을 완전히 독립시킴으로써 그것이 통과공간으로 사용될 가능성을 제거하고 있는 것이다.

한편 이 저택에서 주(主) 생활이 이루어지던 살롱과 더불어, 샹브르 다상블레(chambre d'assemblée)로 사용되는 대기실, 그에 인접한 식당

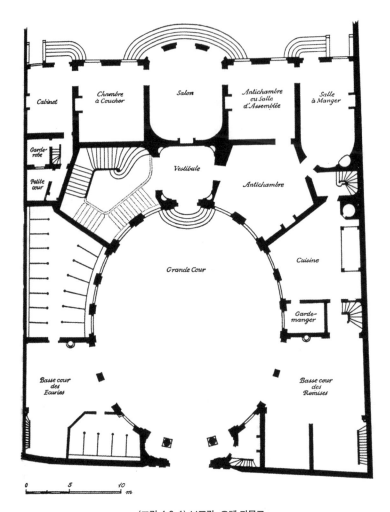

등으로 이루어진 아파르트망 드 소시에테가 건물의 중앙에 자리잡고 있으며(이 방들의 통합도는 가장 높은 값들이다), 식당을 통해 서비스 공간으로 연결되고 있다. 여기서도 '공적' 공간의 동선은 분절되지만, 식당으로 나온 동선은 부(副) 중정(basse-cour, '천한 중정'이라는 뜻이다)과

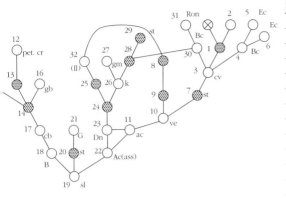

〈그림 4.6-2〉

		응집도	통합도
0	⊗	0.333	5.306
1	통로	2.250	6.321
2		0.333	5.306
3	중정	1.500	7.585
4	부(副) 중정	2.250	6.321
5	마굿간	0.333	5.306
6	마굿간	0.333	5.306
7	계단	0.583	7.817
8	대 · 계단	0.833	6.400
9	통로	0.833	7.062
10	베스티뷸	1.333	8.325
11	대기실	1.000	8.463
12	소 · 중정	0.500	3.938
13	통로	1.250	4.472
14	통로	3.000	5.120
15	계단	0.250	4.433
16	의상실	0.250	4.433
17	카비네	0.750	5.785
18	침실	0.833	6.564
19	살롱	1.333	7.474
20	계단	1.333	6.169
21	갤러리	0.500	5.198
22	샹브르 다상블레	1.000	8.258
23	식당	1.000	8.192
24	통로	1.167	7.817
25	계단	0.667	6.649
26	부엌	1.667	7.474
27	식기실	0.333	6.095
28	통로	1.167	7.367
29	계단	0.667	6.360
30	부(副) 중정	1.583	6.919
31	마차고	0.333	5.712
32	2층	1.500	6.606
평 균		33.000	210.562
표준편차		1.000	6.381
표준편차		0.644	1.237

〈그림 4.6-3〉

본 중정을 통해 다시 베스티뷸-살롱으로 연결된다. 이처럼 서비스 공간과 공적인 공간은 연결되어 있지만, 공적인 동선이 식당을 넘어갈 리 없는 일이고, 따라서 여기서도 두 종류의 공간은 분절되어 있다. 하지만 이 두 공간군 사이의 분절의 강도는 앞서 보았던, '공적인' 공간군과 침실 중심의 공간군 사이의 분절의 강도보다 훨씬 약하다고 말할 수 있을 것이다.

이러한 차이는 통합도를 통해서도 다시 확인된다. 가령 '공적 공간'에 속한 방들이나 부엌은 모두 평균을 크게 상회하는 높은 통합도를 가지고 있다. 반면 독립된 침실 주변의 방들(12번 방에서 18번 방까지)은, 살롱에 인접한 침실만이 평균을 근소하게 넘어서

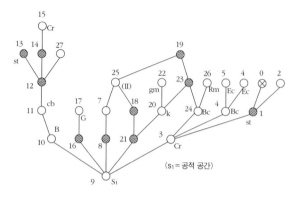

〈그림 4.7-1〉 오텔 다물로, 조직적으로 변형된 다이어그램

		응집도	통합도
0	⊗	0.333	5.927
1	계단	2.250	7.515
2		0.333	5.927
3		1.200	9.720
4		2.250	7.515
5		0.333	5.927
6		0.333	5.927
7		0.833	6.813
8		0.700	8.191
9	S₁	2.083	10.565
10	침실	0.700	8.783
11	내실	0.750	7.364
12	통로	3.000	6.231
13		0.250	5.098
14		1.250	5.170
15		0.500	4.365
16	통로	1.200	7.839
17		0.500	6.126
18		0.667	7.078
19		0.667	5.565
20	부엌	1.667	7.364
21		1.033	8.783
22		0.333	5.832
23		1.667	6.943
24		1.583	8.011
25		1.000	6.231
26		0.333	6.231
27	의상실	0.250	5.098
합 계		28.000	192.138
평 균		1.000	6.862
표준편차		0.719	1.439

〈그림 4.7-2〉

고, 다른 방들은 모두 가장 낮은 부류에 속하는 값을 갖고 있다. 이는 오텔 랑베르를 검토하면서 그랬듯이, 각각의 공간군을 하나로 묶어서 확인해 보면 더욱 뚜렷하게 드러난다.

〈그림 4.7-1〉에서 '공적' 공간 S_1의 통합도(10.565)는 평균통합도(6.862)보다 훨씬 크며, 응집도(2.083) 역시 매우 크다. 〈그림 4.7-3〉에서, '사적인' 공간군 S_2의 통합도(4.794)는 평균(6.415)보다 훨씬 작고, 응집도(0.33) 역시 매우 작다. 각각 통제해서 계산했을 때 평균 통합도의 차이(0.4 정도)를 고려한다고 해도 S_1의 통합도는 S_2의 거의 두 배에 이르는 값이다. 여기서 사적 공간과 공적 공간은 통합도라는 측면에서 매우 상반되고 불연속적인 위상을 갖고 있음을 명확하게 볼 수 있다. 이는 오텔 랑베르처럼 앞선 시

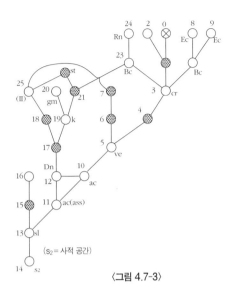

〈그림 4.7-3〉

		응집도	통합도
0		0.333	5.240
1		2.250	6.500
2		0.333	5.240
3		1.500	8.145
4		0.583	7.953
5	베스티뷸	1.333	8.145
6		0.833	6.828
7		0.833	6.259
8		0.333	5.240
9		0.333	5.240
10	대기실	1.000	7.770
11	대기실(샹브르 다상블레)	1.000	6.969
12	식당	1.000	7.269
13		1.833	5.828
14	S_2	0.333	4.794
15		1.333	4.863
16		0.500	4.122
17		1.667	7.116
18		0.667	5.633
19		1.667	7.429
20		0.333	5.828
21		1.167	7.770
22		0.667	6.563
23		1.583	7.511
24		0.333	5.878
25		1.000	6.563
26		2.250	6.500
합　계		27.000	173.196
평　균		1.000	6.415
표준편차		0.589	1.113

〈그림 4.7-4〉

기의 오텔에서는 나타나지 않던 것이다. 〈그림 4.7-5〉에서 서비스 공간군 S_3의 통합도(6.698)는 평균 통합도(5.218)보다 상당히 큰 값이며, 응집도(1.083)는 평균적인 정도다.

응집도는 평균이 언제나 1이기 때문에 별도로 계산한 공간군의 응집도를 비교할 수 있는데, '사적' 공간군(0.33)과 서비스 공간군(1.083), '공적' 공간(2.083)의 순서로 명확한 차이를 보여 준다는 것을 쉽게 알 수 있다. 한편 서비스 공간과 공적 공간의 통합도를 비교하기 위해, 〈4.7-1〉와 〈4.7-5〉 각각의 평균 통합도로 S_1와 S_3의 통합도를 각각 나누어 주면, $I'(S_1)=1.54$, $I'(S_3)=1.283$이다. 즉 평균에 대한 통합도의 값은 공적 공간이 154%로 서비스 공간의

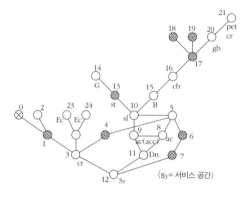

〈그림 4.7-5〉

(s₃ = 서비스 공간)

		응집도	통합도
0		0.333	4.267
1		2.250	5.143
2		0.333	4.267
3		1.500	6.194
4		0.583	5.818
5		1.333	6.261
6		0.833	5.189
7		0.833	5.486
8		1.000	6.472
9	대기실(샹브르 다상블레)	1.000	7.024
10	살롱	1.333	6.621
11	식당	1.000	6.940
12	s_3	1.083	6.698
13		1.333	5.333
14	갤러리	0.500	4.397
15	침실	0.833	5.878
16	카비네	0.750	5.189
17		3.000	4.571
18		0.250	3.866
19	의상실	0.250	3.866
20		1.250	3.918
21		0.500	3.388
22		2.250	5.143
23		0.333	4.267
24		0.333	4.267
합 계		25.000	130.461
평 균		1.000	5.218
표준편차		0.678	1.064

〈그림 4.7-6〉

128%보다 상당히 큰 편이다.[*]

이상의 결과는 세 개의 공간군(空間群)이 전체 공간적 분포 안에서 다른 성격을 갖고 있음을 보여준다. '공적인' 공간군은 전체 분포 가운데 가장 중심적인 위치에 자리하고 있으며, 다양한 동선에 대해 개방되어 있다. 반면 '사적인' 공간군은 전체 분포 가운데 가장 주변에 자리하고 있으며, 다른 종류의 동선에 대해 닫혀 있다. 서비스 공간군은 그 중간적인 위치를 차지하고 있어서, 결코 분포의 중심에 있다고 할 수는 없지만, 사적인 공간군에 비해 중심에 가깝다.[**]

내실 내지 침실과 관련된 아파르트망의 동선에 독립성을 부여하여, 통과공간으로서의 성격을 극소화하려고 하는 이러한 시도는, 샤토 뇌프에서 주 복도를 통해 통과공간을 외부로 빼려는 시도와 맥이 통하는 것이다. 한편 오텔 다믈로에서 동선의 독립성을 부여하려는 방식은, 샤토 뇌프에서의 이중적이고 모호한 태도와는 달리 침실과 내실에 연관된 방들에 확실한 독립성을 부여하고 있으며, 그 결과 공간적 분포상에서도 살롱을 비롯한 '공적인' 공간과는 상이한 위상을 점하게 되었음을 가시적으로 보여 준다. 이 새로이 출현한 공간군을 '사적 공간'이라고 불러도 좋은 것인가는 아직 확언할 수 없다. 왜냐하면 **독립적인 동선을 갖는 공간군의 출현이, 그것이 '사적 공간'으로 이용되었다는 것을 뜻하지는 않기** 때문이다. 더구나 아직도 저택이라는 공간 전체가 사교와 모임의 사회적 공간이란 사실에는 근본적으로 변화가 없었다는 점을 염두에 둔다면, 지금 우리에게 익숙한 '사적 공간'이라는 말은 오해와 속단의 위험을 충분히 안고 있다고 하겠다.

그럼에도 불구하고 오텔 다믈로는 이전과는 다른 종류의 공간들이

---

* 참고로 '사적' 공간의 통합도를 평균 통합도로 나눈 값 $I'(S_1)=0.747$이다.
** 한편 보다시피 서비스 공간군은 공적 공간군에 직접 연결되지만, 이른바 '사적 공간군'으로 부터는 멀리 떨어져 있다. 여기서 서비스 공간군이 공적인 공간군에 근접하는 것은 궁정적인 생활이 하인의 도움과 서비스를 언제나 필요로 한다는 점 때문일 것이다. 반면 공적인 생활을 벗어나서도 하인의 도움을 필요로 하는 것은 마찬가지지만, 동시에 편의와 사적인 내밀함 등을 위해 하인들로부터 거리를 두고자 하는 모순된 욕망이 사적 공간과 서비스 공간 사이에 개재하기 마련인데, 이 경우는 전자보다는 후자가 더 중요하게 되었음을 뜻하는 것으로 보인다. 물론 이렇게 되기 위해서는 하인의 공간과 거리를 두어도 그들을 호출할 수 있는 기계적 수단이 필요했으며, 줄을 연결한 종이 그러한 조건을 제공함으로써 가능하게 되었다(Olsen, 1986 : 101~102).
여기서 오텔 다믈로와 팔라초 메디치-리카르디의 차이를 확인할 수 있다. 팔라초 메디치의 경우 주인의 공간에서 하인의 공간이 차지하는 통합도는 그 반대보다 컸는데, 이는 주인의 공간이 하인의 공간에 의존하는 것을 의미했다. 그것은 주인의 '공적인 생활'은 물론 '사적인 생활' ── 이런 것이 있었다면 ── 이 하인에 의존하고 있는 한 불가피했을 뿐 아니라, 주인의 생활이 하인의 접근에 대해 별다른 부담을 느끼지 않았다는 점에 기인하는 것이다. 반면 주인의 생활이 공적인 것만 아니라 그와 다른 리듬과 방식을 갖는 '사적인 것'이라고 할 만한 것이 나타나게 되면서, 하인에 대한 주인 생활은 한편으로는 더욱 크게 의존하면서, 다른 한편으로는 거리를 두게 되는 양극적 분화를 겪게 된다. 적어도 오텔 다믈로에서 공적 공간과 사적 공간에 대한 서비스 공간의 관계는 이러한 관계를 보여 주는 것이다.

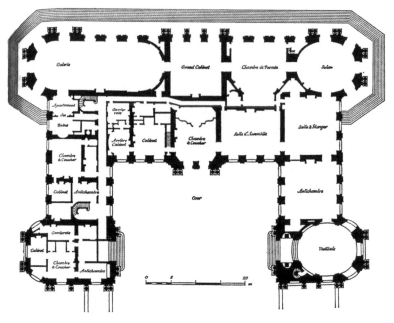

〈그림 4.8-1〉 팔레 부르봉

명백하게 가시화되기 시작했다는 것을 보여 준다. 이 공간군의 특징은
다른 종류 내지 다른 목적을 갖는 동선으로부터 자신을 독립시키며, 사
회적 활동이 이루어지는 사교의 중심공간과 달리 공간적 분포상에서 주
변적인 위치에 놓이며, 그럼으로써 상대적으로 다른 공간과 강하게 분
절된 공간이라는 것이다. '아파르트망 드 코모디테'(appartement de
commodité)라고 불리는 이러한 공간군은, 과시용 공간인 아파르트망
드 파라드와 반대로, 과시적인 활동 등에서 벗어나 편하게 쉴 수 있는 공
간이라는 의미에서 '편의'(commodité)을 위한 공간인 셈이다.

　이처럼 편의적 공간이 분화되어 공적 공간과 구별되는 고유한 위상
을 갖게 되는 것은 18세기 오텔에 특징적인 것인데, 이를 좀더 확연하게

보여 주는 것은 내부 평면 계획의 절정이라고 간주되는 팔레 부르봉(Palais Bourbon, 1722~1729)이다.

팔레 부르봉은 루이 14세와 마담 몽테스팡(Montespan) 사이에서 난 딸인 부르봉-콩데(Bourbon-Condé) 공작부인의 것으로, 이탈리아 건축가인 지아르디니가 1722년 짓기 시작했는데, 그의 사후에 라쉬랑스가 계속 이어서 지었으나, 파사드가 완성되기도 전에 그 역시 죽었으며, 이후 오베르와 가브리엘이 완성했다.

이 건물은 외부의 파사드나 형태는 물론 내부 평면에 대해서도 기하학적 대칭성을 중요하게 여기던 이전까지의 전통과 달리, 외부는 대칭성을 갖지만 내부는 비대칭적이고 불규칙한 형태를 취하고 있다. 평면도를 보면 주인인 공작부인의 내실이 건물의 가장 중심에 있고, 그와 나란히 그랑 카비네가 건물의 중심축을 형성하고 있다. 이 축을 중심으로 오른쪽은 살롱, 대기실과 식당, 샹브르 드 파라드, 샹브르 다상블레 등의 '공적인 공간'이 자리잡고 있고, 왼쪽은 대개 내실이나 침실 등과 같은 '편의적인' 방들이 복잡하게 얽혀 있다. 보다시피 이 양쪽은 형태적으로 전혀 대칭이 아니며, 건물의 뒤쪽 역시 왼쪽의 큰 갤러리가 오른쪽의 방들과 비대칭적인 형태로 자리잡고 있다. 외부와 달리 내부에 비대칭적이고 불규칙한 형태로 방을 배열하는 이러한 방식은 이후 18세기에 특징적인 것이 되었다(Dennis, 1986 : 101 ; Eleb-Vidal et Debarre-Blanchard, 1989 : 43).

더욱 기이한 것은 본채에서 뻗어 나온 두 개의 곁채 가운데, 왼쪽에 있는 곁채의 하단은 본채와 단절되어 있다는 점이다. 왼쪽 곁채의 베스티뷸로 들어갈 수 있는 방은 왼쪽 곁채의 끄트머리에 있는 대여섯 개에 불과하며, 나머지 모든 방들로 가기 위해서는 오른쪽의 입구를 통해 들

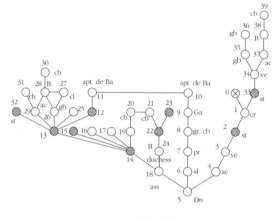

〈그림 4.8-2〉

		응집도	통합도
0	⊗	0.333	5.531
1	중정	2.000	6.418
2	계단	0.833	7.074
3	베스티뷸	1.000	7.800
4	대기실	0.833	8.593
5	식당	1.333	9.447
6	살롱	0.833	8.005
7	상브르 드 파라드	1.000	6.945
8	대 카비네	1.000	6.338
9	갤러리	1.000	6.133
10	목욕실	1.000	6.183
11	목욕실	1.000	6.642
12	목욕실	0.667	7.605
13	통로	3.333	8.895
14	통로	4.000	9.627
15	계단	0.167	7.760
16		0.167	7.760
17		0.167	7.760
18	살 다상블레	1.000	9.750
19	의상실	0.667	8.005
20	카비네	1.000	6.882
21	카비네	0.833	6.445
22	통로	2.000	6.977
23	계단	0.333	5.941
24	공작부인 침실	0.667	8.134
25		0.167	7.278
26	의상실	0.917	7.493
27	변소	0.583	6.418
28	침실	2.167	6.500
29	대기실	1.417	7.530
30	카비네	0.250	5.592
31	내실	0.333	6.338
32	계단	0.167	7.278
33	계단	0.667	5.783
34	베스티뷸	1.500	5.227
35	의상실	1.333	4.651
36	의상실	0.500	4.167
37	대기실	0.833	4.680
38	침실	1.500	4.213
39	카비네	0.500	3.812
합 계		40.000	273.609
평 균		1.000	6.840
표준편차		0.796	1.438

〈그림 4.8-3〉

어가야 한다. 이처럼 내부공간이 둘로, 그것도 매우 비대칭적인 양상으로 분리되어 있는 것이다. 그래서인지 건물 분포의 전체적인 대칭성 ── 이는 통합도로 표시되는데 ── 은 방의 수가 39개로 매우 많은데도 6.84에 지나지 않는다.[*]

공적인 공간이 동선의 전면에 배치되어 있고, 편의적 공간이 그에 이어서 공존하는 이 건물에서 우리는 방들의 편의성을, 즉 '공적인' 동선의 흐름에 대한 상대적 독립성을 높이기 위한 여러 가지 방법을 동시에 발견하게 된다. 첫째로, 편의적 공간과 '공적인' 공간의 동선을 분리하는 것. 이는 중정에서 선택할 수 있는 두 개의 베스티뷸에서 발견된다. 하나(3)에서는 대기실에서 살롱과 갤러리에 이르는 '공적인' 동선이 시작되고, 다른 하나(34)에서는 침실과 카비네 등으로 이어지는 짧은 편의공간의 동선이 시작된다.

둘째로, 복도를 이용해 방으로부터 잉여적인 동선을 흡수하는 것. 앞서 샤토 뇌프에서 이용되었던 이 방법은 왼쪽 곁채의 위쪽 절반을 이루는 아파르트망에서 발견된다. 여기서 대부분의 방들의 동선은 복도로 집중된다.

셋째, 편의적 동선을 상이한 회로로 만들어, 공적인 회로로부터 상대적 독립성을 확보하는 것. 이는 아파르트망 드 뱅(appartement de bain, 목욕실)을 거쳐 복도(13, 14)로 이어지는 공적 동선의 연장선이 공작부인의 침실(24)을 중심으로 한 아파르트망의 동선을 빗겨서 살 다상블레(Salle d'Assemblée)로 다시 이어지게 하는 한편, 침실과 부속공간을 잇는 동선을 그로부터 독립적으로 만들어 그것과 단락(短絡)시키는 데서 발견된다.

넷째, 동선의 위상학적 특징을 이용하는 것. 이는 사적인 성격이 분명한 아파르트망을 동선의 끝자락에 배열함으로써 이루어진다. 13번 복도에서 갈라져 나간 아파르트망이나, 별도의 베스티뷸(34)로 시작되는 아파르트망이 그렇다. 이는 동선을 제한하고 그것에 독립성을 부여하는 가장 확실한 방법이다. 이 점에서 본다면, 별도의 회로를 이용한 공작부인의 아파르트망보다 방금 언급한 두 아파르트망이 더욱 독립적인 성격

---

* 앞서 망사르의 샤토 뇌프는 34개의 방에 11.051이었고, 다빌레의 이상적 오텔은 40개로 10.258였으며, 가브리엘의 오텔 드 바랑주빌의 1층은 25개인데 8.37이다.

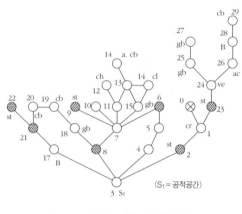

<표>

		응집도	통합도
0		0.333	5.840
1		2.000	7.250
2		0.583	8.087
3	S_1	1.833	8.947
4		0.750	7.127
5		1.000	6.675
6		0.667	6.519
7		3.500	8.010
8		0.917	8.670
9		0.167	6.323
10		0.167	6.323
11		0.917	6.622
12		0.583	6.570
13	침실	2.167	5.682
14		0.250	4.778
15		1.417	6.675
16		0.333	5.461
17	공작부인 침실	0.583	7.313
18		0.833	7.067
19		1.000	6.007
20		0.833	5.644
21		2.000	6.184
22		0.333	5.128
23		0.667	6.371
24		1.500	5.607
25		0.833	4.833
26		1.333	4.778
27		0.500	4.123
28	침실	1.500	4.205
29		0.500	3.689
합 계		30.000	185.508
평 균		1.000	6.184
표준편차		0.725	1.277

〈그림 4.9-1〉 팔레 부르봉, 변형된 다이어그램

〈그림 4.9-2〉

을 갖는다고 말할 수 있을 것이다.[*]

이제 표를 보면 살 다상블레와 그 옆의 복도(14), 그리고 식당이 통합도가 가장 높다. 공간 분포를 통합하는 중심이 살 다상블레 주변의 방들이라는 것을 알 수 있다. 이 방들과 더불어 대기실, 그랑 카비네, 샹브르 드 파라드 등이 대략적으로 모여 있으며, 나머지 방들이나 카비네, 의상실, 아파르트망 드 뱅 등은 모두 그보다 작은 값을 갖는다.

여기서도 우리는 편의적 공간과 공적인 공간을 각각 하나로 묶어서 그 통합도와 응집도를 조사할 수 있다. 베스티뷜(3)에서 갤러리, 살 다상블레에 이르는 공적인 방의 집합을 S_1이라고 놓고, 다이어그램을 다시 그려 통합도와 응집도를 다시 계산하면 〈그림 4.9-2〉과 같은 결과를 얻

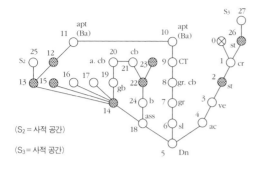

(S₂ = 사적 공간)

(S₃ = 사적 공간)

$$(S_2 = \text{사적 공간})$$

〈그림 4.9-3〉

		응집도	통합도
0		0.333	3.984
1	중정	2.000	4.643
2		0.833	5.321
3	베스티뷸	1.000	6.126
4	대기실	0.833	7.078
5	식당	1.333	8.191
6	살롱	0.833	6.877
7	상브르 드 파라드	1.000	5.927
8	대 카비네	1.000	5.245
9		1.000	4.893
10		1.000	4.893
11		1.000	5.245
12		0.833	5.975
13		1.667	6.943
14		4.167	8.100
15		0.167	6.284
16		0.167	6.284
17		0.167	6.284
18	살 다상블레	1.000	8.477
19		0.667	6.627
20		1.000	5.651
21		0.833	5.321
22		2.000	5.879
23		0.333	4.860
24	침실	0.667	6.943
25	S_2	0.333	5.565
26		1.333	4.028
27	S_3	0.500	3.522
합 계		28.000	165.166
평 균		1.000	5.899
표준편차		0.773	1.218

〈그림 4.9-4〉

을 수 있고, 13번 복도에서 분기하는 방들의 집합을 S_2, 33번 계단 이후의 아파트망 전체를 S_3라 놓고 다시 계산하면 〈그림 4.9-4〉과 같은 결과를 얻을 수 있다.

〈그림 4.9-1〉에서 '공적' 공간 S_1의 통합도(8.947)는, 살 다상블레에 인접한 공작부인의 침실(7.313)이나, 다

---

* 이러한 경향이나 특징은 근대 영국의 귀족 주택인 컨트리 하우스에서 유사하게 발견되고 확인될 수 있다. 침실이나 내실에 카비네(영어의 Closet이 해당됨)나 의상실(영어의 Wardrobe가 해당됨) 등의 부속공간을 덧붙여 단위공간화하는 것은 17세기 후반에 이르면 나타나기 시작하는데, 예를 들면 래글리 홀(Ragley Hall, 1678)이나 니더 리피아트(Nether Lypiatt, 1700~1705), 블레넘 궁전(Blenheim Palace, 1705~1720) 등에서 보이며, 이후의 건물 모두에 나타난다. 복도를 이용해 사적이지 않은 동선을 흡수하는 방법은 블레넘 궁전이나 애쉬리지 파크(Ashridge Park, 1808~1817), 소어스비 홀(Thoresby Hall, 1864~1875) 등에서 볼 수 있고, 사적 동선의 회로를 별도의 회로로 분리하여 전체 동선에 단락시키는 방법은 노포크 하우스(Norfolk House, 1747~1756)나 해글리 홀(Hagley Hall, 1752), 소어스비 홀 등에서 보이며, 동선의 끝자락에 사적인 아파트망을 배열하는 방법은 래글리 홀이나 애쉬리지 홀에서 보이고, 사적 동선을 아예 분리하는 방법은 소어스비 홀에서 보인다.

른 두 침실(각각 5.68, 4.205)에 비해서 확연하게 구별되는 값을 갖는다. 즉 '공적' 공간의 통합도는 편의적 공간에 포함된 침실의 통합도의 거의 두 배에 이른다. 한편 〈그림 4.9-4〉에서 편의적 공간인 S_2의 통합도 (5.565)나 S_3의 통합도(3.522)는, 살 다상블레의 통합도(8.477)나, 식당 (8.191), 살롱(6.877), 샹브르 드 파라드(5.927)보다 확실하게 낮다.[*] 동선의 응집도도 크게 다르다. S_1의 응집도는 1.833인데 반해, S_2나 S_3의 응집도는 각각 0.33, 0.50으로 확연하게 구별된다.

이러한 결과를 17세기의 건축물인 오텔 랑베르와 잠시 비교할 필요가 있다. 오텔 랑베르에서는 공적인 동선과 내실로 이어지는 동선을 별개의 몸체로 분리했음에도 불구하고, '공적인 공간'과 '사적인 공간'의 통합도는 분포상의 차이를 보여 주지 못했다. 반면 여기서는 '공적인 공간'과 '사적인 공간'(편의적 공간)이 분포상의 명확한 차이를 보여 주며, '사적'이라는 말에 우리가 갖고 있는 사생활이나 사적인 것에 관한 관념을 부가하지 않는 조건에서라면, 두 가지 공간군의 구별이 유의미하다고 할 수 있겠다. 즉 오텔 다믈로나 팔레 부르봉에서 우리는 공적인 공간과 구별되는 새로운 공간군이 분포상의 고유한 지대를 형성하고 있음을 확인할 수 있다. 이는 18세기 오텔의 특징으로 흔히 지적되는 특징이, 다시 말해 '공적 공간'과 일부 공간군을 분절하여, 후자를 사람들의 드나듦이 제한된 지대로 확보하려는 경향이 있음을 보여 준다.

---

[*] 두 공간의 통합도를 직접 비교하기 위해, S_1의 통합도와, S_2, S_3의 통합도의 평균 4.544를 각각 전체 통합도로 나누어 보면, $I'(S_1)=1.484$이고, $I'(S_{23})=0.77$이다. 즉 공적 공간의 통합도는 공간 전체의 평균 통합도의 148%인데, 사적 공간의 통합도는 전체 평균의 77%에 불과하다. 두 비율 간의 이 커다란 격차에서, 우리는 두 가지 공간군이 분명하게 구별되는 분포상의 차이를 갖는다는 점을 확인할 수 있다. 이는 보프랑의 오텔 다믈로에서 보았던 것과 동일한 결과이다.

3) 18세기 후반의 프랑스 오텔

18세기 오텔 건축의 가장 중요한 이론가였던 자크-프랑수아 블롱델은 그 전반기에서 후반기로 넘어가는 시기의 대표적인 인물이다. 블롱델은 실제적인 건축가로서보다는 이론가와 교육자로서 중요한데, 그의 유명한 책 『분포에 관하여』(De la distribution)에 나오는, 빈번히 인용되거나 언급되는 오텔의 계획안은, 첫째로 오텔의 스타일이 앞 시기의 그것에 비해 한층 간결해지고 그 규모 또한 상당히 간소화되었음을 보여 준다. 이는 단지 그의 이 도면만의 특징은 아니다. 다른 논문에 실린 '이상적인 오텔 계획안' 역시 축소된 규모의 간결한 도면이다(Etlin, 1994 : 126~129). 이는 바로 뒤에서 살펴볼, 18세기 후반에 건축된 대부분의 오텔이 이전에 비해서 공통적으로 보여 주는 특징이기도 하다.

둘째로 특징적인 것은 공간의 할당에서 '공적 공간'이라고 할 만한 방들의 비중이 상대적으로 줄어든 반면, 침실이나 내실, 그 부속공간의 비중이 상당히 늘어났다는 점이다. 1층의 경우 공적 공간이라고 할 만한 것은 베스티뷸과 대 홀, 식당, 카비네 다상블레가 있다. 이 정도면 접대용 공간의 최소한은 갖춘 셈이다. 한편 2층에서 '공적 공간'은 그랑 카비네뿐이고, 나머지는 모두 침실과 그 부속공간이다. '이상적인 오텔 계획안'에서도 비슷해서, 1층에서 공적 공간은 베스티뷸과 살롱, 살 드 콩파뉴(salle de compagne)뿐이고, 식당은 그나마 대기실과 겹쳐 있으며, 2층에는 그랑 카비네와 살 코뮌(salle commune)이 있는데, 후자는 당구실로도 사용되게 겹쳐 놓았다. 여기서 방들의 기능을 이렇듯 겹쳐 두는 것은 이 시기에 나타나는 또 하나의 특징이다. 이는 공적인 공간의 수를 줄이면서, 필요한 기능은 수행하게 하려는 것인데, **공적 공간의 형식적 성격이 완화되고 있음**을 보여 주는 또 다른 징후라고 하겠다. 이러한

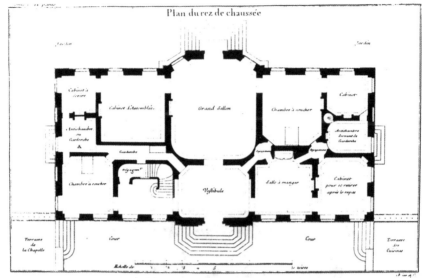

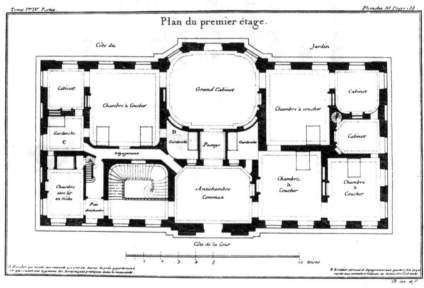

〈그림 4.10-1〉 블롱델, 오텔 계획안, 1층 및 2층

특징 역시 18세기 후반의 오텔에서 반복되는 것이다.

이러한 변화의 요인은 아마도 루이 14세의 사망 이후 궁정적인 질서의 중심이 베르사유에서 파리로 다시 옮겨지면서 궁정적 질서가 약화되었다는 사실이나(Kalnein and Levey, 1972 : 203), 오텔 건축의 고객이 왕족이나 대귀족에서 점차 신흥 부르주아를 포함한 개인으로 대체되었다는 점과 무관하지 않을 것이다(같은 책, 236-239 ; Dennis, 1986 : 91). 다른 한편 이러한 간소화는 기능적 합리성과 간결함으로 장식적인 미학을 대체코자 했던 블롱델이나 로지에(Abbé Laugier) 등의 이론적 영향에서 기인하는 것이기도 하다(Lesnikowski, 1993 : 87~90 ; Hautecoeur, 1950 : 598 이하 ; Etlin, 1994 : 90~96).

다음으로 또한 특징적인 것은 침실이나 내실이 수많은 통로들을 통해 다른 방들과 매우 빈번히 연결되고 있다는 점이다. 물론 이전에도 내실은 다른 부속공간과 연결되어 있었지만, 그것은 방들 간의 직접적 연결이었고, 그 연결된 방들의 독립성을 극대화하려는 배려들이 적어도 18세기 전반에는 뚜렷하게 나타나고 있었다. 그러나 여기서는 그러한 부속공간의 직접적 연결과 별도로 통로(데가주망)를 통해 내실이나 침실은 다른 종류의 방들과 다시 연결되고 있다는 점에서 이전과 다른 양상을 보여 준다. 이로 인해 분포를 보여 주는 다이어그램은 방들 간에 촘촘한 그물형의 형상이 만들어지고 있음을 보여 준다.

이로 인해 식당이나 카비네 다상블레의 동선 응집도는 평균 이하인데 반해 내실이나 침실, 통로의 응집도는 전체적으로 평균을 크게 상회하는 높은 값을 갖고 있다. 이는 내실이나 침실 등의 소통성이나 이동성이 매우 높으며, 또한 다른 공간으로 이동하는 경로로 사용될 가능성이 증가했음을 의미한다. **침실이나 내실들 간의 빈번한 연결과 그로 인한 통합**

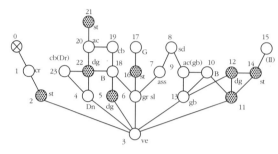

〈그림 4.10-2〉 1층

		응집도	통합도
0	⊗	0.500	4.898
1	중정	1.500	6.151
2	계단	0.667	8.015
3	베스티뷸	2.083	11.021
4	식당	0.917	8.817
5	데가쥬망	0.417	8.397
6	대 살롱	1.417	9.618
7	카비네 다상블레	0.750	7.347
8	서재	0.833	6.373
9	대기실	1.083	6.961
10	침실	0.833	7.053
11	통로	1.167	8.817
12	데가쥬망	0.833	6.961
13	의상실	1.167	8.817
14	계단	1.583	6.782
15	2층	0.333	5.290
16	계단	1.250	7.053
17	갤러리	0.500	5.454
18	침실	1.500	8.266
19	카비네	0.583	6.451
20	대기실	1.750	6.224
21	계단	0.333	4.944
22	데가쥬망	1.417	7.896
23	카비네	0.583	6.870
합 계		24.000	174.474
평 균		1.000	7.270
표준편차		0.474	1.482

〈그림 4.10-3〉

도의 이같은 상승은 이 시기 다른 오텔에서도 반복하여 나타나는데, 이전 시기에 출현했던 편의적 공간군과 더불어 내실이나 침실 등의 고립성이 강화되고 그에 따라 통합도가 하강하던 것과는 반대되는 양상을 보여 준다. 만약 사적 공간의 진화적 발전을 예상하고 있었다면, 이러한 양상은 분명히 그에 반하는 **역진적인** 변화를 뜻하는 것이다. 물론 그랑 살이나 식당, 샹브르 다

상블레 등의 통합도가 모두 가장 크다는 점에서 그런 방들의 중심적 위상은 결코 약화되지 않았음을 볼 수 있지만, '사적인' 공간들의 통합도 또한 확실히 18세기 전반의 오텔보다 상대적으로 상승하는 것 또한 사실이다. 내실이나 침실 등의 '사적인' 성격이 다시 약화되고 있음을 뜻하는 것일까?

이는 확실히 **시간이 지남에 따라 사적인 공간이 점증하고 있다는 식의**

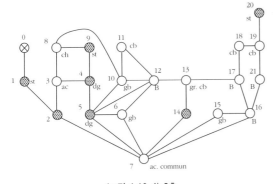

〈그림 4.10-4〉 2층

		응집도	통합도
0	1층	0.500	4.793
1	계단	1.333	6.125
2	통로	1.000	8.167
3	대기실	1.000	7.113
4	통로	1.033	7.230
5	데가주망	1.283	9.000
6	의상실	0.567	8.167
7	공동 대기실	2.117	10.023
8	내실	1.083	6.485
9	계단	0.667	5.727
10	의상실	1.233	7.475
11	카비네	0.450	6.211
12	침실	1.617	8.018
13	대 카비네	1.033	7.875
14	통로	0.500	7.603
15	의상실	0.417	7.603
16	침실	1.500	8.481
17	침실	1.083	7.475
18	카비네	0.667	5.959
19	카비네	2.000	5.582
20	계단	0.333	4.455
21	침실	0.583	6.582
합　계		22.000	156.149
평　균		1.000	7.098
표준편차		0.491	1.328

〈그림 4.10-5〉

진화적 도식을 설정하는 것이 불가능하다는 것을 보여 준다. 그렇다면 또 다른 반전, 즉 공적인 공간을 향한 또 다른 욕망의 회귀를 보아야 하는 것일까? 하지만 여기서 방들의 동선을 잇기 위해 블롱델이 비공식적인 통로인 데가주망을 매우 많이 이용하고 있다는 점을 주목할 필요가 있다. 즉 내실이나 침실 등이 서로 빈번히 연결되지만, 그것이 이전과 달리 이런 통로를 이용해서 이루어지기 때문에 연결의 증가가 곧바로 각 방들이 갖는 독립성을 침해한다는 결론에 이르지는 않게 한다. 반면 내실의 부속공간은 이전처럼 내실과 직접 연결되어 있다. 그렇다면 이 비공식적인 통로는 방들의 독립성을 여전히 유지하면서, 방들 간의 이동과 연결을 원활하게 하려는 고려에서 나온 것으로 보인다. 이 경우 소통성과 이동성은 내실의 독립성을 유지하면서 방들 간의 연결과 이동에 편의성을 부여하려는 것이라고도 할 수 있을 것이다. 다시 말해 이전에 내실의 독립성을 확대하기 위해 복도를 사용하던 것과 유사한 방법이, 방들 간의 소통의 편의성을 늘리기 위해 사용된 것이라고 말할 수 있다는 것이다.[*]

이런 점에서 본다면 이 역시 편의적 공간군(아파르트망 드 코모디테)의 독립성과 편의성을 확보하려는 또 하나의 방법이라고 할 수 있다. 특히 블롱델이나 그의 고객이었던 귀족들에게 중요한 것이, 우리가 쉽사리 떠올리는 은밀하게 감추어진 사생활 그 자체가 아니라, **공적인 생활로부터 거리를 두고 물러날 수 있는 공간을 확보하는 것**이었다면, 이는 확실히 하나의 유효한 방법이었다고 할 수 있다. 이는 이 시기의 편의적 공간이 우리가 생각하는 사적 공간과 다르다는 점을 명확하게 보여 주는 사례인 셈이다.

오텔 데브리(Hôtel d'Evry, 1772~1780)는 18세기 후반의 중요한 건축 이론가로서 에티엔 불레와 함께 계몽적인 건축에 대해 강력한 상상력을 보여 준 바 있으며(Noberg-Schulz, 1977 : 322~323, 334~339 ; Madec, 1989 ; Vidler, 1988 ; Etlin, 1994), 상상적 세계에서 벗어나지 못했던 불레와 달리 실제로 많은 작품을 남긴 건축가 클로드 르두의 작품이다. 이 건물의 1층은 서비스 공간이며, 주요한 방들은 모두 2층에 있다. 2층에는 10개 남짓의 방이 있어서, 블롱델의 그것에 비해 더욱 축소된 규모의 오텔임을 알 수 있다.

---

[*] 클로드 르두의 오텔 기마르(Hôtel Guimard, 1770~1772)는 이와 유사한 특징을 보여 주는 건물이다. 방의 수가 많지 않은 이 건물의 1층에는 식당이 새로이 공적 공간의 중심이 되고 있으며, 데가주망을 이용해 침실과 부두아(boudoir), 목욕실(bain) 등에서 옆으로 빠지는 동선을 만들어내고 있다. 1층에서 통합도는 식당이 가장 크지만, 응집도는 데가주망과 침실이 더 크고, 대기실과 살 드 콩파니는 다른 방들과 통합도 면에서 큰 차이가 없고, 응집도는 오히려 떨어진다. 2층의 공적 공간은 오직 살롱뿐이며, 동선의 응집도는 살롱보다 침실이 더 크다.

이 건물은 규모의 축소뿐만 아니라, 과시적이거나 모임을 위한 방들의 수가 이전에 비해 현격히 줄어드는 양상을 보여 주고 있다. 층의 왼쪽은 두 개의 대기실과 목욕실이 있는데, 남자 주인의 내실에 부속된 위치를 점하고 있으며, 층의 오른쪽은 여주인의 내실과, 그에 부속된 화장실(toilette)과 데가주망으로 연결된 부두아, 그 너머로 변소(anglaise, 혹은 lieu d'aisance, cabinet d'aisance)가 있다. 공적인 성격을 갖는 방은 살 드 콩파니 하나 뿐이다(그 옆에 대기실이 있지만, 인접한 남자 주인 침실의 대기실을 겸하고 있다). 그러나 이 시기 귀족들의 삶을 다시 상기한다면, 여기서 남녀 두 주인의 침실은 살 드 콩파니와 더불어 사교적인 모임에 참석하는 사람들이 드나드는 방으로 사용되고 있음을 알 수 있다.

여기서 우리는 블롱델의 건물과 마찬가지로 주거공간 전체의 형식성이 전반적으로 약화되는 한편, 동시에 침실의 통합도가 상승하고 있음을 볼 수 있다. 이러한 현상에 대해서 주거공간 전체가 사적인 공간이 되었다고 주장한다면 그건 바보짓이 분명하다. 차라리 반대로 침실이 여전히, 아니 오히려 다시 과시적이고 공적인 공간으로 사용되고 있음이 분명하다. 그렇다면 과시적 공간군의 감소 및 전반적인 형식성의 감소와 더불어 침실의 '공적' 성격이 상승하는 이러한 현상은 주거공간 전체에서 친교적 공간의 성격이 중요하게 부상하고 있음을 보여 주는 것은 아닐까? 다시 말해 **주거공간의 전반적인 친교적 공간화로 인해, 과시적 공간군은 현저히 축소되고, 반대로 편의적 공간군과 친교적 공간이 수렴하는 것을 뜻하는 것은 아닐까?**

한편 이 건물에서는 서비스 공간과 주인의 공간으로 두 층이 분할되어 있기 때문에, 앞서 팔라초 메디치-리카르디나 오텔 다믈로에서처럼 각 층간의 통합도를 비교해 볼 수 있다. 서비스 공간인 1층 전체에서

〈그림 4.11-1〉 르두, 오텔 데브리 1층

2층의 통합도(5.02)는 주인의 공간인 2층 전체에서 1층의 통합도(4.9)와
별 차이가 없다. 더욱이 2층의 평균 통합도(5.301)가 1층의 그것(5.557)
보다 약간 낮은 점을 고려한다면 이 차이는 더욱 작은 것이다. 즉 주인의
공간이 하인의 공간에 상대적으로 의존했던 반면 하인의 공간은 주인의
공간에서 독립되어 있었던 메디치 가의 저택이나, 서비스 공간이 이른
바 '사적인' 공간에 거리를 두면서도 공적 공간에는 근접하게 만들었던
오텔 다믈로와 달리 여기서는 두 층간의 관계에서 비대칭성이 작다. 또
한 층간의 통합도는 층내 평균 통합도보다 모두 작다는 공통성 또한 갖
고 있다. 이는 층간의 연관성과 의존성이 이전보다 작다는 것을 뜻하는

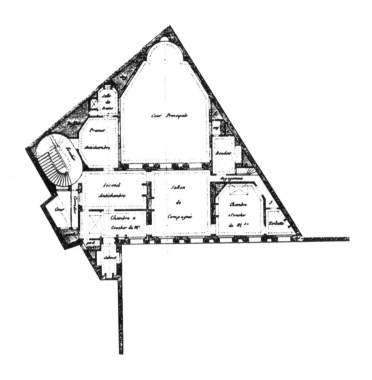

〈그림 4.11-2〉 르두, 오텔 데브리 2층

것이라고 하겠다.

18세기 말엽에 이르면 과시적 공간군의 축소와 친교적 및 편의적 공간군의 확장은 더욱 확연한 추세로 자리잡는 것처럼 보인다. 가령 브롱니아르가 지은 오텔 데르비외(Hôtel Dervieux, 1774)에서 우리는 그런 특징을 확인할 수 있다. 1층은 물론 2층에도 살롱이 없으며, 다만 이전의 아파르트망 드 소시에테에 속했을 살 드 콩파니가 있을 뿐이다. 그 앞의 음악실은 공적인 것이라 해도, 역시 가족이나 친구 등 친밀한 사람들과 친교적인 모임을 갖는 데 사용되었을 것이다. 더불어 2층에서 친교적인 모임에 사용되었을 공간으로 당구실(salle de billiard)이 있다. 이

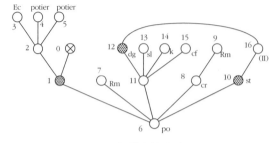

〈그림 4.11-1-a〉

		응집도	통합도
0	⊗	0.333	5.120
1	통로	1.450	7.314
2		3.333	5.818
3	마굿간	0.250	4.339
4	문지기의 방	0.250	4.339
5		0.250	4.339
6	포티코	2.533	8.533
7	마차고	0.200	5.689
8	중정	1.200	5.953
9	마차고	0.500	4.414
10	대 계단	0.700	6.095
11	통로	3.700	7.111
12	데가주망	0.700	5.333
13	온실	0.200	5.020
14	부엌	0.200	5.020
15	사무실	0.200	5.020
16	2층	1.000	5.020
합 계		17.000	94.477
평 균		1.000	5.557
표준편차		1.097	1.139

런 특징은 이후 더욱 뚜렷해져 대부분의 오텔에서 정식의 살롱을 보기 힘들어지며, 규모가 축소된 살 드 콩파니나 살롱 드 콩파니가 그것을 대신한다.* 한편 2층의 동선은 두 개의 침실을 따라 2개로 분리되어 있다.

〈그림 4.11-1-b〉

이 건물의 본채 1층은 내부의 방들이 거의 하나의 동선에 의해 연결되는 매우 독특한 배열을 이루고 있다. 베스티뷸에서 2층으로 갈라지는 계단과, 대기실에서 뷔페와 식당을 잇는 조그만 회로가 만들어진 것을 제외하고 나머지 방들은 1열로 배열되어 있다. 그 배열의 순서는 베스티뷸에서 대기실, 음악실(salle de musique), 살 드 콩파니를 거쳐 카비네와 침실에 이르고, 그 뒤에는 화장실과 변소, 목욕실, 부두아 등이 이어진다. 마지막은 데가주망으로, 작

---

* 예를 들면 오텔 드 모나코(Hôtel de Monaco, 1774~1779), 오텔 도를리안(Hôtel d'Orliane, 1789), 오텔 로쉐르(Hôtel L'Auchère, 1801), 오텔 쉬노(Hôtel Chenot, 1790), 오텔 올리비에(Hôtel Olivier, 1799), 오텔 라카날(Hôtel Lakanal, 1795), 오텔 칼레(Hôtel Calet, 1777) 등 대부분의 경우가 그렇다. 규모의 축소 경향 역시 동일하게 말할 수 있다.

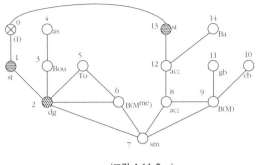

〈그림 4.11-2-a〉

		응집도	통합도
0	1층	1.000	4.900
1	계단	0.700	5.765
2	데가주망	2.083	7.259
3	부두아	1.200	5.158
4	변소	0.500	3.843
5	화장실	0.533	5.158
6	침실(여주인)	0.750	5.765
7	살 드 콩파니	1.117	7.000
8	대기실 2	0.833	6.323
9	침실	2.783	5.939
10	카비네	0.250	4.261
11	의상실	0.250	4.261
12	대기실 1	1.833	5.297
13	계단	0.833	4.667
14	욕실	0.333	3.920
합 계		15.000	79.515
평 균		1.000	5.301
표준편차		0.700	1.013

〈그림 4.11-2-b〉

은 중정으로 빠질 수 있게 되어 있다. 물론 여기서 서비스 공간으로 보이는 방들과 본 중정으로 다시 이어져 동선은 크게 하나의 고리를 이루지만, 이는 결코 주인의 일상적인 동선이라고 보기는 어렵다. 즉 동선은 여기서 분절되어 있다. 본채의 동선은 좀더 공적인 것에서 좀더 사적인 것으로 이어지는 순서로 배열되어 있다. 이는 동선의 끝자락에 사적인 아파르트망을 배열하는 위상학적 방법의 변형인 셈이다.

방들의 응집도는 중정과 10번 데가주망을 제외하고는 모두 낮은 편이다. 통합도를 보면 1층의 경우 대기실이나 베스티뷸, 음악실, 살 드 콩파니, 식당이 모두 가장 낮은 부류에 속한다. 반면 침실이나 부두아의 통합도는 통로나 계단을 제외하면 가장 높은 방에 속한다. 즉 침실이나 부두아가 이 저택의 공간적 분포에서 중심적인 지위를 차지하고 있다는 것이다. 침실이나 부두아 같은 방들의 '사적인' 성격이 감소하면서 공간적 분포의 중심으로 진출하는 이러한 현상은, 친교적 성격의 확장과 더

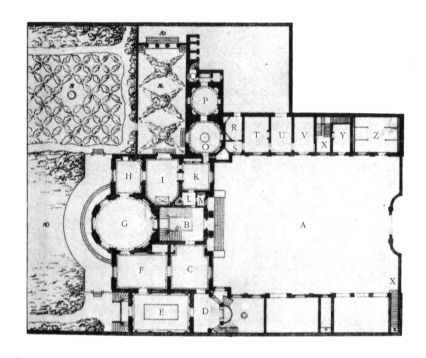

1층(↑)		2층(←)
A. 중정	N. 데가주망	A. 계단
B. 베스티뷸	O. 욕실	B. 데가주망
C. 대기실	P. 부두아	C. 카비네
D. 뷔페	Q. 데가주망	D. 침실
E. 식당	R. 카비네	E. 카비네
F. 음악실	S. 제2카비네	F. 당구실
G. 살 드 콩파니	T. 내실	G. 데가주망
H. 카비네	U. 통로	H. 의상실
I. 침실	V. 창고	I. 계단
K. 화장실	X. 업무용 계단	
L. 계단과	Y. 문지기실	
데가주망	Z. 마구간	
M. 변소		

〈그림 4.12-1〉 오텔 데르비외, 1층 및 2층

불어 앞서의 저택들에서 마찬가지로 확인한 것으로서, 친교적 공간군과 편의적 공간의 경계가 모호해지는 일종의 수렴현상의 징표인 셈이다. 이는 이 저택에서도, 앞서 오텔 데브리에서처럼 과시적 공간군(아파르트 망 드 파라드)에 속하는 성격의 방을 거의 찾아보기 힘들다는 사실로도 입증된다.

다음 절에서 다시 언급하겠지만, 1765년에 출판된 디드로와 달랑베르의 『백과전서』에서는 주거공간을 아파르트망 드 파라드와 아파르트망 드 코모디테로 구분하고 있는데, 이는 한편으로는 친교적 공간군과 편의적 공간군이 아파르트망 드 코모디테로 통합되는 경향이 이미 선취되어 있음을 보여 주며, 다른 한편으로는 그것이 과시적 공간군과 대립개념으로 자리잡고 있음을 보여 주는 것이다. 이는 앞서 검토한 18세기 후반의 오텔들에서 과시적 공간군이 약화되는 반면, 친교적 성격이 강화된다는 사실에 대한 또 하나의 방증이다.

따라서 '궁정적인 생활'의 연장선상에서 사교적인 생활이 주거공간 전반을 규정하는 지반이 되고 있음에도 불구하고, 그 안에서 형식적이고 과시적인 성격은 전반적으로 약화되는 한편, 친교적이고 편의적인 성격이 점차 수렴되면서 주거공간 전체로 확대되고 있다는 점을 이 시기 오텔의 중요한 특징이라고 말할 수 있겠다. 이런 의미에서 과시성과 형식성, 위계성이 중요했던 17세기 오텔과 달리 18세기 후반의 오텔은 전반적으로 친교적 성격을 갖게 되었다고 말할 수 있을 것이다.

그러나 이는 주거공간이 사적 공간이 되었음을 뜻하지 않는다는 점을 다시 한번 반복해야 한다. 편의적 공간으로서 침실이나 내실의 용법은 사적 공간의 그것과는 전혀 다르다는 일반적인 지적이 가능할 뿐만 아니라, 그 방들의 고립성이 감소함으로써 다시 '공적인' 공간으로 근접

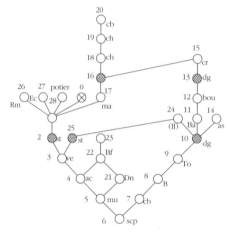

〈그림 4.12-2-a〉

		응집도	통합도
0	⊗	0.167	6.031
1	중정	5.000	7.612
2	계단	0.167	7.840
3	베스티뷸	1.667	4.558
4	대기실	1.000	4.261
5	음악실	1.333	3.901
6	살 드 콩파니	0.833	4.170
7	카비네	1.000	4.480
8	침실	1.000	4.840
9	화장실	0.750	5.262
10	데가쥬망	2.500	5.939
11	욕실	0.750	5.985
12	부두아	1.000	5.939
13	데가쥬망	1.000	5.807
14	변소	0.250	4.931
15	중정	0.833	6.125
16	통로	1.500	6.588
17	창고	0.500	6.877
18	내실	0.833	5.521
19	내실	1.500	4.695
20	카비네	0.500	4.041
21	식당	0.667	3.500
22	뷔페	1.833	3.787
23		0.333	3.350
24	2층	0.750	5.407
25	계단	0.833	4.962
26	마차고	0.167	6.031
27	마굿간	0.167	6.031
28	문지기 실	0.167	6.031
합 계		29.000	154.502
평 균		1.000	5.328
표준편차		0.936	1.139

〈그림 4.12-2-b〉

하고 있다는 사실을 특별히 확인할 수 있었기 때문이다. 따라서 사적 공간에 대한 욕망이 진화하는 양상을 귀족들의 주거공간의 변화과정에서 찾아내는 것은 불가능하다고 단언할 수 있을 것이다.

그렇다면 이상에서 귀족들의 주거공간에 관해 검토한 바를 다음과 같이 요약할 수 있을 것이다. 먼저 17세기의 오텔이 공공성과 형식성, 위계적 성격을 띤 공간이었으며, 이처럼 주거공간 전체가 공적인 공간으로 발전하면서 공간적 분화가 시작되었다고 한다면, 18세기 전반의 오텔은 공적인 공간에서 물러나 쉴 수 있는 공간이 만들어지고, 편의와 휴식을 취할 수 있는 나름의 영역을 확보해가기 시작했으며, 이로 인해 과시적이고

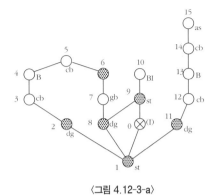

〈그림 4.12-3-a〉

		응집도	통합도
0	1층	0.750	4.688
1	계단	1.750	6.250
2	데가쥬망	0.750	5.114
3	내실	1.000	4.327
4	침실	1.000	3.750
5	카비네	1.000	3.516
6	통로	1.000	4.018
7	의상실	0.750	4.688
8	통로	2.250	5.625
9	계단	0.750	4.327
10	당구실	0.250	4.167
11	데가쥬망	0.750	5.357
12	카비네	1.000	4.500
13	침실	1.000	3.750
14	카비네	1.500	3.125
15	변소	0.500	2.616
	합 계	16.000	69.816
	평 균	1.000	4.364
	표준편차	0.468	0.907

〈그림 4.12-3-b〉

형식적인 공간과 대비되는 편의적인 공간이 나타나기 시작했다고 할 수 있다. 한편 18세기 후반에 이르면 이전에 비해 오텔의 규모가 전반적으로 축소되는 추세를 보이며, 공적 공간의 비중이나 중심성 또한 약화되는 추세를 보인다. 또한 과시적인 공간군이 거의 사라지면서 방들은 친교적인 공간군과 편의적인 공간군으로 채워지고, 방들 간의 관계에서 친교성과 편의성을 추구하는 양상이 명확하게 대두한다.

2. 귀족 주택에서 공간의 기능 및 용법의 분화

그 모호한 경계에도 불구하고, 홀과 내실이 17세기 이후 주거공간이 분화되는 가장 기본적인 출발점이 된다는 점은 분명하다. 우리에게 익숙한 최근의 기준에 따르면 홀은 '사회적 공간' 내지 '공적인 공간'을 상징하며, 내실 내지 침실은 '사적인 공간' 내지 '개인적인 공간'을 상징한다. 확실히 이런 점에서 두 공간은 상이한 공간이 발생되는 계보학적 분기점이고, 그런 만큼 상이한 성격을 갖는 방임이 분명하다. 그러나 반복하지만, 그러한 분화의 과정과 양상을 보기 위해서는 현재의 익숙한 관념에서 먼저 자유로워져야 한다.

프랑스에서 홀은 매우 다기능적인 공간이어서, 사람들은 거기서 자고, 먹고, 손님들을 맞고, 얘기하고, 난로가 있는 한 옆에서는 요리를 하기도 했다. 그런데 바블롱은 대영주들의 경우에 홀은 최소한 두 개의 홀을 가져야 한다고 하는, 어떤 귀족주의자의 주장을 전하고 있다. 즉 하나는 지체 높은 사람들을 접대하기 위한 곳이고, 다른 하나는 그를 따르는 무리들이 물러날 수 있는 곳이다. 더 나아가 세번째 홀을 가질 능력이 있다면, 그 방은 연회를 열거나 공놀이, 발레, 혹은 큰 모임을 갖는 데 사용해야 한다고 한다. 이러한 홀을 대 홀(grande salle) 내지 프랑스 식 홀(salle à la française)이라고 부른다(Babelon, 1965 : 199).

이 대규모 홀은 1625년 경이 되면 사라지기 시작하며, 그것을 대신하는 세 가지 종류의 다른 방들이 나타나기 시작한다. 첫째는 시대의 유행에 따라 민감하게 장식하며 가문의 영화를 과시하는 갤러리이고, 둘째는 손님들을 초대하여 거창한 만찬을 제공할 수 있는 경제적이고 미각적 능력을 과시하는 식당이고, 셋째는 손님들과 더불어 대화와 담소를 나누거나 게임을 하는 등의 활동이 이루어지던 살롱이다. 이 새로운 공간들은 이후 18세기 후반에 이르기까지 프랑스 귀족 저택의 가장 기본적인 공적 공간의 위치를 차지하게 된다.

식당이 귀족들의 저택에 나타나기 시작한 것은 루이 14세가 통치하던 시기였다(Pardailhé-Galabrun, 1991 : 61). 17세기 초에 쓰여진 르 뮈에의 책에서는 홀이 분화하는 모습은 보이지 않는데, 1647년 지어진 오텔 뒤뵈프에는 소규모의 식당이 홀과 별도로 마련되어 있다. 17세기 후반에 가면 식당은 대부분의 오텔에서 베스티뷸이나 살롱 가까이에 있는 공식적이고 중요한 공간으로 자리를 확고하게 잡는다.[*] 살롱은 이탈리아어 살로네(salone)에서 나온 말인데, 이 용어가 널리 사용된 것은 18세기 들어서였지만, 루이 르 보가 지은 보-르-비콩트 성의 평면에서는 1층의 중앙에 그랑 살롱이 자리잡고 있음을 볼 수 있다. 이후 살롱은 프랑스 귀족 저택의 내부 배열에서 가장 중앙에 자리잡고 있는, 가장 화려하게 장식된 중심 공간이 된다. 갤러리는 베스티뷸과 더불어, 특정한 실용적인 목적이 없이 단지 손님들에게 자신의 지위와 부를 과시하는 공간이었다.

홀이 분화되는 과정은 홀에 내포되어 있던 혼성적인 기능들이 사적인 것과 공적인 것으로 갈라지는 그런 분화의 양상으로 진행되는 것이 아니라, 홀의 기능을 공적이고 사회적인 것으로 단일화하면서, 그 안에서 기능적으로 분리하는 것이었다는 사실을 보여준다. 다시 말해 홀에서 분화된 세 공간은 이후 오래도록 모두 공적인 기능의 중심을 이루는 공간들이었다는 것이다. 17세기 및 18세기의 프랑스 오텔에서 이 살롱의 중심성은 분명해서, 궁정적인 생활 내지 사교 생활의 중심이었고, 공간의 위상적인 중심이었으며, 다른 공간이 그것을 중심으로 배열되고 그것과 관련 속에서 위치지어지며 장식되는 위계적 중심이었다.

다른 한편 자물쇠가 달린 방을 '내실'이라고 했는데(Ariès et Duby 〔éd.〕, 1986 : 205~207), 이는 문 밖에서 들어오는 동선을 절대적으로 차

---

[*] 파르다이예-갈라브렁이 공증문서를 조사한 바에 따르면, 1750년이 지나면서 식당은 오텔의 한계를 넘어 상낭히 많은 집에 자리잡게 되지만, 아직은 소수의 특권층에 제한되어 있었다고 한다(Pardailhé-Galabrun, 1991:61).

단할 수 있는 기계를 갖고 있다는 점에서, 다른 곳에서 분리된 어떤 장소로서 이용될 수 있는 조건을 갖추고 있는 방이었다고 하겠다. 하지만 이러한 절대적 차단은 중세 이래 결코 이루어지지 않았고, 이는 여자의 방에 대해서도 근본적으로 다르지 않았다(Ariès et Duby〔éd〕, 1985 : 80, 180). 그런데 17세기를 거치면서 내실 내지 방이라고 불리던 이 공간 또한 변화되기 시작한다. 가장 일차적인 변화는 방에 부속공간이 생긴다는 것이다. 카비네와 의상실라고 불리는 작은 방들이 그것이다. 의상실은 옷이나 속옷을 두거나 시종을 재우는 방이었고, 카비네는 공부를 하거나 글을 쓰는, 혹은 귀중품을 보관해 두는 작은 방이었다. 이는 이전에는 방에서 동시에 이루어지던 기능의 일부가 별도의 방으로 독립되고 있음을 의미한다.

하지만 이러한 분화가 본격적으로 진행되는 17세기 중반에도, 방은 오히려 손님들에게 개방되어 있을 뿐만 아니라 공적이고 과시적인 공간이었다. 그것은 주인의 분리된 생활, 사적인 활동이 이루어지는 공간이 결코 아니었다. 반대로 많은 경우 아파르트망 드 파라드와 같이 '공적인' 공간에 속해 있는 공간이었다. 내실에 부가된 방이었던 대기실 역시 마찬가지였는데, 이 가운데 살롱에 가까이 이웃했던 방은 식당을 겸하면서 공적으로 이용되었고, 역시 내실의 부속공간이었던 카비네 중 살롱의 근방에 있던, 그랑 카비네라는 이름으로 불리던 큰 규모의 방은 샹브르 다상블레를 겸하는 경우가 많았다.

반복하지만, 여기서 주의해야 할 점은, 중세의 혼성된 공간이 분화 내지 변화되기 시작한 것은, 그로부터 사적인 어떤 공간의 출현과 발전에 의한 것이 아니라 반대로 전체적으로 공적이고 과시적인 공간이 되어감으로써였다는 점이다. 다시 말해 "근대의 공간적 분화란 사적인 공간이 발생하고 발전해 가는 과정이다"라는 통념적인 도식은, 공간적 분화가 본격화되기 시작한 17세기와, 그 분화가 극도의 복잡함과 섬세함을 갖고 절정에 이르렀던 18세기의 프랑스 저택에 대해서는 타당하지 않다. 그리고 바로 그것이 그 시기 유럽 귀족 사회의 모델이 되었다는 점에서, 이러한 사실은 유럽 전체에 대해 타당하다고 말할 수 있을 것이다. 이 경우 우리는 정반대의 도식이 필요하다. 즉 17세기에 시작된 근대적 오텔에서 주거공간의 분화는 공적인 공간의 확장과 형식성의 확대, 그리고 모든 공간을 과시적인 '스펙터클'로 만드는 방식으로 진행되었다는 것이다. 이는 건축물의 외부에 대해서도 마찬가지며(Noberg – Schulz, 1971 및 1977 ; Wölfflin, 1995 ; Giedion, 1967), 이 시기에 탄생한 근대적 도시에 대해서도 마찬가지이다(Benevolo, 1983).

내실에 부속된 공간의 분화는 이러한 사실을 역설적으로 보여 준다. 의상실이나 카비네는 방이 공적이고 과시적인 공간이 됨에 따라, 그것을 **좀더 훌륭한 스펙터클로 만들기 위해** 감추어 두고 뒷전에 두어야 할 것들을 위해서, 혹은 방이 명확하게 과시적이고 공적인 공간이 됨에 따라 그런 번잡함을 피하고 싶은 활동을 위해 만들어진 공간이라는 것이다. 이 점에서 이 방들은 분명히 공적인 방과는 다른 성격을 갖는다. 그것은 생활 공간 전체가, 그리고 그에 따라 생활 전체가 공적인 동선과 시선 아래 노출되게 됨에 따라, '욕망의 경제'에 따라 부분적으로 그것을 피하려는 욕망이 과시적인 욕망을 따라가면서 그 뒤안에서 만든 일종의 탈주선이 아니었을까?

18세기에 이르면 이러한 분화 과정은 이후 더욱 진전된다. 1710년경에 쓰여진 다빌레의 책에는 홀이라는 항목 아래 식당(salle à manger)과 목욕실(salle de bain)을 나누어 다루고 있으며, 1765년 출판된 디드

로와 달랑베르의 『백과전서』에서는 친구들을 접대하는 공간인 살 다상
블레와, 하인들이 일하는 오피스나 부엌과 가까이 있는 방으로 대기실
의 성격이 가미된 살 드 코멍(salle de commun)을 언급하고 있다. 또한
살 코뮌(salle commune), 살 드 콩파니(salle de compagnie) 등의 새로
운 방들이 홀(살)로부터 분화되어 나왔고, 프티 살롱, 앙티-살롱(anti-
salon), 프티 살롱 다탕트(petits salons d'attente) 등이 살롱에서 갈라져
나갔다.

　　18세기 이후 '사회적 공간'의 분화가 진행됨에 따라 홀이 갖는 과
시적이고 형식적인 성격의 방에 비해, 친교적이고 상대적이나마 덜 형
식적인 방들이 분화 독립되고 있다는 점이 관찰된다. 살 다상블레나 살
드 콩파니처럼 친교적인 성격이 강한 방들이나, 대기실의 성격을 강하
게 띠는 프티 살롱, 앙티-살롱, 프티 살롱 다탕트 등이 그렇다. 이는 이
전의 홀이나 살롱이 갖고 있던 형식적이고 과시적인 공간으로부터 일정
하게 거리를 두는 공간들이다. 그리고 앞에서 말했듯이, 18세기 후반에
이르면 홀은 거의 사라지고 홀에서 분화된 다른 많은 방들도 거의 사라
진다. 또한 살롱은 점차 축소되었으며, 종종 살롱을 살롱 드 콩파니 등의
친교적인 공간으로 대체하는 경우가 늘어간다.

　　앞서 언급한 것이지만, 디드로와 달랑베르의 『백과전서』에는 아파
르트망을 두 종류로 나누면서, 과시적 공간군인 아파르트망 드 파라드
와 편의적 공간군인 아파르트망 드 코모디테를 지적하고 있으며, 이는
1770년 출판된 르 비를루아의 『건축사전』(Dictionaire d'architecture)
에서도 마찬가지다. 후자에서는 샹브르 다상블레마저도 아파르트망 드
코모디테에 포함시키고 있는데, 이는 아파르트망 드 소시에테가 사실상
아파르트망 드 코모디테로 흡수되었음을 보여 주는 것이다. 하지만 18

세기 후반에 이르면 아파르트망 드 파라드는 급격히 줄어들어 거의 사라지게 되며, 주거공간 전체는 친교적이면서 동시에 편의적인 성격을 갖는 공간으로 변화된다.

이러한 분화과정은 살롱에서 이루어지던 교제 양상의 변모 과정과 관련되어 있다. 17세기 후반에서 18세기에 이르는 시기에 프랑스의 살롱은 다양한 '사회들'의 성원이 만나고 교제하는 곳이었다. 독일과 달리 프랑스의 살롱은 다른 계급에 대해서도 열려 있어서(Elias, 1996 : 93), 상류계급의 '구별짓기'(distinction)에도 불구하고 상이한 신분과 계급의 사람들이 새로운 관계를 형성할 수 있는 장이었다. 이런 점에서 "살롱은 상이한 계층간의 관계의 조형성에 기초를 제공했다"(Eleb-Vidal et Debarre-Blanchard, 1989 : 181).

그러나 18세기 중반에 이르면 이러한 관계의 외면성과 형식성, 무상성에 대한 비판이 일어났고, 그와 달리 신실한 우정이 강조되기 시작했다. 여기서 살롱이라는 '강요된 사회성'의 장보다 친밀하거나 내밀한 관계를 중심으로 교제의 상대자를 선택할 수 있는 '선택적 사회성'의 장이 더욱더 중요하게 되었다(같은 책, 183~185). 반면 과시적인 장은 그 중요성이 급격하게 감소된다. 그 결과 사교적 공간의 중심은 아파르트망 드 소시에테로 이동했고, 대신 사적인 공간의 일부가 새로운 친교의 공간으로 등장하게 된다. 예컨대 여성의 사적 공간이었던 부두아가 이제는 친구들을 선택적으로 맞이하는 공간이 된다. 이런 접근 속에서 아파르트망 드 소시에테와 아파르트망 드 코모디테 사이의 경계는 뒤섞이면서 수렴되고, 반대로 아파르트망 드 파라드는 급격히 축소되거나 소멸된 것이다.

한편 내실 주변의 방들 역시 18세기에 이르면 세밀한 분화가 일어난다. 일단 앞서 오텔 다믈로나 팔레 부르봉 등에서 본 것처럼, 침실을 중심으로 한 아파르트망을 살롱 주변의 공적인 동선에서 분리하여 독립시키려는 시도가 18세기 전반을 지나면 강하게 나타난다. 물론 침실이나 내실의 중요한 일부는 여전히 과시적인 아파르트망에 연결되어 있다. 하지만 공적인 공간에서 독립되어 새로이 만들어지는 동선을 통해, 손님들에게 공개되거나 손님들을 접대하는 아파르트망으로부터 구분되는, 그런 만큼 공식적인 생활에서 물러나 쉴 수 있는 아파르트망이 만들어지기 시작한다. 편의적 공간이라고 불리는 방들의 배열이 나타나는 것이다. 그 결과 이제 내실이나 침실조차 과시적이고 공적인 것과 은폐되고 편의적인 것으로 분할되게 된다.

또한 내실에 부속되어 있는 공간 역시 매우 강력한 분화과정에 끌려 들어간다. 대표적인 것은 18세기 후반에 나타나는 부두아(boudoir)이다. '토라지다'를 뜻하는 불어 bouder에서 어원을 갖는 이 방은 여성들이 사적인 활동이나 생활을 하는 공간으로 만들어졌다. 또한 음악실로서 기능하는 카비네와 여성들이 씻고 화장하는 화장실(cabinet de toilette), 변기를 두어 변소로 사용했던 카비네 데장스(cabinet d'aisance) 등이 이 시기에 나타나기 시작했다. 의상실도 비슷해서, 시종은 하인들이 묵는 별도의 방으로 보내면서, 이 방은 옷을 두는 기능을 하는 방이 되거나, 혹은 또 분화되어 변기를 두는 방이 되기도 했다. 부속공간의 이러한 분화과정은 계몽기에 매우 일반화되었는데, 여기서 파르다이예-갈라브렁은 "사적인 이용을 위한 방의 수를 늘리려는 18세기의 욕망"을 읽어낸다(Pardailhé-Galabrun, 1991 : 63). 물론 여기서 사적인 방이라는 말에 지금의 외연을 대응시켜서는 곤란하다는 점을 다시 추가해 두어야 한다.

한편 집 내부의 사회적 공간이 변화되는 모습에서 영국은 프랑스와 다른 발생과 연원을 가지면서도 프랑스의 영향을 받으면서 묘하게 겹치며 미끄러진다. 중세 말기에 이르면서 영국 귀족의 저택은 몇 개의 기본적인 구성요소로 분화된다. 팔러와 홀, 부엌, 큰 방(great chamber), 채플, 숙소(lodging)가 그 기본적인 구성요인이다(Girouard, 1978 : 59). 여기서 주목할 것은 팔러와 큰 방이다. 팔러는 나중에 거실로 분류되는 여러 방들 가운데 하나로서, 비공식적인 모임이나 식사가 이루어지거나 아니면 하인들 가운데 상층이 식사를 하는 공간이었는데(같은 책, 103~104), 홀의 기능이 일부 분화되면서 홀로부터 분리된 공간이라고 할 수 있다. 이는 프랑스에서는 나타나지 않으면서도, 영국에서는 20세기에 이르기까지 그대로 남아 있다는 점에서 극히 영국적인 방이라고 하겠다. 물론 그 기능은 친교적인 성격을 갖는 샹브르 드 소시에테와 유사하지만, 동시에 과시적인 성격도 갖는다는 점에서 그와 다르다.

큰 방(great chamber)은 그 명칭 그대로 커다란 방으로서, 방에서 분리된 것이다. 엘리자베스 시대의 컨트리 하우스에서 그 방은 일차적으로 주공(主公)이 가족들과, 혹은 손님들과 식사를 하는 방이어서, 식당 내지 큰 식당(great dining room) 등의 이름으로 불리기도 했지만, 그 밖의 거의 모든 다른 기능 역시 했으며, 그 결과 그 방을 주로 춤추는 방으로 간주하기도 했다고 한다(같은 책, 88~89).

이 방은 17세기 중반에 이르면 프랑스 건축의 영향을 받으면서 그랑 살롱(grand salon)으로 불리게 된다. 그런데 시간이 지나면서 이 방에서 식사를 꺼리는 경향이 점차 증가하여, 식사 기능은 식당(dining room)이라는 별도의 방으로 분리되고, 이 방은 사람들이 모임을 갖거나 교제하는 등 프랑스식 살롱과 유사한 기능을 갖게 된다. 하지만 프랑스와 달랐던 점은 크게 두 가지인데, 하나는 프랑스의 경우 살롱이 집 전체에서 가장 중요하고 중심적인 공간이 되는 데 반해, 영국의 경우에는 큰 방에서 분리되어 나간 식당이 가장 좋은 방이 된다는 것이다(Girouard, 1978 : 203). 또 하나는 그 발생의 계보가 다르다는 것이다. 프랑스에서 그랑 살롱은 홀(salle)에서 분화되어 발생한 것인 반면, 영국의 그랑 살롱은 내실에서 분화되어 발생한 것이기 때문이다. 따라서 프랑스에 비해 그랑 살롱의 형식성이 상대적으로 덜한 편이다.

하지만 앞서 프랑스와 마찬가지로 여기서도 공간이 분화되는 과정은 사적인 공간이 발생하고 발전하면서 시작된 것이 아니라, 공적인 공간이 발전하면서, 그 기능이 분할됨에 따라 시작된 것임을 알 수 있다. 팔러나 큰 방이나 모두 기능면에서 결코 사적인 방이 아니며, 반대로 가장 '공적인' 방이 분명하기 때문이다. 물론 숙소라는 공간이 있긴 하지만, 이는 손님들을 재우기 위한 방이라는 점에서 사적 공간과 거리가 멀다. 하지만 이 방들은 이후 존속하지 못하고 사라진다. 그것은 아마도 다른 기능적 명칭을 갖는 방들이 숙소의 기능을 함으로써 별도의 숙소를 남겨 둘 이유가 없어졌기 때문일 것이다.

한편 이러한 분화가 공간적으로 확실하게 자리잡게 되면서, 홀의 기능이 모호해지게 된다. 이전에 홀이 갖고 있던 기능은 분화되어 일부는 (그랑) 살롱으로, 일부는 식당으로, 일부는 거실로 분할되었기 때문이다. 래글리 홀(Ragley Hall)에서처럼, 이제는 사회적 공간의 중심에 자리잡게 된 살롱과 문 사이에 자리잡고 있는 홀은 특별한 기능 없이 동선을 인도하는 화려한 통과 공간(베스티뷸)으로서 남을 것인가, 아니면 또 다른 별도의 기능을 부여받을 것인가 하는 기로에 선 셈이다. 여기서 홀은 전자의 길로 들어서며, 결국 프랑스식 베스티뷸의 일종이 된다.

18세기에 들어오면서 나타나는 중요한 태도 가운데 또 하나는 주인의 공간과 하인의 공간을 분리할 뿐 아니라, 홀을 비롯한 주인의 공간에서 하인이 보이지 않게 하려는 것이다. 이미 프랑스에서 시작된 바 있는 이 경향은 서비스 공간을 별도로 분리하는 것 이외에, 하인들이 이용하는 통로나 후미계단(back stair)을 따로 만듦으로써 그들이 홀이나 다른 공간을 가로질러 다닐 이유를 제거하는 방식으로 이루어졌다(Dennis, 1986 : 69). 하인의 방과 후미계단은 17세기 중반 이후 귀족들의 저택에 필수적인 요소가 되었다. 이는 프랑스와 영국 모두에 동일했다.

17세기가 되면서 팔러와 더불어 또 다른 거실이 나타난다. 흔히 드로잉룸이라고 불리는 이 거실은 식사 후에 '물러나'(withdrawing) 쉬면서 담소하고 어울리는 공간으로 만들어진 것이다. 이것은 식사라는 공식적 모임으로부터 한 발 물러서 휴식할 수 있는 공간을 뜻하며, 팔러가 홀에서 분리될 때와 마찬가지로 공식성이 한 단계 감소된 공간인 셈이다. 그런데 18세기가 되면서, 이 방은 식사 후에 여성들이 모이는 공간으로 변화된다. 즉 식사 후에 남자들은 식사실에 그대로 남아서 모임을 지속하며, 여성들은 드로잉 룸으로 '물러 나와' 여성들끼리 모임을 갖게 된다. 식사실이 남성들의 공간이라면, 드로잉룸은 여성들의 공간인 것이다.

이러한 성적인 구별은 방의 수가 감소하는 19세기 테라스 하우스에 이르면 더욱더 명확하게 된다. 가장 좋은 위치를 차지하게 된 식사실과 그에 상응하는 공간으로서 드로잉룸은 이후에도 남성의 공간과 여성의 공간으로 확실하게 분리되는데, "그 두 방이 마치 왕과 왕비처럼 다른 방들을 지배하는 위치를 갖게 되었다"(Girouard, 1978 : 233). 공적인 공간의 이러한 성적인 분화는, 남성과 여성이 서로 어울려 교제하는 문화가 강력했던 프랑스에서는 볼 수 없었던 것이다.*

요약하면, 17세기의 오텔에서 주거공간은 전체적으로 과시적이고 형식적인 공간이었으며, 이는 집 안에서는 모든 생활이 과시적이고 형식적인 것이었다는 사실과 매우 긴밀하게 결부되어 있다. 그러나 바로 이러한 사실로 인해 형식적이고 과시적인 공간과 다른 종류의 방들이 필요하게 된다. 즉 침실마저 과시적이고 공개적인 공간이었기 때문에, 한편으로는 그것을 좀더 훌륭한 스펙터클로 만들기 위해 눈에 거슬리는 물건이나 시종들을 '치워 두는' 방이 있어야 했다. 더불어 그 훌륭한 방 안에서 이루어지는 행동이 까다로운 궁정인들의 눈에 거슬리지 않도록 하기 위해 책을 읽거나 글을 쓰는 것 같은 사사로운 행동을 '치워 두는' 방이 침실에 부속된 것이었던 것이다. 그것은 동시에, 모든 행동 하나하나를 까다로운 기준에 맞추어 빈틈없이 실행하기 위해서라도, 끝없는 공식성과 과시성의 그물로 조이는 긴장된 생활로부터 일시적이나마 피하고 벗어나려는 '욕망의 경제'가 불가피하게 야기하는 일종의 탈주선이었다.

18세기 전반기의 오텔에서는 바로크적 형식성과 과시성에 대한 탈주선으로 형성되기 시작한 방들이 점차 확장되며, 내실과 침실 또한 그러한 용법을 획득하게 된다. 나아가 이러한 방들이 하나의 독립적인 동선으로 계열화되기 시작한다. 이렇게 계열화된 방들의 집합을 편의적 공간군이라는 의미에서 '아파르트망 드 코모디테'라고 부르며, 종종

---

* 바로 이 점이 바로크 건축의 거장 베르니니가 루이 14세의 초청으로 루브르 궁전을 설계했지만, 채택되지 못했던 가장 중요한 이유였다(Noberg-Schulz, 1977 : 299). 즉 그는 여성이 매우 중요하고 중심적인 역할을 하는 프랑스 궁정문화를 이해하지 못했던 것이고, 내부의 건축에서 그것을 고려하지 못했기 때문에 실패한 것이다.

'사적' 공간으로 간주되는 이러한 공간군의 출현이 이 시기 귀족들의 주거공간에서 가장 특징적인 것이었다.

그러나 이처럼 18세기에 나타나는 이른바 '사적인' 공간들은 통상 떠올리게 되는 '개인적인' 방이나 '은밀한' 방과는 거리가 있으며, 오히려 과시적 내지 공개적인 공간이 아니라는 의미에서 부정적인 방식으로 정의된다는 점에서 유의할 필요가 있다. 즉 카비네나 의상실은 물론 독립적 동선을 획득한 내실이나 침실의 경우에도 그것은 과시적이고 공식적인 공간으로부터 '물러나서 쉴 수 있는' 공간으로 만들어졌다.

흔히 '로코코'라는 건축양식으로 지칭되기도 하는 18세기 전반기의 오텔은 이전과 달리 '물러나 쉴 수 있는' 방들을 내부에 포함하고 있었지만, 이전과 같은 과시성과 외면성, 형식성을 그대로 유지하고 있다는 점에서 바로크식 오텔의 연장선상에 있다. 그럼에도 불구하고 로코코식 오텔은 외부형태에서는 엄격한 기하학적 대칭성을 추구하면서도, 내부공간의 배열에서는 결코 그러한 기하학적 대칭성을 따르지 않고 불규칙했다는 점에서, 그리고 비가시적인 '물러남'의 영역을 과시적 영역에서 독립시켜 만들어내고 있다는 점에서, 바로크적인 양식이나 분포와는 구별된다.

한편 '신고전주의'라는 이름으로 흔히 불리는 18세기 후반의 오텔 역시 이와 동일한 지반 위에 있었다. 즉 이 시기 주거공간 역시 과시적이고 위계적인 배열과 용법에서 자유롭지 않다. 그런 한에서 여전히 그것은 바로크적인 지반 위에 있다고 해야 한다. 그렇지만 이전에 비해 과시적이고 형식적인 성격이나 방들 간의 위계적인 관계는 상대적으로 약화되었고, 전반적으로 친교적 성격의 공간, 그리고 편의적인 성격이 중심에 자리잡게 된다. 이런 의미에서 확실히 그것은 이전과 다른, 이전의 배치로 귀속되지 않는 새로운 종류의 욕망이 슬그머니 주거공간 전반에 침투해 들어가고 있는 것인지도 모른다. 혹은 그것이 17세기에 형성된 주거공간의 배치에 없었던 새로운 요소가 유입되는 수로를 열고 있는 것인지도 모른다. 비록 그것이 주거공간에서 이루어지는 생활의 이니셔티브를 장악할 수는 없었다고 하더라도, 이처럼 바로크의 과시적인 공간들 틈새에서 새로운 종류의 욕망, 새로운 종류의 공간이 생겨났고, 그리고 그것이 급속하게 성장하면서 주거공간 전체로 퍼져 가기 시작했다는 점은 확실히 부정할 수 없다. 그러나 그것은 이른바 사생활의 공간으로 가는 문턱을 넘지 못했다. 다만 편의적 공간 혹은 친교적 공간에 머물렀을 뿐이다. 문턱을 넘기 위해서는 이 새로운 종류의 욕망이 궁정적 생활방식과 습속의 관성적인 힘을 돌파하거나 우회할 수 있는 다른 종류의 요소들과 접속해야 했고, 그럼으로써 새로운 배치를 만들어야 했다. 그러나 18세기 말 귀족 사회는 마지막 불꽃과도 같은 화려함을 만들어냈지만, 그것은 다만 화려함의 관성이 만든 화려함이었으며, 이미 무언가를 변화시켜 새로운 것을 창조할 수 있는 생동력을 결여한 것이었다. 새로운 종류의 공간, 새로운 종류의 욕망, 혹은 새로운 종류의 생활방식이 출현했던 것은 그것의 외부에서였다.

3. 귀족의 주거공간과 바로크

지금까지 우리는 공간적 분포와 동선의 배열이 변환되는 양상을 통해서, 그리고 공간적인 기능과 용법의 변화라는 측면을 통해서 17~18세기 귀족들의 주거공간이 어떻게 분화과정을 밟았고, 배치상의 어떠한 변환이 나타났던가를 살펴보았다. 그리고 무엇보다도 그러한 주거공간의 분화와 발전이 주거공간의 공적 공간화라는, 통념에 반하는 계기를 통해서 진행되었음 또한 보았다.

주거공간을 비가정적이라는 의미까지 포함하는 '사회적 공간'으로 만들면서 진행되었던 이러한 분화는 절대적 권력을 장악한 왕을 중심으로 형성되었던 특정한 삶의 방식과 결부되어 있었다. 이러한 삶의 방식은 궁정으로 제한되지 않지만* 궁정을 중심으로 진행되었으며 궁정적인 것의 확장으로 진행되었다는 점에서 대개 '궁정적 생활'이라고 불린다 (Elias, 1983).

이러한 궁정적 생활의 가장 중요한 특징은 자신의 재산과 능력, 남다르게 타고난 감각을 과시함으로써만 자신의 지위를 유지할 수 있다는 점이었다. 가령 그들은 자신의 신분에 걸맞는, 혹은 자신의 신분을 과시할 수 있는 커다란 저택을, 엄청난 빚을 얻어서라도 지어야 했으며, 일주일에 두세 번은 사람들을 모아 연회를 베풀어야 했고, 그것을 통해 자신의 미각적 섬세함과 세련됨을 보여 주어야 했고, 중요한 땅을 팔아서라도 화려한 보석과 장식으로 몸을 치장하고 값비싼 가구로 방들을 장식해야 했다. "당시의 사교생활(의 핵심)은 온통 자신을 드러내는 데 있었다.……이 호사스런 생활은 아침 일찍 시작되어 밤 늦게야 끝났다. 궁정의 여성들은 왕비나 공주들의 아침문안, 궁에서의 모임, 자신과는 전

---

* 트뤽에 따르면 17세기 살롱문화의 기점이 되었던 랑부이예 후작부인은 앙리 4세의 시들어가는 궁정생활에서 실망과 경멸을 느꼈으며, 그에 반하는 생각에서 새로운 사교적 삶의 공간을 스스로 디자인하고, 그곳을 새로운 세련된 문화와 언어를 조탁하는 새로운 첨단적 문화의 공간으로 만들었다고 말한다(Truc, 1995[II]: 12~21). 이런 점에서 17세기 이후의 살롱문화가 단순히 궁정문화의 직접적 복제에 불과하다고 말할 수 없다. 그러나 이러한 '혁신'에도 불구하고, 그것은 근본적으로 궁정적 삶의 변화에 불과하며, 그것의 세련화라는 측면에서 그 연장선상에 있다고 해야 한다.

허 관계없는 각종 식사에도 항상 모습을 나타내야 했다"(Truc, 1995[II]: 44~45).

과시를 위한 이러한 생활은 지금의 눈에는 허영과 허세, 위선에 가득 찬 낭비로 보인다. 그러나 그것은 왕을 필두로 하여 모든 귀족들이 살아가는 공통된 삶의 방식이었기에, 개인적인 위선이나 허세로 돌릴 수 없는 문제였을 뿐 아니라, 그러한 과시를 통해서 자신의 신분을 확인하고 유지하며, 때로는 지지자를 모으기도 했고, 혹은 그러한 관계를 이용해 좀더 높은 경제적 이득이나 신분적 이득을 획득할 수 있었다는 점에서 단순한 허영이나 낭비가 아니라 일종의 '투자'였다. 이런 점에서 엘리아스는 이러한 활동을 귀족적인 낭비가 아니라 그들의 존재방식이며, 비합리성이 아니라 '궁정적인 합리성'이라고 설명한다(Elias, 1983 : 53~54).

이런 과시적 삶은 사실 좀더 근본적이었다. 궁정인들의 과시적 삶은 당시 왕과 신하들, 나아가 평민들까지 하나의 신체, 하나의 유기체로 엮는 메커니즘의 표현이었다. "왕은 머리고, 성직자는 두뇌며, 귀족은 심장이고, 제3신분은 간장이다"는 식의 관념이 일반적이었고, 왕의 신체는 그러한 국가적 신체가 응축된 하나의 상징적 신체였다. 국가를 구현하는 상상적인 신체, 상징적인 신체가 바로 왕의 신체라는 것이다 (Apostolidès, 1996 : 3~6).

따라서 왕의 신체가 어떻게 작동하고 어떻게 움직이는가는 국가적 신체의 상태를 표시하는 것이었던 셈이고, 그런 한에서 그의 동작 하나하나는 일종의 의례 내지 의식(ritual)으로 진행되었다. 그것은 상징적 신체라는 관념을 시각화하는 기능을 수행했던 것이다. 왕과 신하의 관계를 생각한다면, 이러한 의식으로서 왕의 행동이나 동작은 하나하나가 모두 신성화되어야 했고, 그것이 신하들의 행동, 신하들의 동작으로 연장되어야 마땅했다. 그런 점에서 궁정에서 행해지는 왕의 의식적인 행동들은 귀족들의 일상적인 의식의 원천이 되었고, 궁정에서 확인되는 왕의 생활은 궁정은 물론 각자의 집에서도 신하들에 의해 반복되어야 할 일상생활의 모델이 되었다(같은 책, 7, 167).

구체적으로 말하면 절대군주의 집정은 물론 식사와 연회, 나아가 사소하기 그지없는 생활 전체가 신하들의 눈앞에서 하나의 의식(儀式)으로 이루어졌다. 이를 위해 왕의 행동과 동작은 투시법적인 고려 아래 치밀하게 계산되고 만들어졌다(같은 책, 193). 가령 태양왕 루이 14세의 움직임은 기상에서 취침까지, 그리고 심지어는 용변을 보는 것까지 태양의 움직임에 맞추어 궁신들 앞에서 의식(儀式)으로 행해졌다(Elias, 1983 : 43 ; Horan, 1996: 85). 왕의 행동 하나하나는 귀족들을 대상으로 만들어지는 일종의 '스펙터클'(spectacle)이었던 것이다.[*] 이러한 스펙터클을 통해, 그리고 그러한 스펙터클의 작용 아래에 귀족들 자신의 신체를 밀어 넣고, 그것의 효과 아래 자신의 신체를 움직임으로써, 귀족들은 자신들의 일상 또한 스펙터클화했다. 이로써 궁정인들의 일상적 삶의 리듬은 왕의 리듬, 왕의 신체적 동작의 리듬에 공명(共鳴)하면서 작동했다.

왕의 궁전을 모델로 하여 성립된 이러한 궁정적인 문화와 행동은 단지 절대군주의 궁정에 제한되지 않았다. 왕의 신하가 된다는 것은 궁

---

[*] 이러한 스펙터클은 민중들을 대상으로 만들어지기도 했는데, 이 경우에는 보고 따라해야 할 동작의 집합이 아니라, 푸코가 『감시와 처벌』의 모두에서 인용하고 있듯이 반역자의 몸을 찢는 화려한 신체형처럼 의식(儀式)화된 스펙터클을 만드는 방식으로 진행되었다(Foucault, 1989a). 드보르는 이러한 스펙터클 개념을 좀더 일반화해서 현재의 사회에 대해서도 적용할 수 있다고 보는데(Debord, 1996), 여기에는 일정한 개념적 변용이 수반됨을 잊어선 안 된다.

정이라는 무대에서 상연되는 왕의 스펙터클을 각자가 자신의 신체, 자신의 두뇌 안에 받아들이는 것을 뜻하는 것이었다. 달리 말하면 그것은 왕이 발하는 저 권력의 빛을 스스로 받아들이는 것, 아니 그것을 자신의 신체로 적절하게 반사하여 그 빛으로 자신의 신체 또한 빛나게 만드는 것을 뜻하는 것이기도 했다. 그것을 얼마나 정확하고 적절하게 반사하는가가 바로 자신이 국왕의 신체에 얼마나 근접하여 있는지를 보여 주는 증명이기도 했다. 스펙터클과 거울.

궁정인들은 물론 궁정에 직접 드나들지 못했던 하위귀족들이나, 부르주아지들조차도 자신의 집, 자신들의 일상생활 속에서 왕의 신체에서 발한 빛을 되반사하려 했다. 이를 위해서는 궁정인들에게 근접하여 그들이 반사하는 왕의 동작을 보고 배우기라도 해야 했다. 한때 궁정인들의 전유물이었던 이런 행동들 —— 이를 '쿠르투아지'(courtoisie)라고 부른다 —— 이 귀족들이나, 그들 집에 드나들던 부르주아의 일부에까지 확산되었을 때, 그것은 하나의 새로운 문화, 품위와 세련을 포함하는 새로운 '문명'을 뜻하는 것으로 간주되었다.[*] 그것은 새로운 일상적 생활양식으로 일반화되었던 것이다. 왕의 궁정을 떠나서 일반화된, 문명화된 이 새로운 일상적 생활방식을 그들은 시빌리테(civilité)라고 불렀다.[**]

---

[*] "'문명화된'(civilisé)은 '교양 있는'(cultivé)이나 '세련된'(poli), '개화된'(police)처럼 궁정인들이 때로는 협의로, 때로는 광의로 사용하면서 자신들의 행동의 독특한 점을 부각시키거나, 사회적으로 낮은 계층의 사람들의 단순한 풍속과 견주어 우월한 자신들의 풍속을 강조하기 위해 사용하는 개념들 중의 하나다"(Elias, 1996[I]: 243).

[**] "'쿠르투아지'는 원래 기사적 영주의 궁정에서 형성되었던 행동양식을 가리키는 개념이었다. 그러나 중세가 지나면서 원래 가지고 있던 의미 중에서 쿠로(cour), 즉 '궁정'에만 국한시키는 측면이 없어져 버렸다. '시빌리테' 개념이 16세기에 형성되면서 사회적으로 용인된 행동의 표현으로 부상한다. '쿠르투아지' 개념과 '시빌리테' 개념은 16세기 프랑스의 전환기에 반쯤은 기사적·영주적 성격을, 반쯤은 절대왕정적 성격을 지닌 채 한동안 공존하였다. 1700년대에 이르러 '쿠르투아지' 개념은 점차 한물간 개념이 된다"(Elias, 1996[I]: 243).

귀족들은 물론 상층 부르주아에 이르기까지 주거공간 안에서의 일상적인 생활은 이러한 궁정적 생활의 '문명'과 규칙의 직접적인 규제 아래 있었다. 이 경우 궁정적인 생활은 분명 사교적인 생활이며 사회적인 생활이었고, 일종의 의무와도 같은 공적인 생활이었다. 그런 만큼 귀족들의 생활을 정의하는 개념으로서 '궁정적인 생활'은 사회적인 생활과 가정적인 생활, 공적인 생활과 사적인 생활이 전혀 분리되지 않은 채 뒤섞여 있었다. 거기서 일차성을 갖는 것은 사회적 생활이요 공적인 생활이었으리라는 것은 굳이 부연하지 않아도 좋을 것이다. 사생활의 영역은 별도로 존재하지 않았고, 모든 것은 궁정적 생활의 일부로 진행되었다. 엄청난 빚을 내서라도 지체 높은 사람들을 그 신분에 맞게 접대할 수 있고, 그들의 모임에 맞는 격의 공간과 분위기, 음식 등을 제공하며, 세련되고 고귀한 취향과 감각을 과시하는 것은 그러한 생활에 요구되는 필수적인 생존조건이었다.

　　이러한 궁정적인 생활양식을 염두에 둔다면, 오텔을 비롯한 귀족들의 집이 공적인 공간으로 발전하고 분화되었던 것은 쉽게 이해할 수 있는 일이다. 홀은 이러한 생활이 이루어지는 중심적인 공간이었기에, 그곳이 바로 이러한 논리에 의해 분화되고 분할되었던 것은 매우 자연스러워 보인다. 그리고 지금이라면 은밀하고 사적인 용법을 떠올리기 마련인 내실이나 침실 역시 동일하게 궁정적인 활동이 이루어지는 공간이었고, 그런 만큼 언제나 손님들의 시선 아래 그대로 드러났으며, 또한 그러한 시선을 염두에 둔 과시적인 공간이었다. 세련되고 화려한 장식을 한 침대는 침실에서도 가장 중요한 과시적인 가구였다. 그리고 내실 또한 샹브르 다상블레처럼 손님들을 맞는 공간으로 되는 경우도 적지 않았다.

내실의 분화과정을 결정한 것도 바로 이러한 요인이었다. 앞서 지적한 것처럼 카비네와 의상실이 필요했던 것은 내실이 그런 과시적인 공간이었다는 사실 때문이었다. 하지만 그것이 과시적 공간에 부적합한 것들을 치워 두고 은폐하는 공간이었던 경우에도, 그것은 '사적인' 공간으로 정의된 것은 아니었다. 그랬기에 살롱에 가까운 카비네는 살롱과 유사한 기능을 하는 그랑 카비네가 되기도 했으며, 의상실 역시 손님들의 옷을 두는 기능을 겸하는 방으로 사용되기도 했으며, 이런 점에서 사적인 것과 공적인 것의 경계가 따로 있었다고 하기 힘들다. 그리고 그러한 경계선이 나타나게 되면, 내실에 부속된 카비네나 의상실이 공적 공간에 포함되는 카비네와 의상실로 분화되었음은 앞에서 이미 살펴본 바 있다. 나중에 카비네에서 분화되는 부두아나 화장실 등조차도, 관계의 차이는 있었지만 손님들을 맞거나 친교적 모임을 갖는 공간으로 사용되었다.

홀과 내실의 이러한 분화를 통해서 새로이 만들어진 공간들은 아파르트망이라는 이름으로 그룹화되는데, 17세기와 18세기 초까지 가장 중요하고 기본적인 것은 아파르트망 드 파라드라는 과시적 공간군이었다. 이와 대비되어 상대적으로 공적인 성격이 완화된 방들이 아파르트망 드 소시에테라는 친교적인 공간군으로 정의되었지만, 이 역시 사적인 성격을 갖는 것은 아니었다. 18세기 중엽에 이르면서 공적인 공간에서 물러나 쉴 수 있는 공간군으로 아파르트망 드 코모디테가 나타나기 시작했는데, 팔레 부르봉은 주거공간 내부에 이러한 새로운 성격의 동선을 만들어낸 것과 관련해서 매우 중요한 분기점을 이룬다. 우리는 귀족들의 저택에서 과시적 공간군이 갖는 중심성이 18세기 후반에 이르면서 점차로 약화되어 친교적인 동시에 편의적인 공간군으로 이전되고, 주거공간 자체가 그러한 공간으로 변화된다는 사실 또한 앞에서 이미 살펴본 바 있다.

하지만 반복해서 말한 것처럼, 18세기 후반에도 역시 귀족들의 주택은 완화된 양상으로지만 여전히 궁정적인 생활이 이루어지던 궁정적 공간이었고, 외부의 객들에게 개방된 공간이었으며, 그런 만큼 외부자들의 시선을 겨냥한 과시적인 기능과 장식 등이 요구되던 공간이었다는 점에는 변함이 없었다.[*] 물론 '강요된 사교'를 '선택된 사교'로 대체하려는 욕망과 대응하여 과시적 성격이 상대적으로 축소되고 친교적이고 편의적인 성격이 차츰 중요하게 부상되었다는 점에서 일정한 변화가 분명히 나타난다는 사실이 이로 인해 간과되거나 무시되어선 안 된다고 하더라도 말이다.

이상에서 충분히 살펴본바, 17~18세기 프랑스 귀족 계급의 주거공간이 보여 주는 이러한 특징은 전체적으로 17세기 이래 서구의 도시나 건축물, 공원 등의 건축을 특징짓는 바로크적인 배치와 일정한 상응성을 갖는 것으로 보인다. 좁은 의미에서 '바로크'라고 불리는 17세기의 문화는[**] 이처럼 형식성과 과시성을 특징으로 한다. 유럽 곳곳에서 반복하여 모방되어 만들어졌던 베르사유 궁전의 유명한 정원을 비롯해 바로크 식의 정원은 숲과 길, 나무 등 모든 것을 기하학적인 질서에 따라 일종의 **스펙터클**로 만들어낸 것이다. 그것은 무한한 공간 저편을 향해 사

---

[*] 르네상스 건축과 달리 바로크 건축에서 파사드(façade, 건물의 정면)가 특권화되는 것 또한 이러한 맥락에서 이해할 수 있을 것이다. 건축물의 스펙터클화. 이에 대해서는 이진경 (1999b) 참조.

[**] '로코코'라고 불리는 18세기의 미술 예술적 양식은 이러한 바로크적 양식 안에서 디테일의 섬세화와 장식성의 강화 등을 특징으로 하는데, 전체적으로 바로크적 지반 안에 있었다고 할 수 있다(Frankl, 1989 : Giedion, 1967 등).

방으로 뻗어나가는 **왕의 절대적인 권력과 위세, 권위를 가시화한다.**[*]

프랑스의 베르사유나 독일의 칼스루헤, 포츠담 등처럼 17~18세기에 새로이 만들어진 왕도(王都)들에서 도시는 바로크적 형태를 극명하게 보여 주고 있다. 베르사유는 궁전을 향해서 세 개의 중요한 간선도로가 모인다. 칼스루헤는 16개의 도로가 왕궁이 있는 중심을 향해 모이며, 그 뒤편으로는 역시 그만큼의 길들이 공원의 풀밭을 가르며 왕궁을 향해 모이고 있다. 또 로마를 바로크적 형태로 개축하려고 했던 교황 식스투스(Sixtus) V세는 포폴로(Popolo) 광장으로 모이는 세 개의 중요한 간선도로를 만들고 그 광장에 오벨리스크를 세움으로써 유사한 구조를 만들어냈다. 파리의 개선문이 있는 에트왈 광장에는 12개의 주요 간선도로가 모인다. 모든 길은, 적어도 그것이 모이는 간선도로를 통해서 하나의 중심으로 모이고, 그 중심에는 궁전이 있다. 반대 방향으로 보면, 그 궁전은 모든 길이 무한히 멀리 뻗어나가는 단일한 중심이다.

이후 지어진 대부분의 유럽도시에서 반복되는 이러한 바로크적인 형태는 왕궁이나 오벨리스크 등과 같은 하나의 중심을 통해 모든 방향으로 뻗어나가는 길들을 집중함으로써 그 중심의 위상을 절대화한다. 그리고 그 길들은 무한히 멀어지는 소실점을 그리며 사방으로 뻗어나간

---

[*] 르네상스 도시 역시 이러한 방사상을 그리는 대칭적인 도로들로 정의되었지만, 그것은 성벽으로 둘러싸인 유한한 공간 안에서 멈추어선다. 반면 바로크 도시의 방사상으로 뻗은 도로는 무한한 직선을 그리듯이 사방으로 뻗어나간다. 이런 점에서 바로크 도시는 무한한 공간을 그 도로들이 모이는, 동시에 절대적 권력의 자리로서 왕궁이 자리잡고 있는 하나의 중심으로 집중하고 통일하고자 한다. 반면 르네상스인들은 무한한 공간이 하나의 중심을 가질 수 있다는 것을 생각하지 못했다(Serre, 1968 : 649~651 참조). 이것은 브루넬레스키가 고안하고 알베르티가 이론화했던 르네상스의 투시법과, 케플러의 연속성의 정리와 데자르그의 사영기하학을 통해 새로이 구성된 바로크적 투시법의 근본적인 차이이기도 하다(이에 관해서는 이진경〔1997b〕 및 이진경〔1999a〕 참조).

다. 거치적거리는 모든 것을 깨면서 전진하는 이 길에서 멈포드는 군사적인 혈통을 찾아낸다(Mumford, 1990 : 373∼382). 그 길들은 그 절대적인 중심에서 방사하는 권력이 뻗어나가는 길이다. 이러한 길들의 분배는 베르사유의 유명한 정원이나 파리 주변의 공원들, 비엔나의 여러 왕궁의 정원들 등 이른바 바로크적 정원에서 동일한 형태로 발견된다.

하나의 중심과 그것을 분배하는 소중심들로 모이며 흩어지는 폭력적인 직선의 길들. 이른바 '영국식 정원'이라고 불리는, 직선이나 어떤 가하학적 규칙이라곤 찾아볼 수 없는 반대물을 낳기도 했던 이 바로크식 정원은 이후 유럽의 모든 군주들이 부러워하며 꿈꾸던 정원의 모델이 되었다. 왕의 시선은 태양의 빛이며, 그 빛은 닿는 모든 것을 곧게 펴면서 세계에 기하학적인 질서를 부여한다. '낭비'와 허세로 비난받는 바로크적 세계가 동시에 극도로 엄격하고 강력한 수학적 질서를 만들어냈다는 역설(같은 책, 366)은 바로 이런 맥락에서 충분히 이해될 수 있는 것이다.[**]

하나의 절대적 시선과, 그 시선으로 인해, 혹은 그 시선을 위해 만들어지는 엄격한 수학적 질서. 무한의 직선들과, 그것이 하나로 모이면서 만드는 절대적 중심성. 그것은 절대주의라고 불리는 이 시기, 혹은 절대

[**] '바로크'라는 개념을 건축양식의 협소한 영역에서 끄집어내 일반적인 개념으로 확장해 사용했던 멈포드는, 이러한 양면성을 통해서 바로크적 질서의 허구성을 비판한다. 그에 따르면 바로크적 질서는 명료성과 개방성, 위생성을 추구하지만, 그것이 이처럼 전면화되는 순간 명료성은 통제성으로 바뀌고, 개방성은 공허성으로, 위대성은 허황성으로 전락한다(Mumford, 1990 : 345). 물론 이러한 비판이 일정한 설득력을 갖는 것이 사실이라고 해도, 그것은 자칫하면 궁정인들의 생활양식을 위선과 가식, 허영과 허세, 낭비라고 비난하는 것과 동일한 우를 범할 위험이 있다. 그보다는 차라리 "엄격하고 강력한 수학적 질서"가 "의복과 사랑, 성, 정치 등에서 보이는 바로크의 감각적이고 낭비적인 성격"과 평행선을 그리며 동시에 출현하는 이유를 포착하는 것이 이 시대를 이해하는 데 더 중요한 일이다.

〈그림 4.13〉 칼스루헤, 독일

적 권력을 행사하던 바로크적 군주 개념——홉스는 『리바이어던』에서 이를 이론적으로 개념화한 바 있다——과 가시적 동형성을 보여 준다. 눈치 빠른 철학자라면 이러한 관계에서 우주적인 모든 것에 대해 사유하는, 그런 점에서 그 질서지어진 세계의 중심에 자리잡고 있으며, 그것을 뒷받침하는 확고한 기초를 제공하는 데카르트적 주체——"나는 생각한다, 고로 존재한다"의 '나'——를 발견할지도 모르는 일이다.

하지만 이러한 절대적 중심성과 통일성의 이미지를 만들어내기 위해 도시의 건축가들은 대중들의 삶의 터전이었던 집과 거리를 대대적으로 파괴하고, 파사드와 처마선이 일렬로 늘어서도록 건물을 규칙적으로 배열했으며, 건물의 모든 수평선이 길의 '끝'에 있는 소실점에서 하나로 모이게 이른바 '스카이라인'을 규정했고, 이를 통해 중심에 선 시선이 무한한 공간을 영유할 수 있게 했다. 1850년대에 나폴레옹 3세와 오스망 남작에 의해 이루어진 파리 대개조(Benevolo, 1996)조차 이러한 바로크적 도시의 형태를 증폭하여 반복하고 있었다는 것은, '바로크'라고 불리는 시대적 감각이 얼마나 강력하게 권력의 주위를 공전(公轉)하던 사람들을 매료시켰던가를 보여 준다.

하나의 중심을 통해 정의되는 절대적 통일성은 의당 그에 따른 '위계화'를 수반한다. 중심과 주변, 중요한 자리와 부차적인 자리, 중요한 도로와 부차적인 도로, 중심적인 건물과 부차적인 건물 등은 절대군주의 자리, 모든 길이 모이고 분산되는 그 중심점을 기준으로 위계를 이루며 배열된다.[*] 그리고 그 위계적 배열을 따라 권력이 흐르고, 그에 반대 방향으로 복종의 주름이 잡힌다. 권력과 복종이 대칭적으로 교환되는 이 선은 또한 사람들의 욕망이, 좀더 높은 자리에 오르려는 욕망이 흐르는 선이다. 남들이 하지 못하는 좀더 정교하고 세련된 행동을 고안하고 과시하며, 남들이 보여 주지 못하는 화려하고 감각적인 가구와 장식을 보여 주며, 남들보다 섬세한 미각을, 그것을 증명하는 탁월한 요리와 더불어 과시하는 것이 생활의 제1원리가 된다. 그렇지 않으면 적어도 남들이 하는 수준의 매너와 장식, 가구, 미각을 열심히 배우고 익혀 따라가는 것이 이 변덕스런 권력의 선을 놓치지 않는 길이다. 행동은 의례화되고, 생활과 결부된 모든 것은 타인의 시선을 겨냥하여 배열된다. 이 역시 바

---

[*] "……식사 때건 공무를 볼 때건 예배를 드릴 때건, 심지어는 잠자리에 들 때조차 왕의 측근들에게는 항상 배정된 자리가 있었다. 여행중이거나 하여 완전히 임시변통으로 잠자리를 마련해야 하는 경우에도 함께 섞여 잠자리에 들기는 했지만, 자리 배열은 철저히 지켜졌다"(Truc, 1995[II]: 46).

로크적 정원이나 도시와 마찬가지로, 권력의 시선 아래 배열되는, 혹은 그것을 향해 배열되는 일종의 스펙터클인 것이다.

요컨대 **절대적 중심을 통한 통일성, 그 중심을 향해 이루어지는 위계화, 모든 것을 권력의 시선을 향한 스펙터클로 만드는 과시성, 그러한 과시를 위해 행동이나 길의 배치를 치밀하게 규정하는 형식성** 등이 바로크적인 세계의 중요한 특징이다. 때론 바로크라고 불리기도 하고 때론 로코코라고 불리기도 했던 17~18세기 프랑스 귀족 저택은 이러한 바로크적 문화를 산출했던 절대왕정과 궁정생활이 이루어지던 주된 공간이었다. 그 안에서 이루어지는 모든 행동은 결국은 권력의 절대적 중심을 지향하는 시선 속에서 이루어졌고, 그 시선과 짝을 이루며 과시적이고 형식적인 의례로서 진행되었다. 말을 바꾸면 바로 이러한 시선과 의례를 통해 그 시기 귀족들의 주거공간은 그 용법이 정의되었던 것이고, 그러한 용법과 상응하는 공간적 분포를 만들어내게 되었던 것이다. 이런 점에서 이 시기 귀족 계급이 주거공간의 배치를 '과시성'이라는 개념으로 요약할 수 있을 것이다.

5장_주거공간과 가족주의:
19세기 '중간계급'의 주거공간

1. '중간계급' 주택의 공간적 분포

1) 19세기의 새로운 건축적 관심

영국에서 19세기는 산업혁명으로 시작되었다면, 프랑스에서 19세기는 혁명으로 시작되었다. 프랑스 혁명은 지배계급의 자리에서 귀족들을 내몰고, 절대주의적 권력과 부침을 함께 하던 궁정적 질서를 무너뜨렸다. 알다시피 혁명은 공화정과 왕정을 거듭 교체하는 과정으로 진행되었고, 이 과정을 통해 살아남을 수 있었던 귀족들과 부를 기초로 새로이 권력에 접근하게 된 부르주아지가 뒤얽히며 새로운 지배계급의 자리를 나누게 된다. 물론 이전에도 프랑스의 경우에는 귀족들의 궁정적 세계가 부르주아지에게 열려 있었지만, 그것은 아무래도 상층 부르주아지에 제한될 수밖에 없었던 반면, 이제는 왕정이 다시 권좌를 되찾은 경우에도 훨씬 더 광범위한 부르주아들과 '문명화된' 세계를 나눌 수밖에 없었다. 그런 점에서 이미 지배계급의 질서는, 아니 지배계급 자체는 되돌릴 수 없는 하나의 문턱을 넘은 셈이었다.

이러한 역사적 격변 속에서 건축적 미학은 두 가지 상반된 방향으

〈그림 5.1〉 에티엔 불레, 뉴튼 기념관 계획안

로 진행된다. 부르주아지가 새로이 설정한 건축의 미학적 방향은, 앞서
세기의 후반부터 에티엔 불레나 클로드 르두에 의해 상징적 형태로 가
시화된 바 있다. 그것은 근대 과학의 이성적 능력에 대한 더할 수 없는
신념을 기반으로, 그 이성이 지배하는 새로운 세계를 거대한 기념물로
상징화하는 것이었다. 반면 혁명에 의해 잃었던 권력을 다시 장악하게
된 루이 18세의 왕정은 혁명 이전의 생활과 문화로 되돌아가기를 원했
고, 이런 맥락에서 루이 18세는 고대 건축 왕립학교를 새로운 왕립건축
학교로 재건한다.

　1816년 새로 문을 연 유명한 에콜-데-보자르(Ecole-des-beaux-
arts)의 초대 교장 앙투안 카트르메르 드 캥시는 "고대 로마인에 대해 사
랑을 느끼고 있는 사람만이 정부의 후원회로부터 후원이나 보조, 지원
을 받을 수 있다"고 결정하였고(Lesnikowski, 1993 : 107), 이로써 고전
적인 장식을 과시적으로 이용하는 로마 풍의 기념비적인 건축이 이른바

〈그림 5.2〉 가르니에, 파리 오페라 하우스

'보자르' 풍이라는 고유한 이름까지 달면서 유행하게 된다. 과장되고 과
시적인 고전적 장식을 특징으로 하는 이 건축양식은 이전에 사용되었던
양식적 요소들을 콜라주했던 절충주의적 상투성과, 국가의 지원을 독점
했다는 점으로 말미암아 이후 '모더니스트'들의 비난과 조롱의 대상이
되었다(같은 책, 111 ; Caliniscu, 1994 : 345). 이들의 지배는 루이 나폴레
옹의 제3제정 말기였던 1870년까지 지속되었다.

　　다른 한편 루이 나폴레옹은 쿠데타로 황제에 즉위한 뒤 파리 시 전
체를 개조하는 작업에 착수한다. 그 책임자였던 오스망 남작은 파리 시
내의 도로망을 곧게 뻗은 직선으로 개조하고, 그 직선의 대로(大路)를
따라 동일한 파사드를 갖는 동일한 형태의 건물로 줄 세우는 '근대적'
도시 계획과 개조를 수행한다. 사실은 바로크적인 권력의 가시적 형식
을 반복한 것에 불과했던 이러한 계획에 대해서 각각의 지주는 오직 '동
의'하고 받아들일 권리만이 있었다. 그 결과 여러 명의 소유주들에 의해

분할되어야 할 대규모 건물이 번호대로 배열된 방사상 및 직선상의 도로를 따라 지어지게 된다. 그 결과 직접 주거에 사용되거나 아니면 임대용으로 사용되는 주거지가 대대적으로 지어진다. 물론 이전에도 임대용 주택이 적지 않았지만, 오스망의 이 거창한 계획을 피해서 살아남을 수 있었던 곳은 그리 많지 않았다(Daumard, 1965 : 197~202).

바로크식의 정원을 도시 전체에 덮어씌운 것 같은 오스망의 플랑(plan)은 파리의 길과 집들을 하나의 장대한 스펙터클로 조직함으로써, 파리 시 전체를 하나의 거대한 기념비로 만들려는 것이었다(Marchand, 1993 : 75 이하). 주택 임대가 돈을 버는 사업이 되면서 집의 미관이나 건축적인 측면에 관심을 쏟을 여유가 점차 축소되는 와중에, 오스망의 계획은 그나마 통일적인 외관과 스펙터클화하기 위한 미적 요인에 대해 투자를 할 수밖에 없게 했지만, 그는 토지를 자유롭게 이용하고 자신의 뜻에 따라 건물을 지을 권리를 박탈했다는 점과 더불어 지주 내지 소유자들의 증오와 반감을 한데 사야 했다(Daumard, 1965 : 208).

오스망의 계획에 따라 진행된 이러한 대개조 사업은 파리 시 전체를 강력한 바로크적 형태로 통일시키고 재구성했다. 그러나 이러한 외양의 이면은, 다시 말해 바로크적인 직선에 따라 짜여지고 배열된 통일적인 건물들의 내부는 새로이 부상한 이른바 '중간계급'의 아파트였다. 즉 오스망의 조적선을 따라 새로 지어진 대부분의 건물들은 바로크적인 외부공간을 갖고 있었지만, 동시에 그와는 상이한 내부공간을 갖고 있었다는 점에서 역설적인, 혹은 절충적인 건축물이었던 셈이다.

사실 팔레나 오텔 같은 대저택은 19세기로 들어오면서 급격히 쇠락한다. 이는 무엇보다도 우선 그것을 발주할 사람들이 희박해졌다는 점에 기인한다. 귀족들은 복고된 왕정이나 제정 하에 살아 남았다 해도, 이미 경제적 주도권을 상실했고, 엄청난 빚을 내서라도 거대한 저택을 짓고 거창한 연회를 베푸는 것은 별다른 사회적 및 경제적 이득을 가져다 주지 못했다. 따라서 그들이 새로운 오텔을 발주하기에는 매우 곤란한 상황이 되었다. 이런 점에서 프랑스 혁명은 귀족들의 집을 오텔에서 아파트로 바꾸게 만드는 중요한 계기가 되었다고 하겠다. 물론 여기서 중요한 역할을 한 것은 그것이 주는 편의 내지 편리함이었지만, 이 경우에도 그들은 이전의 호사스러움을 포기하지 않았다(Olsen, 1986 : 95).

다른 한편 이전에 부르주아지는 궁정적 세계 안에서 귀족들과 경합하며 살아남기 위하여, 혹은 자신들 역시 지배계급에 속하고 있음을 동일한 방식으로 증명하기 위하여 호사스런 오텔을 짓는 데 주저하지 않았지만, 이미 귀족들이 그러한 생활방식의 이니셔티브를 상실한 상황에서, 그리고 그러한 행동들이 별다른 경제적 이득으로 연결되지 않는 상황에서 그러한 오텔을 발주하는 것은 매우 '비합리적인' 행동에 지나지 않았다. 따라서 새로이 경제적 능력을 가진 '중간계급'인 부르주아지 역시 그러한 저택을 짓는 데 별다른 관심을 보여 주지 않았다.

또한 이른바 시빌리테라고 불리던 귀족들의 삶의 방식과 문화가 지배적인 시기에, 선도적이고 상층적인 부르주아지는 자신이 그러한 귀족적 삶의 영역 안에 있었음을 증명하려고 했기에, 부르주아지에 고유한 삶의 방식이나 주거방식은 독자적인 의미를 가질 수 없었으며, 사회적으로 유의미한 영향력을 행사할 수 있는 어떤 위치를 가질 수 없었다. 반면 귀족들의 자질을 과시하는 시빌리테가, '문명'(civilisation)이란 이름의 일반명사로 불리게 되는 19세기에 이르게 되면, 귀족들의 차별화 전략을 쫓아갈 동인이 사라지며, 차라리 그것은 '문명화된' 계급에 속하는 사람이라면 누구나 익히고 사용하는 보편적 코드가 된다(Elias, 1996:

224~245). 더불어 이제는 지배계급이라는 범주에 포괄되는 부르주아의 범위가 상층 부르주아뿐만 아니라 훨씬 넓은 부르주아 대중 일반으로 확대된다. 이는 부르주아지의 삶의 방식이 귀족들의 생활방식의 그늘에서 벗어나 새로운 주도권을 획득할 수 있는 조건이 되었음을 뜻하는 것이었다.

그런데 고정된 성질을 갖는 최소한으로 방들로 구성되는 유형의 아파트는,* 능력의 과시조차 합리적 계산에 의거했으며, 귀족들의 차별화 전략 대신에 '문명화된' 계급에 속하는 것을 알릴 수 있는 정도의 과시 정도면 충분하다고 보았던 부르주아지의 새로운 생활양식과 부합했기 때문에, 혁명 이후 흥기하는 부르주아지의 새로운 주택의 모델로 확고하게 자리잡게 된다. 즉 궁정생활에서 언제나 귀족보다 하위에서 그들을 쫓아가야 했던 부르주아지는 주거나 매너 등등에서 귀족을 모방하려고 했고, 그런 만큼 오텔은 그들의 새로운 주거의 모델이 되었지만, 계산과 이윤 개념에 기초한 부르주아적 합리성은 이전과 동일한 양식의 오텔을 그대로 따르기 힘들게 했던 것이다. 이제 아파트로 이루어진 다층 임대 주택이 본격적으로 발전한다. 이는 특히 오스망의 파리 개조 이후에 더욱더 급속히 진전된다. 데니스 말대로 "19세기 파리의 거대한 건축적 관심사는 광장과 오텔 대신에 거리와 아파트 주택을 발전시키는 것이었다"(Dennis, 1986 : 178).

한편 주택의 임대를 위해 주거 단위를 미리 예상하여 분절하고, 그

---

* 여기서 '아파트'라는 말은 어원상으로는 앞서 귀족들의 주거공간 내부에서 목적과 기능에 따라 일정한 방들을 하나의 공간군으로 묶어서 배열했던 '아파르트망'이라는 말에서 연원한 것이지만, 주거공간의 내부에 존재하는 부분적인 공간군이 아니라, 하나의 주거단위로 정의되는 일정한 방들의 집합이라는 점에서 다른 의미를 갖게 된다.

것에 따라 단위별로 독립성을 부여한 것은 적어도 프랑스에서는 역사가 그리 오래되지 않는다. 18세기 초에 그런 형태의 집이 나타나기는 했지만, 18세기 후반에 이르기까지 대부분의 임대 주택은 방들의 단순한 집결체였다. 임차인은 필요에 따라, 그리고 경제적 능력이 갖추어짐에 따라 방을 하나씩 추가로 임차했기 때문에, 한 가구(household) 내지 한 가족의 방들은 한 층에 모여 있지 않았고, 하나의 공간적 단위로 묶이지도 않은 채 여러 층에 분산되어 있었다.

이러한 사정은 18세기 후반이 되면서 크게 달라진다. 즉 한 가족의 주거공간을 하나의 독립적인 단위로 만들고자 하는 욕망이 출현하면서, 방들을 가능한 한 근접하게 하고, 중간에 다른 가족의 방이 섞이지 않게 하려는 시도들이 나타난다. 그러한 시도는 한 가구의 방들을 인접한 층이나 인접한 공간으로 끌어당기게 된다. 이러한 주거공간의 인접성을 확보하고 주거공간의 단위별 분절을 분명히 하려는 시도는 결국 하나의 층에 동일 주거단위를 이루는 방들을 한데 모으는 것으로 귀결되는데, 그 결과 이전에는 수직적으로 여러 층에 분산되어 있던 방들은 하나의 층에 독립적인 단위를 이루게 된다. 이를 두고 파르다이예-갈라브렁은 주거공간이 (건물의) **수직적인 분할에서 수평적 분할로 변환**되었다고 적절하게 표현한다(Pardailhé-Galabrun, 1991 : 40). 이처럼 수평적으로 결집되면서 분절된 독립적 주거단위는 1830년대에만 해도 매우 이례적인 것이었지만, 18세기 후반이 되면서 급속하게 늘어난다(앞의 책, 54~56). 여기에서 가정 생활이 이루어지는 범위를 공간적으로 통합된 독립적 단위로 확보하고자 하는 욕망을 발견하는 것은 결코 어려운 일이 아니다.

2) 프랑스 '중간계급'의 주거공간

임대주택은 오텔에 비해서 그 수는 훨씬 많지만, 공간적 제약과 경제적 제약 등으로 인해 변주(variation)의 여지는 훨씬 적은 편이다. 세자르 달리(C. Daly)는 아파트 형의 임대주택을 크게 세 가지 등급으로 나누어 설명한 바 있다. 1급의 아파트는 한 면은 마당(courtyard)으로, 다른 한 면은 거리로 향하여 만들어지는데, 석조 기단(基壇)과 지하실을 갖지만 5층 이상으로 올리지는 않는다. 2층부터는 석조 계단실이 마련되어 있지만, 5층으로 가는 계단은 위축된 지위를 상징하는 목조로 만들어졌고, 5층에는 아래층에 사는 가족의 친구나 어린이, 혹은 덜 부유한 가족이 살았다. 서비스 계단이 별도로 있었고, 난방은 지하실에 설치된 화로로 했다. 2급의 아파트도 역시 석조 기단과 지하실을 갖지만, 6층에 부가실을 갖기도 하며, 1층과 2층은 대개 상업적인 용도로 이용되었다. 주계단은 처음부터 끝까지 목조였고, 서비스 계단을 역시 갖고 있었다. 3급의 아파트는 단 하나의 목조 계단을 가진 6층 건물로, 별도의 마당을 갖지 않았다(Ariès et Duby[éd.], 1987 : 363).

물론 이러한 분류는 하나의 예시적 가치만을 가질 뿐이지만, 대략적이나마 아파트들을 분류하는 기준을 제공해 줄 것이다. 대체로 이러한 기준과 부합하는 한에서 세 가지 급의 아파트에서 나타나는 공간적 분포의 특징을 검토해 보자.

앵페라트리스 가(avenue de L'Impératrice)의 임대주택은 1급에 속하는 아파트인데, 한편에는 대기실과 살롱, 식당을 중심으로 고리를 이루는 동선들이 그물상을 이루며 얽혀 있고, 다른 한편에는 침실과 화장실, 부엌 등이 하나의 복도에서 나뭇가지처럼 단수의 동선을 갖고 분기하고 있다. 물론 어떤 침실은 살롱과 사무실 등을 잇는 그물형의 동선에 연결되어 있지만, 다른 침실들은 모두 나무형의 형상을 이루는 동선 속에 있으며, 그 동선의 마지막이나, 화장실을 부속공간으로 갖는 곳에 자리잡고 있다. 약간 도식적으로 말하자면, 공적인 성격을 갖는 방들이 그 물형으로 고리를 이루면서 연결되고 배열되어 있음에 반해, 침실이나 화장실처럼 사적인 방들은 모두 독립된 별도의 동선으로 분리되어 나뭇가지 형상을 이루며 배열되어 있다는 것이다.

이는 아파트 내부의 방들이 이른바 '공적인 것'과 '사적인 것'이라는 두 가지 상이한 공간으로 분리되어, 양자가 병치되어 있음을 가시적으로 보여 주는 다이어그램이라고 하겠다. 그리고 여기서 두 종류의 공간이 다른 성격을 갖고 있으며, 다른 배열 방식, 다른 연결 방식을 갖고 있다는 점이 동선의 배열 그 자체로 명확하게 드러나고 있다. 특히 침실이나 화장실 등에 사적인 공간의 성격을 물리적으로 부여하기 위해서 복도를 이용해 공적인 동선과 사적인 동선을 분리하는 방법, 잉여적인 모든 동선을 밖으로 흡수하는 방법, 그리고 방들을 동선의 끝에 위치시키는 방법이 모두 동시에 사용되고 있다.

통합도(10.50)와 응집도(3.33) 모두의 측면에서 가장 높은 값을 갖는 방은 대기실로, 다른 방들에 비해 그 값의 편차가 매우 커서 아주 두드러진 위치를 차지하고 있다. 이는 고리를 이루는 동선은 물론 수목상(樹木狀)을 이루는 모든 동선까지 대기실로 모이고 또한 거기서 분기한다는 점에서 기인하는 것이다. 더불어 복도의 통합도와 응집도가 높은 것은, 방들의 잉여적인 동선을 모두 흡수하는 것이 그것의 기능이라는 점에서 당연한 것이다. 그리고 살롱과 식당, 사무실 등은 통합도가 대략 7.5를 전후한 값으로 평균(6.807)보다 높다. 또한 하인들의 사무실(18번 방)은 통합도가 상당히 높은데(7.875), 이는 대기실과 식당, 살롱으로 이

〈그림 5.3-1〉 앵페라트리스 가 임대 주택

어지는 중심부의 공적인 방들이 하인의 서비스에 상당히 의존하고 있다
는 점을 시사하는 것처럼 보인다. 또 살롱-사무실에서 이어지는 침실
(10번 방) 역시 통합도가 높은데, 이 방은 아마도 이전에 과시적으로 사
용되던 침실의 기능을 아직도 그대로 이어받고 있는 것처럼 보인다. 반
면 수목상의 동선상에 있는 침실은 통합도가 낮다. 그리고 네 개의 화장
실 가운데 세 개의 화장실은 모두 동선의 끝에 위치하고 있으며, 그런 만
큼 통합도와 응집도는 가장 낮은 편에 속한다. 그리고 외부공간의 통합
도 역시 가장 낮은 값을 갖고 있다는 점이 눈에 띤다.

　이처럼 그물상과 수목상이 병존하는 병치형의 동선 분포는 다른 많
은 집에서도 사용되었다. 예를 들면 역시 1급의 임대주택인 샹젤리제
(avenue des Champs-Élysées) 119번지의 집도 동일한 양상을 보여 준
다. 대기실과 두 개의 살롱, 식당이 두 개의 고리를 이루며, 거기에 침실

A. 대계단
B. 대기실
C. 살롱
D. 식당
E. 사무실
G. 부엌
H. 식기실
I. 침실
K. 화장실
L. 변소(수세식)
M. 환기통로
N. 통로 및 데가주
O. 서비스계단
P. 서비스중정

〈그림 5.3-2〉

두 개가 하나의 고리로 연결되어 있다. 그리고 다른 쪽에서는 두 개의 침실과 부엌 등이 복도에서 갈라지는 독립된 동선을 갖고 있다. 여기서도 통합도가 가장 높은 방은 대기실이라는 점에서 앞의 사례와 공통된 특징을 갖고 있다. 또한 살롱과 식당이 통합도와 응집도가 상대적으로 모두 높은 값을 갖고 있다는 점이나, 화장실이 두 값 모두 낮다는 점이나, 외부공간의 통합도와 응집도가 가장 낮다는 점 역시 앞의 사례와 공통된다고 하겠다.

르 비콩트가 지은 샹젤리제 125번지의 임대주택도 마찬가지다. 대기실과 그랑 살롱, 프티 살롱, 식당이 두 개의 고리로 연결되어 있고, 그 옆에 침실로 가는 고리도 하나 있으며, 프티 살롱에는 또 다른 침실이 연결되어 있다. 그리고 한쪽에 방들과 부엌이 복도에서 갈라지는 독자적인 동선을 갖고 있다. 통합도와 응집도 역시 앞서의 사례와 아주 비슷한 특징을 반복하고 있다.

이 아파트들에 공통된 것으로 눈에 띄는 것은 카비네가 사라졌으며, 대신 화장실이 방들의 부속공간으로 나타난다는 점이다. 더구나 화장실의 수가 매우 많으며, 그 대부분이 수목상의 동선 끝에 자리잡고 있다. 본래 화장실은 내실에 부속되어 있던 카비네에서 분화되어 나온 방 가운데 하나인데, 말 그대로 여성들이 씻고 화장하던 곳이다. 물론 귀족들의 저택에서 그것은 가까운 손님들을 맞거나, 혹은 손님들이 이용할 수 있는 공간이기도 했는데, 이러한 기능은 가령 앵페라트리스 가의 아파트의 경우 대기실과 식당에 직접 이어진 화장실(5번 방)이 수행했던 것으로 보인다. 반면 침실마다 부속된 3개의 화장실이 더 있는데, 모두 침실에 부속된 공간이고 동선의 끝에 있다. 그래서 통합도와 응집도 모두 현저하게 낮은 값을 갖고 있다. 먼저 카비네가 이런 화장실로 바뀐 것은 뒤에 보듯이 오텔과 명확하게 다른 이 시기 아파트들의 특징 가운데 하나인데, 카비네가 모호하고 다의적인 기능을 갖고 있던 방이었음에 반해 화장실은 대부분 사적인 방으로 사용되고 있음을 여기서 분명하게 확인할 수 있다. 또 하나 더불어 말할 것은 이 아파트에서도 그렇고 다른 대부분의 아파트에서도 그런데, 의상실이 사라졌다는 것이다. 그것은 아마도 오텔과 달리 방의 여유가 적었기 때문에 그런 것일 텐데, 침실이나 내실의 단일한 부속공간이 되고 있는 화장실이나 내실 자체가 그런 기능을 하는 것으로 바뀌었다고 생각된다.

그리고 빠뜨려선 안 될 또 하나의 중요한 특징은 외부공간의 통합도와 응집도가, 예컨대 앵페라트리스 가의 아파트의 경우 각각 4.594과 0.5로서, 매우 낮다는 것이다. 이는 다른 경우에도 그러한데, 대체로 전체 방들 가운데 가장 낮은 통합도를 갖고 있다. 이 특징은 내부공간과 외

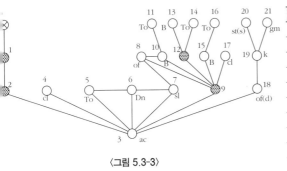

<그림 5.3-3>

		응집도	통합도
0	⊗	0.500	4.594
1	계단	1.500	5.803
2	통로	0.643	7.603
3	대기실	3.333	10.500
4	변소	0.143	7.113
5	화장실	0.476	7.230
6	식당	0.976	7.475
7	살롱	0.810	7.737
8	사무실	0.833	7.475
9	통로	2.643	10.023
10	침실	1.500	7.350
11	화장실	0.333	5.513
12	통로	2.167	7.350
13	침실	0.333	5.513
14	화장실	0.333	5.513
15	침실	1.167	7.113
16	화장실	0.500	5.378
17	변소	0.167	6.891
18	사무실	0.476	7.875
19	부엌	2.500	6.125
20	계단	0.333	4.793
21	식기실	0.333	4.793
	합　계	22.000	149.757
	평　균	1.000	6.807
	표준편차	0.884	1.508

<그림 5.3-4>

부공간의 분절이 매우 강하다는 것, 달리 말하면 외부공간에서 내부공간에 접근하는 것이나 그 반대로 접근하는 것이 모두 어려워졌다는 것을 뜻하는 것으로, 외부공간에 대해 내부공간이 강하게 닫혀 있음을 의미한다. 이는 앞서 중세 내지 르네상스 주거공간에서 외부공간의 통합도나 응집도가 모두 매우 높았다는 사실과 현저하게 대비되는 것이다. 한편 17~18세기 귀족들의 저택에서 외부공간의 통합도는 르네상스 경우처럼 높지는 않았으며, 전체 방들 가운데 낮은 값을 갖는 편이었지만, 평균을 약간 밑도는 정도에서, 이 아파트의 경우나 다른 경우에도 통상 그러하듯이 가장 낮은 값을 갖는 것과는 다른 양상을 보여 준다고 하겠다. 이는 외부공간과의 소통성이 이 시기로 오면서 더욱 낮아졌다고 하는 것을 보여 주는 것이다.

　　1835년 비스콘티가 지은 리슐리외 가(rue de Richelieu)의 임대 주택 역시 그 규모로 보아 1급의 아파트에 속하는 것으로 보인다. 서로 연

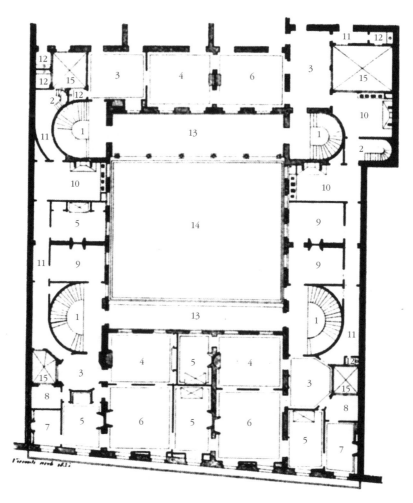

1. 대계단, 2. 서비스계단, 3. 대기실, 4. 식당, 5. 침실, 6. 살롱, 7. 부두아, 8. 화장실, 9. 내실,
10. 부엌, 11. 데가주망, 12. 변소, 13. 테라스, 14. 대중정, 15. 소중정

〈그림 5.4-1〉 비스콘티, 리슐리외 가의 아파트

결되어 있긴 하지만, 출입구와 방의 구성으로 보건대 세 개의 독립적인 가구로 분할되었으리라 보이는데, 그 중 두 가구는 서로 거의 대칭적이며, 각각 방들이 제대로 갖추어져 있어서 완전해 보이는데, 다른 한 가구는 살롱과 대기실, 식당 등 '공적인 공간'만이 있어서 불완전하다. 아마도 전체 공간의 사정상 이웃한 층으로 방의 일부가 연결되어 있으리라고 보인다. 여기서 완전해 보이는 두 가구를 독립적인 것(〈5.4-2-a〉와 〈5.4-3-a〉)으로 분리해 그 공간적 분포를 다이어그램으로 표시하여 통합도와 응집도를 계산할 수 있다.

거의 동일해 보이는 두 '가구'의 분포를 특징짓고 있는 것은 앞서 앵페라트리스 가의 아파트와 유사하게 대기실과 살롱, 식당, 그리고 하나의 침실이 하나의 고리를 이루며 연결되어 있다는 점인데, 하지만 앞서와 달리 내실이나 침실의 배열이 독립적인 수목상의 배열을 이루지는 않는다. 그래서 전체적으로는 그물상을 이루면서 동선들이 복수로 뒤얽혀 있는 셈이다. 침실의 위치 또한 매우 산만해서, 〈5.4-2-a〉의 경우 이곳저곳에 흩어져 있다. 부두아를 갖고 있는 침실은 대기실과 살롱으로 이어져 있는 것으로 보아, 공적인 기능을 여전히 갖고 있던, 이전 시기와 연속적인 그런 침실로 보이지만, 살롱에서 독립적으로 연결된 침실은 꼭 그런 것 같지는 않다. 반면 통로나 데가주망으로 별도로 분리되어 있는 내실과 침실은, 공적 공간에서 일부러 분리해 둔 것으로 보인다.

여기서 통로나 데가주망을 이용해 잉여적 동선을 흡수하는 방법은, 앞서 블롱델이 사용한 방법과 동일한 것으로, 그것으로 인해 방들이 그물상을 이룸에도 불구하고 내실이나 침실의 독립성을 확보하는 기능을 수행한다. 따라서 동일하게 고리를 이루는 동선이 나타나고 있지만, 대기실-살롱 등을 잇는 것과, 데가주망이나 통로를 이용해 방들을 연결한

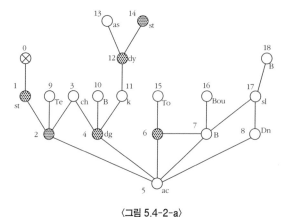

〈그림 5.4-2-a〉

		응집도	통합도
0	⊗	0.500	4.101
1	계단	1.250	5.226
2	통로	2.200	6.894
3	내실	0.500	6.231
4	데가주망	2.200	7.535
5	대기실	1.583	8.526
6	통로	1.450	6.612
7	침실	1.867	6.894
8	식당	0.533	6.353
9	테라스	0.250	5.063
10	침실	0.250	5.400
11	부엌	0.583	6.000
12	데가주망	2.500	4.836
13	변소	0.333	3.857
14	계단	0.333	3.857
15	화장실	0.333	4.909
16	부두아	0.250	5.063
17	살롱	1.750	5.400
18	침실	0.333	4.208
합 계		19.000	106.963
평 균		1.000	5.630
표준편차		0.775	1.255

〈그림 5.4-2-b〉

것은 결코 동일한 성격을 갖지 않는다. 즉 그물상을 이루며 상당히 산만하게 구성된 이 아파트의 경우에도 공적인 공간과 사적인 공간을 분절하려는 시도는 명시적으로 나타난다고 하겠다. 이는 〈5.4-3-a〉의 경우에도 크게 다르지 않다.

한편 앞서의 것과 달리 이전 시기와 연속성이 더 강하고, 방들의 분할과 분절, 배열이 산만한 이 아파트의 경우에도 앞서와 동일한 특징들이 반복하여 나타난다. 즉 카비네는 사라지고 화장실이나 부두아와 같은 방으로 대체되었다는 점이 그렇고, 화장실이나 부두아의 통합도와 응집도가 매우 낮다는 점에서 사적인 성격이 확연하다는 점 역시 그렇다. 외부공간의 통합도가 가장 낮다는 점 역시 앞서의 아파트와 공통되는 점이다. 이제 아파트의 내부공간은 거리로 상징되는 외부세계와 소통하던 이전 세계와 절연하고 독립적인 세계, 추운 외부와 대비되는 따

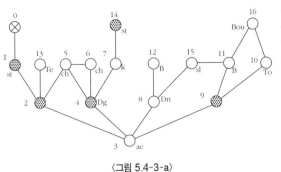

〈그림 5.4-3-a〉

		응집도	통합도
0	⊗	0.500	3.879
1	계단	1.250	5.020
2	통로	2.083	6.737
3	대기실	1.333	8.000
4	데가주망	1.583	6.564
5	내실	1.000	5.689
6	내실	0.583	5.224
7	부엌	1.250	4.923
8	식당	1.750	5.689
9	통로	1.083	6.564
10	화장실	0.833	4.923
11	침실	1.333	5.333
12	침실	0.500	4.267
13	테라스	0.250	4.830
14	계단	0.500	3.821
15	살롱	0.333	5.224
16	부두아	0.833	4.197
합 계		17.000	90.884
평 균		1.000	5.346
표준편차		0.510	1.082

〈그림 5.4-3-b〉

뜻한 내부라는 집의 이미지(Bachelard, 1990 : 113~118)를 형성하는 경계를 갖게 되었음이 분명하다고 하겠다.[*]

콩세르바투아르 가(rue de Conservatoire)의 아파트는 2급의 임대주택인데, 그물형의 분포를 갖고 있다〈그림 5.5-1〉. 대기실과 살롱, 식당이 동선의 중앙에서 하나의 회로를 이루고 있고, 방과 화장실로 된 두 개의 회로가 각각 거기에 연결되어 있다. 물론 그 옆에 수목상을 이루는 동선이 있지만, 여기에 속하는 것은 부엌과 변소, 외부공간이며, 내실이나 침실이 전혀 포함되어 있지 않다는 점에서 흔히 말하는 '사적 공간'으로 독립성을 부여하는 것은 불가능하다. 즉 사적 공간에 속하는 방이나 공적 공간에 속하는 방들이 모두 나름의 고리를 이루며 하나의 그물상으로 엮이고 있다는 것이다.

---

[*] 이와 유사하게 1급의 아파트로서 그물상을 이루는 경우로 페 가(rue de la Paix) 3번지의 집이 있다. 이 집이 지어진 정확한 날짜를 알 수 없는데, 대략 1850년에서 1864년 사이에 지어진 것이라고 한다. 뒤에 언급되는 대부분의 집들도 사정은 비슷하다.

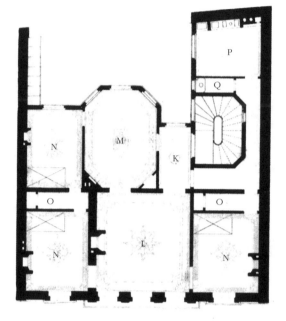

K. 대기실
L. 살롱
M. 식당
N. 내실
O. 화장실
P. 부엌
Q. 변소

〈그림 5.5-1〉 콩세르바투아르 가 9번지 아파트

그럼에도 불구하고 방들의 통합도를 보면 두 종류의 공간이 분포상
으로 구별된다는 것을 볼 수 있다. 여기서도 대기실은 가장 높은 통합도
값(6.261)을 갖고 있으며, 살롱과 식당이 그에 뒤이어 높은 통합도 값을
갖고 있다. 살롱과 통로 사이에 있는 내실과 화장실의 통합도는 평균을
약간 상회하는데, 살롱과 식당으로 연결되는 두 개의 내실 및 화장실의
통합도는 평균 이하다. 하지만 전체적으로 대기실과 살롱, 식당이라는
공적인 공간과, 다른 방들의 통합도는 구별의 선을 통과시키기에 충분
하다고 보인다. 물론 통합도와 응집도가 모두 높은 통로는 따로 언급할
필요가 없을 것이다.

이는 세바스토폴 가(Boulebard de Sébastopole) 120번지의 임대주

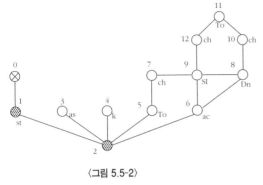

〈그림 5.5-2〉

		응집도	통합도
0	⊗	0.500	3.349
1	계단	1.200	4.500
2	통로	3.333	6.261
3	변소	0.200	4.235
4	부엌	0.200	4.235
5	화장실	0.700	4.966
6	대기실	0.783	6.261
7	내실	0.750	4.966
8	식당	1.083	5.333
9	살롱	1.667	5.760
10	내실	0.833	4.114
11	화장실	1.000	3.512
12	내실	0.750	4.364
합　계		13.000	61.856
평　균		1.000	4.758
표준편차		0.772	0.905

〈그림 5.5-3〉

택에서도 마찬가지다. 통로를 제외한 다면, 대기실과 살롱, 현관 등이 통합도와 응집도 모두 높은 값을 갖고 '모여 있다'. 다만 다른 것은 식당의 통합도가 좀 떨어진다는 것이지만, 앞서 콩세르바투아르 가의 아파트와 유사한 분포를 갖고 있다고 말할 수 있다. 2급의 임대주택 가운데 규모가 좀 큰 편인 신 마튀랭 가(rue neuve des Mathurins)의 임대주택도 비슷해서, 식당·대기실·살롱이 내실이나 침실과 구별되면서 통합도와 응집도 모두 높은 값을 갖고 모여 있으며, 식당과 대기실의 통합도(8.805)는 평균(6.259)에 비해 확연하게 높은 값을 갖고 있다.

한편 방금 말한 2급의 아파트뿐만 아니라 앞서 살펴본 1급의 아파트, 나아가 뒤에서 볼 3급의 아파트에도 공통된 특징이 또 하나 있는데, 부엌이 단일한 동선을 갖고 나뭇가지처럼 독립되어 있다는 것이다. 그러면서도 대부분의 경우 통합도가 크지 않지만 그렇다고 그다지 작은 것도 아니라는 점 역시 눈에 띄는데, 이는 앞서 오텔에서 보통 보았던 것과는 많이 다른 사실이다. 즉 오텔에서 부엌이나 서비스 공간의 동선은

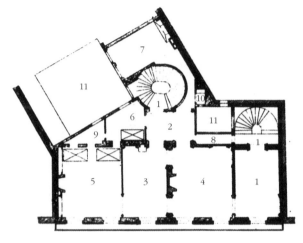

1. 계단 및 현관
2. 대기실
3. 식당
4. 살롱
5. 침실
6. 내실
7. 부엌
8. 통로
9. 화장실
10. 변소
11. 중정

〈그림 5.6-1〉 부르스 광장 10번지 아파트

오히려 복수화되어 있었고, 물론 통합도도 높아서 접근하기 쉬웠었다. 반면 여기서는 통합도는 크게 줄지 않지만, 부엌의 동선은 독립적인 것으로 단일화되어 있다는 것이다. 그것이 식당과 가까이 있지 않다는 점에서 단지 편의적인 배열이 아닌 것은 분명하다. 이는 여전히 하인의 공간인 부엌에 대해 거리를 두고자 하면서도, 그러기에는 충분한 공간적 여유가 없었으며, 동시에 그 공간에 대한 의존성을 여전히 갖고 있었다는 점에서 그저 멀리 내몰 수 만은 없었다는 이율배반적인 태도와 관련된 것은 아닐까?

부르스 광장(Place de la Bourse) 10번지의 집은 1834년에 지어진 것인데, 그물상의 분포를 갖고 있지만, 그 그물이 대기실이라는 하나의 매듭으로 집중되고 있어 앞과 다르다. 대기실과 식당, 살롱으로 만들어진 회로가 중앙에 있고, 그 한 옆에는 내실, 화장실, 침실을 잇는 회로가, 다른 한 옆에는 별도의 베스티뷸을 둘러싼 고리가 만들어져 있는데, 이 모두가 대기실을 통과하고 있어서 대기실은 마치 벼리(綱)와 같은 위치를 차지하고 있다. 대기실에서 또 갈라져 부엌에 이르는 동선이 있는데, 여기서도 부엌은 유독 단수의 동선을 가질 뿐이다.

응집도와 통합도를 통해 방들의 분포를 보면, 이 집중된 중심인 대기실이 둘 다 모두 매우 높은 값을 갖고 있다. 한편 통로들을 제외하면, 살롱과 식당의 통합도가 높은 값을 갖고 분리되어 있으며, 내실과 침실, 화장실은 확연하게 구분되는 값을 갖고 아래에 분리되어 있다. 그물상을 이룬다는 점에서 공통되건만, 두 가지 종류의 방들이 통합도 상에서 이처럼 명료하게 구분된다는 것은 매우 시사적인데, 이 아파트처럼 동일하게 그물로 얽혀 있는 경우에도 그렇다는 점은 두 가지 종류의 방들에 대한 구분이 물질적으로 확보되고 있다는 사실을 뚜렷하게 보여 주는 것이라고 하겠다. 더불어 외부공간의 통합도가 가장 낮다는 점 역시 앞서와 공통된 것이다.*

이상에서 본 것처럼 대부분의 아파트는 흔히 말하는 '공적 공간'과 '사적 공간'이라는 두 개의 공간군으로 크게 분할되고 있다. 때로 그것은 고리들로 이루어진 동선과 나뭇가지 갈라지듯 분기하는 수목성의 동선처럼 상이한 유형의 분포를 보여 주기도 하지만, 그물상의 뒤얽힌 유형의 분포에 머물기도 한다. 그러나 하나의 그물상으로 뒤얽힌 경우에

---

* 리볼리 가(rue de Rivoli) 88번지의 집도 동일한 형상을 취하고 있으며, 대기실이 앞서의 경우처럼 그 벼리(綱) 같은 집중점의 자리에 놓여 있다. 그러나 여기서는 대기실과 식당, 살롱이 하나의 회로를 만들지 않으며, 방과 살롱이 동일한 고리 위에 있기도 하다. 그리고 부엌은 여기서도 별도의 독립적 동선으로 분리되어 있다. 하지만 통합도와 응집도의 분포는 부르스 광장의 아파트와 다르지 않아서, 대기실은 통합도와 응집도가 가장 높은 방이고, 살롱과 식당 역시 높은 통합도 값을 갖는다. 반면 내실과 침실, 화장실 등의 방들은 낮은 값을 갖고 분리되어 있다. 여기서도 그물상의 동선을 갖고 있음에도 불구하고 공적 공간과 사적 공간의 분화는 가시적이다.

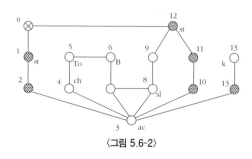

〈그림 5.6-2〉

		응집도	통합도
0	⊗	0.833	4.455
1	계단	1.000	5.026
2	통로	0.667	6.125
3	대기실	2.667	8.167
4	내실	0.667	5.765
5	화장실	1.000	4.455
6	침실	0.833	4.780
7	식당	1.000	6.323
8	살롱	1.000	6.533
9		0.667	5.444
10	통로	0.667	6.125
11	통로	0.833	5.158
12	계단	1.500	4.900
13	통로	1.167	5.600
14	부엌	0.500	4.083
합 계		15.000	82.938
평 균		1.000	5.529
표준편차		0.506	1.004

〈그림 5.6-3〉

도 사적 공간과 공적 공간의 구별은 통합도 (및 응집도) 상에서 명확하게 나타나며, 그런 만큼 물질적으로 구별된다고 말해도 좋을 것이다. 한편 공적 공간은 대기실과 살롱, 식당을 기본 요소로 하여 하나의 고리로 연결되는 양상이 거의 모든 경우에 반복적으로 나타난다. 이 책에서 직접 다루지 않고 생략한 다른 많은 경우에도 이러한 양상은 거의 일반적이다. 이런 점에서 대기실-살롱-식당이 이 시기 프랑스 아파트에서 공적인 공간을 구성하는 기본 요소로서 자리잡고 있음을 확인할 수 있다. 더불어 그 중에서도 특히 대기실의 통합도와 응집도는 유난히 높아서 공적 공간 가운데서도, 아니 집의 공간적 분포 전체에서 가장 중심적인 위치를 차지하고 있다. 이는 한편으로는 주거공간에서 사교가 이루어지던 이전의 전통에 잇닿아 있는 것이면서도, 그러한 공간을 필요한 최소한으로 제한하고 어떤 모형적인 형태로 유형화하고 있는 것을 뜻한다. 이는 적어도 이러한 공간군이 허용되는 수준의 모든 아파트에 대해서 일반적인 특징으로 말할 수 있는 것이다.

한편 세바스토폴 가 77번지의 임대주택은 이와 약간 다른, 그러면서도 그것을 보충하는 고유한 양상을 포함하고 있는 경우다. 이 아파트는 규모가 큰 편에 속하는 2급의 임대 주택인데, 엄밀하게 말하면 고리를 만드는 공적인 공간군과 수목상을 이루는 나머지 공간군이 공존하는 병렬형이지만, 고리는 대기실과 살롱, 식당을 연결하는 최소한의 규모로 축소되어 단일하게 존재할 뿐이며, 많은 수의 침실들이 수목상의 형태로 배열되어 있으며, 화장실이 일부 침실을 제외하고는 부속되어 있다. 또한 대기실과 식당이 고리를 이루는 것 외에도 별도로 하나씩 더 있는데, 새로이 고리를 만들지 않고 있다. 이런 점에서 이 아파트의 공간적 분포는 오히려 예외적인 고리를 하나 포함하는 수목상의 형상을 취하고 있다고 해야 더 적절할 것 같다. 각각의 방들이 나뭇가지 형상으로 분기하는 이러한 수목상의 배열은 각 방들이 갖는 독립성을 극대화하고, 그 끝에 있는 방만으로 동선의 성격을 제한하고 일의화(一意化)하며, 이로써 방들의 사적인 성격을 극대화하는 것이라고 하겠다.

따라서 이 아파트는 사적인 공간군의 비중이 매우 클 뿐만 아니라, 동선의 배열 자체도 사적인 것이 지배적인 그런 분포를 보여 주고 있는 셈이다. 이는 고리를 이루는 방들의 통합도나 응집도를 보아도 그러한데, 살롱과 식당은 통합성이 가장 낮은 편에 속하고, 그와 연결된 대기실도 평균 이하의 통합도를 갖고 있다는 점에서 더 그렇다. 여기서는 고리를 이루고 있다는 사실이 그 방들의 통합도나 응집도의 값이 크다는 것으로 이어지지 않는다는 점에서 주목된다. 더불어 여기서는 대기실-살롱-식당으로 이루어지는 공적 공간의 위상이 전체 분포의 중심에서 밀려나 주변화되고 있다고 할 수 있다.

바티뇰 대로(Grand-rue à Batignolles) 4번지의 아파트는 1858년

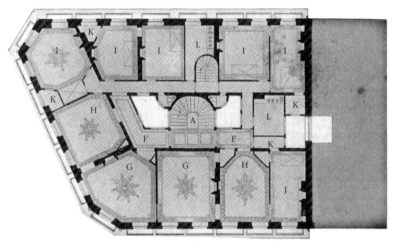

F. 대기실 G. 살롱 H. 식당 I. 침실 K. 화장실 L. 부엌

〈그림 5.7-1〉 세바스토폴 가 77번지 아파트

에 만들어진 3급의 임대 주택이다. 여기서 특별히 눈에 띄는 것은 살롱
이나 대기실이 없다는 점이다. 이는 두말할 것도 없이 공간이 협소하고
부족하여 그런 공간을 둘 여유가 없기 때문일 것이다. 통로와 부엌을 제
외하면 모든 방들이 침실 아니면 내실이다. 하지만 3급의 아파트인 만큼
전체 방수가 적고 규모가 작은 게 사실이지만, 침실이나 내실의 수는 결
코 적지 않으며, 차라리 앞서의 것보다도 많은 편이다. 그렇기 때문에 사
라진 방과 늘어난 방의 변화 양상은 주목할 만하다. 즉 여기서 우리는 심
지어 공적 공간과 사적 공간의 관계가 앞에서 살펴본 많은 아파트들과
도 적지 않게 달라졌음을 볼 수 있다. 즉 세바스토폴 가 77번지의 아파
트를 제외한다면, 그래도 주거공간에서 중심적인 위상을 갖는 것은 공
적인 공간군이었다. 그러나 사적 공간의 비중과 중요성이 증가하면서,
공적 공간의 위상이 주변화될 수 있다는 것을 세바스토폴 77번지의 아

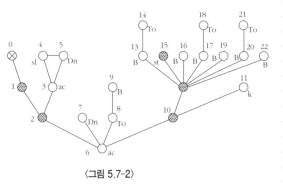

〈그림 5.7-2〉

		응집도	통합도
0	⊗	0.500	4.523
1	계단	1.333	5.628
2	통로	1.083	7.224
3	대기실 1	1.333	5.762
4	살롱	0.833	4.654
5	식당	0.833	4.654
6	대기실 2	2.167	8.643
7	식당	0.250	6.286
8	화장실	1.250	6.453
9	침실	0.500	5.042
10	통로	1.375	9.132
11	부엌	0.333	6.541
12		5.333	8.963
13	침실	1.125	5.261
14	화장실	0.500	4.283
15	계단	0.625	6.453
16	침실	0.125	6.453
17	침실	1.125	6.630
18	화장실	0.500	5.149
19	부엌	0.125	6.453
20	침실	1.125	6.630
21	화장실	0.500	5.149
22	침실	0.125	6.453
합　계		23.000	142.419
평　균		1.000	6.192
표준편차		1.050	1.323

파트가 보여 주었다면, 여기 바티뇰 가의 아파트는 공간이 협소해지면 가장 먼저 사라지는 위상을 공적 공간이 갖게 되었다는 것을 보여 준다. 이는 주거 공간 내부에서 공적 공간의 위상이 매우 취약하게 되었으며, 주거공간 전체가 사적 공간으로 변화되고 있음을 보여 주는 하나의 징표라고 하겠다.

〈그림 5.7-3〉

　통합도와 응집도의 분포를 보면 식당이 모두 가장 높다. 즉 식당이 분포의 중심에 자리잡고 있는 셈이다. 내실과 침실은 통합도가 서로 섞여 있어서 변별적인 차이를 갖지 않고, 통로가 높은 응집도를 갖고 있는 정도가 눈에 띈다. 한편 방들의 분포 양상은 보다시피 수목상을 이루고 있으며, 어떤 고리도 포함하지 않고 있다. 가지처럼 뻗는 동선은 주로 중심적인 공간인 식당으로 모이지만, 오직 그것으로 집중되는 단순집중형이라기보다는 소중심을 통해 또 다른 가지들이 뻗어나가는 나무형의 형상을 하고 있다. 방금 세바스토폴 가

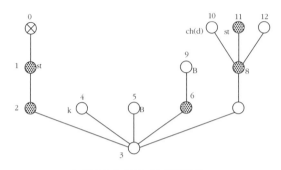

〈그림 5.8-1〉 바티뇰 가 4번지의 집

		응집도	통합도
0	⊗	0.500	2.880
1	계단	1.500	3.692
2	통로	0.700	4.800
3	식당	3.500	6.261
4	부엌	0.200	4.235
5	침실	0.200	4.235
6	통로	1.200	4.500
7	내실	0.450	5.538
8	통로	3.500	4.645
9	침실	0.500	3.349
10	내실	0.250	3.429
11	계단	0.250	3.429
12		0.250	3.429
합 계		13.000	54.422
평 균		1.000	4.186
표준편차		1.132	0.928

〈그림 5.8-2〉

77번지 아파트에서 나타나던 양상이, 여기서는 살롱과 대기실이 사라지면서 어떤 고리도 없는 순수 수목상의 형상으로 나타나고 있는 것이다. 이는 사적인 성격을 극대화하려는 것이라는 점에서, 방들의 구성 양상에서 보여 주었던 주거공간의 사사화 경향과 일치하는 것이라고 하겠다.

이상에서 검토한 결과를 다시 요약하면 다음과 같다. 첫째, 18세기 후반 이래, 특히 19세기에 이르면서 주거공간을 가족 내지 가구별로 단위화하고, 각각의 단위에 고유한 독립성을 부여하려는 욕망은, 수직적으로 여러 층에 분산되어 있던 방들을 수평적인 하나의 단위로 결집시켜 이른바 '수직적 분할에서 수평적 분할로의 변환'이 나타났다. 둘째, 외부공간과 내부공간의 분절이 강하게 이루어지면서, 외부공간의 통합도가 가장 낮은 값을 갖게 되었고, 그런 만큼 외부공간과 내부공간 간의 소통성 내지 이동성이 현저히 낮아졌다. 이는 주거공간이 중세적인 그것과 근본적으로 다른 성격을 갖게 되었음을 보여 주는 하나의 징표다.

셋째, 내부공간 안에서 상대적으로 공적인 성격을 갖는 공간군과 사적인 성격을 갖는 공간군의 분할이 확연하게 나타나게 되었다. 이는 공적인 공간군에 대해서는 고리와 그물상의 형상을 취하는 반면 사적 공간군에 대해서는 수목상을 만들어내는 구별을 통해서 가시적인 형상을 취하기도 하지만, 모두가 섞여 그물상의 분포 안에 얽혀 있는 경우에도 침실이나 내실, 화장실 등의 사적 공간은 살롱, 식당, 대기실 등의 공적인 공간과 통합도상에서 명확하게 구별되는 값을 갖는 것으로 드러난다. 넷째, 공적인 공간군의 경우 대개는 대기실과 살롱, 식당을 기본적인 요소로 일종의 '단위화'가 되고 있다. 그런데 이 방들 가운데서도 대기실의 중심성은 두드러져서, 통합도와 응집도 모두 다른 방들로부터 확연하게 구별되는 값을 갖는다. 다섯째, 사적인 공간군에서 두드러진 것은 카비네와 의상실이 사라지고, 대신 화장실이 내실이나 침실에 부속된 가장 중요한 공간으로 나타나며, 분포상에서도 가장 구석진 곳에, 가장 사적인 성격을 갖는 위치를 차지하고 있다. 더불어 부두아가 내실에 딸린 공간으로 나타나기도 하는데, 그 위상은 화장실과 마찬가지로 사적인 동선에 의해 위치지어지고 있다. 여섯째, 서비스 공간인 부엌은 전체 분포에서 중간적인 위상을 가지면서도, 단일화된 나무가지형의 동선을 취함으로써 중요한 방들과 '가깝고도 먼 관계'를 유지하고 있다. 일곱째, 주거공간이 전체적으로 사적 공간화되는 경향이 나타난다. 공간적 제약이 주어질 때, 내실이나 침실과 같은 방을 늘리려는 태도와 살롱이나 대기실 같은 공간을 축소하려는 태도가 이를 동시에 표현한다. 또한 고리형의 동선을 갖는 분포 대신에 그것이 사라진 수목상의 분포를 선호하는 태도 역시 이러한 경향을 표현한다.

3) 영국 '중간계급'의 주거공간

영국의 이른바 '중간계급'의 주택은 보통 '테라스 하우스'(terrace house)라고 불리는 것으로, 수십 호의 집들이 모여 하나의 팔라초나 대저택과 같은 건물을 이루고, 공통의 파사드와 광장을 공유하면서도 가구마다 분리 독립되어 있는 주거공간을 갖는 특이한 형태의 주택이었다. 다시 말해 외부는 하나의 통일적인 파사드를 갖는 장대한 규모를 갖지만, 그 내부는 수직적인 형태로 쪼개지는, 여러 가구의 독립적인 주거단위로 분할되어 있는, 그런 점에서 집합적인 동시에 독립적인 주택이라는 것이다.

사실 이러한 주택형태의 기원은 영국의 귀족들과 관련된 것이었다. 영국의 귀족들은 보통 시골에 넓은 토지를 소유한 토지 귀족이었고, 프랑스와 달리 궁정이 발달되어 있지 않았기 때문에 수도에 모여 생활하지 않았다. 따라서 그들의 저택은 대개 자신이 소유하고 지배하며 관할하는 지역에 있었다. 귀족 주택이 '컨트리 하우스'라는 이름으로 불리는 것은 이러한 이유에서다(Girouard, 1978 : 5~7). 하지만 중앙의 권력에 진출하거나 하고자 하는 귀족이라면, 또한 어떤 식으로든 그것과 연을 잇는 귀족이라면 도시로, 특히 런던으로 진출해야 했고, 그곳에 빈번히 드나들지 않으면 안 되었다. 따라서 그들은 컨트리 하우스와 별도로, 런던에 자신의 또 다른 주거지를 마련해야 했다. 이를 위해 도시에 상류계급을 위한 집들을 짓게 되는데, 이들은 독립적인 자기 집을 가지면서도, 자신의 신분을 과시할 수 있는 집을 갖고자 했다. 하지만 독립적인 대저택을 도시에 또 다시 짓는다는 것은 쉽지 않은 일이었다.

이러한 욕망에 부응하여 독립된 수십 호의 건물에 프랑스나 이탈리아의 대저택처럼 단일한 파사드를 갖는 하나의 건물 같은 외양을 만드는 집이 나타나게 된다. 하나의 공통된 파사드, 혹은 공통된 테라스를 갖는 이 독립적인 집합주택을 '테라스 하우스'라고 했던 셈인데, 이는 이후 도시에 지어지는 주택의 기본적인 모형과 전통을 형성했다. 궁정건축가였던 이니고 존스가 1630년에 지은 코벤트 가든(Covent Garden)은 처음으로 지어진 귀족의 타운하우스였는데(손세관, 1993 : 208~209), 이러한 테라스 하우스는 산업혁명기를 거치면서 중산층은 물론 서민주택에 이르기까지 주택의 일반적인 형태가 되면서 광범하게 보급되었고, 그리하여 19세기 말에 이르면 영국인 대다수의 집은 테라스 하우스라고 해도 좋을 정도가 된다(Muthesius, 1982 : 11).

애초에 테라스 하우스는 거리나 광장 등의 외부공간과 주로 파사드를 통해 형성되는 건물의 외부형태에 강한 통일성을 주면서도, 각각의 가구를 별도의 집으로 분리할 수 있다는 점을 특징으로 갖는 것이었다. 18세기 이래 테라스란 일렬로 늘어선 집들을 가능한 한 타이트하게 하나로 묶어 통일성의 이미지를 제공하는 것으로 정의되었다(Muthesius, 1982 : 14). 여기에는 몇 가지 욕망이 관여되어 있다.

첫째는, 자기만의 독립적인 집을 가지면서도 화려하고 장대한 궁전적인 통일성을 갖고자 하는 욕망이다. 이는 방금 말했듯이 테라스 하우스의 형태적인 특성으로 표현된다. 둘째, 직주를 분리하려는 욕망이다. 이탈리아의 팔라초나 프랑스의 궁전 같은 집에 상점이나 작업장이 있다는 것은 상상하기 힘든 것이었는데, 그들은 바로 이런 방식으로 작업공간 내지 비주거공간을 주택으로부터 떼어 놓았던 셈이다. 셋째, 이질적인 계급을 분리하여 주거지역을 자기들만의 배타적인 영역으로 독립시키려는 욕망이다. 영국인들은 대륙에서처럼 한 지역에 여러 계급이 뒤섞여 사는 것을 혐오했으며, 이로 인해 지역마다 어떤 동질적인 주거지역으로 제한되는 경향이 19세기에는 중간계급은 물론, 하층 중간계급에 이르기까지 일종의 원리로 자리잡게 되었다고 한다(Muthesius, 1982 : 15~16).

　프랑스 아파트와 달리 영국의 주거형태가 상대적으로 수직적인 주거형태를 특징으로 갖게 되는 것도 이러한 테라스 하우스의 특징과 결부되어 있다. 즉 여러 층으로 된, 하지만 독립성을 가져야 했기에 각각의 가구가 수직적으로 연결된 방들을 하나의 주거단위로 묶는 형태로 만들어지기 때문에, 방들은 수직적으로 분포될 수밖에 없으며, 이 점에서 여러 가지가 동시에 수평적으로 펼쳐지면서 구별되는 프랑스식의 주거와 다른 형태를 갖는다는 것이다. 수직적 주거에 대한 영국인들의 이러한 선호는 심지어 노동자나 서민주택의 경우에도 다르지 않아서, 거의 모든 타운 하우스는 수직적 주거형태를 취했고, 20세기 초에 이르기까지도 수평적으로 주거단위가 구획되는 아파트는 인기를 얻지 못했다(손세관, 1993 : 213~215).

　이처럼 귀족이나 상류계급을 위한 테라스 하우스는 주로 조지 왕조 시대(1714~1830)에 주로 건축되었기에 조지식 테라스 하우스라고 불리며, 산업혁명을 거치면서 새로이 급성장한 이른바 '중간계급' ──부르주아지──의 테라스 하우스는 주로 대부분 빅토리아 왕조 시대에 건축되었기 때문에 빅토리아식 테라스 하우스라고 불린다(Dixon and Mathesius, 1978 : 59 이하). 지가가 상대적으로 오르고 도시의 토지가 부족하게 되었기 때문에, 빅토리아식 테라스 하우스는 조지식 테라스 하우스보다 1 ~ 2층 정도가 더 높았다.

　테라스 하우스는 보통 10개 정도의 방을 갖지만, 상류층이 살던 고급주택인 경우 방은 20개를 넘기도 하고, 하층 중간계급이 살던 주택의 경우에는 6~7개 정도에 머물기도 해서 그 규모와 질의 편차가 큰 편이었다. 그런데 6~7개 정도가 경계였는데, 이유는 그 아래로 내려가면 식당을 따로 갖지 못하여 부엌이나 거실을 식당으로 겸해야 했기 때문이다(Muthesius, 1982 : 46). 보통 이런 경우에 대해서 소주택(small house)이라고 따로 부르기도 한다.

테라스 하우스에서는 층이나 방이 면하고 있는 방향에 따라 공적인 공간과 사적인 공간, 남자의 공간과 여자의 공간, 주인의 공간과 하인의 공간이 구분되었다. 지하층은 작업, 취사 등의 가사를 위한 서비스 공간으로 하인의 공간이었고, 1층은 접객 및 남성의 공간, 2층은 생활공간 및 여성의 공간, 3층과 4층은 취침과 육아의 공간, 그리고 다락층은 하인의 공간이었다. 식당과 거실, 도서실, 당구실, 홀과 계단실은 공적인 공간이었고, 부두아나 침실, 육아실은 사적인 공간이었다(Olsen, 1986 : 104~109).

19세기의 테라스 하우스에서 주거 공간의 분포를 몇 개의 예를 통해 살펴 보자. 런던의 퀸스 게이트(Queen's Gate)에 있는 '알버트 하우스'(Albert House, 1859~1860)는 지하 1층, 지상 5층의 대규모 테라스 하우스로서 가장 상층에 속하는 고급 주택이다. 이 집은 테라스 하우스가 갖는 일반적인 형태를 보여 준다. 즉 테라스 하우스는 여러 층으로 되어 있기 때문에 계단을 통해서 방들이 연결되는 것이 불가피하다. 이를 다이어그램으로 그리면 계단이 층마다 있는 방들의 동선을 분배하고 응집하는 국지적 중심들로 나타난다. 그리고 각각의 층은 프랑스의 임대 주택처럼 넓지 않기 때문에, 한 층에 많은 방들이 들어서기 힘들다. 이로 인해 방들은 대개의 경우 그 계단을 중심으로 집중되는 양상을 보인다. 그리고 어쩔 수 없는 이 공간적 제약으로 인해 테라스 하우스마다 분

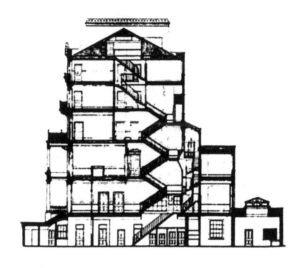

중2층   다락층

| 지하층 | 1층 | 2층 | 3층 | 4층 | 5층 |

〈그림 5.9-1〉 남 켄싱턴의 퀸스 게이트 44~52번지, 알버트 하우스, 런던

배의 형상이 매우 동형적인 모습을 취한다.

알버트 하우스의 경우 식당과 서재(study), 모닝룸(morningroom) 등 1층의 여러 방이나 지하로 내려가는 계단, 2층을 올라가는 계단이 모두 홀로 집중되어 있다. 각 방은 모두 독립된 동선을 가지며, 고리가 하나도 없다. 2층에는 드로잉룸과 부두아, 그리고 성격이 모호한 방이 둘 있는데, 드로잉룸은 계단과 부두아가 연결된 방과 연결되어 하나의 고리를 만든다. 그 위층은 모두 동일하게 식당과 침실이 계단과 함께 고리를 만들고, 독립적인 침실이 하나(혹은 둘) 계단에서 이어져 있다. 그리하여 집 전체는 고리를 포함하긴 하지만 전체적으로는 수목상의 형상을 취하고 있다.

그 고리는 드로잉룸이나 식당을 하나씩 포함하고 있다는 점에서, 아마도 '공적인 공간'에 공간적 특성을 부여하려고 만든 것 같다. 이는 앞서 보았던 파리의 세바스토폴 77번지의 임대 주택〈그림 5.7-1〉과 유사한 특징으로 보이는데, 그렇지만 통합성의 면에서 그 옆의 방과 별다른 차이를 보이지 않는다. 다만 응집성의 면에서 약간 차이가 있지만, 그나마 그것도 그리 크지 않으며, 연결된 방들 모두가 평균 이하의 통합도와 응집도를 갖고 있다. '고리'를 이루는 이러한 연결도 그렇지만 부두아가 있다는 점으로 미루어 보건대 프랑스식의 건축의 영향이 많이 남아 있는 집으로 보인다. 지하실은 넓어서 많은 방들이 있는데, 모두가 부엌이나 창고, 혹은 하인들이 사용하는 서비스 공간이다. 홀 역시 방들이 나무형으로 배열되어 있으며 통로로 집중되어 있다.*

---

* 이처럼 기본적인 방들이 여러 층에 나누어 분산되어 있는 경우, 그리하여 각 층의 내적인 통합성이 작은 경우 층별로 통합성이나 응집성을 계산하는 것은 부적절하다. 다만 이하에서는 편의를 위해, 주로 창고나 서비스 공간으로 사용되었던 지하실은 하나로 묶어서 처리했다.

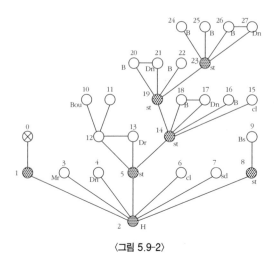

〈그림 5.9-2〉

		응집도	통합도
0	⊗	0.500	5.879
1	통로	1.143	7.439
2	홀	5.250	9.851
3	모닝룸	0.143	7.290
4	식당	0.143	7.290
5	계단	1.060	11.391
6	변소	0.143	7.290
7	서재	0.143	7.290
8	계단	1.143	7.439
9	지하실	0.500	5.879
10	부두아	0.250	6.568
11		0.250	6.568
12		2.750	8.576
13	드로잉 룸	0.500	8.379
14	계단	3.450	11.391
15	변소	0.167	8.100
16	침실	0.167	8.100
17	식당	0.667	8.191
18	침실	0.667	8.191
19	계단	2.367	9.851
20	침실	0.700	7.364
21	식당	0.700	7.364
22	침실	0.200	7.290
23	계단	3.200	7.924
24	침실	0.200	6.178
25	침실	0.200	6.178
26	침실	0.700	6.231
27	식당	0.700	6.231
합 계		28.000	215.711
평 균		1.000	7.704
표준편차		1.233	1.438

〈그림 5.9-3〉

홀의 응집도(5.25)는 매우 높은 편이고, 통합도(9.851) 역시 매우 높다. 하지만 계단들의 통합도는 더욱 높아서 11.391에 이르는 것이 둘이고, 9.851인 것이 하나, 좀 작아서 7.924인 것이 하나 있다. 계단들의 응집도도 역시 높지만, 홀에는 못 미친다. 나머지 방들은 거의 모두가 1이하의 응집도를 가지며, 홀과 계단보다는 통합도가 낮은 곳에 빽빽하게 모여 있다. 즉 홀과 계단을 표시하는 방들과 나머지 방들의 차이가 확연하게 구분된다. 전자는 다이어그램에서 나뭇가지들이 분기하는 분기점들이라는 공통성을 갖고 있다. 이는 이후 반복해서 나타나듯이 수목상의 분포가 보여 주는 공통된 특징이다.

또한 식당이나 거실 등의 이른바 '공적 공간'은, 좀더 정확히 말하면 고리를 이루는 방들은 보통의 다른 방이나 침실보다는 상대적으로 통합도가 높지만, 그 차이는 미미하여 구별되는 영역을 구성한다고 보기 힘들다. 결국 방들 사이의 중요한 구분은 동선이 모이고 분지(分枝)하는 공간(계단, 홀)과 그렇지 않은 공간 사이에 있다고 할 것이며, 식당이나 거실 등은 분포상의 위치만 본다면 사적인 공간에 속한다고 해야 할 것이다. 이 점은 공적 공간과 사적 공간의 분할이 주거공간 내부에서 분명하게 물질화되어 나타났던 프랑스의 아파트와 크게 다른 점이라고 하겠다. 한편 외부공간의 통합도(5.879)는 지하실과 더불어 모든 방들 가운데 가장 낮은 값이다. 외부공간과 내부공간을 확연하게 가르는 이러한 양상은 프랑스의 아파트에서도 이미 보았던 것으로서, 이후 검토하는 다른 테라스 하우스에서도 마찬가지로 반복되어 나타난다.

하인의 공간인 지하실의 통합도(5.879)는 가장 낮은 값인데, 이는 주거공간의 분포 전체에서 하인의 공간이, 외부공간과 마찬가지로 매우 주변적인 위상을 갖는다는 점, 또한 주인의 공간과 분명하게 분절되고 있다는 점을 보여 준다. 역으로 하인의 공간인 지하실의 분포에서 주인의 공간이 갖는 통합도(5.22) 역시 가장 낮은 값이다. 평균 통합도의 차이를 고려하여 각각을 평균 통합도로 나누어 보면, 주인의 공간에서 하인의 공간이 차지하는 통합도는 평균의 76.3%고, 하인의 공간에서 주인의 공간이 차지하는 통합도는 평균의 79.6%로 거의 비슷한 수준이다. 따라서 주인의 공간과 하인의 공간은 서로에 대해 독립성이 강하다고 말할 수 있을 것이다.

이 집은 가장 상층에 속하는 집이기 때문에 하인의 서비스가 일상적으로 필요하리라는 것은 두말할 것도 없지만, 그렇다고 하인의 공간

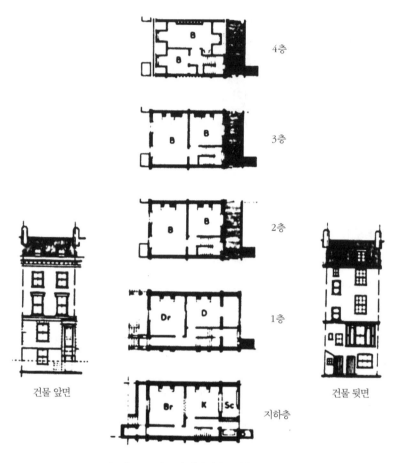

〈그림 5.10-1〉 모턴 가의 테라스 하우스, 런던

을 주인의 공간 전체 가운데로 근접시키려 하지는 않고 있음을 보여 주
는 것이기도 하다. 이는 하인의 공간인 부엌에 대해 동선을 단수화하여
응집도는 저하시키면서도 통합도는 평균 수준으로 유지했던 프랑스와
다른 특징이다. 따라서 19세기 영국의 테라스 하우스에서 주인과 하인
의 공간적 거리는 프랑스 아파트의 그것보다 좀더 멀었다고 할 수 있다.

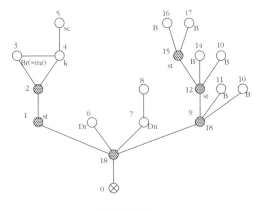

〈그림 5.10-2〉

1830년 경에 지어진 브라이튼
(Brighton)의 브런스윅(Brunswick)
광장에 있는 테라스 하우스 역시 최
상급에 속하는 비슷한 규모의 주택이
다. 방들의 배열을 다이어그램으로
표시하면, 방금 보았던 퀸스 게이트

		응집도	통합도
0	⊗	0.200	5.492
1	계단	0.533	6.353
2	통로	1.333	5.226
3	모닝룸	0.667	4.208
4	부엌	1.833	4.263
5	식기세척실	0.333	3.484
6	드로잉룸	0.200	5.492
7	식당	1.200	5.684
8		0.500	4.378
9	계단	2.450	7.535
10	침실	0.250	5.400
11	침실	0.250	5.400
12	계단	2.583	6.480
13	침실	0.250	4.836
14	침실	0.250	4.836
15	계단	2.250	5.143
16	침실	0.333	4.050
17	침실	0.333	4.050
18	통로	3.250	7.714
합　계		19.000	100.024
평　균		1.000	5.264
표준편차		0.960	1.113

〈그림 5.10-3〉

의 알버트 하우스와 크게 다르지 않다. 계단을 중심으로 층마다 방들의
동선이 분기하는 수목상을 이루며, 1층에서는 식당과 팔러가, 2층에서
는 부두아와 드로잉 룸이 작은 고리를 이루고 있다는 점 역시 앞서와 비
슷하다. 1층에는 홀이 복도 수준으로 축소되어 있으며, 홀로 집중되는
양상 역시 특별히 강하게 나타나지 않는다는 점이 다르지만, 이는 사소
한 차이에 불과하다. 통합도와 응집도로 확인할 수 있는 공간적 분포의
양상 역시 알버트 하우스와 거의 비슷하다. 다만 외부공간의 통합도는
앞서와 달리 평균을 약간 웃도는데, 이는 마구간과 정원이 외부공간을
통해서 따로 만들어져 있기 때문인데, 이는 빅토리아식 테라스 하우스

의 일반적인 특징은 아니다.

〈그림 5.10-1〉의 주택은 지하 1층 지상 4층으로 된 12실 규모의 테라스 하우스로, 최상의 것과 중간 규모의 것의 중간 정도 되는 집이다. 이 집 역시 방의 배열은 나무형으로 되어 있고, 다만 지하실에 있는 부엌과 모닝룸(moring room)만이 고리를 이루고 있다는 점에서 앞서와 대동소이하다. 하지만 앞서는 지하실이 전적으로 하인의 공간이었지만, 여기서는 거실 중의 하나(모닝룸)가 있는 것으로 보아 하인만의 공간이라고 하기는 어렵고, 따라서 함께 연결하여 계산했다.

지상의 층을 보면 1층에 있는 드로잉룸과 식당을 빼곤 모두 계단실과 침실이다. 이러한 분포를 이루는 경우 동선들이 분기하는 계단과 다른 공간 사이에 통합도와 응집도상의 큰 격차가 있다는 점은 앞서 지적한 것과 동일하다. 부엌이 부속된 식기-세척실(scullery)로 인해 응집도가 커졌을 뿐이다. 식당과 드로잉룸의 통합도는 그 중 가장 높긴 하지만 다른 방들과 구별되는 위상을 갖는다고 보긴 어렵다. 전체적으로 앞서의 상층 테라스 하우스와 비슷한 양상을 보여 준다고 하겠다. 단, 외부공간의 응집도는 매우 작은데, 통합도는 평균 수준이라는 점이 앞서와 다르다.

중간 규모의 테라스 하우스인 런던의 세실 가(Cecil Road)의 테라스 하우스(1904년 경)는 대략 평균적인 방 수를 갖고 있는데, 방들의 분포는 고리 하나 없는 수목상을 이루고 있다. 1층에 거실, 식당, 부엌이, 2층에 침실과 목욕실이 있으며, 3층에 하나의 침실이 있다. 지하실이 있지만, 단지 창고로 쓰인다. 통합도와 응집도에 관해서는 앞서와 별로 다르지 않기에 굳이 다시 언급할 필요가 없다. 여기서는 외부공간 역시 가장 낮은 통합도 값을 갖는다는 점에서 전형적인 유형임을 알 수 있다.

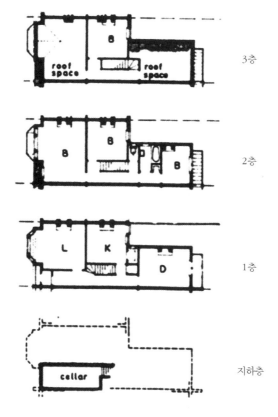

3층

2층

1층

지하층

〈그림 5.11-1〉 런던 세실 가의 테라스 하우스

이슬링턴 파크 가(Islington Park Street)의 테라스 하우스(1820년
경)는 지하실과 지상 2층으로 이루어져 있는데, 역시 지하실에 부엌과
모닝룸이 있고, 거실(living room)과 팔러라는 '공적인 공간'이 1층에,
그리고 두 개의 침실이 2층에 있다. 이로 보아 이는 테라스 하우스 가운
데서도 작은 편에 속하는 셈이다. 여기서도 동선의 분포는 마찬가지로
수목상을 이루고, 계단이나 복도에서 다른 방들이 분할되는 형태를 보
여 주고 있다는 점에서 앞과 동일하다.

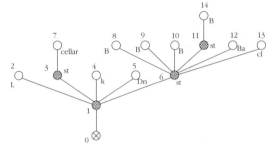

〈그림 5.11-2〉

		응집도	통합도
0	⊗	0.167	5.444
1	통로	4.643	8.522
2	거실	0.167	5.444
3	계단	1.167	5.765
4	부엌	0.167	5.444
5	식당	0.167	5.444
6	계단	5.667	8.909
7	다락방	0.500	4.170
8	침실	0.143	5.600
9	침실	0.143	5.600
10	침실	0.143	5.600
11	계단	1.143	5.939
12	욕실	0.143	5.600
13	변소	0.143	5.600
14	침실	0.500	4.261
합 계		15.000	87.344
평 균		1.000	5.823
표준편차		1.674	1.233

〈그림 5.11-3〉

런던 노엘 파크의 집들은 이른바 '박애주의'라는 간판을 내건 박애주의 협회에서 지은 것인데(Muthesius, 1982 : 95),* 대략 다섯 가지의 상이한 형태로 나누어져 있다. 하지만 고리를 포함하는 경우가 있지만, 대체로 동선의 분포는 앞과 동일하게 수목상을 이룬다고 할 수 있다. 특징적인 것이 있다면, 부엌이 구석이나 지하실에 있던 앞서의 집들과 달리 여기서는 다섯 가지 경우 모두 고리를 이루는 동선상에 있거나 적어도 복수의 동선이 갈라지거나 거쳐 가는 자리에 놓여 있다. 이 테라스 하우스의 규모가 이슬링턴 파크 가의 그것과 마찬가지로 방이 많은 것이 8실, 적은 것은 4실로 작은 편이라는 점에 비추어 보건대, 이는 아마도 중간계급의 하층에 속하는 사람들의 주거공간이었을 것이고, 이 경우 하인을 부리기는 어려운 조건이어서, 부엌이 더 이상 하인의 공간이 아니라는 점에 기인하는 것으로 보인다. 이는 노동자나 서민들의 주택으로 가면 더욱

---

* 19세기의 박애주의 협회나 박애주의자들에 대해서는 6장에서 자세하게 언급할 것이다.

더 두드러져서 부엌이 거실을 겸하는 경우가 흔해지게 된다.

이상에서 본 것이 영국의 테라스 하우스 전체를 '대표'한다는 것을 증명할 방법은 없다. 그것은 앞서 프랑스에 대해서도 마찬가지일 것이다. 다만 전형적인, 그리하여 많은 경우 일정한 차이를 두고 반복하여 발견되는 그러한 특징은 갖고 있다고 말할 수 있다. 여기서 검토한 것을 다시 간단히 요약하면, 첫째, 그 주택의 고유한 특징과 결부된 것으로, 한 가구의 방들이 수직적으로 분포되어 있는 주거형태를 이루고 있다는 점이다. 이는 수평적인 거주형태를 취했던 프랑스의 아파트와 다른, 테라스 하우스라는 건축형식과 결부된 영국 고유의 특징이었다. 둘째, 테라스 하우스는 그 대부분이 수목상의 형상으로 동선이 분포되어 있다. 종종, 특히 상류계급의 경우에 고리를 포함하기도 하지만, 그 고리는 최소한의 삼각형에 머물며, 전체 형상에 영향을 미치지 않는 부분적인 의미만을 지닐 뿐이다. 이는 테라스 하우스의 건축학적 구조상 방들의 연결이 주로 층간을 연결하는 계단에 의해 이루어지며, 한 층에 있는 방의 수가 적다는 점과 긴밀히 결부된 것이다. 이는 결과적으로 방들에 사적인 성격, 고립적인 성격을 자연스럽게 부여하는 것으로 귀착되었는데, 영국에서 프라이버시에 대한 관념이 상대적으로 일찍 발전한 것은 이와 무관하지 않을 것이다. 셋째, 프랑스에서는 대기실이 아파트의 새로운 중심으로 떠올랐는데, 영국의 테라스 하우스에서는 그런 특권적인 중심은 다만 예외적으로만 나타날 뿐이며, 홀이 축소되어 만들어진 복도와 층간을 잇는 계단(실)이 동선이 가지치고 모이는 소중심들로만 나타난다는 점이다. 다시 말해 분포의 특정한 중심이 사실상 사라진다는 것이다. 넷째, 이러한 사정으로 인하여 영국의 테라스 하우스에서 공적인 공간과 사적인 공간의 차이를 명확하게 보기는 어렵다. 오히려 계단과 복도 등으로 잉여적인 동선이 거의 완전히 흡수된 배열로 인해 주거공간 전체가 사적인 공간으로서의 성격을 확실하게 갖게 된다. 다섯째, 프랑스의 아파트와 마찬가지로 외부공간의 통합성과 응집성이 대개는 가장 낮은 값을 갖는다. 즉 외부와 내부의 구별은 프랑스나 영국이나 모두 확실하게 된다는 것이다. 여섯째, 주인의 공간과 하인의 공간은 그것이 명확히 구별되는 상층의 테라스 하우스에서는 서로 독립적이 되고 서로 분리된다. 그러나 소규모 테라스 하우스에서는 공간적 협소함이나 경제적 능력의 부족 등으로 인해 하인의 공간은 축소되어 사라져가며, 부엌처럼 필수적인 공간은 이제 하인의 공간이라는 성격을 상실한다.

2. 근대적 주거공간과 가족주의

1) 가족생활의 변형

18세기를 지나면서 가족생활의 양상에 커다란 변화가 나타난다. 이는 나라에 따라, 혹은 같은 나라 안에서도 지역에 따라 정도의 차이나 변화 속도의 차이에 적지 않은 편차가 있음이 분명하지만, 근대화 내지 문명화가 진행되던 유럽 전반에 대해 일반화할 수 있는 것이기도 하다. 이는 많은 경우 핵가족의 형성이라는 가족형태의 변화로 치환되어 거론되었던 것으로, 핵가족화로 요약되는 사실 자체가 있었던가 그렇지 않으면 그 이전부터 핵가족과 상응하는 소규모 가족이 일반적이었던가 하는 가족사의 중요한 논쟁과 결부된 것이다. 하지만 그것은 가구규모를 지표로 하는 가족형태 ─ 핵가족 여부의 문제 ─ 로 환원될 수 없는 고유한 영역을 가진 주제다. 그것은 가족관계의 변화와 더불어, 그것이 어떠한 새로운 생활방식을 만들어냈는지, 그것을 통해 가족에 대한 태도나 관념이 어떻게 변화했는지를 이해하는 문제이기 때문이다.

주거공간의 용법에 작용하는 내적 조건인 가족생활은 크게 두 가지 축을 따라 형성되는 변화의 조건들을 통해 접근할 수 있다. 하나는 인류학자들이 통상 친자관계(親子關係, filiation)라고 부르는 것으로, 가족의 수직적이고 혈통적인 계열화의 선을 긋는 축이며, 주로 부모에서 자식으로, 혹은 그 아래 자식으로 이어지는 관계로 나타난다. 이 축을 따라 발생한 사태 가운데 가장 중요하고 결정적인 것은 근대에 들어와 어린이에 관한 관념과 태도가 크게 달라졌으며, 그 결과 아이들의 양육방식도 달라지고, 가족 안에서 아이들의 위상이나 아이를 둘러싼 가족관계가 크게 달라졌다는 점이다.

다른 하나는 역시 인류학자들의 개념을 따르면 결연관계(結緣關係, alliance)라고 불리는 것으로, 가족의 수평적이고 결연적인 계열화의 선을 긋는 축이며, 주로 결혼이라는 제도로 나타난다. 이 축을 따라 발생한 사태 가운데 가장 중요한 것은 18세기 말에 이르면서 결혼이 가족 간의 교환관계로부터 사랑에 기초한 관계로 새로이 정의되는 것이며, 그 결과 이전에는 서로 분리되어 있던 사랑/연애와 결혼이 이제는 결혼에 의해 구성되는 가족 안으로 통합되어야 한다는 관념과 태도가 나타났다는 사실이다. 그리하여 이 두 개의 축이 교차하는 지점에서 형성되는 19세기의 가족생활은 이전과 크게 다른 양상을 취하게 된다.

아리에스의 유명한 연구에 따르면 중세 유럽에서 '아이' 내지 '어린이'라는 관념은 의존이라는 관념과 결부되어 있었다. 특히 여기서 중요한 것은 주인(master)에 대한 관계로서, 지금도 '보이'(boy) 내지 '가르송'(garçon)과 같이 서양의 식당에 남아 있는 단어들로 알 수 있듯이, 주인에 대해 의존하는 모든 사람들, 예컨대 종복과 직공, 군인 등은 모두

'어린이'라고 불렀다. 이 경우 어린이는 지금처럼 어른과 대립되는 개념이 아니었다. 따라서 어린이는 지금과 달리, 별도의 복장도 없었고, 별도의 놀이도 없었으며, 어른들의 생활과 구별되는 별도의 생활도 갖고 있지 않았다. 음담패설이 행해지는 자리에서 "애들은 가라"고 말하는 사람은 없었으며, "상스런 언어, 음란한 행동과 상황들이 아이들이 있는 곳에서 행해졌다. 아이들은 이 모든 것을 듣고 보았다"(Ariès, 1962 : 103). 다시 말해 어린이를 어른들의 생활이나 세계로부터 분리하여 '보호'하려는 관념이 없었으며, 어린이란 단지 '작은 어른'이었던 것이다(같은 책, 100~127).

어린이에 대한 관념에서 근본적인 변화가 나타나기 시작한 것은 17세기였다. 다음 세기에 루소에 의해서 묘사된 것처럼 어린이는 순진무구한(innocent) 존재로서 어른들이 만든 세속의 잡다하고 더러운 것들에 물들지 않은 아름답고 깨끗한 존재라는 것이다. 어린이를 천사에 비유하는 것, 아니 반대로 천사에 어린이의 이미지를 부여하는 것 역시 바로 이 시기에 나타나기 시작한다(같은 책, 110). 그 결과 이 시기에 아이들은 "여성과 마찬가지로 눈을 즐겁게 하는 것, 입맞추고 싶은 대상이 되었다"(Flandrin, 1994 : 178). 이전에 아이들이 동일하게 일하는 존재로서 **경제적 가치**를 가졌다면, 이제 아이들은 사랑스럽고 **귀여운 정서적** 가치를 갖게 된 것이다(Thurer, 1995 : 258).

그런데 이렇게 순진무구한 존재인 만큼, 아이들은 또한 쉽사리 타락의 손길에 오염되기 쉬운 연약하고 보호받아야 할 존재라고 간주되었다. 하지만 이러한 타락을 방지하기 위해서 어른들의 세계로부터 고립시킨다는 루소 식의 발상은 낭만적인 것 이상으로 공상적인 것이었고, 좋든 싫든 언젠가 이 타락한 세계와 접촉하는 순간 쉽사리 오염될 상태로 방치하는 것에 불과하다고 보았다. 오히려 현실적인 방책은 어떤 유혹에도 불구하고 스스로의 자아를 견고하게 지킬 수 있는 강력한 훈련과 엄격한 교육이라고 간주되었다. 이를 위해 아이들을 교육시키기 위한 학교들이 급격히 발전하게 되고, 계급과 빈부를 떠나 교육을 위해 일찍부터 남의 집에 도제살이를 보내던 관행은 학교를 보내는 것으로 대체되기 시작한다.* 도제살이를 학교 교육으로 대체하는 데서 가장 앞섰던 것은 이른바 **중간계급**이었다. 이는 **아이들을 부모들의 옆에 두려는 욕망**과 무관하지 않았다(Ariès, 1962 : 369). 반면 "귀족의 대가족이나 장인계급 등은 도제라는 오래된 교육체계에 충실해서, (귀족들의 경우) 아이들을 대공들의 시자(侍者)로, (장인들의 경우에는 다른) 장인들의 도제로 보냈다"(같은 책, 370~371).

결국 어린이는 사랑스러움이라는 정서적 가치를 부각시켰던 '순진무구함'이라는 관념과 더불어, 그런 만큼 어른들의 세계로부터 격리되어 보호되어야 하고 그 타락의 유혹에서 스스로를 지킬 수 있도록 훈련되고 교육되어야 한다는 '보호'라는 관념이 어린이에 대한 17세기의 새로운 태도를 결정한 이중의 관념이었던 셈이다. 이제 어린이에 대한 사랑과 교육은 부모들의 의무(!)가 된다. "어린이가 어린이로서 출현한 것은 사랑받고 교육받기 위한 존재로서다. 근대적 가족도 이와 같은 사랑과 교육의무의 의식 속에서 어린이를 중심으로 하여 우리들 사회의 중핵적 세포가 되었다"(Flandrin, 1994 : 174).

---

* 새로운 어린이 개념의 출현과, 훈련과 훈육을 통한 어린이의 교육이라는 개념이 탄생하는 데서 중요한 역할을 한 것은 신교측의 종교개혁과 그에 맞선 구교측의 반종교개혁이었다. 여기서 어린이 학교 교육을 제도적으로 발전시키는 데 가장 크게 '기여'한 것은 특히 구교측의 예수회였다. 이에 대해서는 솜머빌의 책(Sommerville, 1982) 참조.

더불어 아이들의 양육방식에서 또 하나 근본적인 변화가 수반된다. 나라마다 양적인 편차는 있지만 유럽 전체에 공통된 것 가운데 하나가 바로 유모 양육이었다. 즉 아이를 부모가 직접 양육한 게 아니라 세례를 받은 후 최소한 2년 정도를 유모에게 맡겨서 길렀다. 그런데 로미오와 줄리엣처럼 집에 유모를 두고 애를 기를 수 있는 사람은 최상층의 극히 일부에 지나지 않았다. 부유한 사람들은 상대적으로 가까운 곳에 있는 유모의 집에 아이들을 맡겼고, 가난한 사람들은 당연히 멀리 떨어진 곳에 있는 싼 가격의 유모를 찾아서 아이를 맡겼다(Ariès et Duby[éd.], 1985 : 221~222 ; Shorter, 1975 : 175~180 ; Donzelot, 1979 : 11). 이는 계급의 차이를 불문하고 거의 공통된 것이었다. 그 결과 "거리에서는 직업적인 유모가 20명에 이르는 어린아이들을 짐수레에 싣고 데리고 다니는 괴상한 광경"(Truc, 1995[II] : 131)이 18세기 후반에 이르기까지 결코 이례적인 것이 아니었다. 심지어 유모일을 하는 사람들은 아이들을 하나라도 더 맡기 위해 더 싼 값의 유모를 찾아서 자신의 아이를 맡기기도 했다.

반면 대부분의 부모들은 아이를 맡긴 뒤 방문하는 일도 거의 없었고, 많은 경우 양육비를 제대로 지불하지 않았으며, 종종 영아 유기(遺棄)의 방법으로 사용되기도 했다. 이는 가뜩이나 높았던 유아사망률을 더 한층 높이게 만드는 요인이 되기도 했다. 유모들은 그러한 무관심과 유기로 인한 수입의 손실을 채우기 위해 더 많은 아이들을 맡게 되는데, 이는 제대로 젖을 먹일 수 없는 상황으로 이어졌고, 먹는 것을 물론 전반적인 문제에 대해 아이에게 충분한 신경을 써 주기 힘든 상황을 뜻하는 것이었기 때문이다. 어린이에 대한 관념의 변화에도 불구하고 유모 양육의 관습은 18세기 후반에서야 약간의 변화가 나타났을 뿐, 19세기 중반에 이르기까지 크게 달라지지 않았다. 그 결과 가령 19세기 전반에 모친이 직접 양육한 경우 유아사망률은 평균 19%인 반면, 유모 양육의 경우에는 그 비율이 38%에 이르는 대비를 보이게 된다(프랑스의 루앙 근방의 농촌에서 유아사망률은 90%라는 경이적인 수치를 보여 주기도 한다)[Shorter, 1975 : 181].

물론 18세기 말에 이르면 상류층에 속한 사람들 가운데는 모유 육아를 하는 가정이 나타나기 시작한다. 이는 19세기에 들어와 확장되기 시작하는데, 쇼터에 따르면 여기서 분기점을 이루는 것은 1830년대였다고 한다. 즉 그 시기 이후 유모 양육은 급속히 줄어들기 시작한다는 것이다.* 그런데 학교 교육의 확장과 유사하게 가장 먼저 유모 양육을 중단하고 직접 양육하기 시작한 것 역시 이른바 **'중간계급'**이었다(같은 책, 182).**

양육방식에서 보이는 이러한 변화는 매우 중요한 하나의 문턱을 표시한다. 즉 사랑과 보호라는 관념을 통해 어린이에 관한 새로운 관념과 태도가 나타났던 것은 17세기였지만, 그것은 기존의 가족적 관계라는 틀을 벗어나지 못한 것이었다. 반면 18세기 말에 나타나기 시작하는, 부

---

* 이 시기는 또한 '국력'이라는 개념과 더불어 건강한 인구/주민의 생산과 관리가 중요한 국가적 과제로 부상했던 시기이기도 했다. 즉 엄청난 수의 아이들이 태어나 국가에 유용하게 되기도 전에 죽어간다는 사실은, 아이의 양육에 대해 국가적인 개입이 이루어지는 중요한 이유였다. 이로 인해 모친의 직접 양육에 보조금을 지급하는 식으로 직접 양육을 장려하는 정책이 실시된다. 이에 대해서는 동즐로(Donzelot, 1979 : 9 이하)를 참조.
** 19세기 후반에 이르면 양육에 또 하나의 변화가 나타나는데, 그것은 유모 양육을 하는 경우에도 아이를 부모들이 자신들의 집에 두면서 키우는 양상으로 나타났다. 이는 유모 양육을 하면서도 아이들의 '보호'라는 과제를 효율적으로 달성할 수 있는 효과적인 방법이었던 셈인데, 이것은 파스퇴르의 소독법으로 인해 우유병을 사용할 수 있게 되면서 가능하게 된 것이다. 즉 이제는 유모의 젖의 양에 의존하지 않아도 되게 되었을 뿐만 아니라, 유모가 아이들이 있는 집으로 찾아다니며 양육하는 것이 가능하게 된 것이다(Thurer, 1995 : 300).

모가 직접 아이를 양육하려는 이러한 태도는 아이들의 양육이 부모들의 삶 자체의 중요한 역할과 목적이 되면서, 부모들의 생활 자체를 바꾸기 시작하게 되었음을 뜻하기 때문이다.

이제 아이들의 건강한 양육과 건전한 교육이, 즉 위생 및 건강·도덕과 훈육이 19세기 가정생활에서 가장 중요한 관심사가 된다. 더불어 가정 안에서 이러한 가족적 관심사를 관리하고 배려하는 임무가, 가정 밖에서 이루어지는 직업적 및 사회적 활동과 분리되어 '어머니'들에게 부여된다. "자신의 가족을 위해서 적절한 보호를 제공하고, 지정된 길을 따라 상냥하게 자녀를 인도하는 데에만 관심을 가지는 덕망 있고 온화하며 헌신적이고 성적인 구별조차 없어진 여성"(Thurer, 1995 : 256)으로서 어머니가 새로운 존재의미를 갖고 부상한다. 모성은 '고귀한 소명'으로서 성스러운 것으로 찬양되고, 모든 미덕의 토양으로 찬양된다(같은 책, 258~260).* 그들은 이제 사회적 활동을 포기하거나 축소시켜서라도 아이를 직접, 그리고 건강하고 건전하게 양육하는 것을 자신들의 임무로 삼게 된다.

다른 한편 18세기 말 내지 19세기는 결혼에 의해 성립된 부부관계 속으로 사랑이 통합되던 시기라는 점에서도 또 하나의 문턱을 보여 준

---

* 이러한 어머니 역할의 부상은 아버지의 중요성의 상대적 감소와 결부되어 있으며, 초기 페미니스트들의 평등권에 대한 주장의 중요한 기반이 되었다(Thurer, 1995 : 295). 이는 또한 건강과 위생 문제의 부각으로 인해, 그것을 관리하는 가정 내부의 관리자로서 어머니와, 사회적 관리자로서의 의사의 동맹을 형성하게 되는데(같은 책, 296 : Donzelot, 1979 : 18), 이것은 가정 안에서 어머니의 통제권의 확장에 중요한 계기가 되었으며, 동시에 의사의 시선과 권력이 전통적 요법으로 이전 가정의 의료를 관장하던 '노부인'(老婦人)들의 헤게모니를 극복하면서 가정 안에 침투하는 데 결정적인 요인이 되었다(Donzelot, 1979 : 20). 한편 동즐로에 대한 베럿과 매킨토시의 격렬한(!) 비판(Barret and McIntoch, 1994 : 121~133)은 아마도 이러한 사실에 대한 지적과 평가와 무관하지 않은 것으로 보인다.

다. 그 이전에 결혼은 두 집안의 신뢰에 근거한 협정이었다(Ariès et al, 1996 : 182). 즉 "결혼은 왕후 귀족들뿐만 아니라 모든 계층의 사람들에게 젊은 남녀의 사랑을 만족시키기 위한 것이라기보다는 두 가족을 혈연관계로 맺어 혈통이 끊어지지 않게 하려는 기능을 갖고 있었다. 농민계층조차 결혼에 즈음하여 먼저 물질적·경제적 조건 및 사회적 지위를 고려했었다. 그 때문에 사회의 도덕률도 **부부간의 애정의 유무는 거의 문제가 되지 않았고,** 부부의 의무를 엄수하는 것만을 요구했다. **애정을 문제삼는 경우가 있었지만, 그것은 오히려 지나친 부부애를 경계하기 위한 것이었다**"(Flandrin, 1994 : 101).

킬트강(Kiltgang)이나 베이예(veillée), 크레앙타이유(créantille)와 같이 공동체의 묵인 아래 행해진 사랑이나 연애는 가족적 범위를 벗어난 것이었다.** 그것은 사랑과 연애가 공공연하게 가족의 범위 밖에서 이루어졌다는 것을 뜻하는 것이다. 플랑드랭은 책이름에 사용된 단어들의 분포를 조사하여, 1770년 이전에 '결혼'이라는 말과 '사랑'이라는 말이 사용된 사례가 거의 없다는 것을 보여준다. 또한 부부애라는 단어 역

** 이에 관해서는 쇼터(Shorter, 1975 : 121~127)와 플랑드랭(Flandrin, 1994 : 74~100)의 책 등 참조. 이에 대해 쇼터는 사랑에 공동체가 개입한 것으로서, 친밀성과 내밀성의 부재로 간주하며, 이와 반대로 연애결혼의 출현을 1차 성 혁명 내지 감성의 혁명이라고 간주한다. 그러나 그것은 결코 사랑이나 연애의 부재가 아니며, 친밀성의 부재도 아니다. 그것은 다만 친밀성과 사랑의 장이 가족이라는 경계 밖에서 이루어졌다는 점에서 다른 것일 뿐이다. 이러한 쇼터의 주장은 친밀성이나 내밀성을 가족에 고유한 것으로 먼저 가정하고 있는 것인데, 그 결과 '전통 사회'에서의 다양한 사랑과 성의 양상(Shorter, 1975 : 131~138)을 "전통 사회에 대한 자신의 견해로부터 강력한 편차(bios)"라고 말한다(같은 책, 136). 이러한 '편차'가 공동체의 구속이 약했던 도시에서는 더욱 심했으리란 것은 불문가지다. 도시에서 짝짓기는 우연에 맡겨져 있었고, 대부분은 자유로이 선택했다는 것을 그 또한 인정하고 있다(같은 책, 137, 139). 이 모든 것은 초가족적인 친밀성, 아니 차라리 초커플적인 친밀성이라고 할 만한 것의 증거다. 따라서 정말 중요한 것은 친밀성 내지 내밀성을 가족이나 커플 안에서만 가능한 것으로 보는 우리의 익숙한 전제를 버리는 것이고, 친밀성의 장이 역사적으로 달라짐을 보는 것이다.

시 그 시기 이전에는 사용된 경우가 거의 없다는 것을 보여 줌으로써 부부애란 그 이후에 나타난 것임을 증명하고 있다(Flandrin, 1994: 103~107). 그에 따르면 '연애결혼'(mariage d'inclination)이라는 말이 사전에 처음 등장하는 것은 1797~1798년 이후인데, 1835년에 나온 사전에서는 이를 '지위 재산이 조화된 결혼'이나 '이성적 결혼'(mariage de raison), '이익을 위한 결혼'(mariage d'intérêt) 등과 대비되는 반의어로 사용하고 있다고 말한다(같은 책, 109).

부부간의 관계를 사랑과 대비하는 것은 서양의 오래된 전통에 속한다. 기독교적 도덕과 그것의 신학적 해석에 기인하는 이러한 태도는 단지 신학자들의 완고한 머릿속에만 있었던 것은 아니었다. 가령 몽테뉴는 부부간의 관계에 우정이라는 개념을 사용하여 사랑과 구별함으로써 신학자와 다른 자신의 견해를 제시하고 있다.

남자가 아내에게 우정을 느끼는 것은 너무도 정당하다. 그런데도 신학자들은 이런 우정을 억제하라고 한다. 나는 언젠가 읽었던 성 토마스의 글이 생각나는데, 그는 서로에게 과다한 우정을 느끼는 사람들의 혼인을 반대하는 입장을 표명했다. 왜냐하면 남편의 애정(우정)이 완벽할지라도 부부 사이에서 과다한 사랑이 생겨나면 남편은 이성을 잃을 수밖에 없기 때문이라는 것이다.(몽테뉴, 『수상록』, 1권 30장 : Flandrin, 1996 : 169에서 재인용)

호색이나 쾌락 등을 포함하는 사랑이나 성과 대비하여 부부관계를 '우정'이라는 '이성적 애정'으로 설명하려는 이러한 태도에서, 연애결혼과 이성적 결혼을 대비시켰던, 19세기까지도 사라지지 않았던 그런 태도의 일단을 명확하게 읽을 수 있다.

　반면 부부관계 속으로 사랑 내지 성을 포섭하고 통합하려는 태도들이 18세기 후반 이래 나타나기 시작하며, 19세기에 이르면서 가족에 관한 새로운 모델로 발전한다. "남자가 자신의 아내를 정부처럼 대하는 것을 수치로 여겼던"(Flandrin, 1996 : 175) 구시대와 달리 부부애가 중요한 도덕적 개념으로 부상한다. 또한 결혼제도와 분리되어 있던 성적인 관계나 성적 욕망을 결혼을 통해 구성되는 가족이라는 세포 속으로 밀어넣으려는 시도들이 행해진다. **가족의 테두리 밖에서 전개되던 성적 관계나 욕망이 점차로 가족 자체로 집중된다.** "18세기 이래 가정은 **의무적인 정서·감정·애정의 처소**가 되었으리라는 것, 가정은 **성적 욕망의 특권적인 개화 지점**이 되었으리라"(Foucault, 1990 : 122)는 푸코의 추론은, 17세기 이래 서서히 진행되었던, 하지만 18세기 말에 이르기까지 근본적인 변환의 문턱을 넘지는 못했던 이러한 변화와 긴밀하게 결부된 것이다. 이런 점에서 이제 "가족은 성적 욕망의 장치 내부에 놓인 수정(水晶)이다. 그것은 성적 욕망을 확산시키는 것 같지만 사실은 그것을 반사하고 회절(回折)시킨다. 자체의 투과성과 밖으로 되돌리는 그 작용 때문에 가족은 그 장치의 가장 중요한 전술적 요소들 가운데 하나가 되었다."(같은 책, 124)*

---

* 이것이 거꾸로 근친상간이 가족의 기능상 불가결한 요소가 되면서, 동시에 그런 만큼 19세기 인들에게 가장 강력한 불안과 공포의 요소가 되는 이유라고 할 것이다. 즉 성욕과 성 자체를 가족적 테두리 안으로 몰아넣고 그것과 포갬으로써 가정은 성욕의 중심적인, 혹은 유일한 합법적 공간이 되는데, 이는 가족이라는 근친 사이에 성욕을 끊임없이 선동하는 것을 뜻한다. 그런 만큼 금기로서의 근친상간은 전에 없던 강력한 두려움과 공포, 혹은 금지의 대상이 되었다는 것이다. 정신분석학이 모든 활동적 에너지의 원천에서 성욕을 찾아내고, 그 성욕의 중심에서 어머니에 대한 근친상간의 욕망을 찾아낸 것은 바로 이러한 조건에서다. 이에 대해서는 푸코(Foucault, 1990 : 122~128) 및 들뢰즈/가타리(Deleuze et Guattari, 1983) 참조.

이러한 변화가 결혼과 무관한 사랑이 문란할 정도로 확장되었던* 궁정 귀족들보다는 그들과 경쟁하면서 그들의 '타고난 혈통'과 대비되는 건강하고 건전한 계급적 육체를 생산하고자 했던 부르주아지들에게 먼저 나타났다는 것(Foucault, 1990 : 136~139)은 극히 당연한 것처럼 보인다. "성은 다른 어떤 계급보다 더 심하게 부르주아 계급을 불안에 빠뜨리고 걱정시키고, 계급적 배려를 촉구하고 획득했으며, 그 계급이 공포·호기심·희열·열정이 혼합된 감정을 품고 가꾸어 온, 부르주아 계급 자체의 구성요소다.……이 계급은 18세기 중반 이래 자체의 성적 욕망을 만들어내고, 그것을 발판 삼아 하나의 특수한 육체, 즉 건강·위생·자손·종족이 수반되는 '계급적' 육체를 구성하려고 필사적으로 애썼다는 것을 알아야 한다"(같은 책, 137).

도덕에 대한 계보학적 분석의 칼을 쓰고 있는 푸코와는 반대로 도덕주의적 관점에서 여성의 역사를 쓰고 있는 트뢱 역시 이에 대해 마찬가지로 지적한다. "부르주아들은 귀족들과 달리 결혼과 애정을 분리시키지 않았고, 결혼생활이 사랑으로 충만하기를 원했으며, 필요하다면 **사랑을 강요하기까지** 했다. 하지만 그건 어디까지나 부부간의 합법적인 사랑, 혼인이 치러진 다음에 생겨나고 증가하는 특별한 애정을 뜻했다. 이관계 속에서는 (가족 안에서의) 합법적인 쾌락을 전제로 한 욕망만이 용인되었고, 가정의 미래에 대한 근심, 기쁨과 슬픔, 이득과 손실을 함께

---

* 이는 이 시기 프랑스의 귀족 사회를 다룬 모든 문헌들에서 빠짐없이 지적되는 점이다. 한편 바로 이러한 사실은 궁정적 귀족들의 사랑과 연애를 그린 소설들이 일종의 '포르노그라피'로 범람하게 된 이유를, 동시에 그러한 문헌들이 '정치적 및 철학적 문헌'으로 간주되었던 이유를 이해할 수 있게 해준다. 즉 그러한 서적들은 구체제의 지배자들인 귀족들의 생활을 비난하고 비판하는 '정치적 문헌'이었다는 것이다. 이에 대해서는 린 헌트(Hunt et al., 1996 : 373) 참조.

나누는 데서 발생하는 서로에 대한 존중이 애정의 근원이었다. 애정은 순간적인 정열이 아니라 서로 의지하며 가족구성원들과 부를 관리하는 일을 함께 하는 부부간의 **습관과도 같은 것**이었다"(Truc, 1995〔II〕: 72).

요컨대 사랑을 가족과 포개는 이러한 변환을 통해서 사랑은 합법적 사랑, 가족적 사랑으로 국한되게 되었으며, 성애 역시 그러한 범위 안에 갇히게 된다. 물론 사랑과 성애가 애시당초 결혼이나 가족과 독립적이었던 것인 만큼 그 안에 전적으로 가두는 것은 근본적으로 불가능하다고 해도, 그것은 가족이라는 합법성의 경계 안에 머물러야 한다는 도덕이 발생한다. 이제 혼외정사나 매춘은 이전과 달리 결코 일상적인 것이 아니라 문제적인 것이며, 가족 생활과 무관한 것이 아니라 그것을 위협하고 그것을 침해하는 것이 되었다.** 이와 함께 근친상간은 가족적 영역 안에 갇힌 욕망의 본질이 되었고, 그런 만큼 그것 역시 가족의 존재 자체를 위협할 수도 있는 근본적 금기로서 중요성을 획득한다. 이제 가정은 사랑과 성애의 특권적 장소가 되었고, 부부간의 사랑과 애정은 어린이에 대한 사랑과 더불어 그 장소를 채우는 습속 내지 의무가 되었다. '사랑'이 이중의 의미에서 가정생활의 가장 중요한 슬로건이 된 것이다.

사랑과 가족, 결혼과 성애를 포개는 이러한 변환을 통해서 사랑이

** 구시대에 매춘 내지 매춘부에 대한 태도는 매우 관용적인 것이었고, 16세기 이전에는 시청에서 운영한 공창이 유럽 곳곳에 있었던 데서 보이듯이 당시 사회를 유지하는 데 필수적인 수단으로까지 간주되고 있었다(Rossiaud, 1996). 반면 16세기 후반에 들어오면서 매춘에 대한 태도는 크게 달라지는데, 공창이 여전히 있었음에도 "아무 거리낌 없이 공창가에 드나드는 것은 불가능"하게 되었다(같은 책, 142). 하지만 이러한 변화는 19세기에 이르면서 위생검열과 갖가지 노골적인 적대감에 기초한 치욕적인 규제조치들에 비하면 차라리 부차적인 것처럼 보인다. 이제 매춘부들은 사회의 모든 범죄의 온상으로 간주되어 경찰의 단속대상이 되었고, 성병의 진원지로서 위생검열의 대상이 되었으며, 사랑이 가득찬 가정을 위협하는 도덕적 비난의 집중처가 되었다. 이에 대해서는 코르벵(Corbin, 1995) 및 뒤비/페로(Duby et Perrot, 1999 : 582~595) 참조.

나 성애뿐만 아니라 결혼과 가족에 대한 관념 역시 달라진다. 이전과 달리 결혼은 그것이 사랑을 담아야 하는 것인 한, 거꾸로 사랑에 기초한 것이어야 했고, 그런 만큼 사랑 없는 계약관계로서 결혼에 대한 관념은 거대한 저항에 직면하게 된다. 동시에 결혼은 신뢰에 기초한 집안들 사이의 관계에서 결혼하는 당사자의 관계로 중심이 이동한다. 그것은 거꾸로 두 사람의 관계인 '낭만적 사랑'이 결혼이라는 합법성의 영역을 구성하는 원리의 자리로 승격되는 것을 뜻한다. 이는 어린이 개념의 부상으로 인해 혈연적 지배자로서 거대 가족의 가장 대신에 어린이가 가족생활의 중심에 서게 됨에 따라 가족관계의 수직적 외연이 어린이를 중심으로 하는 부모와 아이 간의 관계 안으로 축소되는 것과 더불어 가족의 결연적 관계의 수평적 폭을 축소했다.

근대의 제왕이 된 순진한, 하지만 그렇기에 더 엄격하게 교육되고 훈육되어야 할 어린이, 거친 외부의 잡다한 발길로부터 보호되어야 할 성역(聖域)으로서 가정, 그리고 어린이와 부부관계에서 발생하는 사랑의 공통된 중심이자, 성역으로서 가정사를 주재하는 성스러운 어머니는 이러한 근대의 가족, 근대적 가정을 구성하는 핵심적인 요소로서 부상한다. 이전 시대를 지배하던 **아내와 정부(情婦)의 대립은 이제 어머니와 매춘부의 대립으로 대체되고, 가족과 사랑의 대립은 가족과 사회 간의 대립으**로 대체된다. '낭만적 사랑'과 '모성애' 및 '가정성'(domesticity)이 근대의 가족생활과 관련된 이른바 '감성의 혁명'을 구성하는 세 가지 요소라고 하는 말(Shorter, 1975 : 227~228)이 타당하다면 이는 바로 이러한 변환의 결과를 표현하는 것인 셈이다.

더불어 모든 사회 관계 가운데 가족의 특권화가 발생한다. 이전 시기에 종교적인 이유나 '군사적인' 이유에서 시작되었던 지방의 조직들은 그 군사적이고 종교적인 성격을 상실한 뒤에도 청년들의 동년배 집단으로 잔존하면서 생활의 가장 중요한 중심이 되었다. "남성들의 경우 사회적 조직의 전체 세계는 술집(bar)을 중심으로 회전하고 있었다"(같은 책, 209). 혹은 일이나 놀이, 방담을 나누던 여성들의 모임 역시 그들 생활의 중심이었다. 귀족들에게 사교적 사회가 있었다면, 농촌이나 다양한 공동체마다 이런 다양한 공동체적 관계들이 있었던 셈이다. 하지만 비가족적인 사회적 관계들의 일상성과 친밀성을 보여 주는 이러한 사회적 관계들은 이제 새로운 배타적 중심으로 등장한 가족이라는 관계에게 점점 자리를 내주게 된다. 사회성이 가정성과 대립하게 되었을 뿐만 아니라, 가정성에게 패하게 된 것이다. 이러한 사실에 대해서 아리에스는 어린이 개념의 역사를 다룬 아름다운 책의 결론에서 이렇게 서술하고 있다.

> 우리는 15세기에서 18세기에 이르는 동안 이러한 가족의 개념이 어떻게 탄생하여 발전했는지를 보았다. 그런데 이미 보았듯이 18세기에 이르기까지 가족은 예전의 사회성(sociability)을 파괴하지 못했다.……
> 18세기가 시작되면서 가족은 모든 계급으로 확산되었고 사람들의 의식에서 지배적인 위치를 확보했다. 지난 몇 세기 동안 이루어진 진보는 사회적 구속에 대한 개인주의의 승리로 묘사되었다. 전자에 대해 가족이 가했던 타격과 더불어. 하지만 부부의 모든 에너지가 극도로 제한된 저 후손(자기 아이)에 대한 관심에 봉사하는 이러한 근대의 생활에서 개인주의란 대체 어디 있는 것일까?……18세기 말에 드 마르탕주 장군이 자신의 편지에서 보여 주었듯이, 가족은 그 구성원이 그 안에 머물러 행복하고 즐겁게 지낼 수 있는 배타적인 사회가 되었다. 현대적 태도에 이

르는 진보는, 가족 개념의 이 놀라운 성장을 무시한다면 전혀 이해할 수 없는 것이 될 것이다. (근대 사회에서) **승리한 것, 그것은 개인주의가 아니라 가족이다.**(Ariès, 1962 : 406)

이렇듯 가족이 모든 사랑과 정열을 집중해야 할 배타적 장소가 됨에 따라, 더불어 가족 외부의 모든 공동체적 관계나 사회적 관계에 대해 대립적인 세계가 됨에 따라, 가정성에 대비되는 사회성은 급격히 축소된다. 가족적 생활의 안정성을 위해 모든 것을 바칠 수 있으며, 그것을 위해서는 어떠한 것도 기꺼이 희생하고자 하는 태도, 달콤한 가정생활의 꿈을 방해하는 모든 것을 죄악으로 간주하여 비난하고 파괴하려는 태도는 이러한 새로운 욕망의 배치의 산물이며, 그 배치를 적절하게 보여 주는 단면(斷面)이다. 이런 의미에서 **모든 욕망이 가족을 위해, 부부관계와 어린이에 대한 사랑으로 귀착되며, 모든 활동이나 노동, 행동이 결국은 가족을 위한 것으로 귀착되는 이러한 욕망의 배치, 더불어 그러한 생활의 안정성을 보호하기 위하여 가정의 경계에 두터운 벽을 쌓고 타인의 침입에 대해 배타적 방어막을 치고, 거칠고 험한 외부세계와 반대로 '젖과 꿀이 흐르는' 편안하고 행복한 안식처로 가정을 만들려는 욕망의 배치가 탄생한 것이다.** 18세기 후반, 혹은 19세기에 부르주아지의 가정에서 가장 먼저 발생한 이러한 새로운 욕망의 배치에 우리는 '가족주의' 라는 이름을 붙일 수 있을 것이다.

2) 근대적 주거공간의 분화

프랑스처럼 임대주택 내지 아파트의 형태를 취하는 경우든, 영국처럼 독립적인 테라스 하우스의 형태를 취하는 경우든, 부르주아지를 필두로 한 19세기의 이른바 '중간계급'의 주거공간은 합리주의적 도식에 따라 기능적 및 형식적으로 분할된 가족적 공간이라는 성격을 강하게 가졌다. 물론 집안에서 모임이나 사교적 연회를 여는 경우에, 특히 프랑스의 경우에 그것은 이전 시기의 귀족들이 했던 것을 본따서 행해졌다. 그러나 그 규모는 축소되었고, 그것의 공식적 성격은 감소되었으며, 모이는 사람들의 범위 역시 축소되었다. 더구나 그러한 사교적 모임은 지속되는 경우에도 주거공간에서의 생활에서 더 이상 중심적인 위상을 갖지 않았으며, 가족적인 생활의 보충 내지 연장으로서 행해졌다.

이러한 생활방식의 변화는 19세기에 이르러 주된 주거공간이 오텔에서 아파트나 독립적인 주택으로 바뀌었을 뿐만 아니라, 그 공간적인 분포나 각각의 공간을 이용하는 방식 또한 변환되었다는 사실과 긴밀히 결부된 것이었다. 앞서 본 것처럼 귀족적인 주거공간과 상대적으로 연속성이 강한 편이었던 프랑스의 아파트에서는, 높은 통합도를 갖는 공간적 분포의 중심은 이전처럼 살롱에서 대기실로 바뀌었으며, 극도로 미세하고 세심하게 분화되었던 '공적인 공간'은 대개 대기실-살롱-식당이라는 세 가지 공간으로 축소되고, 그 방들은 서로 엮이면서 하나의 '아파르트망'으로 단위화된다.

그런데 공간적 분포에서 중심화의 정도를 표시하는 것이 통합도이고, 그런 점에서 가장 높은 통합도를 갖는 대기실이 분포의 중심이 되었다고 하는 것은 분명히 사실이지만, 여기서 곧이곧대로 대기실이 새로이 주거생활의 중심이 되었다고 해석하는 것은 적절하지 않다. 이전에 대기실은 살롱이나 내실 등을 방문하는 방문객들이 대기하거나, 주인의 명령을 기다리는 하인들이 대기하는 방이었다. 그런 만큼 그것은 분명 공적인 공간이고 과시적인 성격 또한 있었음이 사실이지만, 공적인 사교활동이 벌어지는 경우든, 아니면 가족적인 주거생활이 벌어지는 경우든, 주거생활의 중심이 되는 것은 불가능한 그런 용법과 기능을 갖고 있기 때문이다.

그런데 바로 그러한 사실이 19세기 아파트에서 대기실이 분포의 중심으로 부상하는 이유를 설명해 준다. 즉 19세기의 아파트에서 대기실은 주거공간의 내부에 들어온 외부자들을 분류하고 그들이 내방한 목적에 따라 가야 할 곳을 지정하는 공간이었으며(Ariès et Duby[éd.], 1987 : 366~367), 이런 점에서 집안에 주거하는 사람들의 프라이버시와 내밀성을 보호하는 일종의 현관(entrée)이 되었다(Eleb-Vidal et Debarre-Blanchard, 1989 : 268)는 것이다. 그것은 외부공간과 내부공간을 분절하고, 그 사이를 통과하는 동선의 흐름을 가족적인 사생활과 프라이버시를 보호하기 위해 적절히 절단하고 채취하는 '기계'였다. 바로 이와 같은 사실이, 집 안의 모든 동선이 대기실로 집중되고, 또한 대기실에서 분배된다는 사실을 설명해 준다. 이런 점에서 그것은 외부자의 방문이나 모임이 상대적으로 빈번했던 프랑스에서는 주거공간 전체를 가족적인 사적 공간으로 유지하는 데 필수적인 공간이었던 것이다. 요약하자면 이전 시기에는 일종의 사회적 공간이었던 대기실은, 이제 사회로부터 가족적 공간을 보호하는, 굳이 말하자면 '반사회적' 공간으로 변위된 셈이다.

이러한 특징은 적어도 프랑스에서 "대기실 없는 아파트는 아파트가 아닌" 것으로 만들었으며(같은 책, 266), 그래서 심지어 노동자들의 주택에까지도 대기실을 설치한 경우가 적지 않았다. 물론 그 경우 대기실이란 대개 복도나 통로, 혹은 현관에 붙이는 이름에 지나지 않았지만 말이다. 이는 물론 귀족들의 오텔을 모방하던 습속에서 유래한 태도 역시 중요한 한 요인이겠지만, 이것이 귀족적인 생활이 확산되었다는 징표를 뜻하는 것은 전혀 아니었다.

19세기 부르주아지의 주거공간에서 가장 중요한 위상을 차지하고 있는 것은 식당이었다. 그것은 값비싼 테이블이나 호사스런 가구, 다수의 그림들, 금·은빛으로 번쩍이는 식기 등을 외부의 손님들에게 과시하는 공간이었고, 가족 자신이 생활하는 모습을 드러내고 보여 주는 공간이었으며, 사회적인 교제의 가장 중요한 정점인 식사가 행해지는 곳이었다. "거래가 행해지고, 야심이 언명되며, 결혼이 성사되는 곳은 바로 (식당의) 테이블에서였다. 미식가적인 지평이 점차 확장되었다. 즉 특권의 표시며 탁월함의 징표로서 미식적 식사는 정복의 상징이었다. 그것은 성공과 번영을 드러내는 것이 되었다"(Ariès et Duby[éd.], 1987 : 367).

식당은 단지 사교적인 모임이나 객들의 초대 등이 행해지는 곳만은 아니었다. 18세기 말 이래 그곳은 가족의 구성원들이 일상적으로 모이는 공간이었으며, 살롱과 더불어 가족적인 공동의 삶이 이루어지는 공간이 되었다. 이와 관련해 저녁식사가 가족적인 의식(儀式)으로 부상한다. 조그만 식탁에서 대강 하던 사소한 일이 아니라, 이전의 공식적인 식사는 아니라도, 가족이 공동의 공간에 모여서 가족됨을 확인하고 공유하는 중요한 일이 되었다. 식당은 가족적인 공동의 생활이 이루어지는 중심적인 공간이 되었고, 아이들에게 예절과 훌륭한 매너를 가르치는 교육의 장이 되었다(Eleb-Vidal et Debarre-Blanchard, 1989 : 188).

확실히 이상의 사실들을 고려한다면, 19세기 부르주아지의 주거공간에서 식당은 단순히 프라이버시의 금줄이 쳐진 단순한 사적 공간이 아니라는 것은 분명하다고 하겠다. 그러나 그렇다고 그것이 또 17~18

세기 귀족들의 주거공간을 떠올리게 만드는, 사회적 교제와 활동이 행해지는 사회적 공간 내지 공적 공간이라고 할 수도 없을 것이다. 차라리 그것은 가족적인 생활과 가족 외적인 활동이 서로 뒤섞이고 교차하는 공간으로서, 이미 가정화된 주거공간 안에서, 그 가정적 세계를 유지하기 위해 필요한 최소한의 사회성을 담지하는 새로운 위상의 공간이 되었다고 말할 수 있을 것이다. 이런 이유에서 식당은 이전보다 더욱 중요한 사회적 활동의 장, 공적 공간이 되면서, **동시에 가족적인 생활의 중심으로 부상**한다는, 가족의 외부/내부로 공/사를 가르는 이분법에 비추어 본다면 매우 역설적인 위상을 갖게 된 셈이다.

살롱은 19세기 프랑스 '중간계급'의 대부분 주택에서 발견되지만, 그 형태나 위치, 용법은 이전 시기와 매우 달라졌다. 이러한 변화의 단초들은 사실 이미 18세기 말에 완연하게 드러나고 있었다. 즉 앞서 본 것처럼 18세기 말에 이르면 살롱이 기능이나 용법, 혹은 기타 요인들에 의해 다른 이름의 방들로 분화된다. 당구실, 도서실(bibliothèque), 음악이나 춤에 이용되는 특수한 살롱 외에도, 살롱 당트레(salon d'entrée), 살롱 다탕트(salon d'attente), 그랑 살롱, 프티 살롱, 중국식 살롱, 일본식 프티 살롱 등등이 그것이다(Eleb-Vidal et Debarre-Blanchard, 1989 : 270). 이러한 분화는 이전에 살롱에서 이루어지던 다양하고 복합적인 활동들이 그 성격에 따라서 분리되고 그에 상응하는 공간이 기능적으로 분화되는 과정의 산물이다. 19세기에 들어서도 이러한 양상은 계속해서 이어졌다.

이는 표면적으로는 사교적 활동의 형식성이 강화되는 과정처럼 보이지만, 실제로는 모임 자체의 공식성을 약화시키고 친교적인 성격의 것으로 만들기 위해 모이는 사람들의 성격과 범위를 한정된 목표에 따라 제한하고 축소함에 따라 나타난 결과다. 왜냐하면 이러한 다기한 살 롱들이 하나의 집에 모두 모여 있는 것이 아니라 특정한 것만이 하나나 둘 있는 경우가 대부분이었고, 그 규모는 이전에 비해 현격히 줄어들었 기 때문이다. 특히 19세기 아파트에서는 그랑 살롱은 포기하고 프티 살 롱에 만족하는 경우가 많았으며, 그 결과 분화된 다기한 방이 공존하는 것이 아니라 대개는 살롱이라는 이름의 단일한 방으로 축소되는 경향이 뚜렷하다.

그리고 살롱이라는 방의 용법 또한 외부의 객들을 맞이하고 그들과 의 공식적인 모임이 이루어지는 공적이고 형식적인 공간이 아니라, 종 종 부인들이 앉아서 뜨개질도 하고, 가족들이 모여 함께 게임이나 카드 놀이 등을 하는 가족적인 공간의 성격을 강하게 갖는 것으로 변환된다. 물론 식사나 연회를 동반하는 손님들과의 모임이 행해지는 경우, 이전 에 비해 현격히 짧아진 식사가 끝나면, 많은 경우 사람들은 살롱으로 옮 겨 가서 모임이 계속되었다. 하지만 책을 읽거나, 자유로이 대화를 하거 나, 농담을 하기도 하는 그런 모임은 이전과 같은 형식적 성격을 거의 벗 어 던졌다. 이런 이유에선지 살롱을 마치 영국의 드로잉 룸처럼 사람들 이 (공식적 자리에서) 물러나는 방이라고 말하는 경우도 있었다(Airès, 1962 : 399).

그렇지만 살롱은 17세기 이래 귀족들의 과시적인 삶의 방식과 긴밀 히 결부되어 있던 공간이었던 만큼 과시적인 성격을 여전히 갖고 있는 공간이었고, 비록 다른 양상으로 전개되기는 했지만 타인의 시선을 향 한 과시욕은 부르주아를 비롯한 19세기 '중간계급'에게도 여전히 중요 한 욕망 중의 하나였다. 그래서 대부분의 부르주아가 그랑 살롱을 포기 했음에도 불구하고, 살롱은 그 벽면을 호사스런 가구와 그림, 장식으로 번잡하게 장식했고, 그 외의 벽들도 화려한 벽지를 써서 빈 곳 없이 가득 메웠다. 그들에게 빈 곳이란 빈곤을 의미하는 것이었다(Ariès et Duby [éd.], 1987 : 369). 그리고 그러한 공간으로 규칙적으로 객들을 초대하여 모임을 갖는 것 역시 이전 시기부터 내려오던 전통에 나름대로 충실한 것이었다. 이로써 그들은 자신들이 이 새로운 시대를 지배하는 지배계급에 속한다는 것을, 혹은 그 새로운 세계를 이끌고 가는 고상한 상류계급에 속한다는 것을 증명하려고 했던 것이었을까? 아니면 합리적 계산에 능숙한 새로운 이성적 사유에 따라 부의 증식과 지위의 상승을 꾀하는 일종의 수단으로서 이용하려고 했던 것이었을까?

심지어 그 교제의 범위가 가족에서 크게 벗어나지 못하는 소부르주아들의 경우에도 이런 과시적인 전통을 그대로 따르는 사람이 적지 않았고, 이러한 이들은 집에 작은 살롱을 만들어 놓고 최대한의 호사를 발휘한 가구로 장식했다. 그러나 그들로서는 이런 방을 사교적인 모임에 사용할 인적이고 경제적인 능력이 없었기 때문에, 방은 사용되지 않는 공간이 되었다. 이전 시대의 사라진 과시적 방 샹브르 드 파라드가 새로이 출현한 것일까? 하지만 합리적 계산에 능한 이들 소부르주아들은 살롱의 가구를 천과 같은 보호막으로 가려 두는 지혜를 발휘함으로써 여기서도 이전의 낭비적인 생활방식으로부터 자신을 구별하는 최소한의 선을 그었던 셈이다. 어쨌든 이러한 방은 19세기 부르주아지의 두 가지 특징인 '사회성'과 '도시성'을 상징화하는 것으로 간주되었는데(같은 책, 368), 결국 이러한 과시적인 공간은 자신이 부르주아 계급에 속한다는 것을 최소한 스스로만이라도 확인받고자 했던 소부르주아의 허세적 (!) 공간이었던 셈이다.

한편 이와 관련해서 '호사'(豪奢, luxe)의 상이한 개념이 나타났다.

예컨대 중세적인 취향을 갖고 있던, 그리하여 19세기 고딕 미학의 부흥에 결정적 기여를 했던 비올레-르-뒤크(Viollet-le-Duc)는 과시와 호사를 위한 욕구를 인정하면서도, 호사에 적절한 한계가 필요하다고 함으로써 이전 시기에 귀족들이 보여 주었던 '과잉된' 호사에 대해 구별의 선을 그으려 했다. '진정한 호사'와 '남용된 호사', '좋은 취향의 호사'와 '나쁜 취향의 호사', '참된 호사'와 '거짓된 호사'의 새로운 구분이 출현한 것은 바로 이 시기였다(Eleb-Vidal et Debarre-Blanchard, 1989 : 264). 가령 쾌적하고 기분 좋은 실내를 꾸미는 것이 전자에 속한다면, 거만하고 과장된 장식은 후자에 속한다는 것이 이 두 가지 호사를 가르는 하나의 방법이었다.

　여기서 우리는 과시의 양상에 일정한 변화가 나타나고 있음을 포착할 수 있을 것이다. 이전 시기에 과시는, 저택의 호칭이나 건축방식, 나아가 장식에 이르기까지 일반적으로 지켜지던 엄격한 코드가 있었지만, 사실은 일반화된, 그런 만큼 이미 평범한 것이 된 그것을 슬며시 넘어서고 능가하는 감각적인 세련됨과 미적인 취향 등이 중요한 것이었다. 다시 말해 거기서 과시는 평범한 것과 다른 비범한 것, 남과 다른 탁월함을 보여 주는 것이었다. 그들이 보여 주었던 호사에 대한 감각은 바로 그런 탁월함과 비범한, 월등함을 보여 줄 수 있는 능력과 취향의 표현이었다.

　반면 19세기의 부르주아지에게 과시는 분명히 자신이 속한 계급적 지위를 보여 주는 방법이었음에서는 동일하지만, 귀족들의 경우와 반대로 지나친 감각과 장식에 대한 경계를 통해서 표준화되고 규범화된 형태에 머문다. 19세기 부르주아지에게 중요했던 것은 자신이 남다른 감각과 취향을 갖고 있다는 것을 보여 주는 것이 아니라, **남들과 동일한,** '표준적이고 도덕적인'(Calder, 1977 : 32) 감각과 취향을 갖고 있다는 것을 보여 주는 것이었다. 반면 나름의 차별화를 추구하는 경우에도, 그러한 표준에서 지나치게 멀어지거나 그것을 넘어서는 것은 남용이요 과장이라고 비난받았다. 다시 말해 17~18세기의 호사와 과시는 **차별화**(distinction)하는 것을 목표로 했다면, 19세기의 호사와 과시는 **동일화**(identification)하는 것을 목표로 했다고 말할 수 있을 것이다.

영국의 경우에는 주거공간 안에서 이른바 '공적 공간'을 구성하는 방들이 약간 다른 이름과 기능을 갖고 있었다. 보통 응접실(reception room)이라고 불리는 이들 방의 수와 비율은 19세기 들어와 줄어드는데, 방이 많은 집의 경우에는 전체 방의 $\frac{1}{3}$ 정도였고, 방이 적은 집의 경우에는 $\frac{1}{2}$ 정도가 보통이었다. 16실 이상인 테라스 하우스의 경우에는 드로잉 룸, 식당, 팔러 내지 모닝룸(morning room, breakfast room), 서재(study), 도서실, 부두아 등이 있었고, 10실 정도인 경우에는 드로잉룸, 식당, 팔러 내지 모닝룸, 서재 등이 있었으며, 8실이 되면 드로잉 룸과 식당, 팔러로 축소된다(Muthesius, 1982 : 45).* 7실이 되어도 이 3개의 방은 유지되는 것으로 보아, 아마도 당시의 '중간계급'이, 필요한 최소한이라고 느끼는 범위가 이 3개의 방이었다고 할 수 있을 텐데, 그 이하로 내려가면 이런 기능을 뭉뚱그린 '거실'(living room)이나 식당만이 남게 된다.

식당이 없는 경우에는 부엌에서 식사를 해야 했는데, 이는 노동자들의 주택에서는 비일비재한 일이었지만, '중간계급'으로서는 참을 수 없는 것이었다. 식당(dinning room)은 이런 점에서 공적인 공간 가운데

---

* 이는 프랑스의 아파트에서 살롱과 식당 · 대기실이 '공적 공간'의 기본 단위가 되는 것과 유사한 단위를 이룬다고 할 수 있을 것이다.

가장 중요한 방이었음을 알 수 있다. 방이 많이 있는 집에서 식당은, 이전 시기부터 그랬듯이, 만찬이나 식사 이후에 남자들이 남아서 담소하거나 게임을 하는 등의 활동을 하던 남성들의 사교 공간이었다. 그러나 이전과 달리 이러한 연회나 식사모임의 성격이 없는 접객은 식당에서 서재로 옮겨진다. 한편 방이 충분하지 않은 경우 식당은 단지 손님들을 맞는 접객 공간이었을 뿐만 아니라, 일상적으로 가족들이 식사하는 공간이었고, 나아가 난롯가에 앉아 바느질을 하거나 가족들이 모여 담소를 나누거나 어울려 노는 가족적 공간이기도 했다.

이전 시기에 식당은 프랑스의 살롱과 유사하게 모임의 중심적인 장소였고, 드로잉룸 역시 그에 상응하는 장소였음에 비해, 19세기에 이르면 식사를 겸한 연회가 수반되지 않는 일반적 접객은 남성의 경우에는 서재에서, 여성의 경우에는 부두아에서 이루어지게 되며, 도서실이 그런 비공식적 모임의 가장 주된 장소가 된다. 이와 나란히 식당은 접객의 기능이 약화되면서 가족적인 식사와 모임의 일상적인 공간으로 바뀐다. 아니 반대로 말해야 더 정확할지도 모른다. 즉 식당이 이전과 달리 가족적인 식사와 모임의 공간이라는 성격을 강하게 획득하면서, 불가피한 경우가 아니라면 접객의 장소는 서재나 다른 곳을 찾게 되었다고. 결국 예전에 살롱처럼 사교적인 모임의 중심이었던 식당은 이제 '달콤한 가정'(Home, home, sweet home)이라는 19세기 부르주아의 꿈이 둥지를 트는 중심적 장소가 되었다.

한편 식사 이후 여성들이 '물러나'(withdraw) 모임을 갖던 드로잉(drawing) 룸은 세 개의 방 중에서 가장 특권적인 것이었다. 식당이나 서재와 같은 남성들의 공간과 대비되던 이 방은 전체 방들 가운데 가장 화려하고 번잡하게 장식되었던 공간으로서, 단순하고 간명하게 장식되었던 거실이나 서재 등의 공간과 대비된다(Lasdun, 1981 : 55). 여성들의 공간이었다는 점 역시 19세기에도 변화가 없었는데, 이런 특징으로 인해 응접실이 2개로 제한되어야 했던 집에서는 드로잉룸을 둘 수 없었고 (하나는 당연히 식당이 이미 차지하고 있다), 대신 시팅룸(sitting-room)이나 베스트룸(best room), 팔러 내지 거실 등을 두었고, 일반적인 목적에 다양하게 이용되었다. 한편 식당이 대개 1층에 있던 것과 달리 드로잉 룸은 보통 2층에 있었는데, 이럼으로써 이 방을 부엌의 냄새와 식당으로부터 멀리 두고, 식사 후에 이동하는 긴 행렬을 만드는 가시적 효과가 있었다고 한다(Muthesius, 1982 : 46). 하지만 여성들의 접객 기능이 부두아로 이전되면서 드로잉룸의 사회적 기능이 급격히 약화되며, 그 결과 일종의 과시적인 공간이 된다.

19세기에 이르러 그 지위가 급격히 상승했던 영국의 부르주아들은 귀족들과 구분되는 자신들의 고유한 집을 갖기를 원했고, 이를 위해 건축가들은 튜더왕조 시대의 고딕 양식을 적극 이용하면서 고딕적 절충주의가 유행했다(Dixon and Muthesius, 1978 : 35~39). 그것은 튜더 왕조 시대로 거슬러 올라가는 오래된 젠틀맨의 이미지와 결부된 것이었다. 거기서 자신들의 새로운 혈통을 찾아내려고 했던 근대의 부르주아지에게 그것은 매우 적절해 보였던 것이다(Girouard, 1978 : 272). 이는 실내장식에도 반영되어 있는데, 이러한 유행에 가장 민감했던 것이 바로 드로잉 룸이었다. 19세기에 드로잉룸을 장식하는 데 가장 인기를 끌었던 것은 튜더-고딕적인 스타일이나 엘리자베스 시대의 스타일로 만들어진 창문이나 문·벽면·가구 등이었다(Lasdun, 1981 : 45~52). 이는 귀족들과 대비되는 자신의 취향을 새로이 코드화하고 규범화하는 방식이었고, 드로잉룸은 이러한 취향을 드러냄으로써 자신의 계급적 정체성

(identity, 동일성)을 확인하는 방이었던 셈이다.

한편 이전에는 비공식적인 모임과 다과 등에 사용되던 팔러는 19세기에는 피아노 연주, 커플들의 구애 혹은 편지나 글을 쓰는 일 등의 다양한 목적으로 사용되었다. 또 가족은 많고 방은 적은 경우 팔러는 어린애들이 노는 공간이 되었고, 종종 침대를 두어 침실로 이용하기도 했다. 한편 팔러를 갖는가 여부는 사회적 지위의 중요한 표시였고, 그래서 거실-부엌만을 가진 집과 대비하여 팔러가 있는 집을 '팔러 하우스'라고 불렀고, 종종 오두막(cottage)과 집을 대비할 때 변별 기준으로 이용되기도 했다. 이로 인해 19세기에 지어진 집 치고 팔러 없는 집은 별로 없었으며, 방이 4개인 작은 집에서도 팔러를 갖는 경우가 적지 않았고, 심지어 리즈(Leeds)의 백-투-백 하우스에서도 1층의 방을 팔러로 이용했다(Muthesius, 1982 : 48).

이는 프랑스 아파트에서 대기실에 대한 선호와 묘한 평행선을 그리는 것이다. 하지만 이 역시 복도에 대기실이란 명칭을 붙였던 경우에도 그랬듯이, 팔러의 실질적 기능과 무관하게, '상층계급' 내지 '중간계급'에 속한다는 '동일성'을 확인하고자 하는 욕망의 표현이며, 그러한 동일성의 징표로서 '팔러'라는 이름, 혹은 그 이름의 사회적 상징에 대한 집착을 보여 주는 것이다.

거실은, 식당과 드로잉룸, 팔러 등으로 구분되어 이루어지던 기능이, 공간적으로 협소한 경우에 뒤섞여 이루어지던 공간으로서, 식사와 가족적인 만남, 바느질과 같은 가사, 아이들의 놀이, 외부의 객들이 찾아온 경우 접객 등이 행해지던 공간이었다. 혼성을 배제하고 가능한 한 기능적으로 명확히 분할하려고 하던 19세기 주거공간 구성의 원칙은 이 경우 공간적 및 경제적 협소함으로 인해 반대방향으로 되돌아가는 것처럼 보인다. 하지만 기능적 단일화라는 근대 건축의 원칙은 거실에 대해서도 자신을 관철시킬 수 있는 다른 방법을 알고 있었다. 그것은 그러한 다양한 기능을 거실에 상응하는 활동으로, 혹은 거실이 제공하는 기능으로 정의하는 것이다. 이러한 정의는 거실의 그 기능들을, 더욱더 사사화(私事化)되는 침실 등의 사적인 방의 기능과 대비함으로써 '뚜렷한' 구별의 선을 확보할 수 있었다.

이상에서 우리는 19세기 프랑스 '중간계급'의 주거공간과 영국의 주거공간이 매우 상이한 전통과 상이한 형태——가령 수평적 주거와 수직적 주거, 아파트 형태와 테라스 하우스 형태 등——를 갖고 있음에도 불구하고 내부공간의 이용과 연관된 어떤 공통된 특징들을 발견할 수 있다. 먼저 프랑스 아파트에서 '공적 공간'이 '식당-대기실-살롱'이라는 세 개의 방으로 단위공간화되는 경향이 있었다면, 영국의 테라스 하우스에서 그것은 '식당-드로잉룸-팔러'라는 세 개의 방으로 단위화되는 경향이 있다고 할 수 있다. 또한 그 방들의 이용에서도 식당이 사회적 교제와 접대의 공식적 공간이자 가족들의 공통의 공간으로 변환되는 양상이 공통되게 나타나며, 드로잉룸과 살롱이 모두 형식성이 감소하면서 가족적 공간이 되는 것과 동시에 과시적인 공간이 되는 역설적인 양상 역시 공통되게 나타난다.

세번째로, 방의 수가 줄어도 포기하지 않는, 심지어 방이 없는 경우에도 그 명칭의 방을 유지하려는 그런 방이 또한 공통으로 나타난다. 그것은 사회적 지위의 징표 내지 상징으로 기능하는 방에 대한 욕망과 집착이라는 점에서도 공통된다. 물론 그 집착의 정도가 대기실에 집착했던 프랑스에 비해 팔러에 집착했던 영국이 좀더 강했다는 차이는 분명히 있으며, 집착하는 방의 성격에 의해 집착의 성격에서 달라지는 면모 또한 추론할 수 있는 것은 사실이다. 가령 대기실에 대한 집착은 내부공간과 외부공간을 가르고, 사적 공간을 외부의 동선으로부터 보호하려는 욕망이 일차적이라면, 팔러에 대한 집착은 '가정화된' 공간에 대한 욕망이 일차적이라는 점에서 차이가 없지 않다. 그러나 사실 이러한 욕망은 19세기 '중간계급'의 주거공간의 배치를 이루는 다른 요소들로 치환되어 교차하여 나타난다는 점에서 사실은 사소한 차이에 불과하다. 이는 주거공간 전체가 가정화된 공간, 사사화된 공간으로 변환되었다는 공통성을 구성하는 상이한 방식에 불과하다고 하겠다.

마지막으로 이전 시기 귀족들의 주거공간과 달리 자신의 계급적 소속을 확인하고 자신의 지위의 정체성(동일성)을 확인하려는 태도들이 방들의 용법에서 이전과 다른 공통된 문턱을 표시한다. 즉 차별화가 아니라 동일화의 방식으로 자신의 주거공간을 구성하고 치장하려는 태도들이, 부르주아지의 이른바 '합리적인 생활양식'에도 불구하고 사라지지 않았던 그들의 과시욕과 취향을 방향짓고 있다는 것이다.

반면 이러한 공통성으로 환원되지 않는 차이가 두 유형의 주거공간 사이에서 또한 발견된다. 먼저 수평적 주거형태를 취했던 프랑스 아파트에서는 내부로 진입하는 다양한 동선을 분류해서 적절한 동선을 취하도록 조절함으로써 주거공간의 사적인 성격을 보호하는 공간인 대기실이 필수적이었던 반면, 각각의 가구가 명확한 독립성을 갖는 영국의 테라스 하우스에서는 그런 공간이 별도로 필요하지 않았다는 점이 다르다. 세 방들의 관계에서 나타나는 이러한 차이로 인해 그러한 방들의 용법이 분화되는 양상이 달라진다. 즉 프랑스 아파트의 세 방들은 가족적 공간이자 공식적 접객공간이었던 식당과 가족적이면서도 과시적인 공간이었던 살롱, 그리고 동선을 조절하는 공간으로서 대기실이 기능적으로 분화되는 방식으로 구별되었다면, 영국에서 그것은 여성의 공간(드로잉 룸)과 남성의 공간(식당)의 구별, 과시적 공간(드로잉 룸)과 그렇지 않은 공간으로 구별되었던 것이다.

요약하자면, 19세기 영국 '중간계급'의 주거공간에서 이른바 '공적인' 내지 사회적인 공간들은 앞서 프랑스에서 살롱이나 식당, 대기실과는 좀 다른 진행경로와 양상으로, 하지만 전체적으로는 유사하게, 그 사회적인 기능이 이전 시기에 비해 매우 약화된 반면, 가족적인 기능 내지 생활을 가정화하는 기능은 매우 강화되는 공통의 길을 걷고 있음을 보여 주고 있다고 할 수 있다.

확실히 이 점에서 이 시기의 '중간계급'의 주거공간과 이전 시기 귀족들의 주거공간을 대비하여 구별할 필요가 있다. 이미 충분히 보았다시피 방금 말한 세 개의 방들(식당-살롱-대기실, 혹은 식당-드로잉 룸-팔러)은 이전 시기 귀족 저택에서 연유한 것이며, 그들의 주거공간에도 공통적으로 존재하던 것이었다. 더구나 대기실에 대한 프랑스인들의 선호나 팔러에 대한 영국인들의 선호는 이전 시기 상류층의 주거공간에 대한 일종의 회귀적 취향과 무관하다 할 수 없는 것이었다.

그럼에도 불구하고 우리는 마찬가지로 접객의 기능을 포함한 '사회적' 기능을 수행하는 이 공간군이 전혀 상이한 배치에 속한다는 것을 말해야 한다. 왜냐하면 앞절에서 보았듯이 18세기에서 19세기에 이르는 동안 '중간계급'의 가족과 가정에서 발생한 가족주의라는 새로운 욕망의 배치는 가족 공간의 내부와 외부를 분절하는 데 배타적인 관심을 갖고 있었다. 새로이 단위화되고 있는 19세기의 '사회적' 공간군은 이러한 일차적인 구분 안에서, 침실 자체가 전적으로 사적인 공간이 되는 것과 짝하여 발생한 것이고, 그런 만큼 그때 '사회적'이라는 단어는 이전의 사회성과는 아무런 상관이 없으며, 차라리 '가족적'이라는 것을 뜻하는 것이라고 해야 적절하다. 그런 점에서 이들 방들의 기능의 변화는 '사회적' 내지 '공적인' 방들조차 사적이고 가정적인 것으로 만드는 배치 안에 있다. 반면 이전 시기 귀족들의 저택에서 그 방들은 그것이 친교적이고 편의적인 것으로 변환된 이후에조차도 결코 가족적인 것은 아니었으며, 19세기의 '가족적'이라는 말에 반하는 의미에서 '사회적' 공간이었다. 더불어 이 시기의 침실이나 내실 등은 편의적이고 '사적'인 것으로 간주될 때조차도 사실은 사회적이고 '공적인' 공간이었다. 요컨대 이전 시기의 귀족 저택에서는 **'사적인' 방들조차 공적이고 사회적인 것으로 만드는 그런 배치**였다면, 이 시기 '중간계급'의 주택에서는 **'공적'이고 '사회적인' 방들조차도 사적이고 가족적인 것으로 만드는 배치**였다는 점에서 근본적으로 상이한 배치에 속한다고 하겠다. 다시 말해 귀족들의 주거공간과 '중간계급'의 주거공간 사이의 차이는 사적 공간의 존재 유무나 그 비중의 문제가 아니라, 동일한 이름, 유사한 성격을 갖는 방들조차 근본적으로 다른 용법, 다른 의미를 갖게 만드는 '배치'의 차이라는 것이다.

다른 한편 빅토리아 시대로 대표되는 저 금욕의 시대에 침실은 성적인 쾌락의 자유로운 공간이 아니라 생식과 가족의 재생산을 위한 성스런 장소였다(Ariès et Duby[éd.], 1987 : 368). 그런데 특별히 언급하지는 않았지만, 잘 알려져 있듯이 프랑스든 영국이든 내실이나 침실은 사적인 공간으로서 성격을 확고하게 갖게 된다. 주인의 침실에서 공적인 성격이나 과시적인 성격은 완전히 사라지고, 거기에는 타인의 시선이 관통하기 힘든 장막이 쳐진다. 침실은 단 하나의 독립적인 문을 갖게 되고, 집 안에 있는 다른 사람들에게조차 잘 보이지 않는 관계적 장막이 드

리워진다(Olsen, 1986 : 108). 어느 누구도 특별한 이유가 없이는 들어가선 안 되는 저지선이 이 침실의 문턱에 새겨진다.

프라이버시라는 권리가 그 장막의 빗살이 되며, 그 빗살들 사이를 내밀한 부분, 내밀한 영역을 드러내선 안 된다는 빅토리아식의 도덕이 가로지르면서 그 살들을 꼼꼼하게 얽어맨다. 한 가족이 아닌 사람이 한 방에서 자는 것은 결코 용납하기 힘든 일이 되며, 한 가족 안에서도 자신의 방이나 적어도 자신의 개인적인 침대를 갖는 것이 필수적인 조건이 된다. 심지어 가족들의 일부가 하나의 침대에서 자는 장면에서 교회나 의사들은 근친상간이나 영아살해의 혐의를 반복해서 찾아낸다(Eleb-Vidal et Debarre-Blanchard, 1989 : 218).

아이들의 방이 별도의 고려 대상이 된 것 역시 이 시기였다. 앞서 아리에스를 빌려 언급한 바처럼, 17세기~18세기를 거치면서 어린이는 이제 남에게 맡겨 키우는 단순한 '자식'이 아니라, 귀엽고 사랑스러운 존재가 되며, 그 결과 집 밖의 유모에게 맡겨 양육하던 관습은 깨어지고, 부모가, 특히 어머니가 직접 키우는 관습이 새로이 마련되었다(Ariès et Duby[éd.], 1986 : 320 ; Shorter, 1975: 183~184). 그런 만큼 어린이를 위한 공간적 배려가 따르는 것은 필수적이었다.

하지만 다빌레는 물론 블롱델조차도 어린이의 방에 대해서는 별도의 언급이나 고려가 전혀 없었다. 어린이의 방을 특별한 건축적인 고려의 대상으로 삼았던 것은 1780년 메지에르(Nicolas Le Camus de Méziè res)가 처음이었다. 그는 여기서 어린이의 방을 위한 특별한 장식과 분위기에 대해서까지 언급한다. 하지만 그것을 다루는 것은 여전히 '하인들'을 다루는 항에서였다(Eleb-Vidal et Debarre-Blachard, 1989 : 214~242). 이 점에서 어린이와 하인이 하나의 동일한 명사(garçon)로 불리던 습속은 생각보다 강력하게 잔존하고 있었음을 알 수 있다.

이후 어린이의 방이 조그만 크기로 만들어지게 되는데, 여기서 중요한 것은 아이들의 신체적이고 도덕적인 발달에 적합한 공간을 만들어 주는 것이었고, 그런 만큼 교육적 고려가 가장 중요하게 반영되었다 (Weber-Kellermann, 1979 : 138 이하; Weber-Kellermann, 1991 : 7 이하). 하지만 이는 어린이를 위해 방을 별도로 마련해 줄 수 있는 부유한 계급에게 제한되어 있었다. 침실과 마찬가지로 어린이들의 방은 다른 공간으로부터 엄격하게 분리되었고, 외부인들의 접근 또한 금지되었다. 동시에 어머니의 접근가능성과 감독가능성이 확대되었다. 그러나 이 역시 상층계급에 한한 것이며, 중간층의 경우에도 아이들은 독립적인 공간을 갖지 못했고, 프라이버시라곤 없었으며, 반대로 항상적인 감시의 시선에 노출되어 있었다.

이러한 과정을 통해 '중간계급'의 주거공간은 전체적으로 가족적인 공간으로 변환되어 갔다. 결코 가족적이라는 말을 사용할 수 없었던, 과시적이고 공적인 방식으로 이용되던 주택에서, 공적인 공간을 축으로 한 공간적 분화와 체계화가 진행되었고, 그 한편에서 사적으로 이용되는 공간이 분화되기 시작하여, 결국에는 전체적으로 공적인 성격이 완화되고 가족들이 사적으로 이용하는 가족적 공간으로, 좀더 강하게 말한다면 '가족만의 공간'으로 변모되어 갔다. 이런 식으로 사회적 공간은 가정화(domestication)되었다. 또한 이제 가족적인 공동생활의 공간을 규정하려는 경향이 나타나며, 주거공간의 중심에 가족생활을 위치 짓게 된다. 이제는 분화된 공간과 그것의 이용방법을 가족생활을 기준으로, 그것에 대응시키고 일치시키려 한다. 이러한 일치를 뮈라르와 질베르망은 '내밀성'이라고 정의한다(Murard et Zylberman, 1976 : 232).

마지막으로 이상의 논의에 기초하여 사생활의 욕망 내지 사적 공간과 주거공간의 관계에 대해서 중요한 명제를 추출할 수 있다. 그것은 이른바 '사적 공간' 내지 '사생활의 공간'으로서 주거공간의 탄생이, 주거공간의 내적 분화가 본격적으로 시작된 이전 시기 귀족들의 주거공간과 발생적으로 다른 기원을 가진다는 것이다. 이는 앞서 귀족들의 주거공간과 지금 '중간계급'의 주거공간 사이에 있는 형태적인 연속성과 반대로, 심지어 동일한 명칭의 방들조차 다른 것으로 기능하고 작용하게 만드는 배치의 불연속성에 관한 것이다.

이미 우리는 17~18세기에 걸친 주거공간의 분화과정에서 사적 공간의 진화 내지 공간에 대한 사적 욕망의 진화를 확인할 수 없음을 지적한 바 있다. 거기서 우리는 주거공간의 분화는 사적 욕망과는 정반대로 공적 공간으로 발전하는 과정으로 진행되었다는 것을 지적한 바 있다. 물론 물러나 쉴 수 있는 고립의 공간을 찾으려는 욕망이 18세기에 출현하며, 그러한 공간군의 동선을 다른 동선에서 분리하려는 시도가 나타나지만, 그것은 결코 지금 우리가 사용하는 '사적 공간'은 아니었으며, 차라리 '편의적 공간'이라는 말이 더 적절하다는 것 또한 보았다. 또한 18세기 후반에는 주거공간의 형식성이 감소하면서 오히려 그 이전까지의 추세와 반대로 내실이나 침실과 같은 방들의 통합도가 오히려 다시 증가하며, 이른바 '사적 공간'의 진화는 다시 역진적인 진행을 보인다는 것도 본 바 있다. 결국 '사적 공간' 내지 '사생활의 공간'이 출현할 수 있는 계기를 귀족들의 주거공간의 내적 진화에서 찾을 수는 없다는 것이 그러한 고찰의 중요한 함의라고 할 것이다.

그렇다면 지금 현존하는 것이 분명한 이 사적 공간은 어디서 어떻게 발생한 것인가? 방금 보았듯이 살롱이나 대기실 등처럼, 이전 시기 귀족들의 주거공간에서 사용되던 방들의 명칭을 그대로 사용하고 있으며, 기능적인 분화의 원칙 역시 그대로 사용되고 있지 않은가? 그렇다면 귀족들의 그 주거공간과는 대체 어떤 관계에 있는 것인가?

여기서 우리는 이 장에서 제시한 논지들을 다시 한번, 그러나 다른 방식으로 상기할 필요가 있다. 아리에스를 통해 우리는 어린이의 새로운 개념이 17세기에 나타나기 시작했다는 것을 본 바 있다. 그것은 확실히 어린이에게 별도의 옷과 놀이, 교육, 그리고 보호를 위한 조치를 취할 수 있는 상류층에게 해당되는 것이다. 이 점에서는 귀족이 '중간계급'에 비해 뒤처질 이유가 없다. 하지만 그것은 기존의 가족관계 자체를 바꾸는 데까지 이르지는 못했다. 여기서 '물질적' 조건을 이미 형성하고 있는 주거공간의 건축적인 형식은 이러한 새로운 요소가 가족관계의 배치 자체를 바꾸는 곳으로 이끌고 가는 데 일종의 장애물이 된다. 궁정적인 생활방식의 지속 역시 기존의 욕망의 배치나 가족관계의 배치를 재생산하는 또 다른 조건이었다.

이와 대조적으로 상류층은 아니었지만, 어린이에 대한 새로운 개념을 수용할 능력은 갖고 있었던, 동시에 귀족들의 지위를 동경하면서도 그와는 독립적인 나름의 생활양식을 형성해 갔던 '중간계급'은 이러한 새로운 양육방식과 새로운 교육에 훨씬 더 적극적이었다. 사랑이나 성애를 결혼과 가족이라는 테두리 안에 끌어 넣으려고 하는 새로운 태도에서도 이들이 가장 적극적이었다는 것 또한 살펴본 바 있다. 이러한 새로운 태도들이 가족생활을 바꾸고, '가족주의'라고 부르는 새로운 욕망의 배치로 귀결되었다는 사실은 앞서 충분히 지적한 바 있다.

주거공간에 가족적인 경계를 확고하게 만들고, 그것을 가족만의 공간으로, 가족적인 사랑과 애정이 넘치는 공간으로 만들려는 태도가 이러한 '가족주의' 와 직접적으로 결부되어 있으리라는 것은 길게 말할 필요도 없을 것이다. 이런 태도는 귀족저택의 요소들을 베끼고 모방하면서도, 실제로는 사회적인 것에 반하는 **가족화된 배치 속으로 포섭했**으며, 동일한 명칭의 방들에 대해서도 **가족화된 새로운 기능을 부여**하고 새로운 방식으로 이용했다는 점에서 이미 '모방' 과는 다른 무엇인가를 함축하고 있었다. 사생활의 공간, 혹은 가족화된 공간으로서 사적 공간은 바로 이런 배치를 구성하는 새로운 종류의 계열화를 통해서 탄생한 것이다. 이 새로운 계열화의 선을 따라 방들이 배치되면서, 사회적인 공간은 은밀한 사적 공간과 대비 속에서 '가족적인 공간' 이라는 의미를 획득했다. 그것은 '사회적' 이라는 말조차 가족적 경계 안에 가두는 새로운 어법만큼이나 새로운 종류의 용법을 함축하는 것이었다. 역시 귀족들의 이전 저택에서 빌려온 내실이나 침실 등도 이 새로운 배치를 통해서 이전과는 달리 과시적 공간이기를 그치고, 내밀한 사적 공간으로 변형된다.

따라서 우리는 19세기 '중간계급' 내지 부르주아지의 사적인 주거공간이 이전 시기 귀족들의 주거공간 안에서 사생활의 욕망이 작동한 결과 나타난 것이라는 주장이나, 그런 만큼 사생활의 욕망의 어떤 진화적인 성장이 있었다는 주장에 대해 결코 동의할 수 없다. 나아가 주거공간의 역사를 사적 공간의 진화의 역사로 간주하는 주장에 대해서도 마찬가지 이유로 결코 동의할 수 없다. 반대로 근대의 '사적 공간' 은 귀족들의 저택을 '모방' 하는 경우에조차, 귀족들의 생활과는 전혀 다른 새로운 생활방식의 형성을 통해서, 그리고 그러한 생활방식과 방들의 용법내지 분포의 새로운 계열화를 통해서 형성된 이질적인 배치를 통해서탄생한 것이다. 따라서 주거공간의 역사는 사적 욕망의 내적 발전도, 사생활의 공간을 향한 진화과정도 보여 주지 않는다. 반대로 그것은 **어린**

이와 가족생활, 결혼과 성적 관계, 아이들의 양육방식과 교육방식, 그리고 그와 결부된 방들의 새로운 이용 등처럼 서로 독립적이고 분리된 선들이 특정한 조건 속에서 하나의 새로운 생활양식을 구성하는 선으로 수렴되면서 나타난 것이다. 그런 만큼 그것은 이전의 귀족들의 생활양식이나 주거공간에 대해서는 외적인, 그 외부에서 발생한 것임이 분명하다고 하겠다.

다시 한번 확인하건대, **주거공간의 역사는 사적 공간의 진화과정이 아니다.** 사생활의 공간, 그것은 오직 19세기 '중간계급'의 생활과 결부된 것일 뿐이다. 또한 단언하건대, 이전의 주거공간이 사생활의 공간을 준비해 왔다는 관념은, 현재를 과거에 투사하는 방식으로 과거를 해석하고, 현재적이기에 당연시된 어떤 관념을, 종국적으로 발전되고 완성되어야 할 미래로 슬며시 치환하려는 19세기적 관념일 뿐이다. 따라서 우리는 주거공간의 역사를 발전이라는 개념을 매개로 '사적 욕망'이나 '사생활의 욕망'이라는 뿌리로 귀착시키려는 모든 종류의 관념과 결별해야 한다. 이전의 모든 주거공간을 오직 사생활의 공간을 완성하기 위한 전사(前史)로서 취급하는, 그럼으로써 사생활 자체를 주거공간에 내적인 본질로, 심지어 존재 자체의 본질과 결부된 어떤 것으로 간주하는* 모든 종류의 관념과 결별해야 한다. 또한 사생활 내지 사적 공간을 일종의 '인간 조건' 내지 주거공간의 초월적 목적으로 간주하는 모든 종류의 관념과 분명하게 결별해야 한다. '사생활'에 관한 19세기적 관념에서 벗어나 새로운 생활의 방식, 새로운 주거공간을 사유할 수 있기 위하여.

---

* 가령 노베르그 슐츠(Noberg-Schulz, 1787 : 1994)나 바슐라르(Bachelard, 1990), 볼노브 (Bullnow, 1994) 등이 그러한데, 이는 대부분 존재와 집의 관계를 존재의 집으로 간주하면서 주거를 존재의 거주지로 치환하는 하이데거(Heidegger, 1997)의 영향 아래 있는 것이다.

3. 내밀성의 공간

1) 내밀성의 역사적 변환

내밀성(intimacy)이란 드러나지 않는 것, 자신만의 고유한 것, 따라서 자신의 내면에 속하는 것이다. 그런 만큼 그것을 공유할 수 있는 영역이 있다면, 그것을 공유한 사람과의 관계는 더 없이 가까운 것이고, 그래서 쉽사리 '친밀함'의 표상과 결부된다. 그러나 내밀성이 친밀성으로 간주되었던 것은 그리 오랜 역사를 갖지 않는다. 그것은 내밀성이 개인의 고유성/소유(property)로 간주되고, 그런 만큼 프라이버시로, 은밀한 사적 영역으로 간주되게 되는 19세기 이후의 관념일 뿐이다.

흔히 생각하듯이 내밀성은 단지 18세기나 19세기의 '낭만적인 사랑'에 의해 표상되는 근대만의 새로운 개념은 아니었다.* 중세나 절대주의 시대에도 내밀성의 개념은 있었으며, 내밀성이 작용하는 고유한 영역 역시 분명히 있었다. 그런데 중세의 경우 내밀성은 무엇보다도 우선 신과의 관계 속에서 정의되었고, 공간적으로 신이 제공하는 성스러움과 결부되어 있었다. 신과 자신을 잇는, 자신만의 고유한 선, 자기 내부의 내밀한 선, 그것이 바로 내밀성의 선이었다. 따라서 이러한 내밀성은 신과 직접 관계할 수 있는 자들의 세계를 구성하는 것이었고, 또한 바로 거기에 제한된 것이기도 했다. 그것은 구교적인 관념에서 일반적인 평신

---

* 이러한 입장은 쇼터(Shorter, 1975)나 스톤(Stone, 1977) 등에게 공통된 것이다. 또한 '친밀성'이라는 번역어는 특히나 이런 점에서 내밀한 영역과 공적인 영역의 대립의 연속성 위에 내밀한 삶과 권력의 대립을 놓음으로써, 내밀한 영역 안에서 작동하는 권력의 문제를 보지 못하게 한다. 쇼터의 연구에 크게 의존하고 있는 기든스(Giddens, 1996)는 새로운 내밀성을 특징짓는 낭만적 사랑에서 새로운 민주주의적 관계의 원형을 찾고자 한다는 점에서, 그러한 환상을 더욱더 멀리까지 밀고 나간다.

도 대중이 접할 수 있는 세계는 아니었다. 차라리 그것은 수도사나 성직자, 혹은 신의 부름을 받은 '성인들'의 세계와 결부된 것이었다. 신의 내밀한 부름을 받은 잔다르크의 진실을, 신과의 내밀한 비밀을 나누어 본 적이 없는 위선적인 성직자들이 어찌 알 수 있을 것이며, 어찌 알려고 한단 말인가!

이러한 내밀성을 통해서 '사생활'을 정의한다면, 중세의 '사생활'은 수도원을 모델로 하고 있었다는 뒤비의 말은 이런 맥락에서 이해할 수 있을 것이다. 수도원은 신의 가족(fammilia)이라는 관념과 결부되어 있었고, 신의 '사적인' 가족 안에 들어가려는 사람을 매개해 주는 성직자들의 '내밀한' 생활공간이었다(Ariès et Duby[éd.], 1985 : 25). 즉 수도원은 본질적으로 신의 가족이 함께 생활하는 하나의 집이었고, 따라서 "부유층이 자기 집의 사적인 영역에서 어떻게 살았는가를 알려면 우리는 먼저 수도원을 보아야 한다"고 한다(같은 책, 38). 신과 결부된 이 내밀성의 영역은 결코 지금처럼 '개인적인'과 동의어로 사용되는 의미에서 '사적'인 것이 아니었으며, 반대로 수도원의 모델이 잘 보여 주듯이 집합적이었다. 모든 비밀은 공유되었고, 엄격한 규율에 따라 생활은 조직되었으며, 혼자만의 고립은 금지되고 처벌되었다(같은 책, 55~56). 친밀성과는 반대로 엄숙함과 엄격함, 그리고 신성함의 표상이 중세적인 내밀성의 관념과 훨씬 더 가까이 있었던 것이다.

한편 뮈라르와 질베르망에 따르면, 17세기의 내밀성은 5가지 항들의 체계였다(Murard et Zylberman, 1976 : 233~238). 첫째, 그것은 중세적인 내밀성 개념과 마찬가지로, 종교적인 관념성(idéalité)의 게임(jeu) 안에서 신적인 실체들 간의 관계 양상(modalité)을 지시한다. 즉 그것은 종교적 관념들 간 관계의 양태를 구별하게 해주는 어떤 질적인 특징으로서, 무한하고 완전한 것을 서로 연결해 주는 관계, 신적인 실체 간의 관계를 지시한다. 이와 달리 불완전한 관계는 감각적 실체와 신을 묶어 주는 관계로서 정의된다. 삼위일체가 이런 관계의 예로 제시된다. 신들 간의 내밀한 관계를 정의해 주는 이러한 관념은, 내밀성이 지금과 반대로 세속적 삶의 영역이 아니라, 신학적인 대상의 영역에서 발생한 것임을 보여 준다. 이런 점에서 내밀성은 세계를 창조한 신과, 성령, 그리고 신이 보낸 아들(성자) 예수의 공존을 유일신 개념과 어떻게 조화시킬 수 있을 것인가를 고심했던 스콜라 철학적인 연원을 갖는 것이라고 하겠다.

둘째, 내밀성은 신과 나의 관계라는 중세적 정의의 변형으로서, 신을 향해 나아가는 자, 기도하는 자로서 나와 신과의 관계를 통해 정의된다. 이 경우 내밀성의 영역은 종교개혁 운동의 영향 아래 신과의 관계를 대리하는 성직자나, 신과 직접 관계하는 수도사, 성자를 넘어서 기도하는 자 전체로 확대된 외연을 갖는다. 내밀성은 기도하는 자의 상태와 기도의 궁극적인 목적 사이에 완전한 일치를 지시하며, 그러한 일치에 대한 욕망을 지칭한다. 그것은 기도하는 자를 고백과 찬미, 숭배, 복종, 신앙, 희망 등의 위치에 두는 것으로, 기도의 기술을 가능하게 해주는 조건이다. 16~17세기에 이르면서 급속하게 발전되고 강화된 고해장치의 발전은 이와 무관하지 않을 것이다.[*] 아니, 어쩌면 이것이 내밀성의 영역이 확장되었다는 사실의 바로 이면이었던 셈이다.

셋째, 그것은 속죄의 장면(scène)을 지시한다. 즉 그것은 폐쇄되고 고독한 장소, 특히 사람이 살지 않는 곳으로 물러나는(retraite) 것이며, 유폐나 공동 생활을 대신하는 특정한 리듬에 복속시키는 것이다. 따라서 내밀성은 신 앞에서 영혼의 속죄를 위한 공간적 장치를 지칭하며, 그러한 속죄의 시간을 지칭하기도 한다. 이 역시 고해장치의 강화와 긴밀하게 결부된 것으로, 내밀성의 영역이 기도하는 자 전체로 확장됨과 더불어, 그러한 내밀성의 영역을 통제할 수 있는 기술과 수단의 확장을 위한 것이기도 하다. 이는 수도원의 모델이 일반화되는 방식으로 내밀성의 장이 확장되었음을 보여 주는 것이다. 그러나 동시에 그것은 역설적으로 모든 생활을 공유했던 수도원과 달리 속죄의 형식으로 고립된 영역, 물러날 수 있는 영역이 만들어지고 있음을 보여 주는 것인데, 기묘하게도 공공화된 주거공간 내부에 물러날 수 있는 공간이 만들어지는 시기와 매우 근접하고 있다. 이러한 '물러남'의 공간적·시간적 영역은 19세기에 이르면 공적인 공간과 시간에서 벗어날 수 있는 '이탈의 특권'이 된다.

넷째, 내밀성은 또한 종교적인 계약이나 은밀한 계약의 조건적인 요소이기도 하다. 즉 그것은 내밀한 비밀을 털어놓을 수 있는 어떤 상대자나 친구와의 관계를 지시하는 것이다. 가장 신실한 관계를 내밀한 관계라고 한다는 것이다. 신실한 수탁자(受託者), 믿고 고백할 수 있는 사제, 속내를 털어놓을 수 있는 친구가 그것이다. 이는 고해장치의 발전과

---

* 고해는 근대 이전부터 이 은폐된 내밀성의 영역을 들여다보고, 가장 은밀하고 감추어진 것에 대해서도 신학적인 도덕의 시선을 통해 알아내려고 하는 장치였다. 그런데 16~17세기를 거치면서 반종교개혁과 더불어 고해에 대한 의무는 강화되고, 고해의 장치가 발전하기 시작한다(Ariès et Duby[éd.], 1987 : 549~554). 즉 "(신체에 대한 직접적 언급조차 피하게 함으로써) 언어가 그야말로 세련되게 다듬어진다고 하더라도 고해, 특히 육욕에 관한 고해의 범위는 계속 넓어졌다. 모든 카톨릭 국가에서 반종교개혁은 연간 고해 횟수를 늘리는 데 힘썼을 뿐만 아니라 철저한 자기성찰의 규칙들을 부과하려고 애썼기 때문이다.……새로운 교서에 의하면 성은 더 이상 신중한 배려 없이 언급되어선 안 될 뿐만 아니라 그것의 양상, 그것의 상관관계, 그 결과에 이르기까지 가장 세세한 부분까지 추적되어야 한다. 이를테면 몽상을 스치고 지나가는 그림자, 쫓아내려고 해도 좀처럼 쫓아낼 수 없는 이미지, 육체의 역학과 정신의 영합적 움직임 사이의 피할 수 없는 움직임 등등, 모든 것이 말해져야 한다"(Foucault, 1990 : 37).

더불어 고해하는 자와 고해 신부와의 관계를 내밀성이란 개념으로 정의하려는, 다시 말해 더 없이 신실한 관계임을 보여 주려는 것이다. 그런데 그것은 역으로 달라진 조건에서라면, 그처럼 신실한 친구나 상대자가 있을 경우 그와의 관계는 내밀한 것이 될 수 있음을 뜻하는 것이기도 했다. 이는 사랑과 결혼, 가족 등에 대한 19세기의 새로운 배치와 더불어, 내밀성의 영역을 가족이나 부부, 혹은 커플의 영역으로 변환되게 하는 요소를 제공한다.

다섯째, 내밀성은 개인의 고유성(propriété, 소유)이다. 요컨대 그것은 다른 관계, 특히 개인에 속하는 어떤 관계와, 그의 양심과 결부되어 있다. '내밀한 신념'이나 '내밀한 설득'이란 개인의 내면에 속하는 양심에 결부된 신념이요 설득이니, '외면적인'(apparente) 설득이나 신념과는 대립되는 것이다. 이것은 신과의 관계에서 신실함을 떠받치는 양심 내지 양심의 가책을 내밀성의 조건으로 제시하는 것으로서, 고해장치의 발전에 수반되어야 했던 내적 조건이었던 셈이다. 그러나 이것은 또한 내밀성을 규정하는 관계가 양심이라는 사실로 인해서 중세적인 집합성과 상이한 선을 그릴 수 있음을 함축하는 것처럼 보인다. 이 경우 내밀성이 개별자, 개인의 내면에 속하는 개인의 속성(propriété)으로 변환되는 것, 그런 만큼 개인의 의지에 달린 개인적인 소유로 넘어가는 것은, 그것을 둘러싼 배치의 변화만 망각한다면 지극히 연속적인 것처럼 보일 것이다.

이런 점에서 17세기의 내밀성은 신적인 영역 내지 신과 관계하는 영역에서 개인의 영역으로 하강하는 과정으로 보인다. 물론 그것은 개인화된 영역 안에서 신이, 혹은 성직자의 시선이 존재하는 방식이었고, 그러한 시선 안에 개인의 내면을 포섭하려는 전략과 결부되어 있는 것이다. 우리는 이것을, 홉스가 그랬던 것처럼, 이미 유럽 전체의 새로운 경제적 주도권을 장악한 시장과, 그리고 그런 시장에서 나타나는 계약적 자유와 권리의 소유자인 새로운 종류의 개인과 결부시킬 수도 있을 것이다.* 혹은 푸코처럼 이전에는 표상할 수 없다고 생각했고, 표상하려고 하지도 않았던 것들을 표상할 수 있는 것으로 변환시키고, 표상하게 하려는 인식론적 배치와 결부시킬 수도 있을 것이다(Foucault, 1986). 아니면 이미 개인의 속성/소유로 이전되고 있는 내밀성의 영역을, 기도의 장치, 고해의 장치, 속죄의 공간과 시간, 믿고 털어놓을 수 있는 대상을 재정의함으로써 알려고 하는 새로운 종류의 '진리의지'(volonté de savoir)와 결부시킬 수도 있을 것이다(Foucault, 1990). 어떤 경우든 이러한 17세기적인 내밀성 개념의 확장과 변환에는, 중세적인 것과는 다른 새로운 종류의 '알려는 의지'(volonté de savoir)와 권력기술이 수반되고 있었음을 확인할 수 있다.

19세기에 이르게 되면 이러한 내밀성의 의미는 또 하나의 커다란 변환을 보여 준다. 통상적으로 지적하듯이, 가족의 외연이 축소되고 핵가족으로 그 중심이 이전됨에 따라, 혹은 정서적 개인주의가 확산됨에 따라(Stone, 1977), 혹은 가문 간의 경제적 내지 정치적 교환이었던 결

---

* 홉스는 이러한 개인의 승리를 앞질러 포착하고, 그것을 시장의 모델에 따라 사회적 질서의 새로운 상으로 개념화한다. 즉 시장에서처럼 계약의 당사자는 모두 동등한 권리를 가지며, 바로 이러한 권리가 근대 국가, 근대 사회를 구성하는 원자적 요소라는 것이다. 그럴 때 정말 시장에서 그렇듯이 동등한 권리를 가진 개인들 간에 각자의 이익을 극대화하려는 욕망이 작동하면서 만인에 대한 만인의 투쟁이 나타난다. 그렇다면 도대체 사회란, 사회적 질서란 대체 어떻게 가능한가? 그건 그 각자의 개인들이 자신의 권리를 양도하는 어떤 대표자의 통치를 통해서 가능하다(Hobbes, 1990). 직접 신과 대면할 권리를 얻은 새로운 개인들에 대해, 그들의 내면을 신 앞의 양심, 혹은 신부의 시선에 양도할 것을 주장하는 것이 이러한 홉스의 모델과 보여 주는 평행성은 단순한 유사성을 넘는다.

혼이 연인들 간의 사랑에 기초한 결연(結緣)으로 변환됨에 따라, 그리고 아이들에 대한 관념이 귀엽고 사랑스러운 아이로 바뀌면서 모성애가 전면적으로 부상함에 따라, 내밀성은 외부 세계로부터 가족적인 영역을 보호하려는 욕망으로, 그리고 외부세계에 대해 스스로를 드러내지 않을 권리로, 더 나아가 행동에 대한 내면적인 신념의 권리로 변환된다는 것이다.

그러나 이는 상식적인 만큼 상투적인 것이고, 피상적인 것이다. 이러한 상투성은 개인의 프라이버시와 사생활을 절대화하는 근대적 통념에 정확하게 상응하는 것이다. 새로이 출현한 내밀성 개념에 대해 우리는 앞서와 비교하면서 좀더 세심하게 접근할 필요가 있다. 먼저 첫째로, 19세기의 내밀성 개념에서 가장 두드러진 것은, 그것이 신과 자신의 관계가 아니라, 자기 자신과 자신의 내적 관계를 통해 정의된다는 점이다. 즉 그것은 자기 자신의 생각, 자기 자신의 삶에 대한 내면적인 확신의 문제다. 푸코 식으로 말하자면, 이전에 내밀성이 무한자와 관계했다면, 이제 그것은 유한한 것과 관계하게 된 것이다(Foucault, 1986).

둘째, 이전과 달리 내밀성은 이제 자신의 내밀한 세계를 보호하려는 욕망이며, 이를 위해 외부 세계로부터 거리를 두려는 욕망이다. 내부와 외부를 가르는 경계선이 유례없는 강도의 벽을 쌓기 시작한다. 외부 세계로부터 자신을 분리하고 고립시킬 수 있는 공간에 대한 욕망이, 혹은 자기의 사적인 공간의 내부와 외부를 강력하게 분절하고 분리하려는 욕망이 이와 무관하지 않을 것이다.

셋째, 자기자신에 대한 자신의 내적 관계로서 내밀성은 또한 자기 자신을 보는 자신의 시선의 이름이며, 자신에 대한 관찰과 내성(內省)의 수단이다. 그것은 자기 자신에 눈을 돌리고, 자기 자신에 대해 사유하는

'자기의식'이다.* 1인칭의 화자의 고백적 소설이나 일기와 같은 내면성의 문학적 형식이 급속히 부상하는 것은 이와 무관하지 않을 것이다. 또한 내면적 반성능력이 세계를 구성한다는 칸트의 철학이나, 자기의식에게 정신의 최고 지위를 부여했던 헤겔의 철학이 강력한 지배력을 획득하게 된 것 역시 이와 무관하지 않을 것이다.

넷째, 내밀한 관계가 신과의 관계에서 벗어나는 만큼, 내밀한 속내를 터놓을 대상 역시 세속화되는데, 감정적 내지 정서적으로 친밀하고 가까운 사람이 그 일차적 대상이 된다. 이러한 정서적 내밀성에서 연인의 특권적인 위치는 18세기 후반 이래 확산된 이른바 '낭만적 사랑' 개념과 긴밀하다면, 어린이의 내밀성에서 어머니가 갖는 특권적인 위치는, 그리고 내밀성의 관념에서 부부관계가 갖는 특권성은 19세기에 형성된 새로운 욕망의 배치로서 가족주의와 긴밀하다고 하겠다. 이제 고해와 같은 신학적 장치는 내면을 들여다보기에 너무도 불충분하게 된다. 가족주의라는 이 새로운 욕망의 배치를 관통할 수 있는 새로운 종류의 전략과 권력기술이 필요하게 된다.

---

* 이러한 '반성'의 발전이란 '거울'의 역사와 매우 긴밀하게 연관되어 있다. 르네상스 시대 거울은 얀 반 에이크(Jan van Eyck)의 『아르놀피니의 결혼』이나 같은 시기 플랑드르 화파의 많은 그림에서 빈번히 등장하는 것으로, 사람이 볼 수 없는 것을 본다는 점에서 신의 눈을 상징하는 것이었다(Melchior-Bonnet, 1994 : 130). 반면 근대적 자아와 근대적 사유의 새로운 상을 제시했던 데카르트에게 거울은 '반성(reflexion)의 모델'이었다(같은 책, 142, 169). 그것은 17세기적인 방식으로 삶을 스펙터클로 만드는 수단이었고, 또한 예절을 가르치는 수단이었으며(같은 책, 142), 동시에 그것을 통해 자신의 신분과 지위를 만끽하는 집합적 나르시시즘의 수단이었다(같은 책, 152~153). 벨라스케스(Velázquez)의 『시녀들』은 화면의 중앙에 있는 거울에 바로 왕과 왕비를 둠으로써, 특권화된 어떤 시선이 방사하는 새로운 중심이 되었음을 보여 주고 있다. 하지만 외면성의 형식, 왕의 시선이라는 형식을 피할 수 없었던 이러한 반성 개념과 달리, 칸트는 시간과 공간, 혹은 현상계 전체를 선험적 주관의 내면으로 옮겨 놓음으로써, 반성적인 능력을 절대화한다. 이제는 반성적 능력이 외부의 세계를 능가하며, 그것에 대해 우위를 점하게 된 것이다.

다섯째, 앞서 말했듯이, 내밀성이 개인적인 고유성이라는 점에서 더 나아가 그것은 이제 개인의 소유가 된다. 종교적인 견해나 정치적인 견해에 대한 자신의 신념이 그런 내밀성의 영역을 이루는데, 이는 특히 부르주아 혁명 이후 새로운 사회의 원리가 된 자유주의와 나란히 발전한다. 이로써 내밀성은 개인주의의 내적 원리가 된다. 내밀성이 사적인 것의 내용으로 간주되고, 그런 만큼 공공연하게 드러남과 반대되는 대립선을 통해 별도의 영역을 구성하게 되는 것은 이러한 변환과 결부된 것이다. 요컨대 이제 내밀성은 개인의 내면에 관한 것이요, 개인의 소유에 속하는 것이며, 따라서 사적인 것이며, 사생활의 영역을 구성하는 것이다.

이러한 내밀성의 개념은, 어떤 점에서는 17세기적인 그것과 매우 밀접한 연속성을 보여 주는 듯이 보인다. 그러나 내밀성의 근대적 용법과 17세기의 그것을 얼추 비교하는 것만으로도, 우리의 감각으로서는 결코 수용할 수 없는 근본적인 대비가 양자 사이에 있음을 발견하는 것은 매우 쉬운 일이다. 가장 근본적으로 신과의 관계에서 정의되는 내밀성은 우리가 이해하는 내밀성과 전혀 다른 것이며, 흔히 대체되는 친밀성과도 거리가 먼 것이기 때문이다. 내밀성의 개념에서 나타나는 이러한 변환은 개념적 유사성마저 다른 것으로 바꾸는 새로운 욕망의 배치, 새로운 관계들에 따른 것이다. 이런 점에서 우리에게 익숙한 (19세기적인) 내밀성이란 근대의 사생활을 이끌어 온 추동력이라기보다는, 가족주의로 귀착된 근대의 새로운 욕망의 배치를 통해 변환된 결과라고 하겠다. 그것은 신보다는 성에 더욱 긴밀히 결부된 새로운 종류의 관념인 것이다.

2) 내밀성의 시선

19세기 '중간계급'의 가족적 배치에서 발견하게 되는 사생활의 욕망은 주거공간 자체를 사적인 공간으로 변형시켰음을 보았다. 신체적인 활동의 흐름은 이제 새로이 출현한 이 사생활의 공간 안에서, 새로운 형식을 부여받게 된다. 그것은 새로운 생활방식의 탄생을 뜻하는 것이었다. 이제 주거공간은 가족만의 공간으로, 사적인 공간으로 변형되고, 그 공간에서 이루어지는 생활과 욕망의 흐름은 사생활과 내밀성이란 개념으로 명명된다.

세속적이고 개인적인 속성으로 변환된 근대적 내밀성은 이러한 공간적인 변용을 조건으로 하여 성립한 것이면서, 동시에 그러한 공간을 외부세계와 분리하고 대립시키는 두꺼운 장막이 된다. 이로써 주거공간은 사생활의 욕망을 권리의 형태로 보장받을 수 있는 절대적 장이 되었고, 사생활은 내밀성과 동일한 외연을 확보하게 되었다. 그것은 모든 것이 드러나야 하는 공적인 세계와 대비되는 사적인 세계의 최소한을 정의한다.

그러나 내밀성은, 권리가 동시에 의무를 뜻하게 되는 근대적 자유주의의 원리와 유사하게, '드러내지 않을 권리'면서 동시에 '드러내서는 안 되는 의무'를 뜻하는 것이기도 했다(Murard et Zylberman, 1976 : 247). 그것은 무엇보다도 우선 빅토리아 시대의 엄격한 규율과 강력한 억압이 대변하듯이, 신체의 일부나 신체의 기능에 대해 말하지 말 것을 요구했으며, 굳이 말해야 할 경우에는 에둘러서 다른 방식으로 표현할 것을 요구했다. 예컨대 정숙성을 인정받기 위해선 '다리'(legs)라는 말을 사용하지 말아야 했고, 불가피하게 사용하는 경우에는 사지(limbs)라는 말을 사용해야 한다고 하는 주장은 많은 예절서에 공통된 것이었다

(Kern, 1996 : 14).* 더욱이 그것을 드러내거나 남에게 보이는 것은 말할 것도 없었다. 신체는 품위를 손상시킬 위험으로 가득 찬 대상이었던 것이다.

1820년경부터, 약간의 간헐적인 시기를 제외하고는 부인들의 옷은 사지를 모두 가렸으며, 치마의 자락은 지면에 닿을 정도로 길어졌다. 심지어 의사들에게 진료받기 위해 몸의 일부를 내보이는 것도 드러내선 안 된다는 강박증이 지배했다. 가령 "미국 최초의 여의사인 엘리자베스 블랙웰은 그녀의 여자친구가 남자 의사의 진료를 거부하다가 죽었다는 사실 때문에 의학의 길에 들어섰다고 밝히고 있다.……난소 염증으로 괴로워하고 있는 환자의 어머니는 딸에게 필요한 직장 검사를 거부하고, '그런 야비한 것은 들은 적도 없다'고 화를 내며 항의했다. 어떤 의사는 환자가 어느 부위가 아픈지를 알아내기 위해서 인형을 사용하기도 했다"(Kern, 1996 : 13~14).

이는 성에 관련된 것의 경우에는 특히 심했다. 예를 들어 빅토리아 시대의 행복한 결혼 생활의 모범적인 사례로 흔히 거론되는 로버트 브라우닝과 엘리자베스 브라우닝(R. and E. Browning)은 평생 동안 서로의 벌거벗은 몸을 한 번도 본 적이 없었다고 한다. 또한 성병에 대한 공포가 매우 컸으며, 특히 매독에 대해선 더욱 그랬는데, 매독을 직접 언급

---

* 쇼터나 스톤, 기든스 등을 비롯해 많은 사회학자들이 말하듯이 이른바 '낭만적 사랑'의 시대요, 개인의 감정이 해방된 시기였던 19세기가, 동시에 빅토리아적인 엄격성으로 대변되는 억압과 금욕의 시대였다는, 일견 역설적으로 보이는 사실을 우리는 이러한 내밀성의 조건 속에서 이해할 수 있다. 즉 프라이버시의 두터운 장막으로 가려진 은밀하고 밀폐된 장소로서 가족적 공간, 개인적 공간이 만들어지던 조건 아래서, 내밀성은 드러내지 않을 원리이기도 했지만, 자신의 욕망을 스스로 억압하고 통제함으로써 드러내지 않아야 했던 의무기도 했던 것이다. 이는 내밀성을 가능하게 했던 근대의 공간적 배치의 변환이 없었다면 생각할 수 없는 권리요 의무였다.

하는 것 역시 피해야 했다. 그래서 병에 걸린 것을 의사가 언급할 때에도 "성 베로니카와 사귀다"(frequent Saint Veronica)라는 어법을 사용하거나 피가 "썩어버렸다"(gone rotten)는 식으로 표현해야 했다(Ariès et Duby[éd.], 1987 : 558).

이런 내밀성의 의무는 공간적인 규율과 결부되어 있었다(Murard et Zylberman, 1976 : 248). 예를 들어 실내에서 입는 옷과 실외에서 입는 옷이 구분되었고, 실내에서 입는 옷을 입은 채 밖으로 나돌아 다니는 것은 품위없고 천박한 짓으로 간주되었다. 더욱이 침실에서 입는 옷인 잠옷이나 네글리제를 침실 외부에서 드러내는 것 역시 마찬가지였다(Ariès et Duby[éd.], 1987 : 486~487). 가족만의 내밀한 공간에 외부의 일을 끌고 들어오거나 뜻하지 않은 손님을 끌어들이는 것은 비난의 대상이 되었고, 부부만의 내밀한 침실은 특별한 이유가 없는 한 드나들 수 없는 공간이 되었으며, 아이들의 방은 아이들의 건강하고 '깨끗한' 성장과 교육을 위해 출입을 삼가야 했다(Weber-Kellermann, 1979 : 138~ 140).

이러한 내밀성을 뮈라르와 질베르망은 먼저 언급한 정서적이고 '편안한 내밀성'(intimité aisée)과 대비하여 '훈육적 내밀성'(intimité disciplinaire)이라고 부르는데(Murard et Zylberman, 1976 : 248~250), 후자는 바로 전자의 직접적인 이면이었던 셈이다. 이 새로운 내밀성은 한편으로는 새로운 외연을 갖게 된 가족이 생활의 독립적이고 고립적인 중심 자리를 차지하면서 이른바 '가족 생활' 내지 '가정 생활'이라고 부를 수 있는 것과, 다른 한편으로는 지금까지 길게 살펴보았던 것처럼 주거공간의 분화와 배열의 새로운 방식이 결합됨으로써 탄생한 것이다. 다시 말해 근대적인 내밀성은 근대적인 주거공간의 변환 위에서 진행된 새로운 가족적 생활방식의 형성과 결부되어 탄생한 것이다. 그런데 근대적 내밀성의 하나의 중심축인 '훈육적 내밀성'은 단지 '드러내지 않을 의무'에 머물지 않는다.[*] 그것은 드러나지 않는 은밀한 영역 안에서 작동하는 새로운 시선의 배치를 통해서, 내밀성의 공간을 근대적 시선의 장으로 변환시키는 일련의 전략들과 결부되어 있다.[**]

어린이의 자위에 대한 티소의 유명한 논문이 처음 출판된 것은 1760년이었다. 사실에 근거한 과학적 논증의 형식을 취하고 있는 이 논문에서, 그는 자위가 어린이의 지력과 체력을 전체적으로 약화시키고, 생식기와 장기(臟器)에 다양한 고통과 중대한 장애를 준다고 단언했으며, 그것을 일종의 질병으로 간주했다. 자위를 '고독한 악덕'이라고 보

---

[*] 푸코에 따르면 그것은 반대로 드러내선 안 될 것을 드러내게 하고, 말해선 안 될 것을 말하게 하는, 권력과 쾌락의 역설적인 조직과 결부되어 있으며, 그러한 장치를 통해 작동하는 어떤 권력 기술을 통해 조직된다. 예를 들면 니체에 대한 빅토리아 시대의 강한 금기는 침실에서조차 벌거벗은 육체를 가리는 다양한 속옷(lingère)들을 만들어냈는데(Ariès et Duby [éd.], 1987 : 487), 이는 반대로 비치듯 가리워진 베일을 통해 나체를 신비화하면서 더욱더 유혹적인 것으로 만들었으며, 속옷 자체가 새로운 성적인 욕망의 대상이 되게 만들었다. 또한 육체, 특히 여성의 육체를 남김 없이 가리려는 빅토리아 의복의 도덕은, 반대로 살짝 드러난 발목이나 복사뼈조차도 강한 유혹과 자극으로 만들었다(Kern, 1996 : 14~15). 다양한 성적인 도착을 정신적 질병으로 분류하고 정의했던 법의학자 크라프트-에빙의 저서는 대단한 인기를 누렸는데, 이는 "독자들을 대신해 '바른 몸가짐'과 도덕의 영역을 넘어서는 성적 모험을 실현해 주는 관음증적 쾌락의 책이었다"(같은 책, 191).
이 점에서 푸코가 말하는 '억압가설'에서 조금도 벗어나지 않는 컨의 책이, 쾌락과 권력에 관한 푸코의 생각에 기묘하게 잇닿아 있음은, 양자가 교차하는 영역을 볼 수 있게 해준다는 점에서 시사적이다. 이는 자신이 18세기 이후, 혹은 빅토리아 시대에 억압이 없었다고 주장한 적은 없다는 푸코의 항변(Eribon, 1995[하] : 136~137에서 재인용)과 맥이 닿는 것이기도 하다. 푸코의 이런 입장은 억압가설을 비판하는 『성의 역사』 1권의 텍스트에서 확인할 수 있는 것이다. 예를 들면, "나는 성이 고전주의 시대 이래 금지·차단·은폐되지 않았다거나, 무시되지 않았다고 주장하는 것은 아니며, 이전과 비교하여 현재는 푸대접의 강도가 낮아졌다고 단언하는 것도 아니다. 내가 말하고 있는 것은 성에 대한 금기가 함정이라는 것이 아니라, 그러한 금기를 근본적인 구성요소로 만드는 것이 함정이라는 것이다"(Foucault, 1990 : 32).
[**] 푸코는 이와 연관해 성에 대한 지식-권력의 특수한 장치를 발전시켜 온 네 가지의 전략을 주목한다. 여성 육체의 히스테리화, 어린이 성의 교육화, 도착적 쾌락의 정신의학화, 생식행동의 사회적 관리 등이 그것이다(Foucault, 1990 : 117~119).

았던 티소의 이 글은 당시 매우 큰 영향을 미쳤는데, 『백과전서』를 비롯한 계몽적인 목적을 갖는 책들은 물론, 도덕적인 목적을 갖거나 의학적인 책조차 대부분 이 티소의 논증방식을 그대로 채택하고 있었다(Solé, 1996 : 118).

19세기에 이르면 아이들의 자위를 감시하고 방지하기 위한 전투가 부모와 성직자, 특히 모든 의사들에 의해 대대적으로 벌어지게 된다. 때론 자위 방지를 위한 갑옷을 만들기까지 했던 이 전투를 통해서, 특히 중요하게 부각된 것은 부모가 아이의 생활을 항상적으로 감시하고 통제하는 것이었다. 취침이나 기상 시에 침대 속에서 빈둥거리지 않도록 자녀들이 엄격한 취침과 기상의 습관을 들이도록 권장되었고, 옷은 성기를 마찰하거나 자극하지 않도록 특별히 디자인되었다. 아이들이 읽는 책이나 성욕을 자극할 수 있는 그림에 대해서도 관리해야 했고, 심지어 만지작거리는 손을 침대 난간에 묶어놓기까지 했다(Kern, 1996 : 163~164).

이로써 부모가 아이들의 생활에 세세하고 치밀하게 관여하고 통제하며 항상적인 감시의 시선을 던져야 하는 조건이 만들어진다. 어린이의 방은 부모가 언제나 충분히 관찰하고 감시할 수 있으며, 언제나 드나들 수 있도록 만들어져야 한다. 학교는, 특히 아이들이 모여 사는 기숙학교의 경우에는 아이들의 방을 수시로 감시하고 통제할 수 있는 건축적인 고려가 긴요하게 된다. 이제 아이들의 신체는 부모의 시선이 항상적으로 주의 깊게 관찰하고 주시해야 하는 대상이 된다. 나아가 아이들 스스로 자신에 대한 성찰과 속죄의 일상적 계기를 만들기 위해 일기쓰기가 권고되거나 강제된다(Ariès et Duby[éd.], 1987 : 497~498). 자신의 내면에 대한 통찰로서의 내밀성은 이러한 자신의 신체와 자신의 생활을 향한 이 '내면적인' 시선과 분리될 수 없다. 아이들의 신체, 아이들의 행동은 부모뿐만 아니라 아이들 자신의 시선이 겨냥하는 대상이 된다.

다른 한편 19세기에 이르면 성에 관한 의학적 문헌이 폭발적으로 증가한다. 물론 그것은 한결같이 빅토리아적인 성의 억압을 의학적으로 근거짓고 정당화하려는 노력의 산물이었다. 그것은 가장 일차적으로 여성의 육체와 성욕을 공격한다. 영국에서 여성의 성에 대한 권위자로 인정되고 있던 액턴은 조신하고 정상적인 여성은 강한 성적 본능을 갖지 않는다고 주장함으로써, 강한 성욕을 가진 모든 여성을 비정상적이고 조신하지 못한 여성으로 간주했다. 19세기 중반의 어떤 결혼지침서는 '관능적인 쾌락에서 오는 경련'은 불임을 일으킬 수 있다고 경고했고, 1894년에는 여성의 성욕을 만족시키면 수명이 단축된다는 부인과 의사도 있었으며, 성적으로 적극적인 여성은 남편을 위축시킬 뿐만 아니라 남편을 불능으로 만들 수 있다고 주장하는 내과의사도 있었다고 한다(Kern, 1996 : 136~137). 이들 문헌이 대부분 주장하고 있는 것은 여성의 성적 충동이 지극히 부자연스럽고 병적이라는 관념이었으며, 성적인 감정을 분명하게 표현하는 것이 자신이나 아이, 남편에게 매우 해로운 영향을 미치리라는 관념이었다. 이러한 문헌이나 논문들은 의사들로 하여금 여성의 육체와 성욕을 끊임없는 관심과 지식의 대상으로 보도록 만들었을 뿐만 아니라, 남자들로 하여금 침실에서 자신의 부인의 행동과 욕망을 주시의 대상으로 삼도록 만들었으며, 동시에 여성 자신의 육체와 성욕을 여성 자신이 주시하게 했다. 앞서 말한 바 있는 어머니와 매춘부의 대립이 여기서 또 하나의 중요한 역할을 한다.

또한 심리학과 의학, 법의학 등 의학의 주변부에서는, 정상적인 성으로부터 벗어나는 다양한 성적인 '질병'들을 연구한 문헌들이 늘어난다. 라제그는 노출증에 관한 연구를 발표했고, 비네는 '절편음란증'

(fetishism)에 대한 논문(1887)을, 크라프트-에빙은 수간(獸姦)에 관한 연구를, 베스트팔은 동성애에 관한 연구(1870)를, 롤레더는 자기단독성욕(1899)에 관한 책을 발표했으며, 도착적인 성과 성욕에 관한 수많은 연구들이 폭증했다. 아마도 크라프트-에빙의 『성의 정신병리학』(1886)은 이러한 다양한 도착적 성에 관한 가장 종합적이고 가장 영향력 있는 책이었을 것이다. 그것은 제목이 명시하듯이 정상적인, 그리고 가능하면 합법적인 이성애를 제외한 모든 성욕과 성적 행위를 정신병으로 정의하는 것이었다.*

이로써 생식을 벗어난 섹스뿐만 아니라, 생식기를 벗어난 성욕 자체가 인간들의 병적인 잠재성의 중요한 영역으로 정의되기 시작했다. 아마도 내밀한 영역에서 일어날 수도 있는 병적인 잠재성의 영역은, 육체와 성에 대한 억압과 금지가 확장되면서 섹스와 성, 성욕이 점차 어둡고 은밀한 음지로 숨게 됨에 따라, 더불어 내밀성의 영역이 공간적으로 확보되어 감에 따라, 그 안에서 이루어질 수 있는 도착적인 행동에 대한 호기심 어린 불안과 공포가 확장되는 만큼 그 범위를 넓혀 갔다.** 이는 내밀성의 영역에 대한 이전의 신학적 공포와 호기심을 의학적인 공포와 호기심이 대신하게 되었음을 보여 주는 것이다. 이 새로운 공포와 호기심을 보여 주는 의학적인 문헌들이 갑자기 비약적으로 증가하는 시기가, 부르주아는 물론 노동자들의 집 또한 내밀성의 영역을 확보해 가던 시기와 일치한다는 사실은 매우 시사적이다.

---

* 그리고 1870년에 베스트팔은 '성적 도착자'라는 일반적 용어를 만들어냈다.
** 그런 만큼 "19세기와 우리들의 시대는……성욕의 확산, 그것이 지닌 잡다한 형태들의 증가, '성적 도착'의 다양한 정착의 시대였다"(Foucault, 1990 : 55)는 푸코의 말은 역설적인 설득력을 갖는다.

이제 아이나 여성의 신체만이 아니라 모든 신체가, 여성들의 병적인 '색정'만이 아니라 모든 성적인 욕망이, 그리고 그와 결부된 모든 상상과 몽상, 그것을 암시할지도 모르는 모든 '이상한' 행동들이 의학이나 심리학, 과학의 대상이 되고, 그런 만큼 동시에 그것은 의학, 심리학 등의 과학이 제공하는 코드를 따라 찾아내고 분류하고 판단하는 시선들의 대상이 된다. 그것은 의사의 시선일 뿐만 아니라, 사제와 교사의 시선이기도 하지만, 함께 '자는' 배우자의 시선이며 무엇보다도 그런 코드에 따라 자기 자신의 육체와 성욕을 바라보는 자기자신의 시선인 것이다.

성인과 어린이의 분리, 부모의 침실과 아이들의 침실 사이에 확립된 양극구조(이는 19세기 동안 대중적인 주택이 대대적으로 건설될 때 하나의 철칙이 되었다), 사내아이와 여자아이의 상대적 격리, 유아를 돌보는 데 따르는 엄격한 규칙(수유와 위생), 아동기의 성욕에 대한 부단한 주의, 자위가 초래하리라고 추정되는 위험, 사춘기의 중요시, 보모들에게 권해진 감시의 방법, 훈계, 비밀과 근심, 유익하다고 간주되면서 동시에 두려움의 대상인 하인의 존재──이 모든 것이 가장 작은 규모의 가족까지도 단편적이고 유동적인 다양한 성욕으로 가득 찬 복잡한 조직망으로 만든다.(Foucault, 1990 : 64)

가족 내지 가정을 '성욕으로 가득 찬' 공간으로 만들고, 그 '성욕으로 충만한' 신체를 의학과 과학의 시선 아래 두며, 스스로 그러한 시선을 대신할 뿐만 아니라, 그러한 시선이 수반하는 신체를 조여들며 신체와 정신, 의식과 무의식에 스며드는 훈육의 규칙들을 작동시키는 이러한 배치는, 팬옵티콘(panopticon)에 대한『감시와 처벌』의 유명한 분석에서 푸코가 보여 주었듯이(Foucault, 1989a : 226 이하), **자기 스스로 감시하는 시선을 대신하며, 그 시선을 따라 훈육의 규칙을 작동시키는** 근대적인 시선의 배치와 동형적이다.[*] 그것은 감시하는 자 없이도 감시하는 시선이고, 감시하는 장치 없이도 작동하는 장치며, 스스로 작동시키는 만큼 자동적으로 작동하는 그런 시선의 배치다. 다만 팬옵티콘에서와 다른 것은, 가정이라는 공간 안에서 새로이 작동하게 된 이 시선의 배치는 어딘가에 있을 타인의 눈총을 염두에 둔 시선이라기보다는, 가장 은밀하게 차폐된 내밀성의 공간, 드러내지 않을 권리가 있으며, 또한 드러내서도 안 되는 저 **내밀성의 영역에서 작동하는 시선**이라는 점이다. 병들지 않은 건강하고 건전한 육체에 대한 자신의 욕망을 통해 작동하는 이 시선에서 내밀성의 배치에 새로운 요소를 발견한다. 근대적인 내밀성이란 이러한 근대적인 시선의 배치 없이는 생각할 수 없는 것이다.

　　가족 내지 가정을 성욕으로 가득 채우면서 작동했던 근대적인 시선은 고해라는 장치를 통해 작동하던[**] 이전의 시선을, 즉 신의 시선, 신부

---

[*] 푸코는 이러한 팬옵티콘의 모델을 이전에 존재하던 나병의 모델, 페스트의 모델과 대비하여 설명한다. 푸코(Foucault, 1989a : 256~266) 및 이진경(이진경, 1997c : 241~ 246) 참조하라.
[**] 사실 내밀성의 장을 들여다보려는 의지는 그 이전에도 있었다. 그것은 내밀성의 영역이 정의되고 탄생하는 것과 동시에 탄생했다. 16~17세기를 전후해 급격히 강화된 '고해'라고 불리는 장치가 바로 그것이다. 고해장치란 속죄를 빌미로 개개인으로 하여금 자신의 내면을 드러내게 하는 장치이며, 그럼으로써 자신의 신체와 욕망은 물론 배우자의 신체와 욕망을 주목하게 했던 장치이고, 근본적으로는 고해의 형태로 결국은 드러난다는 점으로 인해, 가장 은밀한 영역에서의 행동과 욕망에 대해서조차 스스로의 시선으로 통제하게 만드는 장치다. 그것은 가장 은밀한 영역에 대해서도 신학적 도덕의 시선이 들어갈 수 있는 통로를 만듦으로써, 드러내지 않아야 할 것들을 그 시선의 대상으로 만들고, 그 시선을 대신하는 자신의 시선의 대상으로 만들며, 그리하여 금지된 어떤 것이 드러나지 않는 그 영역에서 행해지지 않도록 스스로 통제하게 한다. 따라서 근대로 오면서 이처럼 고해 장치가 강화되고 확장되어 온 것은, 내밀성이 점차 개인의 소유로 되어가는 과정, 그것이 감추어지고 은밀한 영역으로 점차 독립되는 과정과 긴밀하게 결부되어 있다. 하지만 내밀성의 독립이 내밀성 자체의 세속화와 결부되었다는 사실은, 고해 장치의 강화가 그것이 유효성을 갖는 범위에 어떤 근본적인 한계가 만들어지는 과정으로 진행된다는 일종의 역설을 포함하는 것처럼 보인다.

의 시선, 혹은 신학적 시선을 의사의 시선, 의학의 시선, 과학의 시선으로 바꿔 놓았다. 이제 그 시선은 하늘에서 내려오는 것이 아니라 땅에서 솟아오르는 것이다. 그리고 이전에 고해의 시선이, 내밀한 것을 드러내지 않았을 때 작동하는 기독교적 '양심의 가책'이라는 신학적–부정적 (Nietzsche, 1982) 짝과 연대하여 작동하였다면, 19세기에 작동하게 된 이 새로운 시선은, '건강'과 '위생', '정상'과 '규범'이라는 의학적–긍정적 짝과 연대하여 작용한다는 점에서 차이점을 갖는다.

19세기 후반, 사람들의 주거공간이나 사생활의 영역을 포위하면서 그 내부로 침투해 들어간 위생통제 역시, 바로 의학 내지 과학의 이름으로, 혹은 건강과 복지 등의 이름으로 이전이라면 신이나 들여다볼 수 있는 내밀한 공간을 경찰의 눈이 들여다볼 수 있게 했다. 위생규칙과 관련된 규율은 가족에 대한 국가적 내지 사회적인 개입과 가족 안에서 도덕적인 통제 내지 훈육이 중첩되어 작동하는 지점이었다(Kern, 1996 : 163). 이는 기이하게도 프라이버시의 형태로 보장되었던 내밀성의 장으로서 주거공간을 위생관리자나 경찰과 같은 공적인 권력의 시선 아래 노출시킬 것을 요구하는 이율배반적 지대를 형성하고 있었다.

하지만 이는 모든 사람, 모든 가정에 대해 동일하게 요구되었던 것은 아니었다. 그것은 위생과 범죄에 대한 통제를 명시적인 목적으로 하는 것이었고, 그런 만큼 전염병과 범죄의 진원지로 간주되던 노동자와 서민의 주택을 겨냥하고 있었다. 즉 그것은 박애주의자들이 채택한 가족주의 전략이 수반했던 내밀성의 권리에 대한 제한이요, 그들에게 허용될 내밀성에 대한 불신이었다.

어쨌든 여기서 그 사적인 공간을, 그리고 그 공간에서 이루어지는 사적인 활동 전체를 관리하고 책임져야 했던 가장은 그 공간을 청결하게 하고 부적절한 사람들이 들어오는 것을 막고 통제해야 했다. 다시 말해 가장은 이제 위생가들이나 경찰의 시선이 자신의 집을 훑고 지나가기 전에 그들과 동일한 시선으로 자신의 삶과 공간을 바라보고 통제해야 했다. 또한 아이들이 거리로 나가 위험하고 범죄적인 놀이나 어울림에 빠져드는 것을 방지해야 했던 아이들의 어머니는 법과 경찰의 시선을 통해 아이들을 보고 통제해야 했다.

그러나 그 시선의 대상, 특히 아이들의 경우에 그것은 단지 시선일 뿐만 아니라, 특정한 방식의 생활과 행동을 강제하고 그것을 반복하여 행하며 그것을 자신의 '건강한' 운명을 보장하기 위한 습속으로 만들도록 훈육하는 규율이기도 했다. 마치 성이나 자위에 대한 의학적 시선이, 특정한 종류의 행동을 하지 못하게 강제하고, 규범화되고 양식화된 범위 안에 행동의 폭을 제한하고 가두는 훈육의 규칙들이 되었듯이. 종종 절대적인 사적 영역으로 간주되기도 하는 근대적인 내밀성은 바로 이러한 훈육의 규칙과 강제를 수반하는 근대적인 시선의 배치 없이는 생각할 수 없는 것이었다.

3) 내밀성의 배치

앞서 우리는 17~18세기의 프랑스 귀족들의 주거공간에 대해서 '과시성의 배치'라는 명칭을 부여한 바 있으며, 이를 '바로크'라는 개념을 통해 주거공간 내부에서 이루어지던 궁정적인 생활양식과, 또 주거공간을 넘어서 도시형태로 확장된 공간적 배치와 결부시킨 바 있다. 초점과도 같은 하나의 절대적 중심, 그것을 통한 강력한 통일성, 그 안에서 만들어지는 위계화와 형식성, 그리고 모든 것을 그 중심에서 방사되는 시선에 대한 스펙터클로 만드는 과시성 등을 그러한 배치를 통해 표현되는 욕망과 권력의 양상으로서 설명한 바 있다.

반면 지금까지 본 것처럼 19세기 '중간계급'의 주거공간은 이와는 전혀 다른 양상으로 펼쳐지는 새로운 배치를 형성한다. 어린이와 부부애를 중심으로 진행된 가족적 관계의 변환, 그와 결부되어 나타나는 새로운 욕망의 배치로서 가족주의, 그리고 내밀성이라는 형식으로 진행되는 사생활의 근대적 개념 등이 그 새로운 배치를 구성하는 요소들이었다. 이러한 배치 속에서 사회적 공간조차 가족적 공간 안에서만 유의미해지는 가족만의 고립된 공간이 내밀성의 장막 뒤에 가려진 채 탄생하게 된다.

더불어 이전에는 과시적이기도 했던 침실은 가족들 사이에서도 분리와 독립의 원칙에 따라 서로 간에 장막이 없이는 드나들기 힘든 공간이 되었고, 외부인에 대해서는 절대적으로 차폐된 은밀하고 내밀한 공간이 되었다. 하지만 프라이버시의 권리 형태로 나타나는 이 은밀성과 내밀성은 아리에스 말대로 개인보다는 차라리 가족에 더 근친적인 것이었고, 내밀성의 벽은 개인간의 벽보다는 가족적인 벽, 가족만의 공간을 보호하는 벽이었다. 이런 점에서 19세기의 내밀성이나 프라이버시는 가족적인 것이었고, 가족주의라는 배치 안에 있었다고 해야 한다.

이제 가족적 공간에서 벌어지는 일들은 모두 '사생활'이란 이름으로 타인의 간섭으로부터 자유로울 권리를 갖게 되었고, 그 안에서 행해지는 모든 일들은 '내밀성'이란 이름으로 타인의 모든 시선으로부터 자유로울 권리를 갖게 되었다. 물론 그러한 내밀성의 이면은 자신의 신체나 배우자의 신체, 혹은 아이의 신체를 건강과 도덕으로 코드화된 시선으로, 의사의 시선으로 관찰하고 감시하며 통제하고 훈육하는 훈육적 내밀성이었지만, 그런 점에서 내밀성의 어두운 두께 안에서도 신체의 움직임을 쫓는 또 다른 시선이 작동하고 있었다. 이런 점에서 내밀성이라는 말은 근대적인 자유와 의무 간의 관계와 유사한 이중적인 측면을 갖는다.

바로 이러한 내밀성의 개념은, 가족주의라는 욕망의 배치가 가정화된 주거공간 안에서 사람들의 활동 및 생활의 흐름을 규제하고 배열하는 내적인 조직원리가 되었다. 이는 모든 활동과 동작, 생활이 다른 사람들의 시선을 향해 스스로를 과시하는 방식으로 조직되던 바로크적인 배치에서 과시성이라는 조직원리와 정확하게 상반되는 형상을 취하고 있다. 따라서 우리는 귀족들의 주거공간에서 '중간계급'의 주거공간으로의 변환과정을, 이전 시기를 지배하던 과시성의 개념이 19세기에 이르면서 그와 반대의 형상을 취하는 내밀성의 개념에게 자리를 내주게 된 과정이었다고 말할 수 있을 것이다. 그렇다면 이러한 형상으로 출현한 새로운 주거공간의 배치를 '**내밀성의 배치**'라고 부르자.

과시성의 배치에서 내밀성의 배치로 대체되는 이러한 과정은, 다른 측면에서 보자면 이전에 왕이 서 있던 특권적인 중심을 '가족'이 대체하는 과정으로 이해할 수도 있을 것이다. 이전 시기에 주거공간은 모든 권력이 방사되는 초점으로서 왕이 궁정적이라는 말로 표현되는 모든 삶의 절대적인 중심을 차지하고 있었다. 귀족이든 부르주아든 궁정적인 생활에 포섭되어 있던 모든 사람들은, 어디에서 말하고 어디에서 행동하든지 주위를 둘러싼 모든 사람들을 통해 전달되는 권력의 벡터 아래 놓여 있었고, 그 벡터는 바로크적 절대군주라는 하나의 특권적인 중심에서 발원하는 것이었다. 왕은 모든 공간에서 작용하는 권력의 주체였고, 귀족들의 오텔은 그러한 권력이 작용하는 벡터장이었다.

한편 그러한 벡터와 대칭적인 선을 따라서 욕망의 흐름은 배열되었고, 좀더 중심에 다가가려는 욕망 아래서 사람들은 자신의 취향과 감각, 능력이 좀더 세련되고 탁월하다는 것을 과시하려 했으며, 따라오는 다른 사람들과 끊임없이 차별화할 수 있는 기술을 고안하고 실행해야 했다. 여기서 왕의 자리는 권력의 방향과 대칭적인 방향성을 취하는 욕망의 대상이자, 그러한 욕망을 배열하고 그러한 욕망이 작용하게 하는 오직 하나의 '주체'이기도 했다. 이러한 욕망의 배치 위에서 모든 언행은 물론 그것이 이루어지는 주거공간조차 그러한 과시의 대상이 되었고, 언제나 타인의 시선을 겨냥해야 했다. 그러한 시선이 결국에 도달하는 점은 권력의 벡터가 방사되는 저 초점, 즉 왕의 자리였다. 여기서 왕의 자리는 그러한 시선들이 향하는 대상이자, 그러한 시선들이 어떤 행동이나 신체를 보는 기준이었고, 그런 점에서 그러한 시선들이 그 안에서 보는 오직 하나의 시선이었다.

반면 19세기에 이르면서 주거공간을 둘러싸고 작용하는 권력의 흐름에 커다란 변화가 생겨난다. 주거공간은 온전한 의미에서 사적 공간과 그렇지 않은 공간으로 분할되지만, 후자 역시 '공적'이라는 말보다는 '가족적'이라는 말에 더 적절한 위상으로 자리를 옮기며, 그 공간 어디에도 이전과 같은 절대적인 권력의 벡터는 작용하지 않는다. 단일한 권력의 초점은 사라지고, 탈코드화된 자본의 권력, 탈영토화된 부의 권력이 작용한다. 그것은 사교적인 공간에서 작용하지만 다만 잠정적이고 부분적으로만 작용할 뿐이며, 작용의 대상과 주체, 작용의 양상을 끊임없이 바꿔 간다.

이전의 전통에서 이어지는 세련된 말과 행동은 지속되지만, 그것은 이제 더 이상 '차별화'를 겨냥한 것이 아니라, 자신이 상류층 내지 교양 있는 계급에 속한다는 것을 보이기 위해 필요한 것이었고, 그런 만큼 그것은 타인들의 그것, 일반화된 규범적 코드에 '동일화' 하는 것으로 충분했다. 공간적 과시 역시 마찬가지여서, 차별화하려는 시도는 낭비와 남용, 거짓된 호사로 비난받으며, 다만 소속됨을 확인해 주는 데 필요한 코드에 따라 동일화하는 것이 진정하고 좋은 호사로 간주된다.

욕망은 가정화된 공간 안에서 '달콤한 가정'의 형상으로 자전하기 시작하며, 외부의 시선은 내밀성으로 둘러친 사적 공간의 벽을, 사생활의 벽을 관통하지 못하고 미끄러진다. 욕망이나 시선을 흡수하며 통일할 수 있는 초월적 중심은 사라진다. 모든 욕망의 대상이자 욕망의 유일한 주체인, 또한 모든 시선의 대상이자 시선의 유일한 주체인 왕의 자리에 이제는 가정화된 공간이, 가족생활이, 결국은 가족이 들어선다. 마치 이전에 왕의 자리로 환원되던 중심적인 방의 자리를 가정화된 방 내지 사적인 방이 대체하듯이. 마치 이전 시기의 왕의 자리를 근대에 이르러 '인간' 이란 이름의 초험적-경험적 이중체가 대신하듯이(Foucault, 1986 : 353~357). 그렇다면 이러한 형상으로 출현한 새로운 배치의 이름에 대해 푸코의 개념을 빌려 '인간학적 배치' 라는 이름을 붙여도 좋지 않을까?

'바로크' 라는 개념을 붙였던 이전 시기 귀족 주택의 공간적 배치와 달리, '인간학적 배치' 는 왕이라는 절대적 중심을 통해 초코드화(surcodage)되던 동작과 행동을, 그 절대적 중심에서 분리함으로써 탈코드화(décodage)하지만, 끊임없는 차별화의 양상이 중단됨에 따라, 그것을 '인간' 이라면 누구나 '동일화' 해야 할 문명으로 일반화하여 재코드화(recodage)한다. 여기서 왕의 행동과 동작에 따라, 그리고 그에 좀 더 가까운 사람들의 동작과 행동에 따라 치밀하고 섬세하게 분화되었던 궁정적인 행동의 코드는, 하나의 일반적인 행동의 코드요 규범으로, 엘리아스 표현을 빌면 이른바 '문명'(civilisation)으로 대체된다. 왕의 궁정을 통해 초코드화되었던 방들의 분포와 장식, 용법은, 계급적 소속됨을 확인해 주는 일반화된 기준에 의해 대체된다. 또한 이전의 바로크적 배치에서 왕이라는 절대적 중심으로 영토화되던 시선과 동선은 이제 거기서 벗어나 탈영토화되며, '달콤한 가정'이라는 새로운 대지로 재영토화된다. 궁정적 삶으로 영토화하던 공간적 분포의 중심은 가정적 삶으로 영토화하는 공간들로 대체되며, 이제 그것은 인간적 삶의 이름으로 찬양되며 새로운 일반적 가치를 부여받는다.

우리는 여기서 19세기 들어와 주거공간의 배치가 새로운 계열화의 선을 만들며 분기하는 지점 가운데 하나를 포착할 수 있다. 그것은 주거공간 자체를 가족의 공간으로 변형시키며, 그 안에서 공/사의 선을 따라 분할되어 있던 방들을 가정화(domestication)의 선을 따라 다시 배열하는 것이다. '내밀성'이란 이러한 '가정화'하는 계열화의 선을 따라 공간적 욕망을 배열하는 새로운 배치의 다른 이름이며, 동시에 타인의 시선이 지배하는 공간에서 벗어나려는 탈주선이 임계점을 넘지 않도록 하려는, 그리하여 다시 주거공간 안으로 포섭하려는 새로운 권력의 배치의 다른 이름이다. 이 새로운 배치를 통해 사생활의 욕망은, 19세기에 이르러 새로이 왕의 자리를 차지한 가족으로, 가정으로 재영토화되며, 그 안에서 스스로 작동시키는 새로운 시선의 권력 아래 사적인 신체들을 배열한다.

이제 그것은 가족적인 사생활의 주위를 돌면서 다기한 욕망들을 흡인하고 유혹하는 장을 형성하며, 그것을 통해 욕망의 장 자체를 가족화하고 가정화한다. 또한 내밀성의 장막 뒤로 숨게 된 그 욕망들에 대해, 스스로 작동시키는 새로운 종류의 권력의 벡터를 작용시킨다. 성적인 욕망을 가족 안으로 유인하고 그 안에서 성애와 사랑의 내연(內燃)을 선동하는 힘들과 더불어, 가족적 욕망의 본질에서 오이디푸스적인 욕망을 발견하고 끔찍해 하면서 그것을 금지함으로써 복종과 자기-복종을 강요하는 새로운 종류의 권력, 혹은 내밀성의 공간 안에서 벌어질 수 있는 다양한 도착들을 분류하여 정신병으로 정의하고, 그것에 대한 자기 감시의 시선을 작동시키는 새로운 권력이 동시에 발생한다. 가족적 세계 속으로 태어나는 모든 개인들의 신체에 작용하는, 한편으로는 당기면서 한편으로는 밀치는 이 이율배반적인 힘과 권력 —— 근대의 주거공간에서 작용하는 바로 이 권력을 간과한다면, 우리는 저 내밀한 어둠의 짙은 두께에 가려 아무것도 보지 못하는 것이다.

6장_주거공간과 계급투쟁:
19세기 노동자계급의 주거공간

1. 19세기의 노동자 주택문제

19세기 중반 이래 유럽, 특히 자본주의가 발전했던 영국과 프랑스의 도시 인구는 급격히 증가했다. 1801년까지 영국에서 인구 10만을 넘는 도시는 런던뿐이었다. 그런데 1851년에는 10개 도시의 인구가 10만을 넘었다. 런던의 인구는 1801년 108만에서 1841년 207만이 되었고, 리버풀은 8만에서 28만으로 늘었으며, 글래스고는 7만7천에서 27만5천으로, 버밍햄은 7만에서 18만으로, 맨체스터는 7만에서 23만으로, 리즈는 5만3천에서 15만2천으로 늘었다(Gauldie, 1974 : 82).

프랑스 역시 마찬가지여서, 파리의 인구는 1801년 54만7천에서 1836년 89만9천으로, 1866년에는 182만, 1886년에는 234만이 넘게 되었다. 마르세이유도 1801년의 11만에서 1866년 30만으로, 리용은 10만9천에서 32만3천으로, 릴은 5만4천에서 15만 4천으로, 뮐루즈는 6천에서 5만8천으로 증가했다(Bullock and Read, 1985 : 287).

도시 인구의 급격한 증가로 인해 주택의 수요는 급증했지만, 주택 공급의 증가는 미미했다. 그 결과 지대와 임대료는 급격히 상승해서, 파리의 경우 1810년경부터 1850년대까지 지대는 거의 3배로 인상되었고, 나폴레옹 3세가 지원했던 오스망의 파리 대 개조 사업이 시작된 이후에는 상승률이 증가하여 1870년대에 이르면 1810년의 거의 4~5배에 이르게 된다(Daumard, 1965 : 121~123 참조). 도마르는 자신의 책에 파리의 주요 지역에서 임대료 수입의 변화에 관한 부표를 첨부하고 있는데, 예를 들어 쾨뇌 가와 상티에 가의 경우 1810년에서 1870년 사이에 임대료 수입은 평균 570% 정도 증가했고, 생 자크 가는 400% 정도, 소르본 지역은 380% 정도, 오데옹 지역은 350% 정도, 페 가는 430% 정도 증가했다(같은 책, 176~196의 부표 참조).

이러한 사정으로 인해 집 없는 노동자나 빈민, 부랑자들은 급증했고, 도시의 곳곳에 슬럼이 만들어졌다. 지하실이 숙소로 개조되었고, 남녀 구분도, 가족간의 구별도 없이 뒤섞여 좁은 공간에 기거하는 간이숙소가 난립했다. 새로이 지어진 집들의 상태 역시 급증하는 수요와 임대료를 겨냥해서 '최소 비용으로 최대 효과'를 얻기 위해 만들어지다 보니, 하수와 오물, 변 등을 제대로 처리할 수 있는 조건을 전혀 갖추지 않은 채 오직 등 붙이고 누워 잘 방에다 간단한 부엌 정도만을 덧붙인 집들을 빼곡빼곡 등을 맞대어 지었다. 맨체스터의 노동자 주거지에 대한 엥겔스의 서술은 유명하다.

각각의 집은 다른 집을 고려하지 않고 세워졌으며, 집과 집 사이의 조각난 공간은 다른 명칭이 없기에 골목길로 불리운다. 동일한 지역이라도 좀더 새로운 부분, 그리고 공업화 초기부터 있었던 다른 노동자 지역에서는 약간 질서있게 정돈된 가족들을 볼 수 있다……아무 계획 없이 지어진 건축물이 환기를 못하게 함으로써 노동자의 건강에 해롭다면,

빌딩들로 둘러싸인 뒷골목에 노동자를 가두어 두는 것 역시 노동자의 건강에 더욱 좋지 못하다. 단순히 생각해도 공기가 빠져나갈 수가 없다. 집의 굴뚝이 뒷골목의 가두어진 환경에서 유일한 배출구지만, 단지 불이 타고 있을 때만 그러한 목적으로 사용될 수 있다. 게다가 뒷골목 주변의 집들은 대개 서로 등을 맞닿치도록 건설되어 뒷벽을 공유하고 있다.(Engels, 1988a : 89~90)

공기의 환기, 하수의 배수, 쓰레기나 변 등 오물의 처리 어떤 것도 제대로 되지 않는, 숨쉬기조차 힘들 정도로 빽빽한 이 끔찍한 환경에 부르주아나 '중간계급'이 눈을 돌리게 되었던 것은 한편으로는 19세기 내내 끊임없이 일어난 혁명의 파고 때문이었고,* 다른 한편으로는 1830년대 이래 유럽 사람들의 목숨을 대량으로 앗아간 콜레라의 광풍 때문이었다.

열악한 주거환경과, 그로 인한 불결하고 비위생적인 상태는, 계급과 무관하게 수많은 사람들의 목숨을 앗아간 콜레라의 발생지로 간주되었고, 따라서 공중위생을 위해서는 이러한 끔찍한 주거환경을 개선해야

---

* 에니드 골디는, 20세기 이전에는 열악한 주거의 당사자들인 민중들로부터 주거를 개량하기 위한 별다른 압력이 없었다는 점에서, 이러한 주거 개량에 대한 관심을 노동자와 빈민에 대한 중간계급의 공포로 설명한다. 즉 그것은 공업화와 도시화가 야기한 다른 수많은 문제를 잠재우기 위해 폭도들에게 주는 작은 미끼였다는 것이다(Gauldie, 1974 : 16~17). 이러한 방법이 미끼로서 적절히 사용된 것은 오히려 프랑스였던 것 같다. 한때 영국에 망명하고 있던 루이 나폴레옹은, 영국에서 주거문제에 대해 관심을 갖고 처리하는 과정을 지켜볼 수 있었다. 그는 1851년 말 쿠데타를 일으켜 삼촌의 뒤를 이어 또 다른 제정의 왕으로 즉위한 이후 오를레앙 가문에서 몰수한 재산 천만 프랑을 노동자의 주거를 개선하는 데 사용하겠다고 선언한다 (1852년 1월). 그리고 5월에는 이를 위한 설계 공모가 있었으며, 천만 프랑 다는 아니었지만, 4백만 프랑 정도를 실제로 거기에 사용했다고 한다(Bullock and Read, 1985 : 95~296). 이것이 그에 대한 대중적 지지를 만들어내는 데 무효하진 않았음은 분명하다.

한다는 발상이 19세기 후반에 이르면 지배 계급 내부나 보수적 개량주의자들 사이에서 광범하게 확산되었다. 콜레라에 대처하기 위하여 1832년 발족된 중앙위생위원회의 성원이었고, 1840년대 이래 위생개혁운동과 주택개량운동에 큰 영향을 미쳤던 의사 비예르메(L. R. Villermé)는 1840년에 출간한 자신의 연구보고서에서 이 끔찍한 주거환경에 대해 서술하면서, 개혁적인 주택 정책을 촉구한 바 있다(Ariès et Duby[éd.], 1987 : 399).

비예르메와 비슷한 시기에, 파리 경찰청의 고급관리였던 프레지에 (H. A. Frégier)는 주거와 거주자들의 도덕적 상태의 좀더 직접적인 관계에 관한 연구를 출판했다. 그 연구에서 그는 열악한 주거환경이 건강과 도덕에 대해 위협을 가한다는 것을 보여주면서, 특히 좁은 공간에 많은 사람들이 지나치게 밀집해서 사는 것이 비위생과 비도덕의 원인이라고 주장했다. 나아가 그는 바로 이러한 도덕의 기초인 가족을 구제하는 것이 사회 전체를 강화하는 길이라면서, 노동자에게 적절한 주택을 많이 지어 주기 위한 '자선' 자본을 모을 것을 주창하기도 했다(Bullock and Read, 1985 : 288~289). 비예르메와 프레지에의 책들과 관련이 있었던 '정치 및 도덕 과학 아카데미'(L'Académie des Science Morale et Politique)나, 밀루즈 공업 협회(La Société Industrielle de Mulhouse), 자선 경제 협회(La Société d'Economique Charitable) 등은 이러한 입장에 선 조직이었다.

1831년 말에 시작해 이듬해에 수많은 사람들의 목숨을 앗아간 콜레라는 영국에서도 위생에 대한 지배자들의 경각심을 환기시켰고, 그 질병의 발병지인 노동자와 빈민들의 지저분한 주거환경에 눈을 돌릴 수밖에 없게 되었다. 1834년 제정된 신빈민법에 따를 때, 세대주가 전염병에 의해 사망함으로써 그 법의 구빈제도에 의존하게 된 사람들의 수는 과부가 43,000명, 고아가 112,000명에 이르렀다고 한다(김동국, 1996 : 209).

이른바 중간계급은 한편으로는 이러한 빈민들이나 노동자에 대한 공포를 갖고 있었고, 다른 한편으로는 이들이 자신들이 함께 사는 도시의 한 부분을 불결함과 악취로 오염시키고[*] 자신들도 결코 피할 수 없는 전염병의 발생지가 된다는 점에서 노동자나 빈민들의 주거문제에 대해 관심을 갖게 된다. 그 가운데 가장 선구적이고 상징적인 인물은 에드윈 채드윅(E. Chadwick)이었다. 1834년 결성된 빈민법 위원회 의장이었던 그는 빈곤과 위생, 질병의 관계에 대해 많은 관심을 갖고 있었다. 그는 빈곤이란 개인의 책임이요 개인적인 타락과 죄악에 기인한다는 견해를 갖고 있었지만, 전염병이 발생할 경우 그것을 치료하고 해결하는 데 드는 비용이 엄청나기 때문에 빈민구제담당자들이 재앙을 사전에 방지하는 데 드는 비용을 투자하는 것이 더 경제적이라고 보았다(Pawley, 1996 : 14).

빈곤과 질병, 위생에 대한 실태조사는 그것을 제거하기 위해서는 사회적인 개량을 추진해야 한다는 입장을 갖게 한다. 1842년에 쓰여진 『노동 계급의 위생 상태와 그 개선 수단에 관한 보고서』(Report on the Sanitary Condition of the Labouring Population and the Means of Improvement)는 1848년 공중위생법(Public Health Law)의 제정에 결정적인 역할을 하였는데, 공중위생법 제정 이후 주택과 관련된 일련의

---

[*] "도시의 부패가 개혁가들의 관심을 야기했다면, 그것은 단지 냄새 때문이었다"(Gauldie, 1974 : 21).

법과 법령이 만들어진다.[*]

그러나 위생과 주택에 관한 입법들은 오히려 주택 사정을 악화시켰다. 예컨대 개인의 비위생적인 주택을 철거할 권력을 지방 당국에 부여했던 1868년의 토렌스 법령(Torrens Act)은 대책없는 철거로 인해 주택 사정을 더욱 악화시켰고, 이로 인해 과밀은 더 심화되었고, 임대료 또한 상승하게 된다(Wohl, 1971 : 19). 월은 한 빈민 여성의 말을 인용하고 있다. "나는 런던에 올라온 지 25년이 되었지만 어떤 방에서도 2년 이상 살아본 적이 없어요. 그들은 언제나 말했지요. 이 집을 부수고 빈민을 위해 새로운 집을 지을 거라고. 그러나 나는 한 번도 그것을 가져 본 적이 없어요." 여기서 주택과 위생을 관련시키는 법이나 제도가 위생적인 새 집의 제공보다는 비위생적인 낡은 집의 철거와 파괴와 더 밀접하게 연관되어 있었다는 것을 알 수 있다.

확실히 골디의 말처럼, 이 점에서 도시 노동자의 주거문제에 눈을 돌리고 관심을 환기시키며 새로운 정책을 자극했던 것은 나중에 말하는 박애주의자가 아니라 공공 위생에 관심을 갖고 있는 위생개혁가들이었다. 하지만 "주택문제를 경제적인 연구나 정치적인 행동의 문제가 아니라 공공위생의 문제로 다루는 것이 그에 대한 적절한 해결책을 찾는 데

---

[*] 영국에서 1848년 이후 제정된 주택과 위생 관련 법을 대략만이라도 보면, 공동 숙소 (Common Lodging)에 관한 법(1851), 숙소법(1851), 공동 숙소법(1853), 노동계급 주택법안 (스코틀랜드)(1855), 대도시 지역 경영법(1855), 방해 제거법(1855), 대도시 건축법(1855), 노동자 주거법(1855), 대도시 경영 개정법(1857), 공동 숙소법(아일랜드)(1860), 대도시 건축 개정법(1860), 노동 계급 주택법(1866), 위생법(1866), 노동계급 주거법(1867), 장인 및 노동자 주거법(토렌스 법)(1868), 공공 위생법(1872), 주택 협회법(1874), 노동하는 자의 숙소에 관한 법(1874), 일련의 장인 및 노동자 주거 개정법(1875, 1879, 1879, 1880), 공공위생법 (1875), 공공 작업 임대법(1879), 장인 주거법(1882), 노동 계급 주거법(1885) 등등이다 (Gauldie, 1974 : 13~14, 239 이하 참조).

실패하기도 한 원인이었다"(Gauldie, 1974 : 85). 왜냐하면 19세기 공공 위생이나 주택에 관한 법들이 잘 보여 주듯이, 주거환경을 개선하기 위한 방법이 일차적으로는 불결하고 비위생적인 건물이나 주거지를 철거하는 것이었기 때문이다.

다른 한편 위생가들과는 다른 관점과 관심에서 노동자나 빈민들의 주거문제에 접근하여 해결하려고 했던 다른 중요한 흐름이 있었다. 여기서 가장 중요한 두 가지 상반된 입장을 대비시킬 수 있는데, 푸리에의 사상에 기초한 코뮌주의자들의 방법이 그 하나고, 오귀스트 블랑키(Auguste Blanqui)의 형제였던 아돌프 블랑키(Adolphe Blanqui) 등의 박애주의자들이 시작하여 이후 국가의 지원 아래 진행되었던 박애주의적 방법이 다른 하나였다.

프랑스에서 이러한 두 가지 입장의 차이가 명시화되면서 논쟁을 벌이게 되는 계기는 로슈슈아르 가(Rue Rochechouart)에 시테 나폴레옹(La Cité Napoléon)이라는 대규모 노동자 주택단지가 만들어지면서부터다. 1849년 초에 파리노동자주택단지협회(La Société des Cité Ouvrières de Paris)가 시의 구마다 노동자 아파트 단지의 블록을 세울 목적으로 시작한 이 사업은, 실제로는 로슈슈아르 가에서만 실행되었는데, 194개의 아파트를 만들어 약 500여 명의 사람들이 살 수 있게 했다 (Ariès et Duby[éd.], 1987 : 399~400 ; Benevolo, 1996 : 183). 이 사업은 당시 대통령이었던 루이 나폴레옹과 프랑스 저축은행 운동의 창시자인 들레세르를 포함하여 사회의 수많은 저명인사의 지원을 받았는데, 그 협회의 발안자인 샤베르(M. Chabert)를 비롯해 대부분의 사람들은 푸리에나 푸리에주의자들의 사회주의적 사상에 대한 방어의 일환으로 그것을 시작했다.

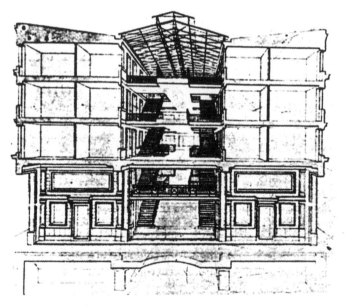

〈그림 6.1-1〉 시테 나폴레옹의 투시도와 단면도

그런데 아이러니하게도 가브리엘 뵈니가 설계한, 아직도 남아 있는 최초의 저가 임대주택인 그 아파트 단지는 그 디자인이나 공간의 배치에서 푸리에의 팔랑스테르(Phalanstère)의 영향을 강하게 받은 것이었다. 집합적인 아파트 단지를 통해 주택문제를 해결하려 한 발상은 말할 것도 없고, 투명한 유리지붕을 얹은 건물 중앙의 갤러리-통로나, 세탁소·목욕실 등의 공동 편의시설 등은 누가 보아도 푸리에의 팔랑스테르를 떠올리게 하는 것이었다. 시테 나폴레옹은 그 즉시 푸리에주의자들이 만든 신문『데모크라티 파시픽』(La Démocratie pacifique)에서 "연합(association)의 이점을 도입하여 사회주의로 인도하는 계획"으로 찬사를 받았다(Bullock and Read, 1985 : 313~314).

반면 사업을 시작했던 협회의 사람들은 바로 동일한 이유로 인해 그 결과에 대해 만족하지 못했을 뿐만 아니라 사업 자체를 거부하게 된다. 그래서 사업은 원래의 계획과 달리 더 이상 확산되지 못했다. 또한 비예르메나 아돌프 블랑키같은 박애주의자들은 이 건물에 대해 강하게 비판했다. 비예르메는 많은 가족들을 그처럼 군집화하는 것은 도덕적 표준을 위협하리라고 비판했다. 즉 그가 보기에 "노동자들을 사회의 다른 부분으로부터 떼어내서 군집화하는 것은, 그들이 수많은 상상된 결함을 그 탓으로 돌리는, 그들이 부자라고 부르는 사람들에 대한 질투심을 강화하지 않겠는가" 하는 것이었다(같은 책, 314에서 재인용). 아돌프 블랑키는 여기서 그 같은 주택형태와 사회주의 사상을 직접적으로 연관지어 버렸고, 아르망 오디간은 1854년 노동주민에 대한 여론조사를 통해 노동자들 자신이, 밤이면 주요 문을 닫아버린다든지, 모이는 것을 금하는 등의 엄격하고 경직된 규율로 인해 그 단지를 싫어한다는 것을 '입증했다'. 하지만 불록과 리드에 따르면, 그것은 확인하기 어려운 것일 뿐만 아니라, 그런 규율에 대한 혐오가 그런 형식의 주택단지 자체에 대한 반대라고 하기는 어려우며, 사실 그런 강한 규율은 비예르메 등이 지적한 (집합적–사회주의적) '위험'을 피하기 위해 요청되었던 것이기도 했다(Bullock and Read, 1985 : 314~315).

여기서 시테 나폴레옹은 노동자와 빈민들의 주택문제를 해결하려는 상반되는 프로그램이 현실적으로 부딪치고 충돌하는 계기가 되었고, 이후 이 문제를 둘러싼 논쟁이 격렬하게 진행되었다. 이 두 가지 상반되는 사상과 입장은 이후 각자 나름의 독자적인 경로를 밟게 된다. 이는 1800년대 후반의 노동자 주택과 관련된 전체적인 흐름을 규정하는 것인데, 이를 좀더 분명히 이해하기 위해서는 다시 푸리에의 팔랑스테르로 거슬러 가야 한다.

2. 주택문제와 '계급투쟁'

1) 프롤레타리아트의 전략 – 코뮨주의

노동자와 빈민의 주택문제를, 그들의 삶과 생활의 문제로서 이해하고 그러한 관점에서 해결책을 제시하려고 했던 것은 코뮨주의자들이었다. 이와 관련해 직접적이든 간접적이든 가장 강력한 영향력을 행사한 것은 푸리에다.* 그는 알다시피 서로가 타인의 권리와 이익을 존중하면서도 개인 성향의 자유로운 만족을 보장하는 개혁된 사회를 꿈꾸었고, 이를

---

* 영국에서는 이미 오웬이 어느 정도 유사한 코뮨적 프로그램을 입안하여 실험한 바 있었다. 이는 나중에 오웬 자신에 의해, 그리고 다른 오웬주의자들에 의해 미국에서 실험되었다. 이에 대해서는 베네볼로(Benevolo, 1996 : 71 이하)와 뮈라르와 질베르망(Murard et Zylberman, 1976b : 217~218)을 참조하라.

위해 합리적으로 구성된 기능적 단위으로서 팔랑크스(Phalanx)와 그 단위별로 생활과 생산이 이루어지는 복합체인 팔랑스테르(Phalanstère)를 제안했다.

푸리에의 생각에서 팔랑스테르는 사회와 연계를 잃은 채 가족을 지향하는 도시나 농촌 도읍과 달리 가족과 사회, 생활과 생산이 결합되어 이루어지는 사회를 건축적으로 기초짓는 것이다. 부지의 중심에는 식당과 회계실·도서관·연구실 등의 공공 목적을 갖는 시설이 할당되어야 하며, 그 중심 위치에는 전신국·우체국·회합을 알리는 종탑·실험실·온실 등이 자리잡아야 한다. 그리고 그 앞에는 퍼레이드 광장이 위치하고 있다. 시끄러운 소음이 있는 작업장, 즉 목공소·대장간 등은 건물의 한쪽 윙에 모으고, 아이들이 모일 수 있는 곳 역시 그렇게 하며, 다른 쪽 윙에는 연회장이나 객실 등 외부와 소통하는 공간을 두어 건물의 중심부나 내부 관계를 방해하지 않도록 한다.

개별적인 아파트와는 멀리 떨어진 곳에 다수의 공공 홀, 혹은 스리스테르(Seristères)를 두었고 복도는 유리로 채광과 환기를 하며, 벽체와 토지의 절약을 위해, 그리고 주민들의 교류를 증진시키기 위해 3~4층으로 지어지며, 갤러리-통로(street-gallery)를 이용해 건물 내부의 각 공간을 연결한다(Benevolo, 1996 : 98~104).

여기서 푸리에는 집합적인 주거형식을 취하는 건축물과, 그 중심에 자리잡은 공공 시설과 공적인 건물, 사람들이 모일 수 있는 집합적 공간을 이용해, 나아가 사람들의 순환이 이루어지는 공간의 동선을 통해 그 건축물에 관련된 모든 사람들이 서로 쉽게 소통하고 교류하며 만나고 관련을 맺는 그런 코뮌적인 공간을 구상하고 있다. 그것은 단지 어떤 집합적 단위가 이용하는 건축물이란 점에서 코뮌적인 것이 아니라, 건축

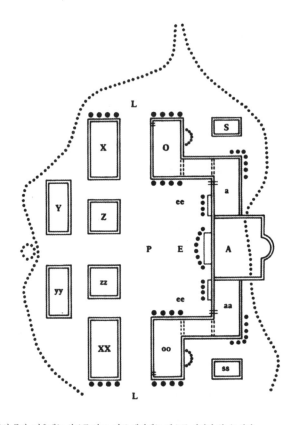

A : 주건물의 중정. 겨울에는 산보를 하고, 다른 계절에는 채소를 심거나 할 수 있다.
a, aa, O, oo : 본채 사이에 있는 중정/L~L : 팔랑스테르의 중심을 관통하는 대로(大路)
P : 팔랑스테르 중앙의 광장/● : 열주랑/X, Y, Z, xx, yy, zz : 주변 건물의 중정들/E, ee : 세 개의 정면 현관

〈그림 6.2-1〉. 팔랑스테르의 기본구상도

물의 공간적 배치 자체가 코뮌적인 그런 공간을 만들어내려고 하는 것
이다.

　　이는 노동자나 빈민들의 어려운 삶에 주목했던 사람들과, 화폐와
계산이 야기하는 경쟁과 적대로부터 거리를 두려고 했던 사람들의 관심
을 끌기에 충분했다. 더구나 대중적인 주택이나 노동자를 위한 건축이

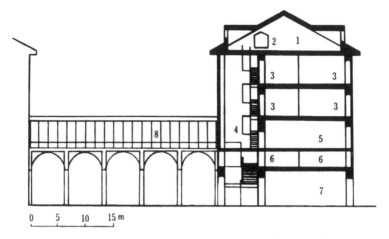

1.객실이 있는 다락방 2.저수조 3.개별숙소 4.내부도로 5.집회실 6.아이들 숙소가 있는 중이층
7.마차가 다니는 지상층 8.지붕이 있는 인도교

〈그림 6.2-2〉 팔랑스테르의 단면구성도

만들어지기는커녕 설계도, 구상도 된 다른 사례가 거의 없었기 때문에,
프랑스에서 이 구상은 매우 강력한 영향을 남겼던 것이고, 급기야 사회
주의에 대해 반대하려는 사업에서도 그것에 기대는 역설적인 사태가 발
생했던 것이다.*

한편 푸리에의 이러한 제안은 단지 구상에서 끝나지 않고, 그것을
실현하려는 현실적인 노력과 결부되었다. 푸리에 당대에 프랑스에서 그
것을 구현하려는 시도는 1832년 보데 뒬라리에 의해 이루어졌는데, 그
는 랑부이예 숲 근처의 콩데-쉬르-베스그르(Condé-sur-Vesgre)에 팔

---

* 박애주의자들은 이 코뮨적인 모델을 두려워했으며, 그것을 다른 모델로 대체하기를 원했지
만, 1850년대 후반이 되기 이전에는 별다른 모델을 찾을 수 없었다. 나중에 언급하겠지만, 에
밀 밀레(Emile Miller)의 뮐루즈 주택이 엄청난 인기와 영향력을 가질 수 있었던 것은, 푸리에
나, 그 이후 푸리에주의자들의 다양한 모델과 설계와는 다른 첫번째 모델이었다는 점과 무관
하지 않을 것이다.

랑스테르를 위한 부지까지 구입했지만, 자본의 부족으로 실패했다 (Benevolo, 1996: 104). 다른 시도는 여러 나라에서 있었는데, 가장 성공적인 것은 미국이었다. 베네볼로에 따르면 1840년에서 1850년까지 이 운동은 미국에서 최소한 41개의 코뮌이 만들어질 정도로 성공했다고 한다(같은 책, 105~107 참조).

다른 한편 열렬한 푸리에주의자였으며, 푸리에 사후 사회주의 운동을 이끌던 빅토르 콩시데랑은 푸리에의 이 정치적 이상과 새로운 주거 문제에 대한 새로운 제안을 『팔랑스테리엥』(Palanstérien)이라는 신문을 발간하여 선전하고 발전시켰다. 또한 1848년 혁명으로 소집된 제헌 의회에 참여했던 그는, 1849년 파리 근방에서 500명 정도의 사람들로 이루어진 실험적 코뮌을 재정적으로 지원하는 안을 의회에 제출했다. 그것은 정부가 건축비용과 농장의 조성 비용을 담당하고 정부가 소유하며 코뮌에 임대해 주는 것을 골자로 하고 있었는데, 의회는 그것을 심의하는 것조차 거부했다(Ariès et Duby[éd.], 1987 : 405~406). 또한 콩시데랑의 친구였으며 19세기 프랑스 건축사에서 중요한 인물인 세자르 달리(César Daly)는 이를 더욱 구체화하려는 시도를 한다.[*] 그는 1830년대 말에 400명의 아이들을 위한 팔랑스테르를 설계한 바 있으며, 프랑스에서 가장 영향력 있는 건축 잡지 가운데 하나인 『건축 및 공공사업 총보』(Revue Générale de l'Architecture et des Travaux Publics)를 창간하여 이러한 입장을 확산시키는 데 기여했다(Bullock and Read, 1985 : 291~292).

하지만 가장 중요한 시도는 자수성가한 사업가 고댕이 만든 가족궁전, 파밀리스테르(Familistère)였다. 1842년에 푸리에주의적인 신문을 통해 푸리에의 사상을 알게 되고, 이후 푸리에주의자들과 접촉하여 열

럴한 푸리에주의자가 된 그는, 1846년 기즈(Guise)에 스토브 및 오븐을 만드는 주철 공장을 세우면서 이주하는데, 그의 사업이 성공하면서 재산을 모으게 되자, 1859년 자신의 공장 노동자들을 위한 주택을 짓는 사업을 시작한다.** 이는 19세기에 있었던 모든 사회주의적 실험 가운데 가장 성공적인 사례로 간주되는데, 1859년부터 1870년대 말에 완성되었다. 고댕은 1880년 협동조합을 설립하여 공장과 파밀리스테르의 경영권과 관리권을 그곳의 노동자들에게 양도했고, 이 협동조합은 1939년까지 공장 규모를 확장하면서 계속하여 운영되었다고 한다(Benevolo, 1996 : 108~109).

파밀리스테르는 세 개의 미음(ㅁ)자 형 아파트로 이루어져 있다. 이 거대한 집합주택들 각각의 안쪽에는 회랑과 중정이 있으며, 그곳은 푸리에의 구상대로 유리 지붕으로 덮여 있다. 이 중정과 발코니 역할을 하게 되는 회랑은 주민들이 다양한 집회나 기념식을 여는 데 사용되었다. 중앙의 건물 바로 뒤에는 보육원, 탁아소 등 아기와 어린이를 위한 건물

---

* 영국 출신으로 일찍이 프랑스에 이주한 달리는 오직 고전적인 장식과 외관에만 몰두할 뿐인 보자르의 건축 방식에 대해 매우 근본적인 비판을 한다. 즉 건축이란 단지 미적인 것이기 이전에 사람들의 삶과 관련된 것이요 사회적인 것이며, 미적인 측면이 후자와 무관하지 않다는 것이다. 여기서 달리는 건축이란 약간의 장식을 포함하는 구조적 예술이어야 한다는 입장을 제시한다(Lesnikowski, 1993 : 127~128). 장식적 데카당스에 대한 비판은 물론 건축을 사회적인 것으로 정의한다는 점에서 달리는 기능주의적 입장을 제시했던 블롱델보다 더 나아간다. 사회주의자였던 그는 노동자나 대중들을 위해 건축가가 민초들의 삶을 연구해야 한다는 태도를 갖고 있었다. 물론 그 근저에는 고전적 합리주의에 대한 신념이 흐르고 있었다. 이는 이후 사회주의적 성향과 무관하게 대중의 삶에 관심을 가졌던 수많은 건축가들에게 영향을 미친다.

** 이 건물의 구체적인 설계안은, 이보다 약간 앞서 푸리에의 구상을 자본가나 박애주의자들이 받아들이기 쉬운 형태로 변형하여 가족궁전(le Palais de Famille)이란 이름으로 내놓았지만, 박애주의 단체로부터 지원을 얻는 데 실패했던 칼랑과 그의 친구였던 르누아르에 의해 영향을 받은 것이다. 하지만 고댕은 칼랑이나 르누아르의 설계를 그대로 받아들이진 않았다고 한다. 고댕은 자신의 구상과 파밀리스테르의 세세한 내용을 자신의 저서인 『사회적 해결』 (Sulution sociales)에 자세히 기록해 두고 있다.

〈그림 6.3〉 파밀리스테르의 조감도

이 이어져 있다. 중앙 건물 맞은 편으로는 학교와 극장이 있는 건물·부엌과 식당·당구실·게임실·카페와 빵집·공작실 등이 있는 건물이 있고, 오른쪽으로 개울을 건너면 세탁실·목욕탕·실내 수영장 등이 있는 건물이 있다. 그리고 오른쪽 아래의 구석에는 공장이 있었다.

여기서도 주거공간과 공용 공간 내지 서비스 공간, 생산 공간은 적지 않은 거리를 두고 분리되어 있다. 주거공간은 집합적이며, 푸리에의 갤러리-통로를 변형시킨, 유리로 지붕을 만든 회랑과 중정은 그 주거공간 자체에 코뮌적인 성격을 부여하고 있다. 생산과 생활이 모두 완결적으로 이루어질 수 있는 이러한 배치는 푸리에의 구상에 직접적으로 잇닿아 있는 것이다. 반면 각각의 아파트는 가족이 있는 경우 가족 단위로 독립되어 있다는 점이 푸리에의 모델과는 다르다. 다시 말해 집합주택은 사적인 공간과 코뮌적인 공간이 병존하는 형태로 만들어져 있다는 것이고, 이런 점에서 코뮌적인 것과 가족적인 것을 대립시켰던 푸리에와 달리, 양자를 유화시키려고 하는 셈이다.* 이는 사업가 고댕의 현실주의적 감각의 한 면을 보여 주는 것이다.**

파밀리스테르의 건설은 당시 수많은 사람들에게 충격을 주었다. 푸리에주의자나 사회주의자, 코뮌주의자들에게 그것은 자신들의 구상을 확신하고 선전할 수 있는 강력한 실례였다면, 주택문제에 관심을 가진, 혹은 그렇지 않은 노동자나 빈민들에게 그것은 새로운 삶의 비전으로 보였다. 반면 박애주의자나 자유주의자들에게 그것은 한편으로는 끔찍한 집단주의적 병영으로 보였고, 다른 한편으로는 더 이상 노동자의 주택문제를 외면하거나 늦추기 힘들게 만드는 압력이었다.

　　이 실험을 무관심하게 외면할 수 없었던 전통적인 자유주의자들은 팔랑스테르의 집단 보육과 교육이 노동자의 아내에게서 가장 소중한 책임인 모성을 빼앗는 것이며, 그 집합적 주거는 공산주의를 강요하는 병영이라는 표준화된 비난의 일제 사격을 시작했다(Ariès et Duby[éd.], 1987 : 411~412 ; Guerrand, 1987: 149~150). 대표적인 사회주의적 작가였던 졸라 역시 이 점에서는 유리집과 불편한 이웃들, 고립의 부재, 자유의 부재 등을 들어 동일한 비판을 반복하면서, 시골에 흩어져 있는 집이라는 "부르주아적 빌라의 속류화된 판본"을 선전함으로써 '단일 가족

---

* 이처럼 개인적인 것과 집합적인 것을 조화시키는 것은 칼랑과 르누아르의 '가족궁전'의 계획에서 이미 시도된 것인데, 그들은 가족궁전이 개인적인 자유와 사회적인 통일성을 결합한 집합적 건축물이어야 한다고 보았다(Guerrand, 1987 : 137~138에서 재인용)

** 베네볼로는 고댕의 파밀리스테르가 성공한 이유를, 이전의 실험과 달리 첫째, 농업보다는 공업에 기초를 두었다는 점, 둘째, 팔랑스테르의 공동생활을 포기했다는 점에서 찾는다(Benevolo, 1996: 109). 여기서 두번째의 이유는 그 내용이 모호하긴 하지만, 그다지 적절한 것으로 보이지는 않는다. 왜냐하면 집합주택의 중정과 회랑은 빈번하게 집회와 기념식 등에서 사용되었고, 고댕 자신이 거기에 참가하는 것을 매우 즐겼다고 하는 것(Ariès et Duby [éd.], 1987 : 410)으로 미루어보건대, 그리고 좀더 근본적으로 푸리에주의자의 코뮌주의적 전제를 상기할 때, 그것은 쉽게 받아들이기 힘들기 때문이다. 다만 이 말이 이전의 반가족적인 태도에서, 가족에 기초한 코뮌으로 변환시킨 사실을 지적하는 것이라면 타당하다. 그러나 이것이 가족으로 생활을 영토화하는 가족주의와 동일시될 수 없다는 점 또한 강조되어야 할 것이다.

가정'이라는 신화를 만드는 데 강력하게 기여했다(Ariès et Duby[éd.], 1987 : 427~429). 박애주의자들은 파밀리스테르가 위생적인 집을 어디 보다도 싼 값에 제공한다는 사실은 부정할 수 없었지만, 그 코뮨적이고 군집적인 모델에 대해서는 마찬가지로 비판했다.

한편 파밀리스테르로 인해 주택문제가 더욱 중요하게 부각되자, 부르주아지는 대안적인 노동자 주택의 모델을 만들기 위해 1867년 만국박람회(Exposition Universelle)를 개최하여 주택 전시회를 열었다. 하지만 주택문제에 대한 고뎅의 기여를 부정할 수 없었기 때문에 그에게 은메달을 수여했음에도 불구하고,* 파밀리스테르는 전시도 하지 못했다.

그러나 부르주아지 역시 부정할 수 없었던 고뎅의 성공에도 불구하고, 이 코뮨적인 모델은 더 이상 만들어지지 않았다. 그 이유는 무엇이었을까? 흔히 생각하기 쉬운 것처럼 집합적 모델이나 코뮨적인 모델이 가족적인 사생활이나 개인적인 사생활을 보장해 주지 못한다는 점 때문이었을까? 그러나 당시에는 최소한의 주거조건이 마련되지 않은 상황이었다는 것을 논외로 한다 해도, 박애주의자들이 잘 보여 주듯이 **19세기 후반에까지도 노동자들은 가족적이어서가 아니라 반대로 가족적이지 않아서 문제였다.** 즉 집 없는 노동자들은 말할 것도 없고, 집 있는 노동자들 또한 집보다는 선술집이나 카페에서 저녁 시간을 보내기 일쑤였고, 아이들은 하루종일 거리에서 놀고 몰려다니는 것이 일상사였다. 따라서 사생활의 공간이라는 관념이나 습속은, 귀족이나 부르주아지들과는 달리 노동자의 경우에는 그다지 찾아보기 힘들었다고 하는 것이 더 정확할 것이다.

---

* 거기서 금메달을 받은 것은 나중에 언급할 뮐루즈의 노동자 주택을 설계했던 에밀 뮐레였다.

이 이유는 오히려 다른 방향에서 찾아야 할 것 같다. 그것은 첫째, 코뮌적인 모델 자체의 딜레마와 부르주아지의 계급투쟁에 기인한다. 코뮌적인 모델은 집합적인 대규모의 주택 단지를 만들어야 하기 때문에 초기에 엄청난 자금이 필요하다. 이는 원칙대로 말하자면 각자의 출자에 의해 조합을 구성함으로써 가능한 것이지만, 그날그날을 사는 것이 버거운 상황의 노동자나 빈민들에게 그것은 불가능한 요청이다. 그렇다면 정부의 지원이나 자본가들의 출자 내지 출연을 통해 자금을 조성해야 한다. 실제로 푸리에 당시에 프랑스에서 이루어졌던 실험은 자금의 부족으로 실패했으며,** 고댕은 자신이 부를 모은 자본가였기에 가능했다. 그러나 19세기 후반에 부르주아들은 코뮌주의 내지 사회주의로 대중을 흡인할 위험이 매우 큰 이 사업에 자금을 제공하려 하지 않았다. 반대로 그것을 깨기 위해서 그것에 대항하는 모델을 만들고, 그 모델에 따른 사업에 적극 투자했다. 따라서 노동자의 코뮌적인 주거공간을 만들려는 시도는 부르주아지의 사보타주와 계급투쟁 앞에서 더 이상 진전될 수 없었다.

둘째 이유는 사회주의자들에게서 찾을 수 있을 것이다. 즉 부르주아지의 비판과 사보타주와 다른 방향의 두 가지 이유에서 노동조합을 중심으로 조직되었던 프롤레타리아 운동은 이 성공적인 실험을 밀고 나가지 못하고, 반대로 비판했다. 이들은 한편으로는 엥겔스가 말하고 있는 것처럼 주택문제는 단지 노동자들에게 주택을 제공하는 방식으로는 근본적으로 해결될 수 없으며, 오직 자본주의적 생산관계를 근본적으로

** 그 밖의 많은 실험이 미국에서 성공했던 것은 신대륙의 땅값이 매우 낮았기 때문에 가능했던 일이었다.

전복함으로써만 해결될 수 있으리라는 전망 속에서, 국지적인 해결책에 대해서 무관심하거나 소부르주아적이라고 비판하였다(Engels, 1988b ; Benevolo, 1996 : 131~132). 즉 도시계획에서의 변화나, 주택문제의 변화는 사회구조의 변화로 이루어지리라고 보았기 때문에, 도시나 주택에 관한 새로운 실험이나 운동은 별다른 관심 대상이 되지 않았던 것이다.

다른 한편, 생활이나 생활방식을 규정하는 주거공간의 문제를, 생산관계 내지 생산양식으로 환원했기 때문에, 생활방식 자체를 변환시키거나 주거공간 자체를 코뮌적인 것으로 변환시키는 문제는 생산양식 내지 생산의 장을 변환시키는 문제로 환원되었다는 것이다. 즉 사회주의자들이 보기에 주거공간의 변환은 독자적인 변수라기보다는 생산관계에 결부된 종속변수였던 것이다. 따라서 고댕의 실험은 공상적 유토피아 내지 소부르주아적 무정부주의로 간주되고 말았던 셈이다.

결국 푸리에주의자들의 프로그램이나 고댕의 훌륭한 실험은 이 두 가지 강력한 세력의 틈새에서 자신의 영향력을 차단당하고 제약당할 수밖에 없었던 것이고, 이로 인해 그 모델은 새로운 운동과 결합되지 못한 채 고립되고 묻혀 버리게 된다.

2) 부르주아지의 전략 ── 박애주의

박애주의적 개혁가들은 주택문제를 단지 주택문제만으로 보지는 않았으며, 오히려 노동자나 빈민들의 빈곤 자체와 결부된 문제, 따라서 빈곤을 근본적으로 치유할 수 있는 방향에서 접근해야 할 문제로 보았다. 그것은 단지 주거환경의 개선 그 자체만으로는 해결될 수 없을 뿐만 아니라, 반대로 포괄적으로 접근하지 않으면 주거환경의 최소한의 개선조차 불가능하리라고 보았다. 즉 광범하게 만연되어 있는 빈곤, 부분적으로는 그와 무관하지 않은 아이들의 유기, 높은 유아사망률 등은 자본의 입장에서는 생산적인 노동력을 확보하는 문제에, 또 국가의 입장에서는 '건강한' 인구(population)를 확보하는 문제에 매우 결정적인 위협으로 보였다. 이러한 사태는 하나의 동일한 문제로 집약되었다. 즉 "인구를 보호하고 형성하는 실천을 어떻게 효과적으로 수행할 수 있을 것인가?" 하는 문제였다(Donzelot, 1979 : 55 ; Poovey, 1995 : 4~12). 그것은 동시에 노동자나 빈민들에 의한 폭동이나 혁명을 촉발할 수 있는 조건이기도 했던 만큼, 대중들을 정치에서 분리하여 통합하고 지배할 수 있는 방법을 어떻게 마련할 수 있을 것인가 하는 문제기도 했다. 이런 맥락에서 '박애주의'(Philanthropism)는 주택문제로 집약되었던 노동자계급의 문제에 대한 19세기 후반 부르주아지의 가장 중요한 전략이었다고 말할 수 있을 것이다(Tarn, 1973 ; Donzelot, 1979 : 55 ; Gauldie, 1974 : 187).

박애주의 전략은 대중적인 빈곤과 피폐에 대해서 한편으로는 일정한 보조정책을 사용하면서도 그것을 노동자나 빈민 스스로가 책임지고 해결할 계기로 삼을 것을 주장하고, 실제로 그런 한에서만 보조가 유의미하다고 보며, 이를 확인하고 통제하기 위해 그들의 생활에 관여하고 '충고'하며 또한 그것을 지속적으로 감시하려고 한다. 이런 점에서 박애주의 전략은 대중들의 빈곤을 국가가 직접 책임지는 국가주의적 복지전략과도, 또는 과정이나 결과에 대한 관여나 감시 없이 부자나 자선단체들의 일방적인 지원과 원조로 이루어지는 사적인 자선(charity)과도 구분된다.

동즐로는 이러한 박애주의를 19세기 대중들을 포섭하고 통제하기 위한 가장 포괄적인 전략으로 보면서, 그것이 보조의 극(assistance pole)과 의료 및 위생주의적 극(medical-hygienist pole)이라는 두 개의 극으로 이루어진다고 말한다(Donzelot, 1979 : 55~56). 하지만 우리는 박애주의의 중요한 전략적 발상을 대략 세 가지로 나누어 살펴볼 수 있다. 그것은 빈곤을 대상으로 하는 것, 어린이의 보호와 관련된 것, 위생과 관련된 것이다.

첫째, 위생개혁의 문제.

19세기 내내 보수당에서 반지주적인 무정부주의자에 이르기까지 개혁적인 생각을 품었던 모든 사람들은 끔찍한 빈민들의 주거조건에 대해서 끊임없이 언급했고 비판했으며, 개선을 요구했다. 이는 앞서 언급했듯이 콜레라가 많은 사람들의 목숨을 빼앗아 갔던 1830년대 이후 더욱 강하고 절실한 문제가 되었다. 실제로 1832년 파리에서 콜레라에 의해 죽은 사람들의 사망률이 평균 19.25%였음에 비해, 도시의 가장 좁고 더러운 지역에서 그 비율은 33.87%에 이르렀다(Ariès et Duby[éd.], 1987 : 393~395). 콜레라가 계급이나 지역을 가리지 않고 발병할 수 있다는 것이 분명해지면서, 노동자나 빈민들의 불결하고 지저분한 주거지역은 새로운 문제거리가 되었다. 이제 노동자들의 주거지는 죽음의 병이 발생하여 확산되는 진원지가 되었던 것이다. 따라서 부르주아 자신을 포함해 다른 계급으로 전염병이 확산되는 것을 차단하거나 미연에 방지하기 위해서(Eleb-Vidal et Debarre-Blanchard, 1989 : 141) 이 전염병의 진원지는 제거되어야 했다.

한편 1870년대 말에 파스퇴르와 코흐에 의해 콜레라나 전염병이 단순한 오염이 아니라 세균에 의한 것임이 밝혀지면서, 위생의 문제는 단지 공공작업을 통해 지저분한 지역을 철거하는 식의 조치로는 근본적으로 해결되지 않으며, 그와 독자적으로 개개 주택이나 각자의 가정에서 위생적인 생활을 확립해야 한다는 점이 새로이 부각된다. 이를 위해 생활과 주거의 위생상태에 대한 항상적인 검열과 감시가 법적으로 도입된다. 1870년대 말에는 셋집(garnis)에 사는 사람들이 급증하면서, 경찰은 1878년과 1883년에 이 집들을 검열할 수 있는 규제를 마련했다. 1892년에는 주거 위생 및 정화 위원회(commission d'Assainissement et de Salubrité de l'Habitation)가 만들어지는데, 이 위원회는 위생행정을 담당하는 부문 이외에 기술부문을 새로 설치해서, 파리 시 전체의 집을 조사하여 전염병과 주택 간의 관계에 대한 특별한 지식을 집적했다. 이는 비위생적인 집과 비위생적인 생활방식에 대한 선전포고에 결정적인 수단을 제공했다. 또한 1891년의 새로운 주택법은 낡은 건물은 물론 새로 짓는 건물에 대해서도 항상적인 감시와 검열을 할 수 있게 했다(Bullock and Read, 1985 : 352~353).

이러한 문제에 관한 한 위생입법이나 주택문제에서 가장 앞서 있었던 영국이 역시 가장 명확한 범례를 제공한다. 영국의 경우에도 경찰은 가족에 대한 이러한 감시와 통제, 검열의 권리를 갖고 있었다. 예컨대 1853년의 공공주택법(Common Lodging Housing Acts)은 모든 집에 대한 통제권을 확보하기 위해 경찰의 일부를 위생검열자로 이용할 수 있는 권한을 지방정부에 부여했다. 이 법은 이후 지역적으로 넓게 받아들여져 예를 들면 1866년 글래스고의 개선법은 주거 및 위생조건에 대한 검열을 범죄에 대한 감시와 결부시켜 경찰의 권한 아래 두었다(Daunton, 1983 : 32~33). 또 1888년에 관련 위원회에 보고된 자료에 따르면, 방들의 임차인들은 자신이 사는 건물을 깨끗이 청소하고 이를 잡을 의무가 있었으며 그곳에서 밤에 잠을 자는 사람의 수를 제한해야 할 의무가 있었다(Gauldie, 1974 : 243). 다시 말해 경찰은 집에 들어가 위생상태를 검사하고 그 집에 머무르는 사람들의 수를 물어볼 권리가 있었다는 것이다. 이러한 경찰의 감시는 위생적인 기능과 범죄에 대한 감시 기능이 중첩되는 성격을 갖는 것이었고, 그런 만큼 사람들은 범죄 활동의 의심을 받지나 않을까 하여 기꺼이 그러한 감시와 검열에 응해야 했다.

이런 점에서 '위생'이란 말은 19세기의 가장 중요한 슬로건이었다는 엘레브-비달과 드바르-블랑샤르의 말은 정확한 것이다(Eleb-Vidal et Debarre-Blanchard, 1989: 141). 이제 위생은 안락(comfort)과 더불어 주택의 건축에서 가장 중요한 원칙이 되었고, 위생은 주택의 설비와 분포의 규칙 내지 규범으로 승격되었다(같은 책, 157). 이는 공간을 그 기능에 따라 명확하게 분리하고, 그 공간의 이용자나 용도 역시 뒤섞이지 않도록 분명히 구별함으로써, 혼합과 혼성을 제거하려는 다양한 전술로 이어진다.

둘째, 빈곤의 문제.

빈곤을 대상으로 하는 박애주의 전략은 경제를 도덕화하는 것으로 요약된다. 박애주의자들은 이전의 자선이라는 방법은 비용이 많이 들뿐만 아니라 빈민을 부자에게 의존하게 한다는 점에서 '나쁜 습관'에 길들일 수 있다고 비판하면서, 적은 비용으로 '좋은 습관'을 들이기 위한 방안으로 '충고' 내지 조언을 이용하였으며, 그 주된 내용은 '저축'이었다. 그리고 물질적인 도움은 도덕적인 영향력을 행사하기 위해서만 사용되었다.

이와 연관해 가장 중요한 것은 주택과 관련해서, 노동자용 주택을 대량으로 짓고 그것을 임대하거나 구입할 수 있는 돈을 박애협회에서 빌려 주는 것이었다. 노동자들은 그것을 매달 월급이 나오는 대로 갚아야 했는데, 이로써 그들은 저축을 통해 스스로 자신의 빈곤을 극복하는 습관을 형성할 수 있으며, 빈곤과 비위생적인 주거를 동시에 개선할 수 있다고 믿었다. 뮐루즈 노동자 주택단지협회의 주도적인 멤버였던 프노 박사(Dr. Penot)는 다음과 같이 말했다. "박애주의의 목표는 노동자들에게 (집의) 소유라는 매력적 자극을 제공함으로써 그들로 하여금 저축을 습관화하도록 하는 것이다."(Ariès et Duby[éd.], 1987 : 419)

영국의 경우 처음에는 투자가들을 찾을 수 없어서 곤란을 겪었던 (Tarn, 1973 : 15~16) 이 '사업'은, 프랑스의 경우 나폴레옹 3세가 오를레앙 가문에서 몰수하여 주택개량사업에 투자하기로 한 자금처럼 국가가 제공하는 기금(Bullock and Read, 1985 : 295~296)으로 인해 뮐루즈의 노동자 주택건설 사업 등에 쉽게 착수할 수 있었다(같은 책, 418~419).

하지만 시간이 지남에 따라 이 사업은 자선과 달리 손해 보는 장사가 아니라 반대로 이익이 되는 사업임이 알려지면서 수많은 상업적인 박애협회들이 나타난다(Tarn, 1971 : 24~29). "도시마다 수백 개의 이런 단체들이 생겨났지만, 가난한 사람들이 그 벗을 발견할 수 있는 곳은 극히 드물었다"(Ariès et Duby[éd.], 1987 : 401).

다른 한편 박애주의자들이 빈민들에 대해 보조금을 주거나 하는 경우에, 그 대상은 성인보다는 어린이를, 남자보다는 여자를 지원했다는 점에서 자선과 다시 구별되는데, 이 경우에도 이들은 게으름이나 무관심, 의지의 결여와 같은 빈곤에 포함된 도덕적 결함을 제거할 수 있는 방법을 마련하려고 했다. 다시 말해 그들로서는 게으름이나 의지의 결여 등에 기인하는 '인위적인 빈곤'(artificial indigence)과 '진정한 빈곤' (genuine poverty)을 구별하는 것이 중요했고, 이런 점에서 빈곤에 포함된 그 도덕적 결함을 검사하려고 했다(Donzelot, 1979 : 68~69). 이로써 가족의 생활은 지속적인 감시의 대상이 되었고, 경제는 도덕화되었다.

셋째, 아이들의 문제.

아이들을 대상으로 하는 박애주의 전략은 노동자나 빈민의 아이들을 가정으로 끌어들이고, 위험한 행동이나 비도덕적인 범죄를 저지르지 않도록 직접적인 감시를 수립하는 것이다.* 앞장에서 언급한 바 있지만, 아이를 낳으면 다른 집에, 많은 경우 멀리 떨어져 있는 집에 맡기는 것이 서구에서 양육의 일반적 관습이었는데, 이는 아이의 건강한 성장과 생존에 매우 불리한 조건이었다. 많은 경우 유모에게 돈을 제대로 주지 않아서 아이들은 무성의하게 키워지거나, 제대로 돈을 주는 경우에도, 양육해야 할 아이가 많았기 때문에 제대로 먹고 자라기 어려웠으며, 키우기 힘든 경우 아이를 죽게 내버려 두는 경우도 있었고, 심지어 유모 양육을 아이를 유기하는 수단으로 사용하는 경우도 비일비재했다(Flandrin, 1994: 187~225 ; Shorter, 1975: 179~180). 이로 인해 아이들의 사망률은 매우 높아서 먼 곳에 맡기는 경우는 2/3에 이르렀고, 근거리에 맡기는 경우도 1/4에 이르렀다(Donzelot, 1979 : 11).** 그래서 버려진 아이를 담당하는 행정 당국자는 국력을 이루는 이 '힘'들의 90%가 국가에 유용하게 되기 전에 사망한다고 비난했다(Donzelot, 1979 : 10).

18세기 후반에 들어오면서 아이들의 양육과 교육이 귀족이나 부르주아의 관심의 중심으로 부상하게 되면서(Ariès, 1962 : 33 이하 ; Farge,

---

* 앞서 빈곤의 구제나 박애주의 사업이 노동자들의 주택을 만들고 보급하는 사업과 결부되어 있었고, 또한 가족의 생활에 대한 감시를 포함하는 것이었다는 사실이 이와 무관하지 않을 것이다.

** 쇼터에 따르면, 18세기 루앙(Rouen)의 경우 모친이 직접 양육하는 경우 유아사망률은 19%였는데, 그 도시의 유모가 양육하는 경우 그 비율은 38%였고, 도시 외곽의 시골에 맡긴 경우 그 비율은 90%(!)였다고 한다(Shorter, 1975: 181).

1986 : 65 이하), 부르주아 가정에서는 아이들을 하녀나 하인들의 잘못된 행동이나 영향으로부터 보호하고 건강하게 자랄 수 있도록 관리하는 것이 새로운 문제가 되었다. 동즐로는 이런 맥락 속에서 가정의학의 성립과, 가정에서 의사와 어머니의 연대가 특권적인 위치를 차지하게 된다고 본다(Donzelot, 1979 : 15~20).

　반면 서민들의 아이들 경우는 사정이 완전히 달랐다. 노동자나 빈민들은 아직 아이들을 위해 특별한 어떤 배려를 할 수 있는 조건을 결여하고 있었다. 반대로 이들 아이들은 거리에서 모여 놀았고, 부랑자들과 어울리고 종종 도박이나 도둑질을 하기도 했다. 거리는 아이들에 의해서 점령당했고, 이러한 아이들의 놀이나 '위험한' 행동에는 어른들이 함께 어울리기도 했다(Ariès, 1994 ; Farge, 1979). "거리는 가난한 자들의 놀이터였다"(Daunton, 1983 : 269). 학교를 가게 된 이후에도 이런 사정은 크게 달라지지 않았다. 그들은 수업이 끝나면 자유로운 거리로 나갔고, 거기서 거리의 장난꾼이 되거나 때로는 범죄를 저지르기도 했고, 위험천만한 범죄조직을 만들기도 했다(Ariès, 1994 : 85). 아리에스가 '무서운' 이라는 형용사를 앞에 달면서 거명했던 박애주의자들(같은 책, 81)에게 이런 아이들의 생활은 만악(萬惡)의 근원과도 같은 것이었다. 이들을 거리에서 내몰아 학교나 집으로 밀어 넣는 것, 그리고 이 위험한 존재에 대해서 직접적인 감시와 통제를 수립하는 것이[***] 이들 박애주의자들의 목표였다. 예를 들어 버밍햄의 1897년 조례의 몇 항목은 이를 매우 분명하게 보여준다.

[***] 이는 프랑스에서는 이미 18세기부터 경찰들의 중요한 일이었다(Farge, 1986 : 70~75)

2.누구도 어떤 거리나 공공장소에서 음악이나 시끄러운 악기를 연주하거나 소리내선 안 되며 소리를 질러선 안 된다.

3.둘이나 그 이상의 사람이 모여서 의도적으로 거리의 자유로운 이용을 방해하거나 보행자를 밀치거나 괴롭힌다면, 그리고 그것을 중지하라는 경관의 요구에도 불구하고 그것을 계속한다면 그 사람들 각각은 경범죄를 범하는 것이다.

5.어느 누구도 어떤 거리나 공공장소에서……어떠한 점잖지 못한 말이나 행동을 해선 안 된다.

9.어느 누구든 거리나 공공장소에 인접한 곳에서 축구나 크리켓, 하키, 자치기, 혹은 어떠한 공격적이거나 위험한 놀이를 해서 교통을 방해하거나 그 거리나 공공장소에 있는 사람들 방해해선 안 된다.

11.어느 누구도 내기(betting)를 할 목적으로 거리나 공공장소에서 모이거나 사람들을 모아서는 안 된다.(Daunton, 1983 : 267~268에서 재인용)

그때까지만 해도 거리는 축제나 일상적인 놀이, 운동 등이 벌어지고 아이들이 모여서 어울려 노는 가난한 사람들의 놀이터였다. 그러나 영국의 경우 1900년을 전후해서 거리를 놀이장소로 사용하는 것은 법적으로 금지되었고, 아이들의 무절제한 거리생활은 범죄로 간주되었다. 심지어 거리에서 축구를 하는 것조차 경찰의 눈을 피해야 계속할 수 있었고, 잡히면 즉결심판에 넘겨졌다. 일례로 1911년 버밍햄에서는 132명의 아이들이 거리에서 축구를 했다는 이유로 잡혀서 처벌되었다(Daunton, 1983 : 268~269). 이러한 사실은 앞서 아리에스나 파르쥬가 유사하게 지적한 것처럼(Ariès, 1994 ; Farge, 1979), 영국뿐만 아니라 유럽의 주요 도시에서 마찬가지로 이루어졌다. 이는 거리에서 아이들을 가정으로 끌어들이는 것을 노동자 가족의 부인에게 가장 중요한 임무 가운데 하나로 부과했던 박애주의적 전략과 짝을 이루는 조건이었다.

프랑스에서는 1837년에 노동자나 빈민의 어머니들에게 보조금을 지급하는 정책을 취하며, 이는 19세기 말에 이르면 가족급여정책으로 확대된다. 더불어 노동자의 아이들을 양육하는 데 국가나 위생관리자들이 직접 관여하고 통제권을 확대하게 된다. 즉 국가는 여기서 집합적으로 노동계급의 여성들에게 급료를 제공하면서, 어머니와 아이들 사이에 개입하여 그들의 생활이나 교육에 대해 감독하고 통제하는 위치에 서게 되고, 노동자 가정의 어머니는 국가에 의해 고용된 간호사 내지 유모가 된 셈이다(Donzelot, 1979 : 31). 그들은 이제 아이들을 '건강하고' 도덕적으로 키울 의무를 부여받게 된 것이다.

이 세 가지 문제와 관련된 박애주의자의 전략은 '가족주의'로 집약된다. 즉 그것은 위생과 빈곤의 문제, 아이들의 보호라는 문제를 통해서 노동자의 생활을 가족으로 영토화하려는 것이었다. 이를 위해 노동자로 하여금 일이 끝나면 돌아가서 쉴 수 있는 가족의 공간, 가족만의 공간으로서 집을 갖도록 만드는 것이 중요한 문제가 된다. 즉 노동자가 선술집으로 향하려는 발길을 되돌리게 하며, 아이들을 거리로부터 끌어들일 수 있는 포근한 가족, 위생적이고 안락한 가족적 공간을 통해, 그리고 이 집을 스스로의 노력에 의해 소유하게 함으로써 세 가지 문제는 동시에 해결될 수 있다는 것이다. 이것이 바로 박애주의자들이 고뎅의 코뮨주의적인 주거공간을 결코 받아들일 수 없는 이유였으며, 반대로 그것을 비난하고 거부해야 했던 근본적 이유였던 셈이다. 그런데 1850년대 중반에 그것을 대체할 대안이 뮐루즈에서 가시화되기 시작했다.

고댕의 파밀리스테르가 코뮤주의적 주거형태의 강력한 실례를 만들었다면, 그에 대항하려는 박애주의자들로서는 매우 주목할 만한 시도가 1850년대 중반에 시작되었다. 뮐루즈 공업 협회(La Société Industrielle de Mulhouse)의 회원이었던 장 주버는 1851년 9월 24일 그의 동료들 앞에서 노동자 주택에 관한 보고서를 발표했다. 그는 뮐루즈에서 종이공장을 운영하던 자본가였는데, 이미 자기 공장 노동자들을 위한 집을 몇 채 지은 경험이 있었고, 이 일로 인해 이 문제에 특별한 관심을 갖고 1851년 런던에서 열린 박람회에 참석하여, 당시 유럽에서는 가장 선진적이었던 영국의 노동자 주택을 보고 깊은 인상을 받았다고 한다(Ariès et Duby[éd.], 1987 : 418 ; Bullock and Read, 1985 : 319∼320).

영국의 노동자 주택 역시 위생개혁법 이후 법적 규제로 인해 이전의 백-투-백 하우스나 프레스톤 주택 등을 짓는 것이 곤란해지자 나온 것으로(Pawley, 1996: 12∼15), 보통 방이 1층에 둘, 2층에 둘 있어서 투-업-투-다운 하우스라고도 불리고(Muthesius, 1982 : 123), 일반적으로 '타운하우스'라고도 불린다(손세관, 1993 : 237∼244). 주버의 보고서에는 헨리 로버츠(Henry Roberts)가 쓴 『노동 계급의 주택』(The Dwellings of the Labouring-Classes)에서 베낀 도면도 있었는데(Bullock and Read, 1985 : 318), 그것은 전형적인 투-업-투-다운 하우스의 도면이었다.

이후 1852년에 의사 프노가 주버의 제안에 따라 노동자 주택에 대한 조사 보고서를 발표했는데, 그는 거기서 병영형과 개인가정이라는 두 개의 형태를 대비시키면서 후자에 대한 지지를 확고히 했다. 다음해에는 쟝 돌퓌가 이 실험에 참여하기로 선언하고는 뮐루즈 출신의 건축가 에밀 뮐레에게 일단 4채의 집을 설계하도록 의뢰하는 한편, 뮐루즈 노동자 주택단지 협회(La Société Mulhousienne des Cité Ouvrières)를 결성했다. 그는 5000프랑짜리 주식 600주를 발행하여 30만 프랑을 모았고, 여기에 나폴레옹 3세가 30만 프랑을 보태 60만 프랑의 기금을 모았다.

그 협회는 자신의 규약에 "각각의 집은 서로 간의 연결 없이 단일한 가족을 위해 지어진다"고 명시함으로써(Ariès et Duby[éd.], 1987 : 418), 개인을 코뮤니티가 아니라 가족 안에 안치(安置)하는 것을 기본적인 원칙으로 함을 분명하게 했다. 건축가 뮐레는 1층에 부엌과 방이, 2층에 2~3개의 침실이 있는 방을 설계했고, 협회는 1862년까지 약 560채의 집을 지어 팔았다. 집 값은 1850~2800프랑 정도로, 구입자들은 300프랑에서 500프랑의 선금을 내고, 15년 정도 동안 매달 20~30프랑을 갚아나가는 것이었다(Guerrand, 1987 : 114~115).

출자가들에게 약 3.5~5%의 배당금을 주기로 하고 기금을 모으고, 구입자는 월정액을 통해 집을 갚아나가는 이런 방법은, 그 이후 생겨나기 시작했고, 1870년대에 전성기를 이루었던 수많은 박애협회들이 주택사업을 하는 일반적인 형태를 보여주는 것이었다. 또한 뮐루즈의 주택단지 협회가 선택했던 뮐레의 설계는 집합적인 노동자 주택에 대해 공포와 혐오를 갖고 있던 수많은 박애협회들의 모델이 되었다. 그 결과 뮐레는 1867년의 박람회에서 금메달을 받았고, 그의 도면은 참가한 많은 사람들의 관심을 끌었다. 뮐루즈의 이 모델은 고댕의 모델에 대해 대안을 찾던 프랑스의 박애주의자들에게 마치 하늘의 선물과도 같은 것이었고, 그 결과 뮐루즈의 모델은 땅 값이 비싸서 그대로 적용할 수 없었던 파리를 제외하고는 프랑스 전역으로 확산되었다.

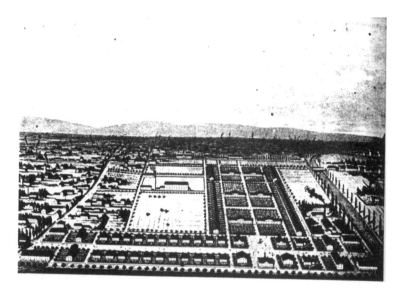

〈그림 6.4〉 뮐루즈 노동자 주택단지 조감도 및 근경

직사각형의 블록을 따라 일렬로 늘어선 주택들은, 거리와 직접 연결되었고, 다른 집과의 연결도 외부의 그 거리를 통해서만 가능했다. 여기서 거리와 문을 직접 연결하는 방법은, 집합적 순환로인 갤러리-통로를 통해 양자가 연결되는 팔랑스테르의 모델을 벗어나는 것이었다.* 이는 가구들이 서로 만나는 공동의 공간을 거리라는 잠정적인 통과공간으로 만들고, 서로 교차하게 되는 동선을 그 공간으로 흡수하여 잔여적이고 잠정적인 세계로 흘려 보내는 효과를 갖는 것이었다. 이는 이후 노동자 주택단지에서 불가피하게 형성되는 공동의 공간, 코뮌적 공간을 제거하는 중요한 방법을 제공하게 된다.

3. 노동자 주거공간의 분포

1) 파밀리스테르 주거공간의 분포

이상에서 우리는 노동자 주택문제에 대한 두 가지 접근방법에 대해서 살펴보았다. 그것은 명시적인 투쟁이 없는 경우에조차 상반되는 계급적 전략의 대립이요 투쟁이었다는 점에서 계급투쟁의 지대였으며, 좀더 강하게 말하면 계급정치의 문제가 임금이나 경제적 조건에 관한 것으로, 혹은 의회에 관한 것으로 영토화되기 이전에 양대 계급의 상반되는 계급적 전략이 가장 첨예하게 부딪치고 충돌하는 영역이었다고 할 수 있을 것이다. 그러나 이것으로 그친다면 우리는 두 개의 주거 모델에 대해, 그것에 대해 외적인 두 개의 계급이나 전략을 대응시키는 데서 벗어나

---

* 1867년 건축기사인 데탱은 이와 같은 내용을 이론화하는 논문을 잡지 "Revue Générale de l'Architecture"에 게재했다. 이는 개별 주택인 뮐루즈의 주택형태를 벗어나 집합주택의 문과 계단을 배치하는 일반적인 방법으로서 제안되었다.

지 못할 것이다. 그것만으로는 그들이 제시한 주거의 모델이 어떠한 효과를 가질 것인지, 그것으로 인해 만들어질 생활의 형태는 어떠할 것인지 직접적으로 이해할 수 없다.

우리는 다시 질문해야 한다. 두 가지 계급적 전략을 통해 제시된 주거의 모델들은 어떠한 방식으로 주거의 장을 공간적으로 조직하고 있는가? 그것은 사람들의 삶의 흐름, 일상적인 행동의 흐름을 어떤 양상으로 생산하고 재생산하는가? 공간적 분포 자체를 통해 삶의 흐름을 기계적으로, 혹은 물질적으로 절단하고 채취하는 양상은 어떠한가? 이를 위해 우리는 다시 두 가지 모델에서 만들어지는 공간적 분포의 문제, 나아가 주거공간을 구성하는 데 적용된 각각의 원칙들에 대해 검토해야 한다.

코뮨주의적 주거공간의 명시적 형태로 보이는, 그러나 에밀 졸라 같은 사회주의자마저 거부감을 보여 주었다는 점에서 논란의 소지가 충분히 포함되어 있는 고댕의 파밀리스테르를 보자.

〈그림 6.5〉는 파밀리스테르의 전체적인 구성을 보여주는 평면도다. A는 주거공간이 있는 세 개의 본채로서, 베르사유 궁전의 외부형태에서 많은 영향을 받았다. 이는 아마도 건물 이름을 '가족궁전'(Familistère)이라고 부른 것처럼, 코뮨적 삶의 공간을 새로운 삶의 궁전으로 만들고자 했던 소망이 담겨 있는 것이겠지만, 다른 한편으로는 지배계급의 힘에 대항하려는 의지가 담긴 것이기도 하다. 이처럼 대항하는 것은, 그 자체만으로 머문다면 유사한 힘의 조직화를 통과해야 한다는 점에서 자칫하면 대항하려는 자와 유사하게 되기 쉽다. 아마도 이것은 한편으로는 많은 사람들에게 유혹 요소일 수도 있지만, 반대로 진지한 사람들에게는 거리감을 주는 요소일 수도 있을 것이다. 물론 이것으로 이 '궁전'에 대한 평가를 대신할 수는 없는 일이지만 말이다.

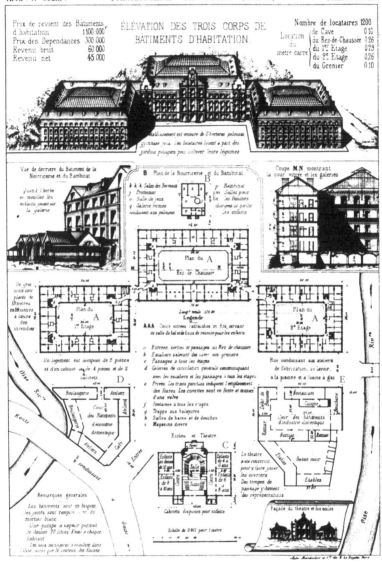

〈그림 6.5〉 파밀리스테르, 투시도 및 전체 평면도

세 채의 본채 뒤에 있는 B는 어린아이들을 위한 홀이다. 공동 육아를 위한 탁아소와 유치원이 있던 건물인데, 여기서 행해진 공동 육아는 또 하나의 뜨거운 쟁점이 되었다. 푸리에주의자들이었던 파밀리스테르의 성원들은 가족을 벗어난 코뮨은 아니더라도 적어도 아이의 양육과 교육은 코뮨적인 공동성과 공동적인 삶의 방식을 가르치는 중요한 출발점이었다. 그래서 그들은 양육과 교육을 부모의 손에서 벗어나 코뮨적인 차원에서 실시하는 문제에 지대한 관심을 기울였고, 그 결과 나타난 많은 실험적 시도들은 동시대인들의 강렬한 주목을 이끌었다. 반면 바로 그 사실로 인해 코뮨주의적 기획에 반대하는 사람들은 공동육아에 대해, 부모로부터 아이 양육의 신성한(!) 권리를 빼앗고, 아이들을 병영적인 집단성으로 길들이려는 사악한 시도라고 비난했다.

그러나 이는 당시의 상황을 고려한다면 여러 가지 이유에서 전혀 근거 없는, 정말 '사악하기' 짝이 없는 계급적 비난일 뿐이었다. 왜냐하면 앞서 충분히 보았듯이 대부분의 사람들이 유모 양육을 하면서 유아 사망률이 끔찍할 정도로 높았던 것이 유럽의 일반적 상황이었고, 더욱이 노동자들의 경우 양친 모두가 일을 해야만 생존할 수 있었던 당시의 경제적 조건으로 인해 아이들의 양육에 관심을 갖고 실질적인 양육의 책임을 다할 수 없었으며, 다만 방치하는 수밖에 다른 방법이 없었던 것이 당시의 현실이었기 때문이다. 그러한 조건에서 노동자들에게 공동육아는 아이 양육의 문제에 대한 거의 유일한 해결책이었던 것이다. 따라서 이러한 공동육아가 부모에게서 신성한 양육의 권리를 빼앗는다는 비난은, 어머니의 신성화를 부상시킨 부르주아적 가족 관념 안에 있는 것이란 점에서 비현실적이었을 뿐만 아니라, 노동자들에게서 실질적으로는 양육의 권리를 빼앗는 것이 될 것이란 점에서 현실적으로 매우 극악

한 것이었다.[*]

C는 학교와 극장이 있는 건물로서, 가운데 커다란 무대와 홀이 있는 극장이 있고, 그것을 둘러싸고 6살, 8살, 10살 등의 등급으로 나뉘어진 교실이 있었다. 여기서 학교와 함께 극장에 중요한 비중을 두었던 것은 매우 인상적이다. 실제로 이 극장에서는 빈번하게 연극 등의 공연을 했다고 하는데, 그런 점에서 이는 단지 학생들뿐만 아니라 코뮨의 구성원들이 함께 참여하는 문화적 공간이었던 셈이다. D와 E는 푸줏간이나 주방·식당·카페·카지노·마구간·마차고·제빵소·작업실·공동 세탁장과 목욕탕 등과 같은 공동의 생활공간이 있는 건물이다. 여기서는 식사를 가족적 단위가 아니라 이처럼 식당에서 공동으로 했다.[**]

그리고 이 모든 건물의 오른편에서 흐르고 있는 하천 건너편에는 이 코뮨의 구성원들이 일하는 공장이 있다. 그것은 물론 고댕이 세운 주철공장인데, 앞서 말했듯이 그는 1880년 파밀리스테르의 구성원들을 회원으로 하는 협동조합을 설립해 이 공장은 물론 파밀리스테르 전체를 그 조합에 넘겼다. 말 그대로 생산과 생활을 함께 하는 코뮨적 구성체를 만들어낸 것이다.

〈그림 6.6-1〉은 파밀리스테르의 내부공간의 세부적 평면도다. 세 개의 본채 가운데, 오른쪽에 있는 건물의 내부 평면인데, 대문자 A·B·C·D로 표시된 방들은 각각 독립적인 주거단위를 표시한다. 그러나 여기서 주거단위가 반드시 가족적 주거단위와 동일한 것은 아니다. 왜냐

---

[*] 이런 점에서 본다면 이러한 부르주아적 비판과 궤를 같이 했던 에밀 졸라의 파밀리스테르 비판 역시 코뮨적 삶에 대한 몰이해를 떠나서, 목가적인 생활에 대한 낭만적 몽상에 코뮨적이고 집합적인 삶을 대비함으로써 손쉽게 얻어지는 병영적 표상에 대한 피상적 거부감을 공유하고 있었던 셈이다.
[**] 각 건물의 각각의 방에 대해서는 끄랑(Guerrand, 1987 : 146 이하)을 참조.

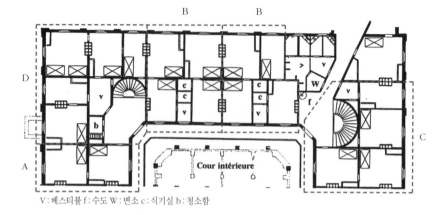

V: 베스티뷸 f: 수도 W: 변소 c: 식기실 b: 청소함

〈그림 6.6-1〉 파밀리스테르, 세부평면도

하면 고댕의 공장에서 일하던 이 코뮌의 구성원 가운데는 독신자들이
적지 않았고, 이 건축물은 본래 그들을 위한 기숙사를 지으려는 계획에
서 발단된 것이었기에, 지금의 기숙사에서 볼 수 있는 방식의 방들의 배
열이 있을 수밖에 없었기 때문이다. 가령 D로 표시된 방들의 군이 그러
하다. 그것은 침대가 놓여 있는 침실만도 4개에 이르는데, 당시 노동자
가구에서 이런 규모는 물론 이런 식의 방들의 구성도 생각하기 힘든 것
이다. 따라서 그것은 독신자용 가구로 보인다. 한편 B에서 식기실을 배
열한 방식을 보면, B는 방 2칸을 단위로 하는 두 가구가 병존하는 방식
으로 배치되어 있는 듯하다. 방들의 기능 역시 모호하다. 거의 모든 방에
침대가 있는 것으로 보면 침실로 보이며, 그렇지 않은 방은 몇 개 눈에
띄지 않는다. 하지만 B의 경우 5번 및 6번 방은 식기실이 붙어 있는 것
으로 보아 부엌이나 거실에 가까운 것으로 보이며, C의 경우는 침대가
없는 6번 방이 부엌이나 거실처럼 보인다.

어찌됐든 하나의 동선으로 연결되어 있는 방들을 하나의 단위로 묶
어서 공간의 위상학적 다이어그램을 그리면, 어느 경우나 수목상의 형

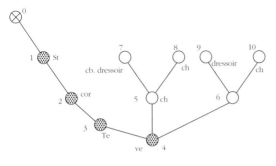

		응집도	통합도
0	⊗	0.500	1.324
1	계단	1.500	1.800
2	복도	1.000	2.500
3	테라스	0.833	3.462
4	베스티뷸	1.166	4.500
5	내실	2.333	3.000
6		2.333	1.875
7	식기실	0.333	1.875
8	내실	0.333	1.875
9	식기실	0.333	1.875
10	내실	0.333	1.875
합 계		10.000	27.086
평 균		1.000	2.462
표준편차		0.732	0.897

〈그림 6.6-2-a〉 B 유형

〈그림 6.2-2-b〉

상을 취하고 있음을 알 수 있다(B와 C).
이 모두를 하나의 공간으로 연결해도

결과는 마찬가지로 수목상으로 나타난다. 가령 A와 D를 함께 연결된 것
으로 보고서 다이어그램을 그리면 〈그림 6.6-4-a〉와 같이 된다. 이러한
다이어그램을 기초로 하여 통합도와 응집도를 계산할 수 있다. 표에서
보듯이 계단과 베스티뷸 사이에 있는 일종의 복도 기능을 하는 방이 가
장 통합도가 높으며, 여기서 D의 방들로 이어지는 베스티뷸이 그 다음
으로 높다. 반면 침실들은 어떤 것은 다른 침실로 연결되는 통로가 되면
서 응집도가 높아지고, 통합도 또한 상대적으로 높은 곳이 있지만, 대부
분은 가장 통합도가 낮은 편이다. B와 C의 경우에도 이는 비슷해서, 동
선이 모이는 베스티뷸이나 복도가 통합도가 높고, 침실들은 가장 낮은
값을 갖는다. 이는 방들에게 가능한 한 사적인 성격을 확실하게 부여하
는 공간적 분포를 보여 주고 있다.

한편 세 가지 공간군의 또 다른 공통점은 외부공간의 통합도 역시
가장 낮은 편이라는 것인데, 이 역시 외부와 내부 간의 분절을 강화하는
근대의 사적 공간에서 공통적으로 보이는 특징이었다. 이런 점에서도

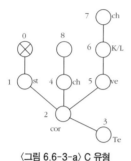

<그림 6.6-3-a〉 C 유형

		응집도	통합도
0	⊗	0.500	1.647
1	계단	1.250	2.800
2	복도	2.500	5.600
3	테라스	0.250	2.333
4	내실	1.250	2.800
5	베스티뷸	0.750	3.500
6	부엌 및 거실	1.500	2.154
7	내실	0.500	1.400
8		0.500	1.647
합 계		8.000	25.101
평 균		1.000	2.789
표준편차		0.667	1.220

〈그림 6.6-3-b〉

이들 공간군은 주거공간을 사적 공간으로 만드는 근대적 분포의 양상을 그대로 따르고 있다고 할 수 있겠다. 이처럼 각 방을 독립시켜 그 공간적 분포를 조사하면, 19세기 이래 주거공간이 사생활의 공간으로 발전하면서 취했던 가장 대표적인 형상을 취하고 있음을 볼 수 있다. 이는 독신 노동자인 경우를 제외한다면 가족을 통해 정의되었을 주거단위가 사생활이 가능한 공간적 분포를 보여 주고 있는 셈이다. 고댕이 가족을 코뮨과 대립시키지 않았다는 것은 이러한 단위 공간의 분포에서 다시 확인될 수 있다. 하지만 역으로 이러한 분포만으로는 파밀리스테르가 다른 사적인 주거공간과 구별되는, 코뮨적인 공간적 분포를 보여 준다고 할 수 없음을 뜻하기도 한다.

반면 다른 공간군과 연결하는 테라스는 통합도가 높은 편인데, 이는 하나의 공간군과 다른 공간군 간의 소통성과 이동성이 크다는 것을 뜻한다. 그런 점에서 앞서 보았던 것과는 다른 집합적 주거공간의 고유한 특징이 드러난다. 즉 그것은 건물의 외부, 혹은 적어도 계단 너머의 외부와 달리, 테라스로 연결되는 건물 내부의 공간군 사이에는 잠재적으로지만 소통성과 통합성이 강하다는 것이다.[*] 파밀리스테르처럼 중정

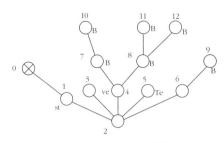

		응집도	통합도
0	⊗	0.500	2.200
1	계단	1.200	3.474
2		3.333	6.600
3	청소함	0.200	3.143
4	베스티뷸	1.033	6.000
5	테라스	0.200	3.143
6	침실	1.200	3.474
7	침실	1.333	3.300
8	침실	2.333	3.667
9	침실	0.500	2.200
10	침실	0.500	2.129
11	침실	0.333	2.276
12	침실	0.333	2.276
합 계		12.000	43.882
평 균		1.000	3.375
표준편차		0.891	1.365

〈그림 6.6-4-a〉 D 유형

〈그림 6.6-4-b〉

과 테라스를 공동의 공간, 코뮌적인 공간으로 적극 활용하는 경우, 이러한 잠재성(virtuality)은 가구들 사이의 원활한 소통과 교류를 매개하는 물질적 조건을 제공하는 현재성(actuality)을 획득한다.

알다시피 고댕의 구상은 이러한 개별 아파트의 공간분포로 환원될 수 없는 것을 전체 집합적 주택 단위에서 중요하게 포함하고 있다. 따라서 파밀리스테르의 공간적 분포상의 특징은 집합적으로 이용하는 식당과 세탁장 등의 공공 시설, 탁아소나 학교 등등의 복합체(complex) 전체로서는 아니라고 하더라도, 최소한 하나의 통일체를 형성하는 독립적인 본채 단위로는 분석이 진행되어야 한다. 이러한 차원의 분석은 그들

---

* 물론 이러한 특징은 아파트 형태의 모든 공간군에 공통된 것이다. 이에 관한 한 앞서 검토한 부르주아의 아파트 역시 마찬가지다. 그러나 중요한 차이는 부르주아의 경우 이러한 공간, 즉 복도나 계단실, 혹은 공동 중정 등과 같이 동선이 만나는 공간을 서로의 내밀성 내지 프라이버시를 침해할 수 있는 곳으로 보아 불편하게 여겼으며, 가능한 한 그것의 효과를 축소하길 원했다(Eleb-Vidal et Debarre-Blanchard, 1989). 그래서 가령 중정과 같은 공간을 기꺼이 없애고자 했으며, 복도로 여러 가구가 연결되는 형상의 분포를 피하고자 했다. 이는 일자로 펴지면서 중정이 제거된 20세기 초의 아파트들이나, 계단만 남겨 두고 두 집이 마주보는 식의 아파트들에서 잘 볼 수 있는 것이다.

의 주거공간이 단순히 개별적인 가구들의 병존이 아니라는 점에서 중요한 의미를 갖는다. 본채를 이루는 각각의 동(棟)은 아파트들과 그것을 연결하는 테라스-회랑, 그리고 그것이 모이는 중정으로 이루어져 있고, 여기서 회랑은 현재의 집합주택에서 볼 수 있는 복도 같은 단순한 통과 공간이 아니며, 유리 지붕을 덮은 중정은 블록을 따라 집을 지으면서 환기와 통풍을 위해 남겨 둔 잔여적인 공간이 아니기 때문이다. 그것은 각각의 가구들이 연결되는 공간이면서, 그것들을 잇는 동선이 모이는 공간이다.

파밀리스테르는 이 공간을 서로가 가능한 한 만나지 않는 소극적 공간이 아니라, 각각의 가족들이 공동의 생활을 공유할 수 있는 공동의 공간으로 만들고 있다. 〈그림 6.7〉에서 보이듯이, 커다란 중정은 결혼식

〈그림 6.7〉 파밀리스테르동 내부 중정에서 집회장면

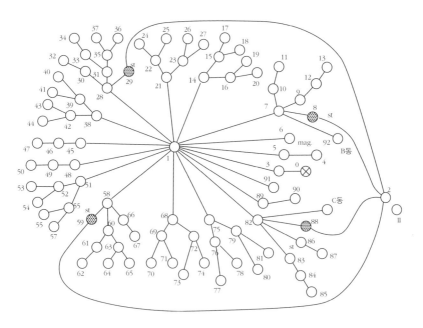

〈그림 6.8-1〉 파밀리스테르 A동 1층

과 같은 행사뿐만 아니라 집회나 회합 등을 위한 공동의 공간으로 사용되고 있으며, 각 층의 회랑 또한 그 경우 그 집합적 활동이 이루어지는 공간의 일부로 통합되어 사용되고 있다. 다시 말해 중정과 회랑은 사적인 동선들이 모이는 공간적 분포를 보여 주는데, 고댕은 바로 이런 특징을 공동의 집합적인 활동을 위한 공간으로 이용하게 함으로써 '코뮨적인' 공간을 만들어내고 있는 것이다. 따라서 우리는 각 동의 전체 분포를, 아니 최소한 1개 층만이라고 연결해서 분석해 보아야 한다.

분석을 위해 중정과 회랑을 하나의 공간으로 놓고, 〈그림 6.5〉에 있는 전체 평면도 가운데 A동의 1층을 다이어그램으로 그리면 〈그림 6.8-1〉과 같다. 공동의 공간이라고 할 수 있는 회랑과 중정을 중심으로, 앞서 보았던 각 아파트의 나무가지형의 그래프가 뻗어나가는 형상인데, 이것만으로도 중심에 있는 공간의 통합도와 응집도가 지극히 높으리라는 것은 쉽게 알 수 있다(이를 5층 전체로 확대하면 그 값은 더욱 증가할 것이다). 통합도와 응집도를 통해서 공간적 분포를 조사해 보면, 우선 응집도는 중앙의 중정과 회랑이 7.4로 엄청나게 높은 값을 갖고 있다. 17개의 방과 연결되는 동선이 모두 이 중정과 회랑으로 집중되고 있기 때문이다. 그리고 응집도가 2를 넘는 방이 17개 있는데, 이 방들은 대개 중앙에 연결된 각각의 동선에서, 마지막의 2개로 갈라지는 지점에 있다. 또 1과 2사이인 방 역시 묘하게도 17개인데, 이는 대개 끝에서 두번째 있는 비분기점들이다. 나머지 방들의 응집도는 대개 0.3인 경우가 대부분인데, 몇 개의 방들로 동선이 응집된 만큼 응집도는 매우 작은 이 방들의 수가 매우 많다.

통합도를 보면, 전체의 평균 통합도는 21.735로 매우 높다. 통합도가 이처럼 엄청나게 큰 것은 무엇보다도 우선 방들의 분포가 하나의 중심으로부터 방사상으로 확산되는 형상을 취하고 있기 때문이다. 이러한 형상은 각 방들의 공간적 깊이를 최소화하고 또한 방들의 대칭성을 높이기 때문에, 통합도가 전체적으로 매우 높아진 것이다. 각각의 아파트나 방들의 통합성이 극히 높은 것도 역시 동일한 요인에 기인한다.

한편 공동의 공간인 회랑과 중정의 통합도(39.857)는 유례없이 높은 값인데, 지극히 높은 값을 갖고 있던 평균 통합도와 비교해도 평균의 183%에 이르는 높은 값이다. 이는 공동 공간의 통합도가 다른 방들의 거의 두 배에 이른다는 것으로, 공동 공간이 전체 공간적 분포에서 중심적인 위상을 차지하고 있다는 것을 의미한다. 다른 방들은 회랑으로부터의 깊이가 늘어남에 따라 통합도가 단계적으로 줄어들며 통합도 값이

		응집도	통합도
0	⊗	0.500	14.990
1	갤러리(중정)	7.400	39.857
2	2층	2.000	21.147
3	통로	1.059	28.357
4		0.500	21.896
5		1.059	28.357
6		0.059	28.173
7		2.559	29.722
8	계단	0.450	23.188
9		0.700	22.942
10		1.200	22.821
11		0.500	18.441
12		1.500	18.600
13		0.500	15.584
14		0.725	29.319
15		2.333	22.701
16		2.333	22.701
17		0.333	18.363
18		0.333	18.363
19		0.333	18.363
20		0.333	18.363
21		0.725	29.319
22		2.333	22.701
23		2.333	22.701
24		0.333	18.363
25		0.333	18.363
26		0.333	18.363
27		0.333	18.363
28		1.392	30.136
29	계단	0.500	23.439
30		1.250	23.064
31		1.083	23.567
32		0.500	18.600
33		1.333	19.009
34		0.500	15.870
35		2.333	19.093
36		0.333	15.928
37		0.333	15.928
38		0.750	29.319
39		2.333	22.701
40		0.333	18.363
41		0.333	18.363
42		2.333	22.701
43		0.333	18.363
44		0.333	18.363
45		0.559	28.545
46		1.500	22.120
47		0.500	17.981
48		0.559	28.545
49		1.500	22.120
50		0.500	17.981
51		0.725	29.319
52		2.333	22.701
53		0.333	18.363
54		0.333	18.363
55		2.333	22.701
56		0.333	18.363
57		0.333	18.363
58		1.392	30.136
59	계단	0.500	23.439
60		1.083	23.567
61		1.333	19.009
62		0.500	15.870
63		2.333	19.093
64		0.333	15.928
65		0.333	15.928
66		1.250	23.064
67		0.500	18.600
68		0.725	29.319
69		2.333	22.701
70		0.333	18.363
71		0.333	18.363
72		2.333	22.701
73		0.333	18.363
74		0.333	18.363
75		0.725	29.319
76		2.333	22.701
77		0.333	18.363
78		0.333	18.363
79		2.333	22.701
80		0.333	18.363
81		0.333	18.363
82		2.559	29.519
83		0.700	22.821
84		1.500	18.520
85		0.500	15.528
86		1.200	22.701
87		0.559	18.363
88	계단	0.450	23.064
89		1.000	27.900
90		0.500	21.515
91		0.059	28.173
92	B동	0.200	22.701
93	C동	0.200	22.582
합 계		94.000	2043.050
평 균		1.000	21.735
표준편차		1.002	4.608

〈그림 6.8-2〉 파밀리스테르 A동 1층

29, 23, 19, 15 주변에 모여 있다. 다만 특이한 것은 외부공간의 경우 중앙의 중정으로부터 깊이가 2밖에 안 되는데도 통합도는 가장 낮은 값을 보여주고 있다는 점이다. 이는 건물의 내부와 외부 사이의 분절이 강하다는 것을 보여 주는 것으로, 앞서 개별 가구들의 분포에서 보았던 것을 전체적인 차원에서 확인해 주는 것이기도 하다. 하지만 여기서 외부공간이 개별 가구의 외부공간이 아니라 동 전체의 외부라는 것을 유념한다면, 사적 공간 일반의 특징으로 환원되지 않는 큰 차이가 있음을 확인할 수 있다. 다른 한편 옆에 있는 동이나 2층의 통합성은 평균보다 약간 높은 수준이다. 다시 말해 연결된 건물들과는 평균적인 ──물론 평균은 매우 크다── 통합성을 유지하고 있는 것이다.

이상에서 본 것처럼 파밀리스테르의 각 동은 수목상의 분포를 취하는 개별화된 가구 및 방들이 전체적으로는 중앙에 있는 중정과 테라스-회랑으로 집중화되는 양상의 분포를 보여 주고 있다. 전체적인 분포 역시 하나의 고리도 포함하지 않는 수목상의 형상을 취하고 있다는 점에서, 각각의 방들이 공동의 공간으로 과잉-집중되면서도, 동선의 가지들을 체계적으로 분배함으로써 동선의 흐름을 명확하게 구별하여, 동선의 혼성이나 겹침을 극소화하고 있다. 이런 측면에서 본다면 이 건물은 각각의 방들에게 사적인 공간으로서 독립성을 확실하게 부여하려고 하는 동선의 분배를 형성하고 있다고 말할 수 있을 것이다. 하지만 동시에 그러한 방들을 통과하는 모든 동선을 공동의 공간으로 집중시킴으로써 그 공동의 공간에 중심적 위상을 부여하고 있으며, 더불어 그 공간의 코뮨적인 용법을 실질화 할 수 있는 기능적 능력을 제공하고 있다고 할 수 있다. 따라서 이 건물은 각각의 방들에는 사적 공간으로서 기능할 수 있는 조건을 부여함과 동시에 공동의 공간에게는 또한 공적이고 코뮨적인 공간으로서 기능할 수 있는 조건을 제공함으로써, 사적인 것과 코뮨적인 것이 공존하는 이중적이고 평행적인 구조를 만들어내고 있는 것이다.

이러한 점에서 파밀리스테르는 **가족이나 사적인 공간에 대한 욕망을 부정하지 않으면서도, 또한 그것을 단지 사사화(私事化)하지 않고, 코뮨적인 관계와 접속될 수 있는 공간적 배치를 만들어낸** 셈이다. 이는 자본주의적 소유관계로 인해 '주택문제' 내지 '부랑자 문제', '위생문제'의 형태로 정의되고 그 선분적인 선들에 포섭될 수밖에 없었던 대중들의 탈영토화된 흐름을, 코뮨이라는 새로운 사회적 관계를 구성할 수 있는 새로운 공간적 배치로 인도하는 것이었다는 점에서, 당시의 어떠한 시도와도 근본적으로 달랐다. 요컨대 파밀리스테르는 그것이 푸리에적인 어떤 공동체를 구현하려는 의식적이고 '이데올로기적인' 시도였다는 점과 다른 차원에서, 이전에 없던 새로운 공간적 배치를 창조해낸 것이다. 이는 새로운 종류의 삶의 방식을 지향하는 계급적 전략으로서 코뮨주의가 단순히 대립적 적대성과 집합적 외양에 머물지 않는다는 것, 아니 새로운 종류의 공간적 배치로 나타나는 새로운 욕망의 배치를, 그 자체로 긍정적이며 구성적인 새로운 어떤 관계를 창조해냈다는 점에서 근본적인 중요성을 갖는 것이라고 하겠다.[*]

이는 고댕의 모델이 19세기 후반에 그토록 비난받고 무시되었던 것을 염두에 두면 이중의 아이러니를 보여 주는 것이다. 하나는 자유주의자와 박애주의자들의 비난에도 불구하고, 땅값이 비싼 도시에서는 그런

---

[*] 우리가 흔히 발견하는 현재 대부분의 아파트는 이러한 공간적 배치에서 공동의 공간, 코뮨적인 공간을 제거하거나 극소화하여, 복도 같은 통과 공간이나 주차장 같은 자연적 공간으로 대체하여 만들어진 것이다. 즉 최소한의 공간에서 사적인 동선을 최대화하기 위한 배치로 변형된 것이다. 따라서 이러한 집합적인 주택단지들의 배치는 파밀리스테르의 공간적 배치에서 코뮨적 요소를 뺌으로써 만들어진 것이라고 말할 수 있는 것이다.

집합주택이 불가피하게 되었기 때문에, 부르주아 역시 집합주택의 모델을 받아들일 수밖에 없었다는 것이다. 또 하나는 앞서의 것과 직접 결부된 것이기도 한데, 사적인 주거와 코뮨적인 공간을 결합하려고 했던 고대의 모델은 그의 생각과는 정반대로 노동자들의 가족적인 공간으로 일원화되면서 채택되고 확산되었다는 역사적 귀결이다. 하지만 어느 경우든 그것은 동선이 응집되는 공동의 공간을 외부공간과 연결되는 단순한 통과공간으로 변환시킴으로써 가능했다. 다시 말해 동선이 응집되는 공간적 분포의 중심을 단순한 통과공간으로 바꿈으로써 생활의 중심이라는 자리를 박탈하고, 주거공간 자체에 속하지 않는 것으로 만듦으로써 분포의 중심 자체를 제거해 버렸던 것이다.

이로써 주거공간은 '탈중심화' 되고, 공동의 공간, 혹은 코뮨적인 공간은 사라지며, 그 결과 집합주택의 주거공간은 단순히 사적이고 기능적인 공간으로, 르 코르뷔지에의 말대로 '그 안에서 주거하기 위한 기계' (주거 기계)로 변환된다. 확실히 여기서도 중심적인 문제는 르 코르뷔지에가 『건축을 향하여』(Vers une architecture)의 말미에서 말했듯이 "혁명이냐 건축이냐"였던 것인지도 모른다(Le Corbusier, 1987 : 253). 그렇다면 최소한의 공간에 최대한의 주거공간을 만들려는 건축적 공리주의 위에서, 오직 사생활의 기능만을 원리요 원칙으로 삼는 건축방식이 20세기 주거건축은 물론 건축 일반으로 확장되고 중요한 영향력을 확보할 수 있었던 것은 차라리 이해하기 쉬운 일인지도 모른다.

2) 박애주의적 주택의 공간적 분포

밀루즈 노동자 주택단지의 집들이 박애주의자들에게 환호를 받았던 이유가 단지 그것이 집합주의에 반하는 주거형태라는 이유만은 아니었다.

그것은 주거공간을 가정화(domestication)하고, 그것을 통해 노동자의 생활 자체를 도덕화하려는 박애주의의 전략적 목표에 부합하는 공간적 특징을 갖고 있었다. 이는 크게 두 가지로 나누어 볼 수 있는데, 하나는 집들을 배열하고 관계짓는 방식과 관련된 것으로 전체 주택단지의 배치를 형성하는 요소고, 다른 하나는 각각의 집의 내부공간의 형태를 결정하는 공간적 분화의 원칙과 결부된 요소다.

우선 먼저 집들을 배열하고 관계짓는 방식에 관한 것을 보자. 첫째로, 노동자의 주택을 가족의 공간으로 고립시키는 물질적 장치. 집합주의에 대한 공포를 갖고 있던 박애주의자들은 당연히 상이한 가족들이 서로 소통하고 연합하는 양상을 사전에 막으려고 했으며, 이를 위해 가족의 공간을 가족만의 공간으로 고립시키려고 했다. 밀루즈의 집들은 가족들을 효과적으로 분리하기 위해 집들을 일렬로 배열하였고〈그림 6.4〉, 이로써 이웃가족들이 만날 수 있는 공간을 극소화했다. 집들을 줄 세우고 있는 거리만이 그들이 만나고 소통할 수 있는 공간이 된다. 그러나 이는 소통에 지극히 불리한 공간일 뿐만 아니라, 소통 자체를 단지 이동하기 위한 중간적인 경과부로 만듦으로써 이웃관계 자체를 경과적이고 잠정적인 것으로 만든다. 직사각형의 블록을 따라 분리된 집들을 일렬로 줄 세우는 이러한 방법은 영국이나 프랑스뿐만 아니라 노동자 주택이 '계획적으로' 지어지던 거의 모든 곳에서 반복되었다.

둘째, 사회적 공간을 최대한 축소시키고, 공공 영역을 개별 가족으로부터 몰수하여 장악하는 것. 다음 페이지의 도면이나 〈그림 6.4〉의 조감도에서 보이듯이 밀루즈를 비롯한 대부분의 박애주의 주택들은 거리를 제외하고는 별다른 사회적 공간을 남겨 두지 않는다. 여러 가족이 이용하는 편의시설을 만드는 경우에도 그것을 사적으로 운영하게 함으로

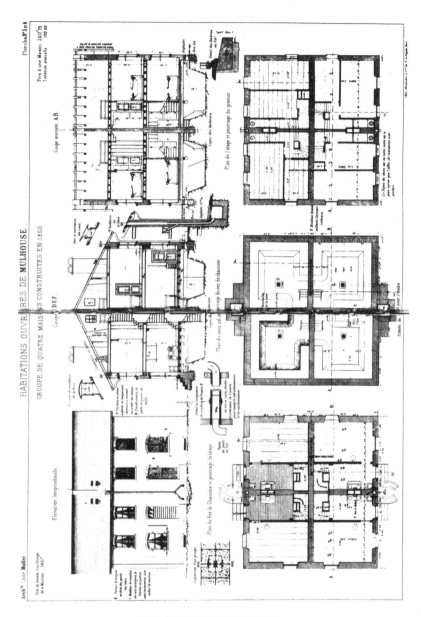

〈그림 6.9〉 뮐루즈 노동자 주택 도면

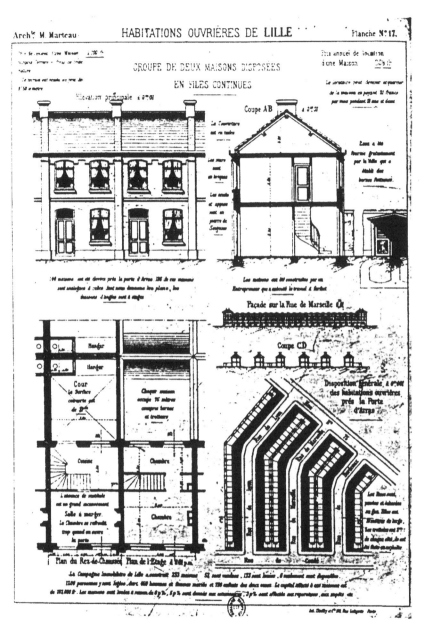

〈그림 6.10〉 뮐루즈 노동자 주택 도면

써 '사업' 내지 상업의 영역으로 넘겨 둔다. 공회당 같은 공공 시설의 경우는 주택단지를 운영하는 협회에서 장악하여 그것의 사용을 제한하고 통제한다. 또한 가족적인 공간의 영역을, 문턱을 넘어선 집 내부로 한정하며, 가족의 생활을 그 집안으로 유폐시킨다. 밀루즈 노동자 주택단지와 달리 아파트 형으로 짓는 경우에도,[*] 계단과 복도 등을 각각의 가족에게 넘겨 주는 것이 아니라 그들에게서 몰수하여 협회에서 관리한다. 박애주의자에게 "공동 공간에 대한 정복은 본질적"이고 필수적이다 (Murard et Zylberman, 1976 : 203). 공공 영역의 몰수와 관리권의 장악은 최소한의 사회적 공간마저 장악하는 것일 뿐 아니라, 노동자의 생활에 개입할 수 있는 통로를 확보하는 것이다.

셋째, 파비용(pavillon)식 건축. 〈그림 6.9〉의 도면에서 왼쪽의 입면도와 평면도 사이에 있는 조그만 배치도가 보여 주듯이, 밀루즈의 주택단지는 주택을 최대한 별채의 형태로 독립시킴으로써 각각의 집과 가족의 독립성을 극대화하고 있다. 밀루즈의 경우 서로 두 벽을 맞대고 있는 4채의 집이 하나의 파비용을 이루며, 정원 한가운데 서 있는 형태로 만들어졌다. 물론 이는 집의 외벽의 노출을 극대화시켜 환기를 좋게 하는 효과를 갖기도 하지만, 그것보다 더욱 중요한 것은 집의 독립성을 강화해서 자기 집에 대한 환상을 제고하는 것이다. 또한 이는 집을 주위의 시선에 최대한 개방하는 효과를 갖는 것이기도 하다.[**] 집을 가능한 한 분산시키는 이런 방식의 배열을 통해 한편으로는 가족화가 불가피하게 내

---

[*] 예를 들면 1888년에 자선협회(La Société Philanthropique)가 발주하여 샤브롤이 지은 파리의 잔 다르크 가(rue Jeanne d'Arc) 45번지 건물이나, 시민소비조합협회(La Société Civile Coopérative de Consommation)가 발주하여 1887년 바이양이 지은 파리의 장 로베르 가(rue Jean Robert) 14번지에 있는 집.

포하는 "내밀성이 지나치게 음지에 숨지 않도록 하려는" 것이며(Murard et Zylberman, 1976 : 218), 사람들의 순환과 소통을 최대한 관리하는 시선에 노출되게 하려는 것이다.

이러한 방법을 통해서 노동자들의 이웃관계를 감시하고 통제하려는 기술이 효과적으로 작동할 수 있는 공간적 배치가 만들어진다. 이 이웃관계는 1848년 혁명에 이르기까지, 나아가 1871년의 파리 코뮌에 이르기까지 혁명의 시대를 거치면서 부르주아지가 노동자들에 대해 갖게 되었던 공포의 원천이었던 셈인데, 그런 만큼 그것은 노동자의 도덕을 위협하는 더 없이 위험스런 관계였다고 할 것이다. 집합적인 주택에 대해 박애주의자들이 가지고 있던 거부감은 이런 공포의 표현에 다름 아니었다. 따라서 가족화 전략은 가족별로 고립시키는 공간적 장치와, 그들이 이웃관계를 형성할 수 있는 공간적 조건의 제한과 장악, 그리고 그런 전제 위에서 이루어지는 이웃관계의 감시와 통제를 필수적인 공간적 요소로 포함하고 있었다. 뮐루즈를 비롯한 모든 박애주의 주택은 이러한 요건을 충분히 갖추고 있었다.

다른 한편 뮐루즈식의 주택이나 도시에서 만들어진 아파트형의 노동자 주택들은 내부공간의 분포에서 거의 유사한 양상을 보여 준다. 이는 아마도 단위 주거공간이 협소하고 방의 수가 적다는 점에 크게 기인하는 것이겠지만, 그것들의 분포가 보여 주는 양상은, 동일화하기 힘든

** 바로 이 점으로 인해 파비용식 건축은 근대의 병원이나 감옥의 건축에서 가장 빈번히 사용되었으며, 병동식 건축을 따로 지칭하는 말(이 경우 영어를 음역하여 '파빌리온 양식'이라고 불린다)로 사용되기도 한다. 물론 이는 방금 말한, 병원이나 집합적 건축물에서는 도저히 불가능한 빌라 식의 건축이 아니라, 각각의 동을 길게 일렬로 배열하는 식으로 변용된다는 점에서 차이가 있지만, 어원만큼이나 기능적 동일성이 있음은 분명하다. 병원건축과 파빌리온 양식에 대해서는 타일러(Taylor, 1997) 참조.

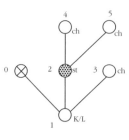

		응집도	통합도
0	⊗	0.333	2.273
1	부엌·거실	2.333	3.571
2	계단	2.333	3.571
3	내실	0.333	2.273
4	내실	0.333	2.273
5	내실	0.333	2.273
합 계		6.000	16.234
평 균		1.000	2.706
표준편차		0.943	0.612

〈그림 6.11-1-a〉   〈그림 6.11-1-b〉

요소들이 있음에도 불구하고, 가정화를 지향하던 19세기 부르주아의 주거공간과 표면상으로 유사하다. 이를 구체적으로 검토하기 위해, 우선 다양한 박애주의 주택들에게 일종의 모델을 제공했던 뮐루즈의 주택들의 공간적 분포를 살펴보자.

〈그림 6.11-1-a〉은 앞서 본 뮐루즈 주택 중 〈그림 6.9〉 노동자 주택의 다이어그램이다. 도면에서 볼 수 있듯이 이 집은 1층에 부엌과 방 하나, 2층에 방 둘이 있는 가장 간단한 형태인데, 방들은 수목상의 형상으로 배열되어 있다. 거실을 겸한 부엌과 계단은 통합도와 응집도가 모두 높고, 방들과 외부공간은 두 값 모두 낮은 분포를 보여 주고 있다. 이른바 '사회적 공간'과 '사적 공간'의 대비가 만들어지는 셈이지만, 사회적 공간에는 사회적 활동을 할 수 있는 공간이 없으며, 다만 조리하고 식사하는 공간으로서 최소 기능을 할 수 있을 뿐이다. 그럼에도 이 방의 통합도나 응집도가 높은 것은 사실상 각각의 방들로 가는 동선이 분배되는 일종의 통과공간이기 때문이라고 해야 적절할 것이다.

뮐루즈 주택 도면 중 〈그림 6.10〉의 집은, 방금 본 1호보다는 약간 큰 집인데, 방들의 분포를 표시하는 다이어그램 〈6.11-2-a〉는 〈6.11-1-

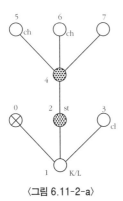

〈그림 6.11-2-a〉

		응집도	통합도
0	⊗	0.333	2.450
1	부엌 · 거실	2.500	3.500
2	계단	0.583	4.083
3	변소	0.333	2.450
4	통로	3.500	4.083
5	내실	0.250	2.722
6	내실	0.250	2.722
7	내실	0.250	2.722
	합　계	8.000	24.733
	평　균	1.000	3.092
	표준편차	1.186	0.649

〈그림 6.11-2-b〉

a〉와 마찬가지로 근대의 사적 공간에 전형적으로 나타나는 수목상을 반복하고 있다. 여기서도 부엌 겸 식당과 침실은 응집도상에서 크게 대조되는데, 이 역시 앞서와 마찬가지로 그 공간이 현관이나 통로의 역할을 한다는 점에 기인하는 것이기에, 사적 공간과 대비되는 사회적 공간이라고 하기 어렵다. 더불어 앞서와 마찬가지로 외부공간의 통합성은 가장 낮다. 여기서도 내부와 외부를 가르는 근대의 사적 공간의 벽은 매우 두텁다는 사실을 다시 확인할 수 있다.

　밀루즈의 주택협회가 성공하자, 그것을 모델로 하여 1865년 주프루아 르노 여사가 자신의 이름을 딴 주택단지를 클리쉬(Clichy)에 세웠는데, 그녀는 이로 인해 밀러와 함께 박람회에서 상을 받았다. 밀루즈의 주택들이 독립적인 파비용 형태의 건축물로 지어진 것에 반해 여기서는 집들이 일렬로 연이어 붙어 있는 연립주택형의 배열을 이루고 있다는 점에서 약간 다르지만, 각각의 집마다 공간적 분리가 명확하게 이루어져 있기 때문에 각 집의 가족적 독립성은 동일하게 주어져 있다. 여기서도 기본은 1층 2실, 2층 2실로서, 2층은 모두 침실이고, 1층은 부엌을 기

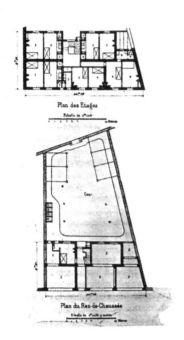

〈그림 6.12-1〉 샤브롤, 잔 다르크 가 45번지

본으로 하면서 방을 두거나 거실을 두는 식의 차이가 있다. 전체적으로
모두 수목상으로 배열되어 있으며, 분포상에서 방들이 갖는 특성도 뮐
루즈의 그것과 크게 다르지 않다.

　이런 식의 공간적 배열과 공간적 분포는 다른 박애주의 주택 대부
분에 공통된다. 즉 대부분이 부엌-거실과 식당, 혹은 부엌/거실과 방,
아니면 부엌과 거실을 분리하여 1층에 두고, 2층에 2개 내지 많은 경우
세 개까지 방을 두고 있다. 파리의 노동자 부동산 조합협회(La Société
Coopérative Immobilière des Ouvrière de Paris)가 벨빌(Belleville)과
그르넬(Grenelle)에 지은 주택들, 릴의 부동산 회사(Compagnie

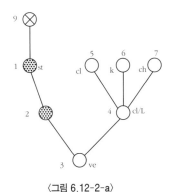

		응집도	통합도
0	⊗	0.500	1.800
1	계단	1.500	2.400
2	통로	1.000	3.000
3	베스티뷸	0.833	3.273
4	내실·거실	2.500	3.000
5	내실	0.333	2.118
6	부엌	0.333	2.118
	합　계	7.000	17.708
	평　균	1.000	2.530
	표준편차	0.724	0.519

〈그림 6.12-2-a〉　　　　〈그림 6.12-2-b〉

Immobilière de Lille)가 1867년 릴에 지은 집들, 르 아브르 노동자 주택 단지 협회(La Société des Cités Ouvrières à Le Havre)가 1871년 지은 주택 등등이 그렇다. 다만 마지막에 언급한 집은 부엌과 식당, 계단을 하나의 고리로 연결하여, 단순한 나무형에서 약간의 변형을 보여 주며, 이것으로 부엌과 식당을 다른 공간과 좀더 강하게 구별하려 한다는 점에서 약간 다르지만 전체적으로 대동소이하다.

　한편 파리처럼 땅값이 비싸서 독립적인 주택을 짓는 것이 불가능한 경우에는 대부분 아파트 형태로 노동자 주택을 짓는다. 그 중 대표적인 것은 박애협회(La Société Philanthropique)가 발주하여 1888년 샤브롤이 지은 것으로, 파리의 잔 다르크 가(rue Jeanne d'Arc) 45번지의 건물이 그것이다. 2열로 지어진 건물은 전면은 거리를 향하고, 후면은 중정으로 열리며, 중정에는 공중변소가 있다. 1층은 대부분 상가로 사용되었으며, 2층부터 아파트로 되어 있다. 규모가 그리 크지 않아 시테 나폴레옹과 같은 집합화의 '위험'은 그리 크지 않았고, 집합화하는 데 필요한 부대 시설이나 편의시설은 공유하지 않고 있다. 계단과 중정이 공동 공간이지만, 앞서 말했듯이, 이 공간은 거주자들의 것이 아니었다는 점에

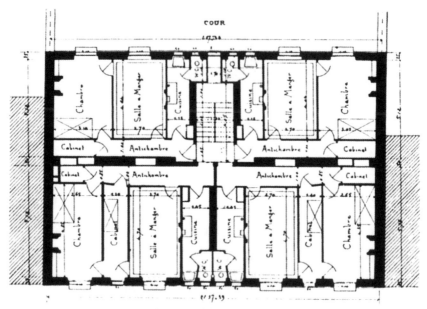

〈그림 6.13-1〉 시민조합협회, 장 로베르 가 14번지, 파리, 1987.

서, 즉 사적이지 않았다는 점에서만 공적인 공간일 뿐이었다. 따라서 그
곳은 오히려 타인의 시선이 미치는 곳이기에 피하고 싶은 공간이었다.

각각의 아파트는 앞서 보았던 뮐루즈 식의 주택보다 좁아서 2개의
방으로 이루어져 있고, 그중 하나는 거실과 침실을 겸한 것으로 보인다.
거기에 조그만 간이부엌과 '화장실'이 하나 부가되어 있다. 부엌은 식당
을 겸하지만, 거실 겸 침실에 직접 잇닿아 있는데, 동선의 가지 끄트머리
에 자리잡고 있다. 각 층은 5개의 가구로 나뉘어져 있다. 이 아파트에서
방들의 배열은 거의 동일한데, 대략 〈그림 6.12-2〉의 다이어그램에서 볼
수 있는 것과 크게 다르지 않다. 분포는 보다시피 수목상의 형상을 취하
는 배열을 이루고 있으며, 내실을 겸한 거실이 가장 응집도가 높을 뿐 아
니라, 현관과 더불어 가장 통합도가 높은 방이다. 다른 방이나 부엌은 모

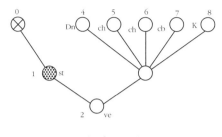

〈그림 6.13-2〉

		응집도	통합도
0	⊗	0.500	2.462
1	계단	1.500	3.368
2	베스티뷸	0.667	4.571
3	대기실	5.500	5.818
4	식당	0.167	3.556
5	내실	0.167	3.556
6	내실	0.167	3.556
7	카비네	0.167	3.556
8	부엌	0.167	3.556
합 계		9.000	33.997
평 균		1.000	3.777
표준편차		1.644	0.878

〈그림 6.13-3〉

두 통합도와 응집도가 낮으며, 외부공간의 통합도는 가장 낮은 값을 갖고 있다. 이는 앞서 살펴본 뮐루즈의 주택과 크게 다르지 않은 분포를 보여 주는 것이다.

나폴레옹 3세가 재정을 지원하고, 라크루아가 설계한 시테 뒤 샹 드 마르(La Cité du Champ de Mars : 1867) 역시 아파트의 집합주택인데, 1867년 만국박람회를 위해서 만들어지고 전시되었던 것이다. 4열 내지 5열의 구조를 취하고 있기 때문에, 환기와 통풍을 위해 소중정을 건물의 양 옆에 만들어 놓았다. 샤브롤의 아파트처럼 여기서도 2개의 방을 중심으로 '화장실'이 하나 부가되어 있다. 이 아파트의 경우도 방금 말한 것과 거의 유사한 공간적 분포를 갖고 있다.

한편 집합주택이면서도 조금 다른 양상을 보여주는 것으로, 시민조합협회(La Société Civile Coopérative)가 발주하여 바이양(A. Vaillant)이 지은 것으로, 파리의 장 로베르 가(rue Jean Robert) 14번지에 있는 아파트(1887)가 있다. 이 집은 한 층이 4개의 아파트로 분할되어 있는데, 각각은 대기실로 부엌과 식당, 두 개의 방과 카비네가 집중되어 있는 배열을 갖고 있다. 특이한 것은 대기실·카비네 등처럼 이전에 오텔이나 상류층의 주택에서 주로 사용하던 명칭들이 여기서 그대로 사용되고 있다는 점이다. 이는 박애주의 협회가 추구한 '가정화'가 19세기 초에 부르주아나 상류층의 집에서 형성된 주거공간을 모델로 하고 있었다는 것을 보여 주는 것으로 보인다. 방들의 배열은 보다시피 수목상이지만, 대기실(베스티뷸)로 거의 모든 방이 집중되는 양상이 다른 곳에 비해 훨씬 강하다. 그런 만큼 대기실은 앞서 부르주아의 아파트에서 그랬듯이 가장 통합도가 높은, 다시 말해 분포의 가장 중심에 자리잡고 있는 방이라고 하겠다. 응집도 또한 대기실이 가장 높아서, 명실공히 아파트 내의 모든 동선이 모이는 중심이라고 할 만하다. 더불어 현관의 통합도가 높은데, 응집도는 낮아서 대기실과 대조된다. 한편 내실들은 통합도와 응집도 모두 낮아서, 사적인 방으로서 위상을 갖고 있는데, 식당과 부엌 역시 그와 다르지 않다는 점에서 특이하다. 이는 식당이나 부엌이 통상적인 관념과 달리 결코 사회적 공간으로서 위상을 갖고 있지 않다는 점을 보여 주는 것처럼 보인다. 외부공간의 통합도는 다른 곳에서와 마찬가지로 모든 방들 가운데 가장 낮다.

이상에서 본 것처럼 이 시기 노동자 주거공간은 사적인 공간으로서의 성격이 뚜렷하다는 점에서, 그리고 어떤 식으로든 내부에 대개는 동선이 집중되는 중심적 방이 있다는 점에서 19세기 부르주아의 주거공간과 유사하다. 이는 부르주아 자신의 가정화된 주거공간을 노동자 주거의 모델로 하여 그들을 거리와 선술집에서 집으로 끌어들이기 위한 조건으로 삼았었다는 점에서 본다면 극히 자연스러운 것이다. 심지어 바이양이 지은 로베르 강의 아파트는 대기실을 두고 있을 뿐 아니라, 그것이 공간적 분포의 중심을 이룬다는 점조차 동일하다. 그러나 부르주아의 경우에 '가정화'하는 욕망의 배치를 형성하는 데 중요했던 이른바

'사회적 공간'은 노동자 주택의 경우에는 실질적인 의미가 거의 없었다는 점에서 분명히 다르다. 이는 통합도 값의 분포에서 보이는 유사성으로 환원될 수 없는 중요한 차이라고 하겠다.

하지만 이러한 유사성과 차이보다는 차라리 부르주아지가 자신의 가족주의적인 욕망의 배치를 모델로 노동자들을 끌어들이려는 목표 아래, 이 시기 노동자 주택의 내부공간의 구성과 배열에 관철되어야 했던 '원칙들'이 중요하다. 이는 앞서의 예들에서 거의 동일하게 확인될 수 있는 것이다. 우선 첫째로, 집이 가족만의 공간이 되어야 하는 만큼, 외부자를 그 공간에서 내몰고, 다시 들어오기 힘들게 해야 한다. 독신 노동자들이 집세와 생활비를 줄이기 위해 다른 노동자 가족의 집에 하숙하는 것은 매우 흔한 일이었고, 노동자 가족 역시 수입의 부족을 메우기 위해 하숙자를 받는 것은 일상적인 일이었다. 그런데 19세기 위생가와 박애주의자들이 보기에는 이 독신자들이야말로 더 없이 위험한 존재였다(Murard et Zylberman, 1976 : 203~205). 그들의 눈에 어디에도 매이지 않은 이들은 다양한 불안과 소요의 원천이었을 뿐만 아니라, 가족적인 안정화의 틈새에서 그것을 교란시킬 수 있는 병적인 존재였다. 따라서 노동자의 가정에서 이들을 내몰고, 가족만의 공간으로 만들며, 부모와 자식 사이에서 방들을 분배해야 한다. 다시 말해 '도덕적인 주택'은 외부자가 기숙하거나 하숙할 공간을 남겨 두지 말아야 한다. 이는 앞서 보았던 거의 모든 집들의 공간적인 규모에서, 또한 침실로 사용할 수 있는 방들의 수에서 쉽게 확인될 수 있는 것이다.

둘째, 가족적인 분리와 고립의 원칙은 가족 안에서도 진행되어야 한다. 주거하는 사람이 혼성되어선 안 되는 것처럼, 방들 또한 혼성되어 사용되어선 안 된다. 이는 혼성된 공간으로 인해 야기되는 근친상간이 위생가들이 가장 두려워한 도덕적 죄악이었던 만큼, 근본적이고 중요한 의미를 갖는다. 방들은 부모의 방과 자식의 방이 명확하게 분리되어야 하고, 부모의 침실은 아이들의 눈으로부터 충분히 차단되어야 한다. 아이들 또한 성별에 따라 남자아이의 방과 여자아이의 방으로 분리되어야 한다. 따라서 방은 부모의 방과 남녀 아이의 방, 최소한 3개가 있어야 한다는 것이 주거공간의 분할에서 기준과 모델이 되었다. 이런 점에서 "주거단위의 설계는 어떤 '외부인'도 그 안에서 살 수 없도록 충분히 좁아야 하지만, 동시에 부모가 아이들로부터 분리된 공간을 가질 수 있을 정도로는 넓어서 부모의 내밀한 행위가 아이들에게 관찰되지 않으면서도 부모가 아이들을 주시할 수 있어야 한다"(Donzelot, 1979 : 42). 앞서의 사례들에서 한 아파트의 방들의 수가 대부분 3개라는 점은 이러한 '원칙'의 충분한 증거를 제공한다.

또한 방들은 기능적으로 특정화되어야 한다. 자는 공간과 식사하는 공간은 분리되어야 하며, 요리를 하는 만큼 불결해지기 쉬운 공간은 나머지 공간과 명확하게 분리되어야 한다. 여기에서 특별히 부엌이 중요한 관심의 대상이 된다. 19세기 이전까지 건축가들에게 부엌은 아무런 관심의 대상이 되지 않았으며, 주거공간에서 특별한 위상을 갖지도 않았다. 그러나 위생 문제가 중요하게 부각된 이후 부엌은 위생가들에게 가장 주의해야 할 공간이 되었고, 그런 만큼 부엌을 다른 공간과 분리하는 것은 중요한 문제였다(Eleb-Vidal et Debarre-Blanchard, 1989 : 154~ 155). 영국의 경우에는 노동자 주택에서도 그 좁은 주거공간의 와중에도 부엌은 물론 설거지를 하고 하수를 버리는 공간이 식기실(scullery)로 따로 독립되어 있는 경우가 많았는데, 그것은 바로 이러한 맥락에서 이해할 수 있는 것이다. 뮐루즈의 주택에서도 부엌은 외부공간에서 가장 가까이 자리잡고 있어서, 다른 공간의 동선을 침범할 가능성을 극소화하고 있다. 또한 변소는 새로이 보급되기 시작한 수세식 변기가 사용되면서, 실내에 둘 수 있는 조건이 마련되었지만, 아직까지는 많은 경우가 외부에 따로 만들어 두는 것이었다. 뮐루즈에서 좀 큰 집의 경우에는 실내에 변소를 두었지만, 작은 집의 경우에는 옥외 변소를 이용해야 했다.

셋째, 부모와 아이들을 위한 공간을 별도로 확보하는 것과 반대로 집의 내부에서도 사회적 공간은 축소된다. 사실 이상과 같은 주거공간 구성의 원칙들은 18세기 후반의 오텔이나 19세기의 '중간계급'의 주택들에서 만들어진 것들을 모델로 하고 있었는데, 앞서 보았듯이 그 경우에 거실이나 살롱과 같은 '사회적 공간'이 중심적인 위상을 차지하고 있었다. 그것은 부르주아의 주거공간을 가정화하는 데 중심적인 장소였다. 하지만 노동자의 주거공간은 우선 그럴 여유가 없었기 때문에 '사회적 공간'은 크게 축소된다. 사실은 거의 소멸한다고 말해야 적절한데, 왜냐하면 앞서 본 것처럼 동선이 집중되고 방들이 그것을 중심으로 분배되어 있다는 점에서 '중심'인 방이 있었지만, 그 방이 '사회적 기능'을 실제로 수행할 수 있었다고 보기는 힘들기 때문이다. 또한 부르주아와 달리 노동자들의 경우에는 그렇게 할 이유도 없었다. 왜냐하면 부르주아의 집과 달리 노동자의 집은 가족들이 교차하고 교류하지 않을 수 없도록 충분히 좁았기 때문에, 가족화를 이루기 위한 별도의 공간이나 '의식'(儀式)이 필요 없었음을 뜻한다.

가령 뮐루즈의 주택에서는 1층에 부엌과 방이, 2층에는 2개의 방이 있어서, 박애주의자들이 바라는 최소한의 방을 확보하고 있으며, 이 방들은 모두 수목상의 동선을 따라 공간적으로 분리되어 있다. 여기서 방이외의 공간은 오직 부엌이 있을 뿐인데, 이 부엌이 거실과 식당을 모두 겸하는 셈이다. 식당이나 거실이 축소되거나 사라지면서 부엌과 겸하는 방식은 프랑스의 거의 모든 노동자 주택에서 나타나며, 영국에서도 이는 마찬가지다. 결국 위생가들이 불결한 공간으로 간주했던 부엌이 아이러니하게도 유일한 '사회적 공간'이 되고 있는 것이다.

요컨대 박애주의 주택들의 전체적인 배열은 노동자의 집을 가족만의 공간으로 고립시켜 가족적인 독립성을 제공하는 한편, 연관된 '공적인 공간'을 협회가 장악하고 '공적인 기능'은 사유화하여 상업적인 교환의 망으로 포획함으로써 집합주의 내지 코뮌주의적인 여백을 최대한 축소시키는 것을 특징으로 한다. 또한 주택의 내부적인 공간 분포는 가족 단위의 분할과 가족 내에서의 재분할, 공간의 기능적 분화와 특정화, 그리고 프라이버시를 보장할 수 있는 사적인 공간의 확보와 그에 따라 나뭇가지처럼 분리된 동선의 배열이라는 특징을 갖는데, 이는 19세기 들어와 귀족이나 '중간계급' 자신의 주거공간에서 새로이 형성된 '사생활의 공간'을 모델로 한 것이었다.

그러나 주거공간을 사사화(私事化)하고 가정화했던 이러한 모델은, 모든 문제를 가족의 문제로 변환시키고, 가장이란 이름으로 노동자에게 그에 대한 책임을 대표하도록 했던 만큼 거기에 내포되어 있는 가족적인 프라이버시를 대가로 지불해야 하는 것이었다. 또한 이상과 같은 분포와 배치는 주거공간을 가정화하고 사사화하는 만큼, 프라이버시에 내포되어 있는 사생활에 대한 권리 혹은 내밀성의 권리를 대가로 지불해야 하는 것이었다. 이는 박애주의적 전략을 통해 형성된 노동자 주거공간의 새로운 배치, 혹은 그에 관한 새로운 욕망의 배치에서 탈주선이 발생할 수 있는 지대로 보였다. 더구나 노동자들의 '도덕'에 대한 근본적

불신에 기초하고 있었던 그들로서는 자신들이 생각하는 그러한 도덕이 실행되리라는 것을 믿을 수 없었다.

여기서 위생관리자나 박애주의자들은 또 다른 딜레마에 부닥친 셈이다. 위생의 관리는 물론 빈곤의 도덕화, 아이들의 '보호'를 위해서는 불결함과 게으름, 범죄의 위험에 대한 감시와 관리가 필요한데, 그것을 가족화 내지 사사화하는 가족주의 전략은 '공적인' 감시와 관리가 가능한 영역을 극소화하기 때문이다. 이에 대해 다양한 공간적 장치를 이용해서 집의 주변을 감시의 시선으로 감싸고, 경제의 도덕을 소유와 부채를 통해 장악하려 하지만, 그것은 결코 근본적인 해결책이 될 수 없다는 점은 분명하다.

주거공간의 근대적 배치가 이상과 같은 공간적 분포와 배열 이외에 또 다른 요소를 포함해야 했던 것은 아마도 이러한 이유 때문이었을 것이다. 그것은 자신들이 외적인 감시와 통제, 그리고 위반에 대한 세밀하고 강력한 처벌과 더불어, 그러한 감시의 시선을 자신의 시선으로 대신하는 근대적인 시선의 배치를 이용하는 것이었다. 하지만 이보다 근본적인 것은 노동자들 자신의 욕망이 가족 내지 가정을 중심으로 회전하게 만드는 것이었고, 그것을 통해 마치 자신들이 그랬던 것처럼, 가족적 공간 안에서 작동하는 새로운 욕망의 배치를 부여하는 것이었다. 그럴 때에만 비로소 감시의 시선이 투과하지 못하는 저 내밀성의 공간 안에서, 스스로를 감시하고 통제하는 시선의 권력이 작동할 수 있을 것이기 때문이다. 이러한 조건으로 인해 박애주의에서 가족화 내지 가정화하는 전략은 표면적으로뿐만 아니라 실질적으로도 결정적인 의미를 갖는다. 그것은 자신들이 형성한 '가족주의'라는 욕망의 배치를, 노동자들이 스스로 수용하고 스스로 욕망하는 모델로 만드는 것이었다.

4. 가족주의 전략과 노동자 주거공간

뮐루즈 주택단지에서 박애주의자들이 단일 가족 소유의 주거형태를 강하게 명시했던 데에는, 그리고 이후 박애주의자들이 그것을 모두 고집했던 데에는 매우 중요한 이유가 있었다. 그것은 주거를 도덕의 문제로서 정의하는 것인데, 뮐루즈 주택 계획을 발기하면서 의사 프노가 분명하게 말한 바 있었다.

> 주거의 편의와 청결함은 한 가족의 도덕성과 복지에 흔히 생각하는 것 이상으로 강하게 영향을 미친다. 집에서 비참한 슬럼, 더러움, 불편함만을 발견할 뿐인 사람이라면, 그리고 거기서 진저리나는 불결한 공기를 들이마셔야 하는 사람이라면 그곳에서 아무런 즐거움도 찾지 못할 것이며, 그것을 포기하고 남는 시간의 대부분을 카바레에서 보낼 것이다. 그리하여 그는 자신의 가정에서 이방인이 될 것이며, 치명적인 낭비벽 속으로 빠져들 것이고, 그의 가족 역시 모두 곧 그렇게 될 것이며, 이는 필시 그들을 빈곤으로 이끌 것이다. 반면 만약 우리가 이들에게 깨끗하고 쾌적한 집을 제공한다면……그는 신께서 우리에게 주신 자연적인 소유 본능의 진정한 가치를 배우게 될 것이다. 그렇다면 이로써 사회 경제의 가장 긴박한 문제 중 하나를 만족스런 방법으로 풀 수 있는 것이 아닐까? 가족의 신성한 굴레를 강하게 조이는 데 기여하는 것이 아닐까? 우리의 노동자들에게, 그리하여 우리가 바라듯이 사회 그 자체를 위해 진정한 봉사를 하게 되는 것이 아닐까?(Benevolo, 1996 : 190~191에서 재인용)

일찍부터 박애주의 협회들의 배후에서 지도적인 영향력을 행사하던 드 믈렁 백작 역시 노동자를 가정으로, 가족의 품에 안기게 하는 것이 가장 중요한 문제임을 역설하며(Guerrand, 1987 : 158), 유명한 박애주의자였던 프레데릭 르 플레(F. Le Play) 역시 마찬가지로 말한다. "가정을 갖고 있는 가족의 뗄 수 없는 통일이야말로 노동자 가족의 도덕성과 복지를 위해 가장 건강한 영향을 갖는다."(Ariès et Duby[éd.], 1987 : 421에서 재인용) 그들에게 주거문제가 다른 무엇보다도 도덕과 결부되어 있었던 것은 바로 이런 의미였던 것이다. 결국 노동자를 가정의 안락을 즐기는 사람으로 만드는 것이 박애주의자들이 노동자 주택문제를 통해 추구하는 전략적 목표였다고 말할 수 있을 것이다.

이러한 전략적 목표를 위해 그들은 두 개의 축을 마련하려고 했던 것이고, 그 중 하나가 앞서 본 것처럼 "각자에게 쾌적한 자신의 집을!"이라는 슬로건으로 요약되는 셈이다. 그것은 코뮨주의자들의 집단주의에 반하여, 노동자들의 급진성이나 불안정성을 제거하여 안정화시키고 보수화시키는 하나의 전술적 침로였다.

다른 하나의 축은 소유였다. 프노 박사는 『공산당 선언』에 나오는 맑스의 유명한 말을 상기시킨다. 즉 노동자의 집이 자신의 소유가 아니라면, "그는 사회 질서가 파괴된다고 해도 잃을 것을, 혹은 적어도 깨질 것을 전혀 갖지 않고 있는 것이다. 1848년에 분명해졌듯이". 반대로 그가 자신의 집과 정원을 소유하고 있다면, 자신의 집을 개선하고, 자신이 소유한 것을 보호하기 위하여 애를 쓰게 될 것이라고 주장한다(Bullock and Read, 1985 : 321). 엥겔스가 『주택문제』에서 집중적으로 비판하는 박애주의자 작스는 이렇게 말한 바 있다. "우리들 발 밑에서 작열하는 사회문제라 불리우는 화산에 불을 지르는 모든 비밀스러운 힘들, 프롤레타리아의 쓰라린 고통과 원한……불온한 사상적인 혼란……은 노동자들 자신이 이런 방식으로 유산계급의 지위로 편입될……때는…… 모두 아침 태양 앞의 안개처럼 사라져 버릴 수밖에 없을 것이다"(Engels, 1988b : 169에서 재인용).

따라서 박애주의자들의 전략은 노동자 자신이 집을 소유하게 함으로써 한편으로는 **가정적인 안락함에 영토화**하고, 다른 한편으로는 **집이라는 소유물에 영토화**하는 것이다. 그것도 노동자 자신의 힘으로, 자신의 근면한 노동과, 금욕적 검약, 개미 같은 저축으로. 하늘은 스스로 돕는 자를 돕는다고 한 만큼, 기독교도인 그들 역시 노동자 가운데 스스로 돕는 자만을 도와야 한다고 주장한다. 자신의 힘으로 자신의 집을 사야 하는 것이다.

실제로 뮐루즈의 노동자들의 경우 최소한의 생활비용을 제하고서 자신이 구입한 집을 살 월정금을 자신의 월급으로 낼 수 있는 사람은 거의 없었다고 한다. 따라서 집을 갖기 위해서 그는 밤낮 없는 근면함을 발휘해야 했고, 그들의 아내와 아이들도 그 근면한 노동의 대열에 동참해야 했다(Ariès et Duby[éd.], 1987 : 420). 그들은 자신의 집을 소유하기도 전에 이미 집의 노예가 되어 버린 것이다. 니체 말대로 신이 인간을 채무자로 만듦으로써 그를 자신의 의지 아래 복속시켰듯이(Nietzsche, 1982), 그 신의 충실한 사도들은 신의 그 방법을 따라 노동자를 채무노예로 만듦으로써 자신들의 의지 아래 복속시켰다. 박애주의자들이 즐겨 사용하는 '자조'(自助)라는 말은 이처럼 집을 소유하기 위해 노동자가, 아니 모든 가족이 스스로 채무의 노예가 되는 길을 뜻하는 것이었던 셈이다.

이런 점에서 그것은 박애주의자가 보기엔 너무나도 훌륭한 덫이었음이 틀림없다. 프노 박사는 자신의 보고서에서 이러한 자기 주장을 "가족을 통한 구원!"이라는 제목으로 요약한 바 있는데(Bullock and Read, 1985 : 323), 이는 직접적으로는 '가족을 통한 노동자의 구원'을 뜻하는 것이겠지만, 그 기표(記標)의 숨은 기의(記意)는 '가족을 통한 사회적 질서의 구원'이었던 것이다.

1870년대 이래 박애주의 주택개량운동의 중심적 인물이었던 지그프리트는 확신에 찬 어조로 이렇게 말한다.

> 만약 행복하고 만족한 인민과 진정한 보수주의자들을 동시에 만들고자 한다면, 빈곤(pauperism)과 사회주의적 오류에 대해 동시에 싸우고자 한다면, 질서와 도덕의 보증, 정치적 및 사회적 온순화의 보증을 증가시키고자 한다면, 우리는 노동자 주택단지(Cités Ouvrières)를 만들어야 한다!(Bullock and Read, 1985 : 323에서 재인용)

집은 이제 가족의 절대적 공간인 만큼, 가족 이외의 사람이 함께 거주해서는 안 되며, 출입을 제한해야 하고, 그들에 의해 가족적 통합이 교란되어선 안 된다. 노동자 가정에 독신자들이 하숙하게 방치해서는 안 된다. 이를 위해 집의 재임대는 금지된다(Murard et Zylberman, 1976 : 203~205). 집을 가족만의 내밀한 공간으로 만드는 것, 따라서 집 밖의 일이나 외부인을 끌고 들어오는 것은 새로운 금기가 된다. 또한 특별한 이유 없이 침실을 들여다보는 것은, 부르주아의 집에서와 마찬가지로 절대적 금기가 된다.

집에 대한 소유를 통해 노동자를 '가장'으로 만드는 것과 더불어, 새로이 생긴 가족의 공간을 깨끗하고 포근한 보금자리로 꾸미고 유지하는 새로운 임무를 통해 노동자의 아내를 '주부' 로 만든다. 남편을 카바레나 카페에서 집으로 끌어들이는 것, 아이들을 위험스런 거리에서 집안으로 불러들이는 것은 여자의 능력과 책임에 속한다(Donzelot, 1979 : 40). 설혹 노동자가 일시적으로 불끈하여 커다란 '실수' 를 범하였다면, 부인이 사태의 책임을 져야 하며, "와서 남편을 대신해 용서를 빌어야 한다".*

여기서 여성들의 위상이 달라지는 것은 당연하다. 즉 부르주아 가족의 여성들이 위생이나 교육과 같은 가족과 사회적 활동 사이에 연속성을 수립하는 '사회적' 역할을 수행했다면(Donzelot, 1979 : 46), 노동자의 아내는 남편이나 아이들을 그 사회성의 장으로부터 분리하여 고립된 가족적 공간으로 재영토화하는 '반사회적' 역할을 수행해야 했다. 또한 부르주아의 아이들이 하인들로부터 가해질 수 있는 나쁜 영향이나 자위와 같은 행위로부터 '보호받는' 해방을 얻게 되었다면, 노동자의 아이들은 범죄와 부도덕이 판치는 길거리의 과도한 자유에 대한 감시를 얻게 되었다(같은 책, 47). 이른바 '가족주의' 가 갖는 이러한 이질성은, 그것이 동일한 단어로 표현되면서 획득하는 표면적인 동질성으로 결코 환원할 수 없는 근본적인 균열과 차이를 봉합함으로써 획득된 것임을 보여준다.

이런 점에서 19세기 박애주의는 노동자를 새로운 욕망의 배치 속으로 유혹한다. 깨끗하고 쾌적한 자신의 집을 갖고자 하는 욕망, 자신이 사는 집을 자신의 소유로 만들고자 하는 욕망, 자신의 소유인, 혹은 자신이

---

* 이 말은 스당(Sedan)의 퀴냉-그리댕 공장 노동자들에게 박애주의자 레이보가 했던 말이다 (Donzelot, 1979 : 42).

소유하게 될 저 집을 지키려는 욕망, 그것을 포근한 가족의 공간으로 만들고자 하는 욕망, 그리하여 그것을 "무정한 세계의 안식처"(Lasch, 1977)로 만들고자 하는 욕망. 새로운 욕망의 배치가 형성된다. 이 새로운 욕망의 배치 아래서 이제 노동자는 자신의 가정을 지키기 위해, 혹은 자기 가족의 포근한 보금자리를 지키기 위하여 책임감 있는 가장이 되어야 하고, 순화되고 점잖은 모범적 '근로자'가 되어야 한다.[**]

이처럼 노동자계급에게 '가족주의'란 19세기의 박애주의자들이 코뮨주의자들의 위협에 대항하면서 노동자들의 욕망을 포섭하고, 그들의 생활을 가족으로 영토화하기 위하여 고안한 계급적 전략의 이름이다. 이제 우리는 부르주아지가 노동자의 주택문제에 그토록 집요하게 매달렸던 이유를 이해할 수 있다. 또한 이제 우리는 부르주아지가 그토록 집요하게 코뮨주의적 해법에 대해 거부하고 비난했던 이유를 이해할 수 있다. 노동자의 주택문제, 그것은 단지 노동자들이 주거할 공간을 만들어내는 문제가 아니라, 가족주의라는 이 새로운 전략의 유효한 침로(針路)를 형성하는 결정적인 고리였던 것이다.

이제 우리는 19세기 부르주아지의 욕망의 배치로서 '가족주의'와, 그것을 모델로 하여 노동자에 대한 전략으로 구성된 '가족주의'의 차이에 대해서 구별할 필요가 있다. 먼저 19세기의 부르주아의 주거공간에서 형성된 '가족주의'가 어린이와 부부애를 중심으로 재편성된 새로운 가족관계와 생활양식, 그리고 공간적 요소들이 계열화됨으로써 형성된 새로운 배치의 이름이었다. 혹은 그러한 욕망의 배치 아래서, 그것이 작

[**] "가정성(domesticity)이라는 관념은 19세기 초 영국의 복음주의자들(The Evangelicals)과 공리주의자들의 고안물"(Ariès et Duby(éd.), 1987 : 100)이라는 미셸 페로의 말은 이런 맥락에서 매우 시사적인 것으로 들린다.

동하기 위한 조건을 확보하기 위해 "자신들의 주거공간 내부에 존재하는 타인인 하인들을 가족적 공간에서 배제하고 억압하기 위한 전술적 구성물"(Donzelot, 1979 : 45)이었다. 반면 노동자 계급에게 '가족주의'란 선술집이나 동료들, 혹은 이웃들과 같은 가족 외부의 유혹에 대해 대항하면서 노동자의 욕망을 가족 내지 가정으로 재영토화하려는 부르주아지의 전략적 구성물이었다. 따라서 전술적 구성물로서 부르주아지의 가족주의는 자신들의 내부에서 외부를 배제하고 억압하는 방식으로 진행되었다면, 전략적 구성물로서 노동자 계급에서 가족주의는 가족 외부의 적들로부터 그 내부를 분리하고 보호하는 방식으로 진행되었다고 할수 있을 것이다.

요컨대 19세기에 탄생한 노동자의 '가족주의'는 흔히 생각하듯이 타고난 어떤 '사생활의 욕망'이 진화적으로 발전해서 생긴 것도 아니며, 정서적인 개인주의나 성의 혁명을 통해 만들어진, 새로운 가족형태의 자연적인 귀결도 아니다. 그것은 노동자들의 생활과 노동, 실천을 포섭하기 위하여, 노동자들의 욕망 자체를 가족으로 재영토화하기 위하여 부르주아지가 고안하고 실행했던 계급적 전략의 이름이다. 여기서 부르주아지 자신이 19세기에 이르러 새로이 형성한 욕망의 배치는, 이 계급적 전략의 방향 전체를 규정하는 모델로서 작용했다.

가정을 책임지는 가장(家長), 가정과 아이를 위해 자신의 모든 것을 희생하는 가장, 따라서 그에 위협이 되는 어떤 것도 포기해야 하며, 또한 기꺼이 그렇게 하려는 가장, 그렇게 행복한 가정을 모든 사회적 활동의 실질적 목표로 삼는 가장, 이것이 바로 19세기 후반에 탄생한 이 새로운 전략이 노동자들에게, 혹은 좀더 일반화하여 모든 직업적 활동을 하는 개인들에게 부여한 사회적 정체성/동일성(identity)이고, 그러한 정체성/동일성이 작동하고 재생산되는 자리다. 더불어 가정의 행복을 위해 오직 가정 안에 머물며 남편과 아이의 욕망을 가정으로 이끄는 인력(引力)의 중심으로서 여성, 가정적 안정성과 평화, 행복을 위협하는 일체의 외부적인 요소들에 대해 투쟁하는 여성, 때론 그러한 위협의 소지들을 내부에서조차 미리 발견하면서 미연에 방지하는 여성, 이것이 바로 이 새로운 전략이 노동자의 아내들에게, 혹은 좀더 일반화해서 모든 가정을 관리하고 보호하는 여성들에게 부여한 정체성/동일성이고, 그러한 정체성이 작동하고 재생산되는 자리다. 이것 없이 내밀성의 공간 속에 숨은 노동자의 삶을 어떻게 근대적 질서 안으로 포섭할 수 있을 것이며, 이것 없이 개인의 권리와 욕망이라는 이름으로 발산하며 탈주선을 그리는 노동자들의 삶의 어떻게 자본주의적 질서 안으로 포섭할 수 있을 것인가? 그렇다면 이러한 욕망의 배치를 형성하는 가족주의 전략에 대한 투쟁 없이, 혹은 이미 충분히 우리의 삶과 무의식을 장악하고 있는 가족주의적 욕망의 배치에 대한 변환 없이 어떻게 혁명이 가능하리라고 믿을 수 있을까?

7장_주거공간과 거리화:
거리화-공간과 근대적 주체

지금까지 우리는 공간적 분포와 공간의 용법을 통해 정의되는 공간적 배치 개념을 통해서 중세로부터 절대주의 시기, 그리고 좁은 의미에서 근대라고 불리는 19세기 서구의 주거공간에 대해서 검토했다. 더불어 공간적 분포 및 공간적 용법과 긴밀히 결부되어 있는, 그러나 그것으로 환원되지는 않는 시선의 배치라는 측면까지 고려할 때, 주거공간의 배치가 어떻게 변화되어 왔는가를 검토했다. 그리고 그것을 통해 주거공간의 분화 내지 '발전'에 관한 몇 가지 통념들에 대해 비판적 긴장을 형성하게 될 논점들의 존재를 확인했으며, 종종 다소간 논쟁적인 방식으로 그러한 통념적 견해들과 거리를 만들어 왔다. 이러한 역사적 과정에 대한 검토를 통해서 우리는 '근대적'이라고 불리는 우리의 현재적인 삶과 현재적인 주거공간에 모델 내지 모태가 되었던 주거공간의 배치에 대해서 검토한 셈이다.

이제 이러한 논의에 기초하여, 앞서 이 책을 시작하면서 제시한 것처럼, 이러한 주거공간의 배치는 어떠한 삶의 공간, 삶의 방식을 만들어 내며, 그것은 또 어떠한 효과를 만들어내는지 검토해야 한다. 여전히 어색함과 생소함이 가시지 않는 '공간 사회학'이라는 말이 유의미할 수 있다면, 그것은 한편으론 주거공간 자체의 역사적 변화과정에 대한 검토가 유의미할 때일 것이고, 다른 한편으론 그렇게 형성된 주거공간이 그것을 통과하는 삶의 흐름에 어떠한 형식을 부여하며 그 안에서 사는 사람들에 대해 어떠한 효과를 미치는가를 가시화할 수 있을 때일 것이다.

따라서 이제까지의 논의를 '종합'하면서 마무리하려고 하는 이 장에서는 이상에서 살펴본 주거공간의 배치를 그것이 만들어내는 고유한 '효과', 특히 개개인을 고유한 주체로 만들어내는 특정한 효과에 대해 검토하려고 한다. 그것은 역사적으로 형성된 특정한 주거공간의 배치 안에서 개개인을, 각각의 역사적 조건에 부합하는 어떤 '주체'로 만들어내는 메커니즘을 포착하고 개념화하는 문제다. 그것을 우리는 '거리화'라는 공간적 용어를 통해서 개념화할 수 있을 것이다. 하지만 하나의 동일한 말로 표시되는 이 개념이 배치의 역사적 형태와 무관한 일반적 용어가 될 수 있다고 생각하는 것은 아니다. 그보다는 오히려 적어도 절대주의 시대의 귀족들의 주거공간과 근대의 주거공간은 각각의 고유한 거리화 메커니즘이 있었음을 볼 것이다. 하지만 어떤 경우든 거리화 메커니즘은 주거공간의 배치를 통해서 각각에 고유한 주체의 생산과정 내부, 혹은 주체 자체의 내부에 고유한 공간적 메커니즘을 형성한다는 것을 볼 것이다.

1. 주거공간의 배치

1) 배치의 문턱들

우리는 지금까지 서구 주거공간의 역사에서 공간적 배치의 근본적인 변화를 표시하는 세 개의 문턱을 통과했다. 하나는 중세와 절대주의 시기 사이에 있는 문턱이었다. 여기서 주거공간은 다양한 기능이나 용법들이 분화되지 않은 채 공존하는 혼성적인 공간에서, 극도로 분화되고 형식적이고 위계적인 배열을 갖는 공간으로 변환되었음을 보았다.

이는 절대적인 어떤 중심을 통해 강력한 통일성을 확보한 바로크적인 공간, 모든 것을 기하학적 형식을 통해 배열된 과시적인 스펙터클로 만들어냈던 바로크적인 세계와 동형적인 것이었다. 홀 내지 살롱이 궁정생활의 중심에 확고하게 자리잡았으며, 그것을 중심으로 다른 모든 방들이 과시적이고 공개적인 생활의 장으로서 위치지어진다. 그리고 방들은 아파르트망 단위로 그룹화되는데, 만남의 성격에 따라, 혹은 기능과 용법에 따라 방들은 아파르트망 드 파라드와 아파르트망 드 소시에테로 구분되었다. 주거공간 전체뿐만 아니라 모든 방들이 극도로 세밀한 분화과정 속으로 끌려들어간다. 살롱은 살롱대로, 대기실은 대기실대로, 카비네나 내실 역시 그런 방들대로 다른 명칭들을 수반하면서 상이한 방들로 분화되어 갔다. 기능의 분할에 선결정된 어떤 한계가 없는한, 방들을 기능적으로 특정화하려는 이러한 과정은 일단 시작만 되면 멈출 수 없는 운동을 시작한 셈이 된다. 형식성과 과시성을 특징으로 하는 궁정적인 생활방식은 그처럼 방들의 기능을 형식적으로 분할하려는 욕망을 내포하고 있었던 것이다.

반면 방들의 기능을, 더불어 방 자체를 그 기능에 따라 쪼개고 또 쪼개려는 이러한 경향은 19세기의 '중간계급'의 주거공간에 이르면 급속히 완화되거나 중단된다. 주거공간을 구성하는 근대적 방식 역시 기능적 단일성을 그 원리로 하고 있었음에도 불구하고, 기능적 분화를 따라 진행되던 방들의 분화는 이 시기에 이르면 중단되는 것이다. 그것은 쉽게 떠올릴 수 있듯이 귀족과 달리 방들이 많은 대규모 저택을 갖지 못했던 '중간계급'의 경제적 능력에 기인하는 것인지도 모른다. 그러나 지나치게 화려하고 거대한 저택을 짓다가 루이 14세의 분노를 사 감옥에 갇혀야 했던 재무상 푸케는 '중간계급'이었던 부르주아지 출신이었다. 차이는 오히려 새로운 경제적 권력을 장악한 부르주아지들은 귀족들과 같은 그러한 저택을 추구하지 않았고, 그처럼 섬세하게 분할된 주거공간을 원하지 않았다는 점이다. 그들은 다만 살롱과 대기실, 식당이 갖추어진 아파트면 족하다고 느꼈다는 점이다.

이런 점에서 본다면 하나의 극(極)으로서 중세의 혼성적 공간과 반대극으로서 기능적으로 분화된 공간의 대비를 중세의 주택과 좁은 의미에서 근대라고 불리는 19세기 부르주아의 주택 사이에서 발견하는 것은 잘못이다. 오히려 그것은 중세적 주거공간과 궁정적인 생활을 해야 했던 '절대주의 시기' 귀족들의 주거공간 사이에서 발견된다고 해야 한다. 그렇다면 중세와 절대주의 사이에 있는 이 문턱에서 우리는 기능적으로 분화된 주거공간의 계보학적 발생지점 또한 발견할 수 있다.

확실히 주거공간의 발전이 그것의 분화과정을 내포한다는 것은 분명하다. 그런데 여기서 검토한 이 첫번째 문턱은 주거공간의 분화로 정의되는 그 발전과정이 사적인 공간의 탄생이나 사적 욕망의 발생과는 아무런 혈통적 연속성을 공유하지 않는다는 것을 보여 준다. 반대로 주거공간의 역사는 사생활과 반대되는 공적인 생활이 주거공간을 지배하게 됨에 따라, 그리고 그러한 공적 생활을 형식적으로 구분하고 위계화하려는 욕망이 출현함에 따라 세심한 선을 그리는 분화과정으로 들어가게 되었다는 것을 보여 준다. 나중에 나타나는 '물러나 쉴 수 있는 공간'에 대한 욕망조차 근대적인 의미를 갖는 사적 공간이나 사생활의 욕망과는 무관하다. 그것은 전혀 다른 배치 속에 있는 것이다. 따라서 우리는 주거공간의 분화와 발전과정을 사적 공간의 계보에 포개는 것은 불가능하다고 확언할 수 있다. 차라리 우리는 반대의 것을 보았던 것이다. 주거공간의 분화와 발전은 주거공간이 사적 공간이 아니라 공적 공간으로 발전하면서 나타나는 독자적인 계보학적 선을 그린다는 것을. 더불어 이 경우 주거공간이란 가족적인 공간도, 사적인 공간도 아니라는 것을.

　두번째 문턱은 '바로크'라는 말로 요약했던 귀족들의 주거공간과 '내밀성'이란 특성을 갖는 '중간계급'의 주거공간 사이에 있었다. 거기서 우리는 과시적으로 드러나는 공간과 내밀하게 은폐되는 공간의 대비를 발견한 바 있다. 물론 과시적 공간 안에는 고립을 위한 공간, 모든 것이 드러나는 그 피곤한 생활에서 물러나 숨을 수 있는 공간이 필요했으며, 많은 경우 '사적 공간'의 기원이 된다고 보는 그런 공간이 바로 그 과시적 공간 안에서 출현했다는 점 또한 보았다. 다시 말해 전체를 관통하는 과시적 장은 한편으로는 그것 자체를 위해서도 은폐되어야 할 것, 치워 두어야 할 공간을 필요로 했으며, 다른 한편으로는 과시적인 관계를 버텨 나가기 위해서도 물러나서 쉴 공간을 필요로 했다. 이러한 욕망의 경제는 과시적인 공간과 나란히, 그것으로부터 거리를 둔 비과시적인 공간을, 공적이지 않아서 물러나 쉴 수 있는 공간을 만들어냈다. 나아가 과시적이고 공적인 활동에서 분리되어 고립될 수 있는 공간은 18세기에 들어와 더욱더 확장되고 새로운 분화의 선을 그린다. 그래서 종종 '사적 공간'으로 오해되는 방들의 계열이 만들어진다. 그러나 그것은 반복해서 말했듯이 우리가 익숙하게 사용하는 근대적 의미에서 '사적' 공간이 결코 아니었다. 어쩌면 그 당시의 용어가 적절하게 말해 주듯이 '편의'를 추구하고 편의를 제공하는 그런 '편의적 공간'이, 그 당시 궁정적 생활의 연장선상에 있던 귀족들의 오텔에서 가능한 '사생활'의 한

계였는지도 모른다. 하지만 이러한 '사생활'의 권리란 '강요된 사교'에서 벗어나 '선택적 사교'를 추구할 수 있는 권리였고, 그것이 추구하는 '편의'란 '친교적' 편의였다. 이런 점에서 18세기 후반의 주거공간에서 친교적 공간군과 편의적 공간군이 서로 근접하면서 수렴 내지 융합되는 것은 오히려 자연스러워 보인다.

이러한 공간군이 더욱 '발전'되면 어떻게 되었을까? 친교적 공간에서 근대적인 의미의 '사적 공간'으로 변환되었을까? 누가 그것에 대해 아니라고 부정할 수 있을까? 그러나 또한 누가 그것에 대해 그렇다고 긍정할 수 있을까? 중요한 것은 적어도 18세기 말, 혁명에 이르기까지 귀족들의 생활은 루이 14세 시절에 정점에 이르렀던 궁정생활과 강한 연속성을 유지하고 있었으며, 포르노그래피를 정치문헌으로 만들 정도로 '친교'는 문란한 '타락'에 근접하고 있었다(Hunt, 1996, 40쪽 이하, 374쪽 이하). 이 경우 '편의'는 그러한 문란한 친교를 위한 편의와 정확하게 부합한다. 그러나 이러한 친교나 편의가 남의 시선으로부터 자신의 신체와 생활을 가리는 두꺼운 내밀성의 장막을 요구하는 것은 아니었다. 결혼과 연애, 가족과 사랑은 어차피 다른 영역에 속하는 것이었기 때문이다. 따라서 근대의 사적인 공간이 이러한 편의적 공간에서 자연발생적으로 나타나고 발전할 수 있으리라는 가정은 차라리 그 반대의 가정보다도 훨씬 적실성이 없다고 하겠다.

반면 연애와 결혼, 혹은 사랑과 가족이라는 상이한 두 가지 장을 하나로 포개면서 가족적 생활을 사랑에 가득찬 것으로 만들려는 새로운 종류의 시도가 18세기 중반 내지 19세기 '중간계급'의 세계에서 발생했다는 것을 우리는 보았다. 더불어 어린이에 대한 새로운 양육과 교육, 그리고 이를 집약하는 '어머니'와 모성에 대한 새로운 신성화가 이들 세계에서 발생했다는 것도 우리는 보았다. 가족의 외연을 변화시키고, 가족 관계의 질을 변환시켰던 이러한 사실이, 새로운 종류의 가족생활의 양상을 만들어냈음 또한 우리는 보았다. 그리고 이러한 새로운 생활방식이 주거공간을 가족적인 공간, 가족생활의 배타적인 영역으로 확보하려는 새로운 욕망의 배치와 결부되어 있으며, 그것을 통해 주거공간이 새로운 배치로 변환되었음 또한 우리는 보았다.

따라서 우리는 이 두번째 문턱에서 또 하나의 명료한 대립을 확인할 수 있다. 공적이며 과시적인 공간, 또한 가족적이라기보다는 차라리 사회적이라고 하는 것이 더 적절한 그런 종류의 주거공간과 사적이며 내밀한 공간, 또한 가족적일 뿐 아니라 그것을 위해 기꺼이 외부에 대해 거칠게 문을 닫아거는 그런 종류의 주거공간이 그것이다. 이 문턱을 통해 우리는 우리에게 익숙한 의미의 사적 공간이 발생하는 지점을 확인할 수 있다. 모든 것을 가족적 관계 안으로 밀어 넣고, 주거공간을 그것을 위한 가족만의 신성한 영역으로 정의하며, 그것을 보호하기 위한 내밀성의 장막을 두르는 것. 더불어 여기서 우리가 다시 확인할 수 있는 것은 주거공간과 가족적 공간의 등가성을 확립하는 이러한 새로운 종류의 배치가 귀족들의 주거공간의 연속적 진화를 통해 발생한 것이 아니라, 그 외부에서, 그들과는 크게 다른 새로운 종류의 관계, 새로운 종류의 생활방식을 통해 발생한 것이라는 사실이다. 다시 말해 사생활의 공간, 사적 공간은 귀족들의 주거공간에 대해 외부적이며, 그것과는 전혀 다른 발생의 계기를, 요컨대 전혀 다른 계보를 갖는다는 것이다. 이는 주거공간의 역사를 사적 공간, 사생활의 공간의 진화과정으로 간주하는 통념에 다시 한번 반하는 불연속성을 보여 주는 셈이다.

상이한 혈통과 상이한 배치로 인해, 살롱이나 대기실 등과 같이 귀족들의 주거공간에서 명확하게 연속성을 갖는 그러한 방들조차, 이 문턱을 통과하면서 이전과 다른 기능과 위상을 갖게 된다. 대기실은 귀족들의 삶을 보충하는 하인들의 대기장소나 만남과 사교를 좀더 정중하고 예의바른 형식으로 인도하는 중간적인 통과점이 아니라, 사적인 프라이버시를 보호하기 위해 외부에서 들어오는 동선을 절단하여 적절한 영역으로 분배하는 통과점이 되고, 사회적 교제의 중심공간이었던 살롱은 가족 안에서 사회성을 추구하는 공간, 가족적인 공간이 된다. 나아가 편의성을 프라이버시와 동일시하는 낡은 종류의 관념은 내밀성과 프라이버시에 대해 전혀 이해하지 못하는 착각으로 간주된다. 따라서 우리는 다음과 같은 사실을 다시 확언할 수 있다. 주거공간을 가족적인 공간, 아니 가족만의 공간으로 간주하는 현재의 익숙한 관념들, 혹은 그와 긴밀히 결부된 사생활이나 프라이버시에 관한 현재의 익숙한 관념들은 그다지 오랜 역사를 갖지 않는다는 것을. 근대적인 의미의 프라이버시와 사생활 역시 그리 긴 혈통을 갖지 않는다는 것을. 따라서 사생활이나 프라이버시를 인간에 본래적인 일종의 '존재조건'으로 간주하는 것은, 그것을 주거공간의 선험적 조건으로 간주하는 것과 마찬가지로 잘못된 관념이라고 단언할 수 있다.

세번째 문턱은 사생활과 내밀성, 혹은 가족주의를 자연스러운 것으로 간주하는 근대적 삶의 양상 내부에 있었다. 그것은 지금이라면 구분선을 식별하는 것은 곤란할 정도로 하나가 되어 버린 '중간계급' 부르주아와 '하층계급'인 노동자, 혹은 서민들의 주거공간 사이에 있는 문턱이다. 우리는 19세기 부르주아지에게 가족주의란 가족적 관계 안으로 삶전체를 끌어넣으려는, '자연발생적'으로 출현한 욕망의 배치였음에 반해 노동자에게 그것은, 코뮌주의에 대한 투쟁 속에서 노동자들을 동료들과의 공유된 삶에서 떼어내 집으로 끌어들이고, 아이들을 범죄와 부도덕이 배양되는 지저분한 거리에서의 삶에서 분리하여 집으로 끌어들이려는, 박애주의자들이 인위적으로 만들어낸 계급적 전략의 산물이었음을 보았다. 즉 부르주아지와 달리 노동자계급에게 가족주의는, 그들의 삶에 반사회적 방향성을 부여하고, 공동의 삶을 향한 욕망의 흐름을 저지하기 위해 고안된 전략적 구성물이었다는 것이다. 이런 점에서 노동자계급에서 '가족주의'는 심지어 그것이 동일한 형태로 나타나거나 동일한 성격을 갖는다고 혼동하는 경우에도, 부르주아지의 그것과 발생적으로 이질적이며, 전혀 다른 탄생의 계기와 혈통을 갖는다. 물론 그러한 동일성의 근저에는 부르주아지 자신의 가족주의적 욕망의 배치가 이러한 전략에 모델이 되었다는 사실이 자리잡고 있지만, 이러한 상이한 발생론적 계보로 인해 근본적으로 다른 성격을 갖는다. 가령 아이들에 대한 '보호'가 마찬가지로 추구되었지만, 부르주아지에게 그것은, 잘 먹는데도 불구하고 길거리의 가난한 아이들보다 더 허약한 자신의 아이들을 어떻게 신체적으로 건강하고 도덕적으로 건전하게 키울 것인가 하는 문제의식 아래, 하인이나 비위생, 자위와 같은 부도덕으로부터 아이를 보호하는 것을 뜻했다면, 노동자들에 대해 그것은 범죄적이고 부도덕적인 패거리를 형성하면서 사회적 불안을 조장하는 아이들의 생활을 감시하고 통제하면서 그들의 자유로움을 가족적인 '보호'의 시선 아래 가두고 제약하는 것을 뜻했다. 부르주아 여성들의 경우에는 가족적 경계 안에서 '사회적' 기능을 수행하는 역할이 부여되었다면, 노동자 여성에게는 '반사회적인' 기능을 수행하는 역할이 부여되었음 또한 앞서 본 바 있다.

요컨대 부르주아지에게 가족주의란 가족적인 생활의 안정성을 보호하기 위해 비가족적인 모든 것에 대해 반사회적인 태도를 갖도록 자극했다면, 노동자들에게 그것은 사회적 활동의 '위험성'을 제거하고 그러한 관계에서 노동자와 아이들을 분리하기 위해 가족적인 것이 제시되었다는 점에서 상반되는 인과적 계열에 따라 발생한 것이라고 하겠다. 이는 주거공간의 건축적 구성에서도 반복하여 나타난다. 부르주아지들의 경우 주거공간에서 이른바 '사회성'의 공간은, '가정성'의 틀 안에서나마 필수적이고 중심적인 공간으로 만들어져야 했다면, 노동자들에게 그것은 별달리 필요가 없었고, 더구나 가족적 범위 밖으로 사람들의 욕망의 흐름이 넘칠 통로가 될 여지가 있다면 어떠한 사회적 공간도 몰수되어야 했고, 부르주아 자신들에 의해 관리되어야 했다.

프라이버시와 내밀성에 대해서도 상이한 태도와 개념이 있었음을 이와 관련해 살펴본 바 있다. 부르주아지 자신에게는 신성한 권리였던 프라이버시나 내밀성은, 그들이 결코 믿을 수 없었던, 그래서 가족화하려고 했던 노동자계급에게는 또 하나의 위험스러운 장애물이었다. 그 장막 안에 범죄자가 숨어들고 감추어진다면, 혹은 또 다시 위험한 사회적 활동으로 노동자를 촉발할 어떤 외부인이 숨어들거나 기숙하기라도 한다면, 그것은 애초의 전략에 반하는 결과를 야기할 것이 틀림없기 때문이다. 따라서 위생경찰의 눈이든, 아니면 경찰들의 눈이든, 그들의 집은 정기적으로 검사되어야 했다. 또한 그들이 불가피하게 마주칠 수 있는 거리는 단순한 통과공간 이상의 모든 요소가 제거되어야 했고, 그를 위해 거기를 함께 어울려 노는 장소로 사용해선 안 되었고, 거기서 다른 사람들의 삶을 자극할 음향적이고 시각적인 모든 요소들 또한 제거되어야 했다. 박애주의자들이 거리를 '깨끗이 청소해 버렸다'는 말(Ariès, 1994)은, 마치 19세기에 '위생'이라는 말이 가장 정치적이었던 것 중의 하나였던 것처럼, 지극히 정치적인 의미를 함축하고 있었던 것이다. 19세기 후반 이래, 서구의 경우에도 적어도 20세기 전반까지 노동자의 '주택문제'가 그들 국가들의 가장 중요한 정치적 문제 중 하나였다는 것을 상기시키기 위해, 1920년대말에 출판된, 20세기 건축에 결정적인 영향을 미친 르 코르뷔지에의 유명한 책이 "건축이냐 혁명이냐, 혁명은 피할 수 있는 것이다"라는 말로 끝난다는 사실을 다시 한번 상기시키는 것으로 충분할 것이다(Le Corbusier, 1987 : 253).

이렇듯 가족주의 내지 가족이라는 말 안에는 근본적인 적대와 균열이 내포되어 있었다. 그것은 차라리 정반대로 작용하는 권력이 작용하고 있던, 하지만 동일한 형식을 취하는 욕망의 장이었다. 너무도 빈번히 우리를 현혹시키는 이 동일한 형식의 가족주의는 지금의 우리의 삶, '근대적'이라는 말로 불리는 우리의 삶과 삶의 공간을 규정하는 배치를 형성하고 있다. 그런 만큼 그 내부를 관통하는 이 세번째 문턱은, 사적인 공간, 사생활의 공간으로서 주거공간에 관한 통념에 대해 비판적 긴장을 요구했던 앞서의 두 문턱과 더불어 결코 망각해선 안 될 중요성을 갖는다고 하겠다. 그 발생의 이질성과 상이한 혈통을 드러내는, 니체적인 의미에서 계보학적 서술(Nietzsche, 1982 ; Foucault, 1989c ; Deleuze ; 1993)이 우리에게 중요하다면, 바로 이런 점을 분명하게 부각시킨다는 사실로 인해서일 것이다.

2) 초점과 검은 구멍

앞서 충분히 보았듯이 17세기와 18세기 전반 프랑스 오텔의 주거공간은 홀 내지 살롱을 중심으로 위계화되어 있었고, 방들은 전체적으로 일정한 대칭성을 가지면서 배열되었다. 특히 이러한 위계와 대칭성은 절대주의와 궁정문화가 극점에 달했던 17세기 후반에는 매우 확고한 공간적 원칙이 되었다. 18세기에 들어와서 그것은 상대적으로 완화되었지만, 전체적인 틀은 근본적으로 변하지 않았다고 해야 할 것이다. 그리고 방들의 분포나 방들의 용법, 그것을 위한 방의 장식 등에서 17세기는 '과시성'을 특징으로 한다는 것을 앞에서 보았다. 이 점은 '물러남'의 공간이 만들어지는 18세기 전반에도 결코 벗어나지 않았던 또 하나의 특징이다. 자신의 지위와 부, 능력을 과시하는 것이 궁정식 삶의 요체였고, 이른바 '궁정식 합리주의'였다는 것 역시 엘리아스를 인용해 언급한 바있다.

이런 의미에서 우리는 흔히 바로크 오텔, 로코코 오텔, 신고전주의 오텔이라고 불리는 이 17세기와 18세기 귀족들의 주거공간의 배치에 대해서 '과시성의 배치'라는 이름을 붙인 바 있다. 17세기 주거공간에서 방들이 홀이나 살롱을 중심으로 위계화되었던 것은 이러한 과시성의 배치 안에서 이해할 수 있었다. 과시성과 공공성을 특징으로 하는 17세기의 궁정식 생활에서 사람들이 가장 공적으로, 가장 거창하게 모이는 공간이 홀 내지 살롱이었기 때문이다. 그곳은 사람들이 빈번히 드나드는 곳이었을 뿐만 아니라, 다른 방들로 분산되는 모임이나 만남이 확산되는 중심이었다. 즉 그것은 궁정식의 '가정' 생활을 직조하는 다양한 동선들이 집중되고 분배되는 중심이었다. 따라서 홀이, 그것이 사라진 이후에는 살롱이 공간적 분포의 중심적인 위상을 갖게 되는 것은 과시성의 배치를 형성하는 긴요한 요소였다고 할 수 있다. 즉 살롱으로 중심화된 공간적 계열화의 선은 과시성의 배치를 구성하는 일종의 '형성자'(formant)이였던 것이다. 즉 살롱은 다양하게 흩어져 있는 방들의 위상적인 중심이었다.

나아가 살롱이 공간적 분포 및 궁정 생활의 중심적 공간이었던 만큼 그곳은 의당 주인의 신분과 '타고난' 미적 감각을 알릴 수 있는 가구와 장식을 필요로 했다. 이 경우 '호사'는 낭비가 아니라 필수였다. 오텔의 방들은 그 위상과 성격에 따라 상이한 형태를 취하지만, 주로 장식과 가구 등으로 표현되는 형태들의 구성과 분배 역시 살롱으로 중심화되는 계열화의 선을 따른다. 따라서 이 형태들의 분배에 대해서도 살롱이 그 중심이었다는 말을 하는 것은 그다지 어려운 일이 아니다. 이처럼 동선의 집중과 분배나 공간적 위상, 혹은 형태들의 분배에서 이른바 고전주의 시기 프랑스 오텔은 살롱으로 중심화되어 있다고 할 수 있다. 궁정 생활의 활동이 모이고 분배되는 동선의 중심, 방들의 위상이 분배되는 중심, 나아가 방들의 장식과 형태들이 위계화되고 분배되는 중심. 이러한 삼중의 중심을 이루는 살롱에 대해서 우리는 '초점'이라는 말을 대응시킬 수 있을 것이다. **빛이 모이는 중심, 동시에 빛이 발원하는 중심, 그런 만큼 국지적인 빛의 분배 양상을 규정하는 기준을 이루는 중심으로서 초점**이라는 말을. 그것은 이 시기 주거공간의 내부를 흐르는 동선들을 반복해서 재영토화하는 중심이었다. 물론 이러한 각각의 오텔에서 초점은, 그 밖에서 그것들 전반을 규정하는 궁정의 중심, 절대군주의 삶의 중심을 이루는 대문자 초점으로 귀속되고 환원되는 것이었다는 점을 추가해야 하지만 말이다.

반면 이런 과시적 생활에서 물러나 쉴 수 있는 곳으로 만들어진 카비네와 의상실, 혹은 일부 침실 등은 살롱과 반대로 과시적 삶에서 탈영토화되는 동선의 흐름이 만든 공간이다. 들뢰즈/가타리라면 이 시기 주거공간의 배치에서 '탈영토화의 첨점'(pointe de déterritorialisation)을 이룬다고 말했을 이러한 방들은, 이후 다양한 욕망의 형태들에 따라 분할되면서, 때로는 친교적 공간으로, 때로는 편의적 공간으로 변형되고 갈라진다. 재영토화.

다른 한편 17~18세기 주거공간을 특징짓는 과시성의 배치에는 또 다른 중요한 요소가 포함되어 있다. 그것은 주거공간의 형태와 함께 나란히 진행하는 생활방식 내지 일상적 행동의 영역이며, 동시에 서로의 신체 및 자신의 신체를 향해 작용하는 시선의 배치다. 가령 엘리아스가 중세의 '쿠르투아지'(courtoisie)나 19세기의 '문명'(civilisation)과 구별하여 '시빌리테'(civilité)라고 부르는 것이 그것이다(Elias, 1996 [I] : 171~180). 루이 14세 시기에 이르러 베르사유에 집중되면서 상대적으로 폐쇄된 사회를 이루었던 궁정사회는 식사나 다른 행동의 방식, 대화법, 복식 등에서 외부와 완전히 구별되는 세밀하고 세련된 기호의 체계를 만들어내는데, 이를 '예절'이라고 부른다. 이는 행동과 언행, 복식 등의 세련됨을 통해 자신의 지위와 신분을 과시하는 행동의 코드(code)요 체계였으며, 생활방식이었다. 또한 동시에 그들은 행동과 말, 표정과 외관의 미세한 차이를 보는 것만으로 상대방의 신분은 물론 연관된 상황의 추이를 읽어낼 수 있는 특출한 감수성과, 동시에 상황에 맞추어 자신의 행동과 말, 표정을 적절하게 만들어내는 기술을 개발해내었다. '관찰'과 '절제'는 그 사회에서 적절하게 처신하고 살아가는 기본적인 능력이었다.

이러한 '예절'에서 우리는 이 시기 시선의 배치를 추적할 수 있다. 궁정인들의 세련된 언행의 체계 속에서 정의되는 행동과 동작, 표정, 말들은 개개인의 적절한 행동과 동작 등의 기준이 되는 코드며, 개개인은 그에 따라 말하고 행동함으로써만 자신의 지위와 신분에 걸맞은 적절성을 획득하며, 그 적절성을 인정받을 수 있다. 그것을 제대로 하지 못하면 그는 궁정인의 자격이 없는 사람이 되며, 무례한 사람이 되고, 적절하게 처신하지 못하는 사람이 된다. 따라서 개개인은 그 코드에 따라 자신의 말과 행동을 보며, 그 코드를 따라 자신을 보는 사람들의 시선 속에서 자신을 본다. 또한 각자는 바로 동일한 그 코드에 따라 다른 사람의 몸짓과 언행, 표정을 읽는다. 미소한 하나의 행동조차도 그 섬세한 코드에서 벗어나선 안 되는 만큼, 각자의 시선은 예절의 코드를 대신한다. 코드화하는 동작과 그것을 탈코드화 하는 시선이 이런 식으로 교차한다. 그것은 타인을 보는 시선이지만, 동시에 자신을 보는 시선이고, 자신을 통제하는 시선이다. 이는 '자기-관리'의 시선, 혹은 '자기-조절'의 시선이다. 이처럼 타인의 시선을 통해서 자신의 신체를 보고, 그러한 시선을 통해 자신의 신체를 특정한 도식에 따라 구성하는 시선이라는 점에서 이러한 시선은 푸코가 감옥의 배치에서 찾아낸 시선이나, 앞서 보았던 내밀성의 배치에서 작용하는 시선과 유사하다. 그러나 그것은 타인의 시선 앞에서 자신의 신체가 갖는 편차를 **감추고**, 자신의 욕망을 **은폐하려는** 시선과 반대로, 자신을 보는 타인에게 자신의 신체를 **드러내는** 시선이고, **자신을 과시하기 위해서** 타인의 시선으로 스스로를 보는 시선이라는 점에서 내밀성의 시선과 상반되는 것이다. 이 경우 코드에서 벗어난 행동이나 말은, 내밀성의 시선과 달리, 비정상이나 부도덕을 드러내는 내적 징표가 아니라, 자신의 신분이나 지위가 그것밖에 안 됨을 드러내는 외적 징표다. 그것은 행동을 도덕화한다기보다는 위계화하고 신분화한다. 그것은 감추기 위한 것이라기보다는 드러내기 위한 것이다. 따라서 그것은 말과 행동, 생활을 과시성의 배치 안으로 끌어들이고 포섭하며, 과시성의 공간으로 계열화한다.

이러한 시선이 방사되는 점은 역시 자신의 눈이지만, 그것은 타인의 눈으로, 예절의 코드로 소급되며, 지속적인 차별화의 양상으로 진행되는 '좀더 세련된' 예절의 위계적 중심으로, 결국은 **절대군주의 눈으로** 환원된다. 절대군주의 동작이 바뀌면, 예절의 코드도 바뀌게 된다. 절대군주에 의한 초코드화. 그러면 그 새로운 예절의 코드를 따라 궁정인의 언행도 바뀌어야만 한다. 그러므로 궁정인의 예절의 중심인 절대군주의 눈은 **예절로 코드화된 과시성의 시선이 방사되는 외적인 중심**이다. 따라서 고전주의 시대 시선의 배치에서 우리는 또 다른 **초점**을 발견한다. 태양왕은 궁정사회의 모든 시선이 수렴되고 집중되는 절대적인 중심이며, 마찬가지 말이지만, 타인이나 자신을 보는 모든 시선이 발원하며 준거하는 초점인 것이다(Melchior-Bonnet, 1994 : 153). 그것은 궁정식의 생활이 이루어지는 공간인 17세기 및 18세기 초반의 오텔의 배치를 초점으로 이끄는, 아니 오직 단 하나의 초점으로 이끄는 또 다른 계열화의 선이다.

17~18세기의 귀족들의 주거공간을 과시성의 배치로 정의하는 데 반해, 19세기 '중간계급'의 주거공간을 우리는 '내밀성의 배치'라고 정의한 바 있다. 그것은 앞에서 보았던 것처럼 주거공간 전체가 가정화되고, 가정생활 전체는 사적이고 내밀한 것이 되었다는 점과 결부되어 있다. 부르주아의 집이든, 아니면 노동자의 집이든 간에, 단위화된 주거공간 내부에서 17세기의 살롱과 같은 분포나 분배의 특권적인 중심은 사라진다. 여전히 18세기적인 잔영을 강하게 갖고 있었던 프랑스의 아파트는 살롱과 식당, 대기실로 이루어지는 '사회적' 공간의 계열과, 내실 내지 침실과 카비네, 화장실 등으로 이루어지는 '사적' 공간의 계열이 독자적인 회로를 구성하면서 결합되고 있기는 하지만, 이전과 달리 살롱은 더 이상 중심의 자리를 차지하지 않으며, 오히려 내부와 외부를 가

르는 대기실이 공간적인 중심의 자리를 차지한다. 17세기 귀족들의 주거공간에서 살롱이라는 중심이 다른 방들로 이어지며 흩어지는 동선들을 하나로 **연결하고 통합하는 중심**의 자리를 갖고 있었다면, 여기에 대기실은 내부와 외부로 이어지는 동선을 **절단하고 분산시키는 중심**의 자리를 갖고 있다는 점에서 대조적이다. 또한 전자는 만나고 회합하는 장소였다면, 후자는 대기하고 통과하는 장소라는 점 또한 대조적이다. 따라서 19세기 아파트의 대기실은 이후 현관이나 복도와 같은 통과공간으로 흡수되거나 변형될 운명을 갖고 있었던 셈이다. 바이양이 지은 장 로베르가의 아파트(《그림 6.13》)는, 다른 아파트에서 복도로 이용되는 공간에 대기실이라는 이름을 붙여 놓음으로써 이런 운명을 역설적으로 예시하고 있다.

특권적인 중심공간의 부재는 영국의 근대적 주거공간을 특징짓는 것이다. 영국의 '중간계급'의 주택인 테라스 하우스 역시 '식당—드로잉룸—팔러'라는 '사회적' 공간의 계열과 침실, 내실 등의 '사적' 공간의 계열이 기능적으로 구분되지만, 양자 사이에 통합도로 표시되는 분포상의 변별적 차이는 나타나지 않는다. 다시 말해 '사회적' 공간과 사적인 공간의 구별도 약화되면서 주거공간이 전체적으로 사사화(私事化)되고 있음을 보여 준다.

또한 '사회적' 공간의 어떤 방도 분포의 특권적인 중심을 이루지 않는다. 그러나 이는 앞서 지적했듯이 영국에서 나타나는 방들의 수직적인 분포로 인해, 방들의 배열이 홀과 계단을 따라 짧은 가지를 치며 이루어지기 때문에, 외부와 이어지는 동선은 홀과 계단을 따라 자연적으로 분할되고 분산되며, 그 결과 그러한 기능을 수행하는 별도의 방이 필요하지 않았다는 사실에 기인하는 것이다. 하지만 여기서도 사실상은 통과공간에 근접하는 '홀'이나 계단의 통합도는 프랑스에서 대기실이 그렇듯이 높은 통합도를 갖는다. 이는 외부와 내부를 잇는 동선을 절단하고 그것을 분산시키는 프랑스 아파트의 대기실과 동일한 기능을 이 공간들이 하고 있음을 보여 주는 것이다.

또한 주거공간 안에서 생활은 침실과 거실로 크게 양분되는데, 하나는 개인적이고 내밀한 사생활의 중심이며, 다른 하나는 가족적인 프라이버시의 중심이기 때문에, 주거공간은 양극성을 띠게 된다고 말할 수 있을 것이다. 이는 프라이버시에 관한 근대적 관념이, **사적인 개인의 권리**에 속하는 것인 동시에 가족적 공간 안에서 가족적 내밀성의 형식을 통해 발생했다는 점에서 **가족적인 경계를 갖는 권리**라는 것으로 인해 나타나는 것이다. 이로 인해 가족적 프라이버시의 중심으로 작용하는 식당이나 거실 등의 공간과, 사적 프라이버시의 중심으로 작용하는 침실이 공간적 양극성을 형성하며, 이러한 양극적인 긴장으로 인해 어떤 하나의 방이 특권적인 중심이 되지 못하게 된다. 따라서 내밀성의 배치 안에는, 심지어 프랑스 아파트의 대기실처럼 분포의 중심이 있는 경우에도, 내부의 모든 방들을 이끌고 통합하는 **하나의 특권적 중심은 없다**고 해야 한다. 다시 말해 내밀성의 배치에는 과시성의 배치에서 보이는 그러한 공간적 초점이 존재하지 않는다고 하겠다.

이는 시선의 배치를 통해 접근해도 마찬가지이다. 앞에서 논의한 것처럼 내밀성의 배치는 의학 내지 과학의 시선을 자기 자신의 눈으로 대신하는 자기-감시의 시선을 특징으로 한다. 이것은 자신의 욕망을 은폐하고, 자신의 신체를 도덕화하는 방식으로 작동한다. 이는 과시성의 배치 안에서 자기 자신의 신체와 행동을 통제하는 시선이, 타인의 시선에 대해 자신을 드러내고 과시하기 위한 '자기-관리'를 하는 시선이었다는 사실과 대조된다. 이 점에서 19세기의 주거공간에서 시선의 배치는 이전 시기와 반대로 내밀성의 양상으로 계열화되었다고 말할 수 있을 것이다.

이 시선은 의학이나 과학 등으로 코드화되고, 정상성의 규범을 따라 도덕화된 시선이지만, 공간적인 어떤 제약에서 충분히 벗어나 있다는 점에서 탈영토화되어 있다. 그런데 이전 시기와 또 다른 것은 그것이 의학들이나 규범들로 소급되기는 하지만, 그것이 마치 절대군주의 눈처럼, **그것을 향해 각자의 시선이 거듭 소급되는 어떤 특권적인 중심을 갖지는 않는다**는 것이다. 물론 어떤 시기의 특정한 사회적 장에 따라 규범이나 의학의 적절성을 정의하고 판단하게 하는 어떤 경계가 없는 것은 아니지만, 그 경계는 매우 모호하여 그 안에 있는 규칙이나 개념의 집합들은 비트겐슈타인이 말하는 '가족유사성'(Wittgenstein, 1994)만을 가질 뿐이다. 이 시선을 궁극적으로 규정하고 코드화하는 어떤 단일한 발원지를 찾는 것은 불가능하다. 따라서 내밀성의 배치 안에서 시선은 초점이라는 특권적 중심을 갖지 않는다.

어쩌면 우리는 반대로 말해야 할지도 모른다. 내밀성의 배치 안에서, 아이들의 신체와 욕망은 언제나 주의 깊게 관찰하고 겨냥하는 부모의 시선을 흡수하는 대상이며, 남편의 신체는 가정 밖의 어딘가를 떠돌지, 아니면 '필요 없이' 선동적인 동료와 가까워지는 것은 아닌지 주시하는 상대방의 시선을 흡수하는 대상이며, 부부의 신체는 건강함과 정상성을 해치는 욕망에 사로잡힌 것은 아닌가 하는 강박증에 사로잡힌 배우자의 시선, 아니 자기 자신의 시선을 흡수하는 대상이다. 따라서 모든 시선이 발원하고 분배되는 초점 대신에 **다양한 종류의 시선을 흡수하는 일종의 '검은 구멍'(black hall)과도 같은 신체적 대상**이 분산되어 존재한다. 과시성이라는 말로 요약했던 이전 시기의 배치와 다시 대비하여 말한다면, 빛과 시선, 혹은 동선이 방사되는 하나의 특권적인 중심으로서 초점 대신에, 모든 빛과 시선, 혹은 동선을 흡수하는 '**역초점**'(逆焦點, inverse-focus)이 있다고 할 수 있다. 가족을 구성하는 개개인의 신체, 그것은 각각 서로에 대해서 역초점들인 것이다.

그렇지만 내밀성의 영역 안에서 작용하는 이 시선들이 의학이나 규범 등의 코드에 따라 작동한다는 점을 부정할 수 없는 한, 그 시선의 발원지를 각각의 개개인에서, 개인들의 눈에서 찾는 것은 내밀성을 친밀성으로 단순화하는 것만큼이나 소박한 일이다. 그것은 직접 눈을 돌리는 나보다는 오히려 부모의 시선, 교사의 시선에 가깝고, 그것이 기대고 있는 의사나 심리학자 등의 시선에 가깝기 때문이다. 그런 점에서 각각의 시선은 **상관적인 어떤 초점**을 갖는다고 해야 할지도 모른다. 그러나 적어도 근대 세계 안에서 교사의 시선이나 의사의 시선, 혹은 사제의 시선이나 국가의 시선을 하나로 통합하는 **단일한** 초점을 정의하는 것은 불가능하다는 점 또한 분명하다. 따라서 역초점은 복수의 '초점'들, 사실은 그런 만큼 '초점'이라는 말이 부적절하게 되는 그런 상이한 점들의 모호한 집합에 대응하지만, 그것을 하나의 초점을 통해 작용하는 시선들과 어떤 대칭성을 발견하는 것은 어려운 일이다. 따라서 과시성의 배치와 내밀성의 배치 사이에서, 혹은 전자에 속하는 초점과 후자에 속하는 역초점에서 대칭적인 동형성을 찾으려는 시도는 부적절한 것이다.*
이러한 비대칭성은 두 가지 상이한 배치에서 나타나는 거리화 메커니즘이나, 그것에 상응하는 거리 개념의 비대칭성을 통해 좀더 구체적으로 확인될 수 있다.

2. 주거공간과 주체생산방식

1) 과시성의 배치와 거리화

바로크, 혹은 과시성으로 요약되는 배치에서 하나의 초점이 존재한다는 것은 초점에서 방사되는 시선에 동일화되어야 할 어떤 대응점으로서 대상의 존재를 함축한다. 그것은 초점과의 일정한 거리를 갖는, 그러나 그러한 거리를 축소시켜 초점과 일치되어야 할 어떤 점들의 존재를 함축함을 뜻한다. 개개인의 삶을 규제하는 원리로서 시빌리테(civilité)나 '도덕', 혹은 '윤리'라는 것이 있다면, 이는 각자가 초점과 자신 사이에 존재하는 이 거리를 축소하고 무화시키는 방법에 대한 규정들의 집합일 것이다. 다시 말해 도덕이나 윤리, 혹은 절대주의 시대의 극도로 세밀하게 분화된 예절이란 절대군주의 신체라는 하나의 절대적 초점과 각자의 신체라는 개별적인 점 사이의 거리에서, 그것을 무화시키는 방식으로 작동한다고 할 것이다. 멀어지는가 싶으면 근접하고, 근접하는가 싶으면 다시 멀어지는 방식으로 작동하는 거리화.

　이는 절대군주를 중심으로 공전하던 사람들 사이에서도 마찬가지

---

* 이는 이전에 쓰여진 필자의 학위논문(박태호, 1998)의 논지와 상반되는 것이다. 이전의 논문에서 필자는 과시성의 배치와 내밀성의 배치 사이에 존재하는 차이에 머물지 않고, 그것들 사이의 대칭성 내지 동형성을 찾으려고 했다. 그래서 전자에 대해 '초점형의 배치'라는 명칭을, 후자에 대해서는 '역초점형 배치'라는 명칭을 부여하면서, 그것을 통해 표면적인 차이와 다른 차원의 심층적 동형성을 표시할 수 있다고 보았다. 그러나 이는 필자 자신이 비판하고자 했음에도 불구하고 두 시기 주거공간의 연속성에 대한 가정에서 크게 벗어나지 못했다는 사실에 기인하는 것이며, 근본적으로는 사적 공간의 진화라는 관점에서 완전히 벗어나지 못했다는 점에 기인하는 것이다. 이러한 오류는 진화적 관점에 대해 두 시기 주거공간 사이의 불연속성을 강조하려 했지만, 그 경우 사적 공간의 발생적 계기를 따로 찾아내지 못했다는 점과 결부된 것이었다. 이는 이 책의 5장에서 새로이 발전시킨 면인데, 여기서 두 시기 배치의 동형성을 부정하는 것은 이러한 추가적 논점과 결부된 것이다.

였다. 궁정귀족들은 자신이 그 절대적 초점에 가까이 있다는 것으로 인해, 그것과의 거리를 쉽게 축소시킬 수 있었으며, 그것을 통해서, 여전히 예전의 행동을 반복하면서 제 자리에 멈춘 채, 새로이 멀어진 거리를 감지하지 못하는 자들과 자신들 사이의 차이를 확인하고자 했다. 그러면 '처진 자'들은 다시금 멀어진 거리를 다시 좁혀가며 초점을 향해 달려가야 했다. 멀어지고 좁혀드는 그 반복되는 행동들은, 결코 상대방을 타격하거나 상대방과 싸우는 양상을 보이지는 않았지만, 하나하나의 행동과 시선마다 팽팽한 긴장과 힘이 오가는 일종의 전투였다. "궁정생활은 '힘으로 쳐서 이기는 것이 아니라 교묘한 전법을 써서 승리해야만 하는' 일종의 내전"이었다(Apostoliadès, 1996 : 63).

궁정적인 생활에서 필요한 '지혜'를 가르치던 스페인의 철학자 발타자르 그라시안은* 거리를 만드는 기술의 중요성에 대해서 이렇게 쓰고 있다. "나날이 발전하여 날마다 새로운 모습을 보여주지 못한다면, 제아무리 뛰어난 삶의 원칙을 갖고 있더라도 이것만으론 부족하다"(Gracian, 1997 : 112). 어떤 행동이나 취향, 언행은 그것이 아무리 세련된 것이라도, 어느새 남들이 모방하고 따라오기 때문이다. 따라서 그것은 남들이 따라오기 바쁘게 다른 새로운 것으로 바뀌고 갱신되어야 하며, 끊임없이 새로운 거리를 만들어야 한다.

한편 새로운 거리를 만드는 것이 쉽지 않다면, 자신이 가진 것을 한

---

* 한국에서는 『삶의 위한 지혜』를 통해 고상한 인생철학을 가르치는 것으로 알려진 그라시안은, 정확하게도 바로 이런 내전으로서, 전쟁으로서 궁정적인 생활에서 사람들의 삶의 요령을, 그 치열한 전투를 위한 '지혜'를 설파하던 철학자였다. 궁정생활이 내전임을 명시한 아포스톨리아데스는 그라시안의 책들에 대해 "정신과 의식을 공략하기 위한 전략에 대해 쓰고 있는 책"이라고 한다. 바로 그런 이유에서 "궁정생활이라는 장에서 그라시안의 책이 갖는 의미는 정치라는 장에서 마키아벨리의 책이 갖는 것과 동일한 위치를 갖고 있다"고 말한다 (Apostoliadès, 1996 : 63).

꺼번에 드러내는 짓은 바보짓이다. 마찬가지로 자신의 속내나, 자신의 의도와 목표, 나아가 자신의 능력마저 남들의 눈앞에 쉽게 드러내는 것은 어리석은 짓이다. 왜냐하면 그 경우 그것은 어느새 남들에 의해 간파되거나 모방됨으로써, 자신의 우월한 위치를 정의해 주는 고유한 요소를 상실하게 될 것이 분명하기 때문이다. 반대로 갖지 않은 것도 가진 것인양 드러내고 보여 주어야 한다. 과시성이란 개념에는 없는 것도 있는 것처럼 보여 주는 그런 과시의 개념이 필수적인 요소다. "자신의 능력을 한꺼번에 드러내지 마라.……경우에 따라서 지식은 드러내 놓고 자랑할 수 있다. 그러나 한계까지 드러낸다는 것은 위험천만한 일이다. 언제나 미지의 가능성을 남겨 놓고 있어야지, 있는 그대로 다 드러내서는 안된다.……다른 사람이 자신의 능력의 본질과 한계까지 살피는 것을 막아야 한다"(같은 책, 97).

거리화를 요구하는 이러한 지혜의 이유는 명백하다. 그것은 초점의 주위를 돌며 싸우는 전투에서 승리하기 위해서다. 그러나 그것은 단지 타인과 싸우는 기술만은 아니다. 바로 그것이 스스로가 긍정적인 생활에서 훌륭한 인간, 훌륭한 주체가 되는 기술이기도 하다. 이 두 가지는 사실은 분리될 수 없는 하나의 동일한 것이다.

위대한 인간의 신비한 힘은 무한한 능력에서 비롯된다. 이들은 상대방이 파악하지 못하고 있는, 숨겨 놓았던 능력을 갑자기 한꺼번에 드러냄으로써 승리를 거두는 것이다. 이것이 **위대한 인간이 되기 위한** 첫번째 원칙이다. 만일 무한한 능력을 지니지 못했다면, 최소한 **무한한 능력을 지닌 것처럼 보이도록** 노력해야 할 것이다.(같은 책, 98)

이런 이유에서 이 감추어진 의도, 범인(凡人)들이 갖지 못한 능력은, 대체로 은폐되지만, 가끔씩 필요에 따라 베일을 들추며 나타나는 여인 과도 같은 진실의 은유를 획득한다. 그라시안과 동료 안드레스는 '진실 을 알기 어려운 이유'에 대해 이렇게 말한다.

> 안드레스 : 진실은 부끄러움을 아는 아름다운 여인과 같습니다. 그래서 언제나 베일을 쓰고 다니지요.
> 그라시안 : 위대한 위정자가 되고 싶으면 진실을 찾을 수 있어야 합니 다. 진실을 밝히고 어리석음을 꿰뚫어볼 수 있는 능력을 지녀야 하니까 요.……진실은 너무 드문 것이어서 상상한 것의 절반도 되지 않는 법 입니다. 하지만 정작 중요한 것은 이야기되지 않는다는 것을 알아야 합 니다.(Gracian, 1997 : 45)

그라시안의 말처럼 위대한 위정자——철학자가 아니다! ——가 되려 면, 혹은 훌륭한 궁정귀족이 되려면 감추어진 진실을 찾아내는 안목이 있어야 한다. 만들어진 표정과 동작의 두께를 뚫고서 내면에 감춰진 의 도와 목적, 혹은 성품과 능력을 파악할 수 있어야 한다. 혹은 같은 말이 지만 훌륭한 주체가 되기 위해서는 상대방의 능력의 한계를 꿰뚫어 보 는 안목과 능력이 중요하다. 그것은 드러나지 않는 것에서 드러나는 것 을 찾는 안목이고, 모호한 것에 감춰진 힘을 찾는 능력이며, 결국은 자신 의 위치에서 벌어진 거리를 좁히거나 좁혀진 거리를 늘리는 능력이다.

> 그라시안 : 확실하게 이해하고 인식할 수 있는 것은 몇 가지 되지 않습 니다. 따라서 때로는 추측도 필요하지요. 가슴을 닫아 놓고 아무 말도

하지 않는 사람도 있으니까요.

안드레스: 그런 경우에는 밖으로 드러나는 표정의 변화 같은 것을 살펴야 합니다. 호흡에서 맥박을 재는 것이지요. 주의 깊은 사람은 입가를 맴도는 바람만으로도 속마음을 꿰뚫어 보는 법입니다.(같은 책, 45~46)

만약 서 있는 위치가 비슷하여 양자 간의 거리가 매우 작은 경우에는 더욱더 팽팽한 긴장이 만들어진다. "판단력을 갖춘 사람들이 만났을 경우, 두 사람은 서로 서로를 뚫어지게 바라본다. 조심스럽게 서로를 관찰하며 해부하기 시작한다. 상대방이 가진 능력을 꿰뚫어 보기 위해 심혈을 기울이는 것이다. 상대방의 정신이 움직이는 방향으로 온 신경을 집중하여 가면을 벗기기 위해 신중하게 저울질하는 것이다"(같은 책, 71). 그런 점에서 궁정귀족들은 슬며시 던지는 말 한 마디나, 눈에 스치듯 지나가며 던지는 동작 하나에서도 상대방의 신분과 능력은 물론 의도와 목적까지도 꿰뚫어 보는 '위대한 암호해독가'다.

이 시기 궁정 예절이나 생활방식, 혹은 사용하는 언어 등에서 끊임없이 만들어지는 이러한 '차별화'는 '타고난' 귀족과 그렇지 못한 자들, 신분이 높은 자와 그렇지 못한 자들, 고결한 자와 천박한 자들을 구분하고 하나의 위계적 서열에 따라 배열하는 메커니즘이었다. 자신의 고급스럽고 세련된 취향을 과시하는 궁정적 호사나, 자신의 관대함과 경제적 능력을 과시하는 궁정적 '낭비' 역시 이와 마찬가지로 이러한 구별과 위계를 만들어내고 그 사이의 거리를 재차 확장하고 확인하는 거리화 방식의 하나였다. "멋진 취향을 가지는 것은 좋은 일이다. **취향은 사람들과의 관계에서 결정된다.** 따라서 좋은 취향을 가진 사람과 접할 수 있다는 것은 커다란 행운이다. 다양한 취향을 보여 줄 수 있다면 그것은 그 자체로 커다란 행복이다." 반면 "감탄은 일반적으로 무지에서 비롯된다. 대상이 완벽해서 감탄하는 것이 아니라, 자신이 잘 모르고 있어서 감탄하는 것이다"(Gracian, 1997 : 100~101).

이런 점에서 궁정 귀족들의 이 바로크적 세계 안에는, 초점과의 관계를 통해 정의되는 거리와, 그러한 거리를 축소시킬 것을 요구하면서 또한 그것을 끊임없이 확장하는 이율배반적인 방식으로 작동하는 거리화 메커니즘이 작동하고 있었다고 할 수 있다. 여기서 우리는 **한편으로는 타인과의 거리를 확장하고 확대하는 방식으로 작동하면서, 다른 한편으로는 그것을 무화하는 방식으로 행동할 것을 요구하며 작동하는 거리화 메커니즘**을 발견할 수 있다. 바로크의 과시적 배치 안에서 사람들의 적절한 활동을 정의하고 규제하는 규칙의 집합으로서 도덕이나 윤리는 바로 이런 메커니즘에 관한 언표들의 집합이다.

따라서 과시성의 배치 안에서 거리화는 무엇보다도 먼저 개인 간에 작동한다. 즉 그것은 개인들 사이의 외적인 거리화고, **개인들 간의 사회적 거리를 표시하는** '사회적 거리화'다. "절대주의 궁정사회 단계에서는……그 후의 단계(19세기) 이래 우리에게 '제2의 천성'이 되어 버린 많은 행동들이 아직까지도 이렇게 습관적 자제의 형태로, 즉 일정한 한계 내에서 혼자 있을 때도 기능하는 습관의 형태로 주입된 것은 아니었다. (절대주의 시기) 본능에 대한 제재는 오히려 **다른 사람과 함께 있을 때에만**, 즉 사회적인 이유를 좀더 의식하고 있을 때만 부과되었다"(Elias, 1996 : 220). 가령 대영주들이 하인이나 지위가 낮은 친구들 앞에서 몸을 드러내거나 심지어 알몸으로 목욕을 하는 사례도 종종 있었는데, 이는 그들에게 품위를 과시할 이유가 없을 경우로서, 오히려 특별한 애정와

우의를 보이는 것을 뜻하는 그런 행동이었다(같은 책, 221). 다시 말해 '고결한 자' 와 '천박한 자' 의 차이가 뚜렷해서 거리를 확대할 특별한 이유가 없을 때, 더불어 근친자로서 애정이나 친근감을 갖는 그런 경우가 아니라면, 서로 간의 사회적 거리를 확인하는 거리화는 틀림없이 작용하고 있는 것이다.

과시성의 배치에서는 이러한 사회적 거리화가 개인의 내면 안에서 발생하고 작용하는 거리화에 대해 일차적이다. 개인의 내면적인 거리화는 사회적이고 외적인 거리화의 장 안에서 작동한다. 그것의 요체는 다양한 종류의 형태를 취하면서 '변덕스럽게' 움직이는 정염(passion)을 이성이라고 불리는 도덕적이고 윤리적인 규칙들의 집합에 따르도록 만드는 것이다. 혹은 정신들의 분란으로 정의되는 정염으로 하여금, 선을 추구하고 악을 피하게 만드는 정신적 지도의 원칙이다. 이러한 '원리' 는 알다시피 18세기 계몽주의자들에 의해 더욱 확장된다. 또한 궁정적인 생활양식에 부합하는 훌륭한 주체가 된다는 것은, 그러한 이성적인 코드, 이성적인 규칙에 자신의 신체를 일치시키는 것을 의미했고, 자신의 행동을 적절하게 코드화하고, 타인의 신체와 행동을 적절하게 탈코드화하는 것이다.

정염의 이성적 통제는 정염과 이성 사이, 방치된 신체와 초점으로 귀속되는 궁정생활의 예절이나 행동규칙 사이의 거리에서 발생하며, 도덕이란 그 거리를 축소하는 것이다. "끓어오르는 분노를 참지 못해 무기를 집어들었다면 잘못된 행동이다. 이 모든 것은 '정열', '사려깊지 못한 집념', '신중하지 못한 서두름', 어리석게 '편리함만 좇는 마음' 그리고 속된 '허둥거림' 에서 비롯되는 것이다. '경솔' 과 '조급' 그리고 '압박감' 등은 천박한 인간들이 범하기 쉬운 오류다"(Gracian, 1997 : 28).

그러나 개인의 임의적이고 '제멋대로인' 사고와 행동에 대해 이성의 시선을 부여하고, 다른 사람과의 사회적 관계를 통해 정의되는 코드화된 규칙의 집합을 부여하며, 그것으로써 궁정적 생활에 부합하는 어떤 신체를 만들어 가는 이러한 도덕은, 건강이나 위생 등과 같은 자기-내적인 이유를 갖지 않는다. 마치 궁정적 예절에서 코드화된 동작들이 건강이나 위생과 같은 이유가 아니라, 다만 불쾌함과 불편함에 민감한 타인들의 섬세한 감각과 표상을 이유로 하는 것과 마찬가지로.*

그런 만큼 19세기의 프로이트적인 정염과 다르게, 그것은 결코 실현될 수 없는 어떤 원리나, 근본적으로 무화될 수 없는 어떤 것이 아니라, 스스로에 의해 충분히 극복되고 무화될 수 있는 거리였던 셈이다. 따라서 여기에서는 근본적인 불일치는 없다. 자신의 지위에 부합하는 어떤 도덕적 규칙이나 궁정 생활의 코드를 배우고 익혀 신체적 습속을 형성하는 것은, 많은 경우 불일치와 거리가 남을지라도, 근본적으로 도달하지 못할 그런 거리는 포함하지 않고 있기 때문이다. 따라서 이 시기 내적인 자아는 이성적이라고 불리는 습속의 코드와 자신의 방치된 신체 사이에 있으며, 거리화란 자아 내부의 최대거리를 표시하는 그 두 항 사

---

* 엘리아스가 잘 지적하듯이, 이 시기 '예절'에서 좋은 행동과 나쁜 행동을 구별하는 근거에 대해 위생과 같은 이유를 떠올리는 것은 잘못된 것이다. 그것은 19세기 후반에 나타나는 관념이고, 우리가 현재 갖고 있는 관념의 투영이다. 그 당시 그들은 그런 이유로 예절과 도덕을 만들어내지 않았다. 차라리 그것은 푸코 말처럼 표상 자체에 주목하는 고유한 에피스테메(Foucault, 1986)와 결부되는 것처럼 보인다. 왜냐하면 그들에게 나쁜 행동이란, 가령 코를 훌쩍대는 소리는 무언가 끈적대는 것이 신체의 내부에 달라붙어 있어서 지저분하다는 불쾌감처럼, 타인들에게 불쾌한 표상을 야기하는 것이고, 반대로 좋은 행동이란 세련됨의 표상, 쾌감적인 표상을 야기하는 행동이었기 때문이다(Elias, 1995 : 186~189, 229~240). 이는 좋은 행동과 나쁜 행동의 기준이 내면적인 것, 내부적인 것이 아니라, 타인들의 표상이라는 외면적인 것이었음을 보여 준다. 이것이 거리화 개념의 차이와 결부되어 있다는 점은 굳이 따로 설명할 필요가 없을 것이다.

이에서, 이성과 자아의 신체 사이의 거리를 무화시키는 방식으로 작동한다. 이성의 빛으로 모든 어둠을 몰아낼 수 있으리라는 계몽적 확신이 이와 무관하다고 할 수 있을까?

2) 내밀성의 배치와 거리화

19세기의 주거공간에서도 우리는 역시 '거리화'라고 명명할 수 있는 이중적인 메커니즘을 발견할 수 있다. 그러나 앞서와 다른 것은 바로크의 과시적인 배치 안에서 그것은 일차적으로 사회적 거리를 통해 작동하는 사회적 거리화의 메커니즘이었으며, 개인의 내면적인 거리화는 그 안에서 작동한다고 할 수 있었다. 반면 아래에서 보다시피 19세기의 내밀한 배치에서는, 그것이 '자연발생적'으로 발생한 부르주아의 주거공간이든, 계급적 전략 아래 발생했던 노동자나 서민들의 그것이든, 거리화는 **일차적으로 내밀한 내면에서, 개개인의 신체를 둘러싸고 작동하는 메커니즘**이다.

또 바로크적 배치에서 사회적 거리화가 무화하는 방식으로, 동시에 그것에 반하는 방식으로 작동했음에 비해 내적인 거리화는 무화될 수 없는 한계를 갖지 않는, 근본적으로 무화될 수 있는 그런 거리를 내장하고 있었다. 반면 19세기의 배치에서 내적인 거리화는 **무화되어야 하는, 그러나 결코 무화될 수 없는 근본적 거리**를 내포하고 있었고, 사회적 거리 역시 무화될 수 없는 거리를 만들어내는 방식으로 작동하고 있었다. 여기서 우리는 두 가지 상이한 거리화 메커니즘은 근본적으로 상이한 '거리'를 전제하고 있었다는 점에서, 과시성과 내밀성, 혹은 사회적 거리화와 개인적 거리화의 관계에서 나타나는 대비가 단순한 대칭성을 뜻하지 않음을 다시 확인할 수 있다.

상이한 계열화의 선을 그리면서, 부르주아지나 프롤레타리아트의 주거공간이 내밀성의 공간이 되고, 내밀성이란 이름으로 개념화할 수 있는 배치가 만들어지면서, 주거공간은 프라이버시의 권리라는 형태로 가족적인, 혹은 개인적인 생활이 은폐될 수 있는 공간이 된다. 이러한 변환 속에서 과학과 의학은 개개인의 신체를 관리하고 통제하는 근대적 코드를 제공하며, 각자는 서로를, 혹은 자기 자신을 그렇게 코드화된 시선으로 본다. 그것은 모든 곳에서 성욕의 징후를 찾으며 내밀성의 공간을 배회하는 호기심어린 의혹의 시선을 포함한다. 그러한 의혹의 시선 아래서 각자의 신체는 정욕을 가린 어둠의 베일로 감싸지고, 결코 그대로 방치되어선 안 되는 정욕의 덩어리로 간주된다. 그것은 과학과 의학, 혹은 좀더 일반화해서 말하자면 이성의 밝은 빛으로 비추고 이성의 질서화된 시선 아래 통제되고 관리되어야 할 대상이 된다. 그러한 정욕적인 신체를 스스로 관리하고 스스로 통제하려는 근대적 의지가 각자의 시선을 방향짓고, 그에 따라 그것은 자기-감시 내지 자기-통제의 시선이 된다.

내밀성의 배치에서 거리화는 이처럼 **각자의 눈(시점)으로 이전된, 물론 경우마다 각이한 초점들과, 거기서 발원하는 시선이 주시하는 저 은밀한 어둠에 둘러싸인 정염적인 신체 사이의 거리를 통해** 정의된다. 그것은 건강한 것과 병적인 것 사이의 거리고, 정상적인 것과 병리적인 것 사이의 거리며, 규범과 행동 사이의 거리고, 과학적 계산과 비과학적인 사실 사이의 거리며, 이성과 정욕 사이의 거리다. 이성과 정욕 사이의 이 거리는 가능한 한 축소되어야 하고 결국은 제거되어야 한다. 시선이 응집되는 저 신체는 시선을 통해 전달되는 이성과 규범을 향해 나아가야 한다. 어둠의 베일에 가린 정욕적인 신체와 밝고 질서지어진 이성의 빛 사이, 정욕적인 신체의 덩어리와 그것을 자기-통제하는 시선 사이에서 우리는 **무화되는 방식으로 작동하는 거리화 메커니즘**을 발견한다. 그러나 여기서 거리화는 이미 초점에서 발원하는 시선을 자신의 시선으로 대신한다는 점에서, 그리하여 그것과 자신의 신체 사이에 있는 거리를 소멸시키는 방식으로 거리화가 작동한다는 점에서 거리화 메커니즘은 각각의 신체 내부로 내면화된다. 그런데 내재화되어 작동하는 이러한 거리화를 특징 짓는 거리는, 이성과 정욕이 정의상 다른 것만큼이나, 그리고 그 경우 이성이란 정욕의 극한값처럼 어떤 접근가능한 한계가 아니라는 점에서, **결코 무화될 수 없다.**[*]

이를 처음으로 포착하고 이론적으로 개념화한 사람은 아마도 프로이트였을 것이다. 그는 이성과 정욕 사이의 거리를 초자아와 거시기(das Es) 사이를 통해 새로이 정의한다(Freud, 1997b). 신체에 새겨진 부모의 시선, 규범의 흔적으로서 초자아와 타고난 생물학적 본능으로서 거시기. 그 양자 사이의 거리는 결코 무화될 수 없는 단절을 사이에 두고 있다. 분열(Spaltung). 이는 쾌락원칙으로부터 현실원칙이 분리되는 과정과 결부되어 있다. "이와 같이 (전자가 후자로) 대체되는 과정이 자아본능에서 진행되는 동안 성적 본능이 그 자아본능에서 이탈하는 과정이 시작"된다(Freud, 1997a : 17). 이러한 분열과 분리를 통해 자아 내부에

---

[*] 이전 시기에 '예절'은 반복적인 차별화를 통해서 끊임없이 새로운 거리를 만들어내려 했지만, 시간이 지나면서 차별화할 여지는 점점 축소되고, 반대로 그들과의 거리를 단축시키며 쫓아가는 '추격'이 가속화된다. 무화되는 거리를 다시 확대하는 것은 점점 더 어려운 일이 된다. 특히 그러한 거리에 근본적인 무화불가능성을 부여해 주던, 동시에 귀족들의 차별화된 행동에 위계를 부여해 주던 절대군주의 죽음은 '예절'의 성격 또한 근본적으로 다르게 만든다. 결국 바로크적인 배치에 내장된 거리는, 마치 부르주아지에 의해 절대군주의 권력이 정복당한 것처럼, 부르주아지에 의해 정복당하고, 차별화의 전술은 무용하게 되며, 반대로 동일화의 전술만이 유효성을 획득하게 되는 '문명'(civilisation)이 되고 만다.

는 결코 무화될 수 없는 근본적인 어떤 거리가 만들어진다. 이런 의미에서 초자아와 거시기 사이의 거리야말로 이성과 정욕, 규범과 행동 사이의 거리가 갖는 최대값이라고 할 수 있을 것이다.

그렇지만 이는 언제나 **무화하는 방식으로 작동한다.** 적어도 가족적 삶, 성과 정욕이 어떤 경우든 배제될 수 없는 이 삶 안에서 거리를 무화하라는 요구가 결코 충족될 수 없다면, 무화되어야 하지만 결코 무화될 수 없는 이 거리를 축소시키는 일종의 타협이 제안된다. '쾌락원칙'에서 미끄러지며 규범 내지 내면을 향한 자신의 시선과 타협하는, '끝날 수 없는' 과정으로서의 자아. 현실원칙의 추구는 단지 쾌락원칙의 부정이 아니며, 오히려 그것을 포섭하는 방식으로 작동한다(Freud, 1997a : 19). 그렇다면 현실원칙이란 내밀성의 공간, 내면성의 공간 속에서 작동하는 근대적 거리화의 다른 이름은 아닐까?

다른 한편 이러한 거리화 개념을 통해 우리는 사람들 사이에 놓여진 이중의 거리를 설명할 수 있다. 그것은 사람들이 초점들을 통해 관계화된다는 점 때문인데, 이로 인해 각각의 관계를 정의해 주는 초점과 신체 사이의 거리는 이중화된 형태로 사람들 사이에 끼어든다. 이런 방식으로 거리화 메커니즘은 사람들 사이에 일종의 '사회적 거리'를 만들어낸다. 가령 가족이라는 지극히 친밀한 사람들간의 관계, 그 친밀성의 공간 안에서 접촉하고 부딪치는 신체들 사이에도 두 겹의 거리가 끼어든다. 엄마와 아이의 직접적 동일시를 중단시키고 '분열'을 야기하는 오이디푸스 기제가 그 한 예일 것이다. '엄마-아빠-아이'의 삼각형, 그것은 초자아의 형성 이전에, 다시 말해 사회적 거리가 만들어지기 이전에 이미 개인의 내면에 삽입된 초점화된 거리를 통해 가족 구성원 사이에 사회적 거리를 만들어내는 메커니즘이다.

그것은 근본적으로 어머니에 대한 아이의 성욕와 그에 수반되는 아버지에 대한 반감으로 요약되는 것이다. 오이디푸스적 욕망은 그것이 전역사적(前歷史的) 신화를 통해 초역사적으로 명명되고, 정신분석적 임상사례를 통해 탈역사적 '인간조건'으로 정당화되었지만, 사실은 분명한 역사성을 갖는 것이다. 엄마는 멀고, 아버지는 무관심했으며, 아이들은 일찍부터 성인으로 취급되고 종종 도제로 보내지던 중세와 달리, 근대의 부르주아 가정은 분리되고 고립되며, 내밀성의 공간 안에서 부부 및 아이와의 근접성이 증가한다. 더구나 성적 장치와 결혼 장치를 포갬으로써 사랑과 성욕을 가족적 공간 속으로 끌어들이는 한편, 가족 외적인 성과 사랑을 창녀라는 개념에 근사(近似)시킴으로써 억압하려고 했던 19세기 부르주아지에게 가정이란 단순히 내밀한 근접성의 공간일 뿐만 아니라, 성욕으로 가득 찬 공간이기도 했다. 아이들의 근본적 욕망으로서의 오이디푸스가 발견되고, 끊임없이 금지의 형태로 선동되는 것이 바로 이런 조건에서였다. 따라서 가족 간의 근접성은 동시에 애정의 근접성, 성적인 근접성을 뜻하는 것이었고, 그대로 둔다면 근친상간의 검은 구멍에 빨려들어갈지도 모르는 위태로운 근접성이었다.*

그래서였을까? 19세기의 의사나 위생가들의 눈에 비친 그 근접한 내밀성의 공간 안에는 갖가지의 '끔찍스런' 성욕이 가득 차 있었으며, 의학적 시선의 대상이 된 위험한 병적 성욕이 넘쳐흐르고 있었다. 이제 근접성은 넘쳐흐르는 숱한 병적 성욕이 불꽃을 일으키며 접속되기에 충분한 공간으로 간주된다. 19세기 위생가들이 가장 끔찍하게 두려워했던

---

* 이와 다른 방식으로지만, 들뢰즈와 가타리는 정신분석이 오이디푸스를 초역사화하거나 '인간 조건'으로 간주하는 것을 비판하면서, 자본주의와 관련된 역사적인 형상으로서 간주한다. 이에 대해서는 들뢰즈/가타리(Deleuze et Guattari, 1974) 참조.

것이 근친상간이었으며, 이 때문에 부모의 방과 아이의 방, 남자아이와 여자아이의 방을 별도로 분리하는 것이 가장 근본적인 공간 분할의 원칙이 되었다는 것은 앞서 살펴본 바 있다.

라캉은 엄마와 아이의 이러한 근접성을 '상상적 동일시'라는 말로 개념화한다(Lacan, 1977 : 2). 이러한 동일시는 상상적이지만 직접적이어서, 두 사람 사이에 어떠한 거리도 존재하지 않는다. 이러한 상태의 지속은 아이의 주체화를 불가능하게 만든다. 엄마와 아이의 직접적 동일시 사이에 '아버지의 이름'(nom-du-père)이* 개입한다. 아이는 거세의 위협을 통해 엄마와의 직접적인 동일시에서 벗어나 상징적 질서, 기표적 질서 속으로 진입한다(Lemaire, 1994 : 118~119). 분열(Spaltung)과 '소외'가 발생한다.

이는 한편으로는 아이의 신체 내부에 근본적인 결핍을, 혹은 무화될 수 없는 거리를 만들어낸다. 분리된 아이는 어머니에 대한 동일시, 혹은 어머니와 하나가 되려는 욕구를 포기하고 새로이 끼어든 아버지(의 이름)를 향해, 그것으로 대표되는 기표적 질서에 눈을 돌린다. 그리하여 라캉이 '상징계'(le Symbole)라고 불렀던 기표적 질서 안에 포섭된다. 이제 그의 욕구(besoin)는 그 기표적 질서가 허용하는 한에서 표현될 수 있다. 이는 요구(demende)로 나타난다.

하지만 이는 어머니와의 동일성이라는, 혹은 어머니에 대한 욕구라는 결코 채워질 수 없는 공백의 존재를, 그 메워질 수 없는 간극 내지 거리를 항상 내포하게 된다. 욕구와 요구의 분열. 이는, 비록 그것이 기표적인 질서를 통해 재정의되고 있기는 하지만, 이전에 프로이트가 거시

---

*이는 같은 발음을 갖는 '아버지의 금지'(non-du-père)를 뜻하는 것이기도 하다.

기와 초자아 사이에서 발견했던 간극과 근본적으로 동형적인 것이다. 결국 라캉이 보기에 욕망(désir)은 분열로 인해 야기된 바로 이 거리를 통해 정의된다. 이런 의미에서 라캉은 욕망이란 본질적으로 결핍 (manque)이라고 정의한다(Lacan, 1977 : 286~287, 311). 즉 욕망은 욕구와 요구 사이에 존재하는 결핍을 메우려는 욕망이다. 그러나 그것은 결코 충족될 수 없는 결핍이요, 결코 무화될 수 없는 거리다. 이 거리의 공백 안에서 욕망의 무한한 환유연쇄가 발생한다. 그렇지만 그것은 결핍을 메우려는 욕망이고, 자아의 내부에 존재하게 된 그 거리를 무화하고자 하는 욕망이다(같은 책, 312).

다른 한편 아버지의 이름이 끼어들면서 발생한 분열과 분리는 아이 내부뿐만 아니라, 엄마와 아이라는 실질적인 두 개체 사이에 '사회적 거리'를 만들어낸다. 어머니는 아이에 대한 애정과 욕망에 이러한 사회적 거리를 두면서 적절한 형태를 부여해야 하며, 아이 역시 동일한 그 거리 안에서 어머니에 대한 욕망과 애정을 표현하고 작동시켜야 한다. 욕망의 환유연쇄를 이루는 각각의 항들, 그 욕망의 대상들은 이러한 거리화의 작용 안에서 구체적 형태를 획득한다. 그것은 사실 아이가 태어나기 이전부터 항상 ── 이미 존재하던 거리화된 사회적 관계를 아이가, 더불어 어머니가 받아들이는 것이다. 사회문화적 질서, 규범적 질서, 법적 제도적 질서로서 상징계 속으로 진입한다는 것은 이처럼 항상 ──이미 존재하는 사회적 거리화의 공간 속으로 들어가는 것이다.

아버지의 이름이 대변하는 이 법적·상징적 질서 안에서 아이는 새로운 동일시의 대상을 발견한다. 남근(Phallus)이라는 기표는 이러한 상징적 동일시의 기표다. 아이는 자기 안에서 작동하기 시작하는 그 타자 (l'Autre)의 시선(라캉 용어로는 응시[regerd])을 통해 자신을 본다

(Lacan, 1978). 타자의 시선, 그것은 아이의 눈에, 아이의 내면에 자리잡은 초점에서 방사하는 시선이며, 상징적 동일시란 무화하는 방식으로 작동하는 거리화의 다른 이름이다.[*]

이런 점에서 이러한 상징적 질서로서 대문자 타자(l'Autre)와 그 안에 존재하는 거리들의 집합 안에서 정의된 나(moi)의 자리를 아이의 무의식이 받아들이는 과정을 표시하는 라캉의 도식(같은 책, 1996)은 근대의 내밀한 배치 안에서 작동하는 이러한 이중적인 거리화의 양상을 적절하게 요약하고 있는 것처럼 보인다.

여기서 A는 상징적 질서기도 하고 아버지를 필두로 하는, 상징적 질서의 고리들이기도 한 대문자 타자고, moi는 A로 표시되는 상징적 질서 안에서 '나'의 자리, 목적격으로 불리는 나의 자리며, Es는 상징계의 질서 상의 나(moi)에 상응하는 내면의 자리, 내면적인 주체(S ; 에스[Es]) 의 자리다. a는 그러한 주체의 자리를 채우는 욕망의 대상이고, 욕망의 변화에 따라 다른 것으로 대체되는 대상이다. 여기서 A와 moi 사이의 거리는 대문자 타자 안에 존재하는 사회적 거리, 혹은 그러한 거리들의 집합을 표시한다. 반면 moi와 Es 사이의 거리는 그러한 거리와 상관적인, 내 자신의 내면에 존재하는 분열이고 분열된 거리다. 대문자 타자에

---

[*] 주거공간에서 근대적 배치 및 거기서 작동하는 거리화 기제와 정신분석 사이의 동형성은 정신분석이 근대적 주거공간의 배치와 맺는 관련을 보여 주는 것 같다. 즉 근대적인 주거공간의 배치와 관련해서 볼 때, 정신분석은 가족 안에서 가족 성원들을 주체화하고 도덕화, 규범화하는 것과 연관된 기술인 셈이다. 그것은 개개인을 정상적인/규범적인 주체로 생산하는 데 실패한 원인을 찾고 그것을 교정하려 한다. 그것을 그들은 '치료'라고 부른다. 들뢰즈와 가타리는 이런 의미에서 정신분석가를 "근대의 새로운 사제"라고 말한 바 있다(Deleuze et Guattari, 1974). 그러나 이러한 치료조차도 아예 벗어나 버린 실패자들——정신분열자——에 대해선 눈을 돌리지 않는다. 그것은 실패한, 하지만 다시 치료하여 정상으로 되돌려 놓을 수 있는 신경증 환자만을 대상으로 한다.

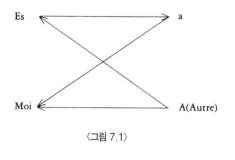

〈그림 7.1〉

의해 정의된 '나'의 자리를 내면의 자신으로 채우는 주체화의 과정을 표시하는 이 도식 전체는, **한편으로는 사회적 거리상에서, 다른 한편에서는 내면적 거리 상에서 작동하는 이중의 거리화**를 표시한다고 하겠다. 더불어 시사적인 것은 이러한 이중의 거리화가 개인의 내면을 관통하는 대문자 타자의 벡터에 의해, 그리고 그것을 통해 연쇄적인 욕망의 대상을 설정하고, 그것에 대해 상상적으로 동일시하는 것을 통해 사회적 거리화는 유효하게 작동한다는 것을 보여 준다는 점이다. 다시 말해 내밀성의 배치에서 사회적 거리화에 대한 내면적 거리화의 일차성을 보여 준다는 것이다.

　이러한 과정은, 그것을 단지 아이의 욕망에 제한하는 정신분석적 경계 안에 제한되지 않는다. 가령 라캉에게 '아버지의 이름'(nom-du-père)은 구체적인 개인으로서 아버지가 아니라 '아버지됨'이며, 아버지라는 이름에 값하는 어떤 위치이며, 근본적인 '금지'(non-du-père)를 통해 정의되는 행동의 집합이다. 따라서 그것은 아버지가 되기 위한 조건에 긴박되어 있다. 그것은 아버지 없이도 작동하는 기표이며, 아이는 물론 아버지에게도 동일시할 것을 요구하는 법(code)이요 규범이다. 이로써 아버지는 아이들의 모든 것을 책임져야 하는 위치를 갖게 된다. 이로써 아이들의 모든 욕망이나 행동은 가족 안으로 영토화되고, 그에 대한 통제와 책임은 가장인 아버지에게 넘겨진다. 아버지는 가족 안에서 공공 질서와 법을 대변한다. 라캉 말대로 아버지의 이름은 '법'인 것이

다. 오이디푸스가 아이들의 욕망을 거세하며 작동하는 것은 이런 조건
에서이다.*

　아버지의 이름은 이제 아버지 자신에게 작용하는 기표(이름, 법조
문, 규범)며, 아버지 자신이 그것을 통해 시선을 실어 나르는, 아버지의
내적인 타자의 시선이다. 초점으로서 아버지의 이름, 역초점으로서 아
버지의 신체. 결국 아버지의 이름은 아버지와 분열된 기표로서, 그것과
아버지의 신체 사이에 거리가 만들어진다. 하지만 그것은 아버지이기
위해선, 좀더 구체적으로는 부권을 박탈당하지 않고 유지하기 위해선
무화되어야만 하는 거리다. 또 다시 무화하는 방식으로 작동하는 거리
화의 메커니즘을 여기서 발견한다. 아버지로의 주체화. 이를 위해선 가
족의 생활이 적어도 '인위적 빈곤'에 빠지지 않도록 최선을 다해 일할
의무가 있으며, 아이나 여성을 착취하지 않고도 가족의 생계를 책임질
수 있어야 한다.

　가장인 아버지가 '아버지의 이름'에 값하는 역할을 제대로 수행하
지 못했을 때, 그리하여 아이들이 거리로 나와 부랑하거나 범죄를 저지
르거나, 아니면 공장을 떠돌게 될 때, 그리하여 가정의 도덕적 결손에 대

---

* 그러나 정신분석학이 근대적인 수거공간에서 개개인을 주체로 생산하는 메커니즘을 탈역사
화된 형태로 보여 준다고 하더라도, 그리고 그러한 메커니즘과 관련된 다양한 징후들과 질병
들을 연구하고 보여 준다고 하더라도, 근대적인 주체의 생산방식이 정신분석적인 개념들로
환원될 수 없다는 것은 분명하다. 그것은 무엇보다도 정신분석학이 주거공간의 배치를 성욕
으로 가득찬 공간으로 환원함으로써 작용할 수 있다는 점이나, 주체생산방식으로서 거리화
를 단지 내면적인 동일시(identifiation) 기제로 환원한다는 점에 기인하는 것이다. 반면 그러
한 정신분석학적 동일시의 과정이 진행되는 경우에도 그것은 '정상성'(normality)의 조건에
서 벗어나는 것에 대해 금지하고, 그것을 감시와 통제의 형태로 훈육하는 과정을 전제한다는
사실을 보지 못하기 때문이다. 더불어 정신분석학은 사회적인 활동이나 문제를 가족적인 것
으로, 그리하여 성적인 것으로 환원한다는 점, 그러한 성욕화의 조건인 오이디푸스를 초역사
적인 '인간조건'으로 만들어 버린다는 점이 지적되어야 한다.

해 가장이 책임지지 못했을 때, 아이들에 대한 '주권'을 가족에서 박애주의 협회로 이전시키는 조치들이 법제화(1889년, 1898년, 1912년)된다(Donzelot, 1979 : 83). 이제 아버지는 법에 대응하는 '아버지의 이름'에 값하지 못한다면 부권을 박탈당하게 된다. 이로써 아버지가 아버지로서 인정받고 권리를 행사할 수 있기 위한 법적 조건이 마련된 것이다. 오이디푸스는 아이를 거세할 뿐만 아니라, 아버지 자신을 '아버지의 이름/금지'로 방사되는 '법'(code)의 시선 아래, 혹은 스스로 대신하는 그 코드화된 시선 아래 둔다. 이런 맥락에서 푸코는 오이디푸스의 발견과 부권박탈 법안이 거의 동일한 시기에 이루어졌음을 상기시킨다(Foucault, 1990 : 142~143).

이중적인 거리화의 임무가 가족에 집중되는 것은 바로 이런 맥락에서 이해할 수 있을 것이다. 이에 대해 엘리아스는 이렇게 쓰고 있다.

> 핵가족이 남녀의 성 본능과 모든 본능적 기능들을 위한 유일한 합법적 폐쇄공간이 된 것은 아주 점진적인 과정을 통해서다……핵가족이 사회적으로 요구되는 행동 및 충동통제를 젊은이들에게 함양시키는 일차적 기관이 된 것도 최근의 단계에 이르러서다. 이 정도의 제재와 은밀함에 도달하기 이전에는, 그리고 다른 사람들의 시야로부터 본능적 삶의 격리를 엄하게 강요하기 전까지는 어린이를 조건형성시키는 임무가 그렇게 무겁게 맡겨지지 않았다.(Elias, 1996 : 290)[**]

[**] 그것은 또 역으로 근대적 배치에서 거리화가 일차적으로 내면적인 것이라는 사실을 다시 한 번 보여 주는 것처럼 보인다.

이러한 거리화 메커니즘은 그것의 작용하는 개개인의 내부에 고유한 거리화의 공간을 만들어낸다. '거리화-공간'이라고 불러도 좋은 이 공간은 개개인의 신체 안에 존재하는, 그를 주체로 만들어내는 권력의 벡터장이다. 이러한 권력의 벡터를 통해서 개개인은 근대적 배치에 부합하는 주체로 생산된다. 개개인을 주체로 만들어내는 이 권력의 벡터는 세 가지 성분, 혹은 세 가지 양상으로 작용한다.

먼저 과학이나 의학의 시선이 잘 보여 주듯이, 이같은 거리화는, 항상-이미 특정한 태도와 행동을 '타자화' 함으로써[*] 정상성의 경계를 구획하고, 그것으로써 정상적인 '주체'의 범위를 정의한다. 예컨대 '성의 정신병리학'은 성욕을 주체하지 못하는 신체, 자위하는 어린이, 동성애나 절편음란증, 노출증, 수간, 자기단독성욕 등등의 '증상'을 정상성에서 벗어난 의학적 질병으로 간주한다. 생식을 벗어난 섹스나 생식기를 벗어난 성욕 전체가 의학적인 질병 내지 비정상성, 변태로 정의되고, 그것의 부정의 형태로 정상성이 정의된다. 또한 부랑하는 사람들, 거리에서 하루의 대부분을 보내는 아이, 몰려다니며 사고를 치고 범죄를 하는 아이, 가족이 없거나 헤어진 아이, 결혼 이전에 태어난 아이, 삐딱하게

---

[*] 이 경우 타자(autres)라는 말은 라캉이 말하는 것과는 전혀 다른 것이다. 이 말의 의미는 오히려 푸코가 사용하는 개념에 가까운데, 가령 광기는 이성이라는 '동일자'(le Mme)가 자신의 경계를 구획하기 위해, 그 외부를 표시하기 위해 배제하고 억압하는 '타자'다(Foucault, 1971). 혹은 들뢰즈/가타리의 개념으로는 '소수자'(minorité)에 가까운 것이다. 소수자란 수가 적은 것을 뜻하는 게 아니다. 가령 여성은 남성보다 수가 적어서 소수자가 아니며, 파리나 개미는 인간보다 수가 적어서 소수자가 아니다. 다수자란 언제나 이미 표준이나 척도의 위치를 차지하고 있는 것이고, 그런 만큼 권력을 갖고 있기에 다수자인 것이다(Deleuze et Guattari, 2000[II] : 67). 한편 라캉이 말하는 '타자'란 '나'에 대한 타자로서 아버지, 어머니, 상징적 질서, 혹은 그 안에서 욕망의 대상 등을 지칭하며, 이런 점에서 동일성과 동일시 메커니즘과 결부된 것이고, 따라서 방금 말한 '타자'와 반대로 일종의 '동일자'고 소수자가 아니라 다수자다.

앉아 다른 짓을 하는 아이, 잘 씻지 않아 더러운 아이, 빈민굴에서 사는 사람들 등등이 위생학·의학·심리학 등의 개념을 빌려 **비정상적이고 배제되어야 할 타자**로 정의된다. 그리고 앞서와 마찬가지로 그러한 타자의 부정을 통해 정상적이고 규범적인 주체의 범위가 정의된다. 다시 말해 어둠과 정욕, 악의 위험으로 둘러싸인 신체를 통해서, 그리고 그것과 대비되는 정상성/규범성의 과학들을 통해서 허용될 수 있는 정상적 주체의 폭이 구획되는 것이다. 이처럼 허용가능한 주체의 범위를 정의하는 성분이, 무화되어야 하는 그러나 결코 무화될 수 없는 '거리' 사이에서 작동하고 있는 것이다. 노동자의 주택에 관한 박애주의 전략은 주거공간을 통해 작동하는 그 거리화 메커니즘에 주체를 정의하는 성분이 작용하고 있음을 명확하게 보여 준다. 더 나아가 다양한 욕망을 가정으로 재영토화하며 가장으로 하여금 가족의 모든 것을 책임지게 하려는 가족주의 전략에서도 주체를 정의하는 그러한 성분을 뚜렷하게 확인할 수 있다.

다음으로, 주체 내부의 거리화는 단순히 내적인 어떤 강제만을 야기하는 절제된 권력만이 아니라, 외적인 강제와 훈육을 야기하는 권력장치를 수반한다. 다시 말해 그것은 **개개인을 정의된 정상적 주체로 훈육하는** 성분을 포함하고 있다. 위생적인 주거공간에 대한 경찰의 감시와 통제, 거리에서 자유롭게 놀거나 게임을 하는 것도 금지하며 거리를 오직 통과공간으로 만들기 위한 법적인 규제들, 어린이의 자위를 감시하기 위한 공간적 조건들, '건전한' 신체를 만들기 위한 규율과 구속복(straitjacket), 훌륭한 식사 매너가 완전히 몸에 배일 때까지 식사 때마다 반복되어 상기되는 행동의 규칙과 어긋남에 던져지는 강력한 비난의 눈총들 등등. 이는 초점과 신체 사이의 거리를 무화시키기 위해서 직접적으로 신체와 동작에 가해지는 제한과 통제, 훈육의 기술들이다. 따라서 주체를 훈육하고 '훌륭한' 습속으로 길들이는 이 기술들은 무화하는 방식으로 작동하는 거리화의 한 성분이다.

마지막으로 거리화에는 **주체의 동일화를 야기하는** 성분이 포함되어 있다. 그것은 무엇보다도 허용가능한 주체를 정의하는 요소들과, 개개인을 그런 주체로 훈육하는 요소들을 바로 자신을 위한 것, 자신이 행하는 것으로 인정하고 내면화하는 요소들을 통해 작용한다. 이와 관련해 근대적 주거공간에서 가장 결정적인 특징은, 그것이 자기-감시(자율-감시), 자기-통제(자율-통제)의 형태로 이뤄진다는 점이다. 즉 거리화 메커니즘에서 표면에서 사라진 초점을 자신의 시점이 대신하고, 감시하고 통제하는 시선을 자기의 시선으로 대신한다는 점이 주거공간의 근대적 배치를 특징짓는다는 것이다. 그것은 다름 아닌 나 자신의 '건전한' 신체를 위해서, 나 자신의 '건전한' 생활을 위해서 내가 선택한 것이 된다. 그것은 바로 '나 자신을 위한' 것이요, 그런 만큼 그것은 나 자신의 욕망인 것이다. 정신분석학이 주목하는, 초자아로 불리는 규범이나 '아버지의 이름', 법에 대한 동일시는 이러한 배치의 결과물이다.

근대적 주거공간에서 무화하는 방식으로 작동하는 거리화는, 이러한 세 가지 성분을 갖는 벡터의 장(場)을 형성하며, 그것을 통해 그 안에 존재하는 개별적인 대상들, 개개인들을 근대적인 형태의 주체로 생산해내는 메커니즘이다. 이로써 자신의 행동을 스스로 통제가능한 것으로 만드는 '능동적 자제'가 자신의 욕망이라는 형태를 취하게 된다. 근대적 주체를 생산하는 메커니즘은 이제 인간의 신체뿐만 아니라 개개인의 내면 깊숙이 자리잡게 된다. 그것은 실제로는 강력한 배제와 금지, 감시와 훈육을 통해 작동하는 것임에도 불구하고, 언제나 자신의 시선, 자신의 욕망이라는 형식을 취하기에 강제와 억압의 양상보다는 자기화와 동일성의 양상으로 진행된다는 점에서, 학교나 공장, 병원, 감옥 등과 근본적으로 달라 보이는 영역을 이루는 것처럼 보인다. 따라서 근대인에게 가족적인 주거공간은, 표면적으로 강제와 억압에 의해 작동하는 저 '무정한 세계'와 대비되는 '안식처'로 나타나게 된다.*

---

*과시성의 배치와 내밀성의 배치에서 '사회적 거리'를 이렇게 비교할 수 있다. 먼저 과시성의 배치의 경우 그것은 일차적으로 절대군주의 신체라는 초점을 둘러싸고 공전하는 사람들의 위치 사이에서 정의된다. 하지만 이는 단지 두 사람의 신분적 거리나 공간적 거리가 아니라, 절대군주의 신체라는 초점과 각각의 개인 사이에 존재하는 거리들 사이의 차이로 정의된다. 다시 말해 두 개인 간의 사회적 거리는 언제나 초점과 각 개인 간의 거리의 차다.

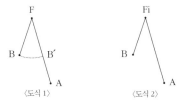

〈도식 1〉　　　　　　　〈도식 2〉

〈도식 1〉에서 A와 B 간의 사회적 거리는 초점 F와 점 A, B 각각의 거리($\overline{FA}$, $\overline{FB}$)의 차다.

$$\overline{AB} = \overline{FA} - \overline{FB}$$

사실 이러한 배치에서 개인들의 위치는 아무리 분산되어 존재하는 경우에도, 초점으로 시작되는, 혹은 그것으로 귀결되는 위계적인 직선을 통해 비교되고 관계지어진다는 점에서 직선적이다. 따라서 A와 B의 위치는 F에서 시작하는 하나의 직선 위에 있는 점 A와 B′와 같다.

$$\overline{AB} = \overline{AB'}$$
$$= \overline{FA} - \overline{FB'}$$

한편 내밀성의 배치에서 개인 간의 사회적 거리는, 각각의 장에서 두 사람의 관계를 정의해주는 어떤 초점(이는 정신분석가의 시점일 수도 있고, 의사나 위생가의 시점일 수도, 혹은 법률의 시점일 수도 있다)과, 그것을 통해 규정되는 두 개인 간의 거리의 합으로 정의된다〈도식 2〉. 다시 말해 그것은 〈도식 2〉에서 어떤 초점 F_i와 A, F_i와 B 사이의 거리의 합이다.

$$\overline{AB} = \overline{F_iA} + \overline{F_iB}$$

이렇게 상이한 두 배치에서 임의의 두 개인(점)간의 거리를 그대로 비교하는 것은 무의미하다. 하지만 하나 지적할 수 있는 것은 과시성의 배치에서 두 개인 간의 거리는 표면적으로 보이는 것보다 작으며, 반대로 내밀성의 배치에서 그것은 보이는 것보다 크다는 점이다. 물론 이러한 거리를 가로지르는 횡단적인 탈주선들이 얼마든지 있다는 것을 또한 추가해 두지 않으면 안 될 것이다.

에필로그

공간적 배치를 공간적 분포와 공간의 용법에 관한 것으로 정의하고, 시선과 동선을 채취하고 절단하는 방식을 통해 이러한 공간적 배치의 기계적(machnique) 효과에 대해 분석하려고 했던 이상의 연구를 다음과 같이 요약할 수 있을 것이다. 첫째, 기능적 분화가 부재했으며, 다양한 활동이 혼성적으로 공존하던 중세의 주거공간과 달리, 17세기 귀족들의 오텔에서는 극도로 섬세하고 치밀하게 분화된 주거공간이 나타난다. 그런데 공간의 기능적 분화 자체의 발생지이기도 한 이러한 분화과정의 계기는 흔히 생각하듯이 사생활의 욕망이나 사적 공간에 대한 욕망과 전혀 무관하다. 반대로 그것은 주거공간이 사회적 공간, '공적인' 공간으로서 발전하는 과정이었으며, 이런 한에서 주거공간과 가족적인 공간은 결코 동일한 외연을 갖지 않는 것이었다. 물론 이후 사적인 공간의 요소를 제공하는 방들이 18세기에 들어와 출현하기도 하지만, 이 역시 공적인 성격을 갖는 주거공간 내부에서 감추어 둘 곳, 혹은 물러나 쉴 수 있는 곳을 찾는 욕망의 경제가 야기한 일종의 탈주선이었다.

둘째, 17~18세기 귀족들의 주거공간은 이른바 궁정적 생활의 연장으로서 사회적 활동이 행해지던 사회적 공간이었을 뿐만 아니라, 하나의 언행은 물론 그것의 바탕에 있는 취향과 자질, 능력을 드러내고 과시하는 공간이었다. 여기에서는 모든 활동과 욕망의 흐름이 절대군주라는 오직 하나의 초점으로 귀결되고, 그와 대칭적인 방향성을 갖고 권력의 벡터가 방사된다. 이런 점에서 바로크라고 불리는 다른 종류의 공간과 일정한 상응성을 갖는 이러한 배치를 우리는 '과시성의 배치'라고 부를 수 있다. 이러한 배치 안에서는 카비네나 침실, 혹은 부두아와 같은 통상 '사적'이라고 간주되는 방들조차 근대적인 의미에서 '사적'인 공간이 아니었으며, 다만 좀더 편안한 '편의적 공간', 혹은 형식성이 약한 '친교적 공간'일 뿐이었다.

셋째, 근대적인 의미에서 사적 공간은 18세기 후반 내지 19세기 초반에 이른바 '중간계급'의 주거공간에서 발생했다. 그것은 이전과 달리 사랑이나 성을 가족이나 결혼이라는 장치 안에 포섭하여 양자에 동일한 외연을 갖게 만들려던 새로운 욕망의 배치와, 그리고 그에 수반되었던 가족관계의 변형과 결부된 것이다. 이러한 새로운 욕망의 배치를 통해 귀족들의 주거공간에서 연원한 다양한 명칭의 방들은, 이제는 가족적 공간의 배치를 형성하는 요소로 변환된다. 이로써 신성한 가정, 내밀한 가족의 공간이 탄생하며, 이는 가족주의라고 불러야 할 새로운 배치의 '물질적' 조건이 된다. '사회적'이라는 말조차 가족 안에서의 사회성으로 포섭되는 것, 가족적 공간의 내부와 외부를 가르는 프라이버시와 내밀성의 두터운 장막이 출현하는 것, 그리고 주거공간이 가족적 공간과 동일한 것으로 정의되는 것은 모두 이러한 배치와 결부되어 나타난 것이다.

넷째, 이 시기 새로이 출현한 배치와 더불어, 속내를 드러내는 것과 관련된 내밀성이, 신과의 관계로 정의되던 이전과 달리 가족적 관계 안에서, 혹은 그와 결국은 포개지게 되는 사랑이나 성과 관련된 어떤 것으로 정의된다. 그것은 속내를 드러내지 않은 권리라는 점에서 근대적인 의미에서 프라이버시라는 의미를 획득하지만, 그것은 동시에 그러한 것을 드러내선 안 된다는 의무가 가정과 개인에게 부여되는 것을 뜻하기도 했다. 위생과 성의 부상과 더불어 가족의 가장 중요한 관심사로 떠오른 '건강'은, 신체적 건강과 더불어 도덕적 건전을 동시에 뜻하는 것이었는데, 이것을 통해 아이나 배우자, 자기 자신의 신체를 의사의 시선으로 바라보는 새로운 시선의 배치가 작동하게 된다. 부도덕과 불건강, 내부의 어두운 욕망을 감추고 은폐하는 이러한 시선의 배치는, 모든 욕망을 가족적인 경계 안에 가두고자 했던 가족주의라는 욕망의 배치, 혹은 두꺼운 장막을 둘러친 가족적 공간의 배치와 더불어 '내밀성의 배치'를 구성하는 중심적인 요소다.

다섯째, 사실상 우리의 주거공간과 가장 긴밀한 연속성을 갖는 노동자계급의 주거공간은, '혁명의 시대'였던 19세기의 격렬한 계급투쟁을 통해서 탄생했다. 산업혁명 이후 도시에 몰려든 노동자들의 주거환경은 극도로 비참한 것이었다. 콜레라로 상징되는 19세기의 전염병은 이러한 비참함을 거대한 죽음에 연결시키는 요인이었다. 오웬이나 생시몽, 푸리에 같은 이른바 '유토피안'들이 공통적으로 주거와 생산의 결합을 모색하고, 그것을 위한 주거공간을 구상하려고 했던 것은 이러한 역사적 원인과 직접 결부된 것이다. 특히 푸리에의 팔랑스테르라는 코뮨주의적 주거공간의 구상은 노동자 주택에 관해 매우 커다란 영향력을 미치며, 그것의 연장선상에서 나타난 고댕의 파밀리스테르는 유럽을 넘어서까지 지대한 충격과 파급을 미친다. 특히 고댕의 파밀리스테르는 가족적 관계를 해체하지 않으면서도, 코뮨적인 관계가 유효하게 작동할 수 있는, 그래서 코뮨적인 배치라는 말로 부를 수 있는 새로운 종류의 주거공간을 창안했다. 반면 통상 박애주의자라고 불리던 부르주아들은 이에 대항하여, 노동자들을 동료와 술집에서, 그리고 아이들을 거리에서 가족으로 불러들이기 위해 자신들의 가족주의적 배치를 모델로 하는, 가족주의적 전략을 고안하였다. 그리고 그러한 전략의 중심에는 '나만의 집', 나만의 가족이 자리잡고 있었다. 이로써 노동자나 민중들의 삶에도 가족주의적인 욕망의 배치가 만들어진다.

여섯째, 과시성의 배치에서는 절대군주를 초점으로 하여 사람들 사이에 사회적 거리가 만들어진다. 즉 그 배치에서 두 사람 사이의 사회적 거리는 초점과 각 사람 간의 거리의 차로 정의된다. 이러한 거리를 두고 한편으로는 그 거리를 축소시키고 무화할 것을 요구하는 동시에 그것을 확장하는 거리화 메커니즘이 작동한다. 17~18세기의 '예절'(civilité)에 포함되어 있는 '차별화'의 전략은 이 같은 이율배반적인 방식으로 작동하는 사회적 거리화 메커니즘을 담고 있는 것이다. 개인의 내면에서 작동하는 거리화는 이러한 사회적 거리화 안에서 정의되고 작동한다. 반면 내밀성의 배치에서 관련된 두 사람 사이의 거리는, 그러한 관계를 정의하는 어떤 초점과 각자 간의 거리의 합에 의해 결정된다. 그런데 이러한 거리는 사실은 내밀한 내면 안에서 정염 내지 '거시기'의 어둠과 이성 내지 '초자아'의 밝음 사이의 거리를 통해 정의되는 자아 내부에서의 거리화를 통해 작용하며, 그것에 의해 유효화된다. 이처럼 일차적으로 개인의 내면에서 정의되고 작용하는 이러한 거리화는, 근본적으로 무화될 수 없는 그러한 거리를 전제로 한다는 점에서 이전 시기의 그것과 또한 다르다. 이런 점에서 이 두 가지 배치 사이에는 근본적인 불연속성이 있다.

주거공간의 역사에 관한 가장 흔한, 그렇지만 또한 가장 잘못된 통념은 그것이 인간의 내면에 있는 사생활의 욕망이나 프라이버시에 대한 욕망이 펼쳐지고 발전한 역사라고 보는 것이다. 그러나 앞서 반복하여 지적한 바 있지만, 주거공간의 분화는 사적 공간의 발전이 아니라 그 반대방향의 발전으로 시작되었고, 근대적인 의미의 사적 공간은 19세기 부르주아지의 주거공간에 고유한 욕망의 배치와 결부된 것이었을 따름이다. 심지어 주거공간이 가족만의 공간과 동일한 외연을 갖는 것조차 그때 비로소 나타나는, 얼마 안 되는 역사를 가질 뿐이다. 집에 대한 그런 관념이 다른 계급, 특히 노동자나 민중들로 확산되는 것은 계급투쟁에 대한 부르주아의 전략을 통과하면서였다.

그러나 이러한 발생적인 계기의 이질성과 외부성에도 불구하고, 근대적 주거공간의 배치에서 가족적이고 사적인 공간이 중심축을 이룬다는 것은 분명하다. 그리하여 이제 주거공간은 내밀하고 사적인 공간, 그렇기에 편안하고 아늑한 공간으로서 근대의 다른 공간적 영역과 구분되는 고유한 특성을 갖는다는 것 또한 사실이다. '나만의 공간' 혹은 '가족만의 편안한 공간', 사적인 프라이버시가 보장되며, 따라서 그 안에서의 생활에 대해서 타인이 간섭할 수 없는 공간, 그런 만큼 명시적인 규율과 명령, 억압과 강제 등이 지배하는 다른 외부 세계와 근본적으로 구별되는 공간, 이것이 집 내지 주거공간의 근대적 표상을 형성한다.

다양한 양상으로 반복되고 있는 이러한 표상을 통해서, 우리는 사생활이나 프라이버시가, 더구나 우리에게 익숙한 근대적인 그러한 형태의 사생활과 프라이버시가 인간의 내적인 어떤 본질이나 선험적인 어떤 조건이라고 간주하는 통념들을 자연스러운 것으로 받아들이게 된다. 가령 하이데거나 바슐라르처럼 체험적 공간의 현상학을 시도하는 철학자들은 집이나 주거공간 자체를 그러한 내밀한 도피처, 거친 외부에 대비되는 편안한 내부, 움츠려 숨을 수 있는 사적인 공간으로 간주한다.

물론 집을 아늑한 도피처, 존재의 본질이 숨쉴 수 있는 그런 공간이라고 하는 생각이 단지 이러한 관념이나 표상에 기인하는 것만은 아닐 것이다. 훈육과 규율, 끊임없이 가해지는 외적인 강제와 감시, 근대 사회의 다른 어떤 공간도 이러한 것들로부터 자유롭지 못하다. 학교나 공장과 같은 근대의 공적인 공간들과 집이라는 사적인 공간의 대비가 자리잡는 것은 바로 이러한 경계선 위다. 학교나 공장은 시간적인 규율이 입구를 들어서면서부터 출구를 나설 때까지 그 안에 있는 모든 사람들을 통제하고 지배한다. 어디 거기 뿐인가? 교회도, 도서관도, 사무실도, 거리도, 그 안에 속해 있는 한 힘들고 고통스런 강제되는 권력 아래 자신의 신체를 드러내고 노출시켜야 하는 공간인 것이다. 모든 것에 대해 동질적으로 작용하는 이 공간에서 우리는 자신에 고유한 리듬조차 찾아가기 힘들다. 다만 그 공간 안에서 재생산되는 규칙과 리듬에 스스로를 일치시켜야 할 뿐이다. '사회적' 공간이란 이처럼 나만의 프라이버시가 보장되고 보호되는 사적 공간과 대비되는 거칠고 피곤하며 황폐한 세계다.

반면 집은 학교나 공장과 달리 그런 규율과 강제, 감시와도 같은 타인 시선으로부터 자유로운 공간으로 간주된다. 또한 특정한 자세와 행동을 미세한 수준으로까지 강제하고 통제하는 학교나 공장과 달리 자유로이 행동할 수 있는 편안한 공간으로 간주된다. 그런데 학교나 공장이 일상적으로 근대적인 주체를 생산하는 장을 형성한다고 할 때, 그것은 시간적인 규율과 공간적으로 양식화된 행동의 집합을 통해서 그러한 것인데, 이 점에 비추어 본다면, 주거공간은 그와 동일한 힘의 벡터장이라고 하기보다는 그와 반대되는 것으로 보는 것이 적절하게 보인다.

이러한 대립과 대비 속에서 사적인 공간은 인간의 내면적 본성과 결부된 어떤 욕망과 짝지워진다. 따라서 사적 공간을 부정하는 것은 물론, 그것을 비판하려는 어떠한 시도도 전체주의적이고 반인간적인 것으로 간주되고 비난받는다. 사생활과 프라이버시는 새로운 절대성을 획득한다.

그렇다면 집이나 가족은 정말로 학교나 공장 같은 근대적인 주체생산의 장과 대비되는 별도의 영역을 이루는 것일까? 집이라는 내밀성의 영역은 모든 감시의 시선으로부터, 모든 타인의 동선으로부터 절대적으로 차단된 공간을 만드는 것일까? 사생활의 공간은 공개적이고 공적으로 이용되는 공간과 절대적인 심연을 사이에 두고 있는 것일까? 근대를 사는 우리는 이 절대적으로 분열된 두 개의 세계를 매일 두 번씩 넘나드는 것일까? 그렇다면 우리의 신체와 정신은 이 상반되는 두 개의 세계로 분열되어 있으며, 우리의 생활과 행동은 대립되는 두 개의 양상으로 분할되어 있는 것일까?

지금까지 논의의 중요한 결론은 이러한 질문에 대해 부정적인 대답을 하는 데 아무런 어려움이 없게 한다. 근대의 내밀한 주거공간에서 이전의 외적인 감시의 시선은 자신의 내적인 감시의 시선으로 대체되었으며, 이전의 외적인 강제와 규율은 내밀성의 의무와 결부된 내적인 강제와 규율, 혹은 가족적인 강제와 규율로 대체되었으며 이를 이해하기 위해서는 가족의 공간이 내밀성의 공간으로 확립되었던 19세기가 동시에 빅토리아 시대라는 이름으로 불리는 유례없는 금욕과 강제, 손발을 묶고 기구를 신체에 덧붙이는 끔찍한 훈육이 가정생활을 지배했었던 시대였다는 사실을 떠올리는 것만으로도 충분할 것이다. 이것이 학교나 공장과 집의 대비, 공적인 공간과 사적인 공간의 대비에 머물 수 없는 이유며, 가시적인 배치의 양상과 다른 차원에서 주체생산의 메커니즘을 개념화해야 했던 이유다. 그리고 바로 이것이 프라이버시가 보장된 사적인 공간, 황량하고 거친 외부세계와 대비되는 편안한 보금자리, 한마디로 말해 '무정한 세계의 안식처'라는 주거공간의 근대적 표상에 머물 수 없는 이유기도 한 것이다.

반면 이상에서 검토한 사실은 결혼과 사랑을 등치시키고, 가족과 성욕을 포개며, 주거공간과 가족적 공간을 동일시하는 자연스런 태도가 극히 짧은 역사만을 가질 뿐이라는 것을 다시 확인해 준다. 우리의 주거공간에까지 그대로 이어지고 있는 19세기 노동자계급의 주거공간은, 오히려 그와는 전혀 다른 양상의 주거공간이 있을 수 있다는 것을 상기시켜 준다. 모든 욕망을 가족으로 영토화하는 가족주의의 전략 내지 배치와 반대로, 노동자 자신의 삶을 진지하게 고심하던 사람들이 제안한 코뮨주의적 주거공간은, 가족에 갇힌 현재 우리의 주거공간과 다른 주거공간이, 현재 우리의 삶과 다른 종류의 삶이 있었으며 또한 있을 수 있다는 것을 상기시켜 준다. 만일 거기서 또 다시 이전에 졸라가 떠올렸던, 소부르주아적 빌라를 이상화하고자 하는 표상과 만나게 된다면, 그래서 거대한 '가족궁전'이 때늦은 시대착오로 보인다면, 그러한 낡은 외형을 던져 버리고, 그것이 함축하고 있는 동선의 배열이나 공간적 배치의 원리를 추상해 보는 것도 좋은 일이다. 그렇다면 심지어 빌라형의 집합주택에서조차도 공동의 삶을 가능하게 해줄 어떤 새로운 배치를 촉발할 수도 있는 일 아닐까? 그렇다면 한때 가족의 경계를 변환시키고, 주거공간의 배치를 근본적으로 다시 창안하려고 했던, 하지만 스탈린주의자들에 의해 매장되어 버린 구성주의의 실험(Kopp, 1993) 또한 적극적으로 영유할 수 있는 것은 아닐까?

*　　*　　*

궁정적 삶의 공간을 가정화된 공간 내지 사적인 방이 대체해 버린 이 근대적 주거공간에 대해, 이전에 모든 시선이 발원하며 흡수되고 모든 욕망 또한 영토화되던 초월적 중심인 왕의 자리를 가족이라는 존재가, 그리하여 '인간'이라는 이름의 존재가 대체하게 되었다는 점에서 우리는 '인간학적 배치'라는 개념을 사용한 바 있다. 그렇다면 그것은 또한 절대군주를 통해 초코드화된 예절을 문명인의 전제가 되어버린 예절의 코드로 대체함으로써, 각인으로 하여금 정상적인/규범적인 인간, 문명화된 인간이 되기 위해 스스로 자기-강제해야 하는 언행의 체계를 포함하고 있는 것이기도 하다. 다시 말해 그것은 인간, 문명인이라는 '인간조건'의 이름으로 가족이라는 틀 안에서 서로의 신체를, 또한 자신의 신체를 감시와 통제의 시선이 작용하는 자리에 두는 것이다. 여기서 각자는 인간이 중심의 자리에 서는 만큼 항상-이미 초점화된 시점에 스스로 서는 것이고, 또한 각자는 스스로가 인간적이려는 만큼 인간화하는 냉정한 자기-감시의 시선 아래 자신을 맡겨야 한다. 마치 내밀성의 벽이 두터워지면 질수록 자기-감시의 시선이 강력해졌던 것처럼, 인간이 중심에 서면 설수록 자신의 신체를 인간화하려는 시선은 강력해진다.

　이 점에서 인간학적 배치는 내밀성의 배치에서 작동하는 근대적 시선을 또한 자신의 구성요소로 하고 있다. 따라서 인간학적 배치가 내밀성의 배치로 불리는 근대적 주거공간의 다른 이름이라는 사실을 이해하는 것은 그다지 어려운 일이 아니다. 그리고 가정화된 공간, 가족화된 생활을 새로이 중심을 차지한 인간의 자리에 두는 이러한 배치는, 인간이 모든 가치의 중심에 자리잡고 있는 우리의 시대에 더없이 자연스러워 보인다. 그러나 인간이 모든 사유의 중심에 서고 그것이 모든 판단의 유일한 척도가 되던 사유의 이미지가 동요하고, 그에 따라 '인간' 이라는 이름이 뜻밖에 낯선 것으로 우리에게 드러날 때, 우리의 일상적 삶이 이루어지는 주거공간의 이러한 배치 또한 극히 낯설고 어색한 것으로 드러날 것이다.

참고문헌

강내희 1995. 『공간, 육체, 권력』, 문화과학사.

강이수 1991. 「1930년대 면방대기업 여성노동자의 상태에 대한 연구 : 노동과정과
　　노동통제를 중심으로』, 이화여자대학교 박사학위논문.

김동국 1996. 『서양 사회복지사론』, 유풍출판사.

김용운 · 김용국 1986. 『수학사 대전』, 우성문화사.

_____ 1988. 『토폴로지 입문』, 우성문화사.

김진균 1997. 『한국의 사회현실과 학문의 과제』, 문화과학사.

김진균 · 정근식 편저 1997. 『근대 주체와 식민지 규율권력』, 문화과학사.

김현 1990. 『시칠리아의 암소:미셀 푸코 연구』, 문학과지성사.

박태호 1994. 「근대적 주체와 합리성」, 『경제와 사회』, 1994년 겨울.

_____ 1998. 「서구의 근대적 주거공간에 관한 공간사회학적 연구」, 서울대학교 박
　　사학위논문.

손세관 1993. 『도시주거형성의 역사』, 열화당.

이규목 1988. 『도시와 상징』, 일지사.

이진경 1997a. 『근대적 시 · 공간의 탄생』, 푸른숲.

_____ 1997b. 「근대적 시선의 체제와 주체화」, 『근대성의 경계를 찾아서』, 새길.

_____ 1997c. 『맑스주의와 근대성 : 주체생산의 역사이론을 위하여』, 문화과학사.

_____ 1999a. 「투시법과 공간표상 : 근대적 표상공간의 탄생」, 『건축문화』, 1999. 11.

_____ 1999b. 「근대적 건축공간의 배치와 인간중심주의」, 『건축문화』, 1999. 12.

임동근 1999. 『서울에서 유목하기』, 문화과학사.

최정운 1991. 『지식국가론 : 영국, 프랑스, 미국에서의 노동통계 발달의 정치적 의

미』, 삼성출판사.

_____ 1995. 「푸코의 눈: 현상학 비판과 고고학의 출발」, 『한국 정치학회보』(29집 /4호).

Althusser, L. 1997. Pour Marx, Maspéro, 1965; 이종영 옮김, 『맑스를 위하여』, 백 의.

Apostolidès, J-M. 1996. Le Roi-machine: Spectacle et politique au temps de Louis XIV, Minuit, 1981; 水森章 譯, 『機械としての王』, みすず書房.

Arendt, H. 1996. The Human Condition, University of Chicago Press, 1958; 이진우 · 태정호 옮김, 『인간의 조건』, 한길사.

Ariès, Ph. et al. 1996. Sexualités occidentales, Seuil, 1982; 김광현 옮김, 『성과 사 랑의 역사』, 황금가지.

Ariès, Ph. et G. Duby(general ed.) 1985. Histoire de la vie privée II, Seuil.

_____ 1987. Histoire de la vie privée IV, Seuil.

Ariès, Ph. 1962. L'enfant et la vie familiale sous l'Ancien Régime, Plon, 1960; trans. R. Baldick, Centuries of Childhood: A Social History of Family Life, Knopf.

_____ 1971. Histoire des populations françaises, Seuil.

_____ 1994. "Das Kind und die Straße : von der Stadt zur Anti-Stadt", Freibeuter 60(Juni), Wagenbach.

_____ 1997. Iamges de l'homme devant la mort, Seuil, 1983; 유선자 옮김, 『죽 음 앞에 선 인간』 상 · 하, 동문선.

Attali, J. 1982. Histoire du temps, Fayard.

Babelon, J-P. 1965. Demeures parisiennes sous Henri IV et Louis XIII, Le temps.

_____ 1978. "Du grand ferrare à carnavalet: naissance de l'hôtel classique", Revue de l'Art 40-41.

Bachelard, G. 1990. La poétique de l'espace, PUF, 1957; 곽광수 옮김, 『공간의 시 학』, 민음사.

Bamberger, R. 1958. Das Kind in unserer Zeit, Kröner.

Barley, M. W. 1971(1963). The House and Home: A Review of 900 Years of House Planning and Furnishing in Britain, Studio Vista.

Barret, M. & M. McIntosh, 1994. The Anti-Social Family, Verso, 1982; 김혜경 옮김, 『가족은 반사회적인가』, 여성사.

Behnken, I.(Hrsg.) 1990. Stadtgesellschaft und Kindheit im Prozeß der Zivilisation: Konfigurationen städtischer Lebensweise zu Beginn des 20. Jahrhunderts, Leske+Budrich.

Behnken, I. et al. 1989. Satdtgeschichte als Kindheitsgeschichte: Lebensräume von Großstadtkindern in Deutschland und Holland um 1900, Leske+ Budrich.

Benevolo, L. 1983. Storia della Città, Laterza, 1975; trans. J. Humburg, Die Geschichte der Stadt, Campus-Verlag.

_____ 1993. La cattura dell'infinito, Laterza, 1991; Fixierte Unendlichkeit: Die Erfindung der Perspektive in der Architektur, Campus-Verlag.

_____ 1996. The Origins of modern Town Planning, MIT Press, 1967; 장성수 · 윤혜정 옮김, 『근대 도시 계획의 기원과 유토피아』, 태림문화사.

Bentmann, R. und M. Müller 1992. Die Villa als Herrschaftsarchitektur, Suhrkamp, 1970; trans. T. Spence and D. Craven, The Villa as Hegemonic Architecture, Humanities Press.

Berger, J. 1990. Ways of Seeing, Penguin, 1972; 편집부 옮김, 『이미지 : 시각과 미디어』, 동문선.

Bollnow, O. F. 1994. Mensch und Raum, Kohlhammer.

Bourdieu, P. 1995. La distinction : Critique sociale du jugement, Minuit, 1979; 최종철 옮김, 『구별짓기 : 문화와 취향의 사회학』 상 · 하, 새물결.

Braudel, F. 1981. Les structures du quotidien : Le possible et l'impossible, Colin, 1979; trans S. Reynolds, The Structure of Everyday Life: The Limits of the Possible, Harper & Row.

Braverman, H. 1974. Labour and Monopoly Capital, MRP.

Bullock, N. and J. Read 1985. The Movement for Housing Reform in Germany and France 1840-1914, Cambridge University Press.

Burckhardt, J. 1999. Die Kultur der Renaissance in Italien, Kröner, 1922; 안인희 옮김, 『이탈리아의 르네상스 문화』, 푸른숲.

Burckhardt, M. 1994. Metamorphosen von Raum und Zeit, Campus.

Burguière, A. et al.(ed.) 1996. Histoire de la famille, Colin, 1986; trans. S. H. Tenison et al., A History of the Family, 2 vols., Harvard University Press.

Burnett, J. 1986. A Social History of Housing 1815-1985, Methuen.

Büttner, H. & G. Meissner 1983. Town Houses of Europe, Antique Collectors' Club.

Calder, J. 1977. The Victorian Home, Batsford.

Calinescu, M. 1994. Five Faces of Modernity, Duke University Press, 1987; 이영철 외 옮김, 『모더니티의 다섯 얼굴』, 시각과언어.

Cassirer, E. 1995. Die Philosophie der Aufklärung, Mohr, 1932; 박완규 옮김, 『계몽주의 철학』, 민음사.

_____ 1996. Individuum und Kosmos in der Philosophie der Renaissance, B. G. Teubner, 1927; 박지형 옮김, 『르네상스 철학에서의 개체와 우주』, 민음사.

Castells, M. 1977. The Urban Question:A Marxist Approach, MIT Press.

Certeau, M. de 1984. L'invention du quotidien, 1:Arts de faire, Gallimard, 1980; trans. F. Rendall, The Practice of Everyday Life, University of California Press.

Chapman, S. D.(ed.) 1971. The History of Working-Class Housing: A Symposium, Rowman and Littefield.

Choay, F. 1996. The Modern City: Planning in the 19th Century, G. Braziller, 1969; 이명규 옮김, 『근대 도시』, 세진사.

Claval, P. 1978. Espace et pouvoir, PUF.

Colomina, B.(ed.) 1992. Sexuality and Space, Princeton Architectural Press.

Corbin, A. 1986. Le miasme et la jonquille, Aubier Montaigne, 1982; trans. M. L. Kochan, The Foul and the Fragrant: Odor and the French Social Imagina-tion, Harvard University Press.

_____ 1995. Les filles de noce: Misère sexuelle et prostitution:19e et 20e siècle, Aubier Montaigne, 1978; 이종민 옮김, 『창부』, 동문선.

Crary, J. 1992. Techniques of the Observer: On Vision and Modernity in the Nineteenth Century, MIT Press.

Dahme, H.-J. und O. Rammstedt(Hrsg.) 1984. Georg Simmel und die Moderne, Suhrkamp.

Damisch, H. 1995. L'origine de la perspective, Flammarion, 1987; trans. J. Goodman, The Origin of Perspective, MIT Press.

Daumard, A. 1965. Maisons de Paris et propriétaires parisiens au XIXe siècle 1809-1880, Cujas.

Daunton, M. J. 1983. House and Home in the Victorian City: Working-Class Housing 1850-1914, Edward Arnold.

Debord, G. 1996. La Société du spectacle, Buchet/chastel, 1967; 이경숙 옮김, 『스펙타클의 사회』, 현실문화연구.

Deleuze G. et F. Guattari 1983. L'anti-oedipe, Minuit, 1972; trans. R. Hurley et al., Anti-Oedipus, Minnesota University Press.

_____ 1980. Mille plateaux, Minuit; 김재인 옮김, 『천 개의 고원』, 새물결, 2001.

Deleuze, G. 1988. Le pli: Leibniz et le baroque, Minuit.

_____ 1994. Nietzsche et la philosophie, PUF, 1962; 신범순 · 조용복 옮김, 『니체, 철학의 주사위』, 인간사랑.

_____ 1995. Foucault, Minuit, 1986; 조형근·권영숙 옮김, 『들뢰즈의 푸코』, 새길.

_____ 1999. Logique du sens, Minuit, 1969; 이정우 옮김, 『의미의 논리』, 한길사.

Delumeau, J. et D. Roche(ed.) 1990. Histoire des pères et de la paternité, Larousse.

Dennis, M. 1986. Court and Garden: From the French Hotel to the City of Modern Architecture, MIT Press.

Derrida, J. 1996. De la grammatologie, Minuit, 1967; 김성도 옮김, 『그라마톨로지』, 민음사.

Dibie, P. 1994. Ethnologie de la chambre à coucher, B. Grasset; 편집부 옮김, 『침실의 문화사』, 동문선.

Dixon, R. and S. Mathesius 1978. Victorian Architecture, Oxford University Press.

Donzelot, J. 1979. La Police des familles, Minuit, 1977; trans. R. Hurley, The Policing of Families, Pantheon Books.

_____ 1984. L'invention du social, Fayard.

Duby G. et M. Perrot(ed.) 1998. Histoire des femmes en occident IV, Le XIXe siècle, Plon, 1991; 권기돈 · 정나원 옮김, 『여성의 역사』 4권(상 · 하), 새물결.

Duby, G. 1997. An 1000, an 2000, Sur les traces de nos peurs, Textuel, 1995; 양영란 옮김, 『서기 1000년과 서기 2000년, 그 두려움의 흔적들』, 동문선.

Edgerton, S. 1975. The Renaissance Rediscovery of Linear Perspective, Basic Books.

Eleb-Vidal, M. et A. Debarre-Blanchard 1989. Architectures de la vie privée. Maisons et mentalités XVIIe-XIXe siècles, Aux Archives d'Architecture Moderne.

Elias, N. 1983. Die höfische Gesellschft, Luchterhand, 1969; trans. E. Jephcott, The Court Society, Pantheon Books.

_____ 1987. Die Gesellschaft der Individuen, Suhrkamp.

_____ 1992. Über die Zeit, Suhrkamp, 1987; trans. E. Jephcott, Time: An Essay, Blackwell.

_____ 1996. Über den Prozess der Zivilisation: Soziogenetische und Psycho-genetische Untersuchungen, Haus zum Falken, 1939; 박미애 옮김, 『문명화과정』 I · II권, 한길사.

Engels, F. 1988a. The Conditions of Working Class in English in 1844, G. Allen & Unwin, 1926(1845); 박준식 외 옮김, 『영국 노동자계급의 상태』, 두리.

_____ 1988b. Housing Question, International Publishers, 1935(1887); 정경진 편역, 「주택문제」, 『노동자 경제학』, 일송정.

Eribon, D. 1995. Michel Foucault: 1926-1984, Flammarion, 1989; 박정자 옮김, 『미셸 푸코』, 상 · 하, 시각과언어.

Etlin, R. 1994. Symbolic Space: French Enlightenment, Architecture and its Legacy, University of Chicago Press.

Farge, A. et M. Foucault 1982. Le désordre des familles: Lettres de cachet des archives de la Bastille, Gallimard/Juillard.

Farge, A. 1979. Vivre dans la rue à Paris au XVIIIe siècle, Gallimard/Juillard.

_____ 1986. La vie fragile: Violence, pouvoirs et solidarités à Paris au XVIIIe siècle, Hachette.

Ferrand, L. 1911. L'Habitation ouvrière et à bon marché, J. Gabalda & Cie.

Flamand, J.-P. et al. 1981. La question du logement et le mouvement ouvrier français, Villette.

Flandrin, J.-L. 1984(1976). Familles: Parenté, maison, sexsualité dans l'ancienne société, Seuil.

_____ 1994. Le sexe et l'occident: Evolution des attitudes et des comporte-ments, Seuil, 1981; 편집부 옮김, 『성의 역사』, 동문선.

_____ 1996, "La vie sexuelle des gens mariés dans l'ancienne société: de la doctrine de l'église à la réalité des comportements", Ph. Ariès et al. Sexualités occidentales, Seuil, 1982; 김광현 옮김, 「구시대 부부들의 성 생활」, 『성과 사랑의 역사』, 황금가지.

Fletcher, A. 1995. Gender, Sex and Subordination in England 1500-1800, Yale University Press.

Foucault, M. 1971(1961). Histoire de la folie à l'âge classique, Gallimard.

_____ 1986. Les mots et les choses, Gallimard, 1966; 이광래 옮김, 『말과 사물』, 민음사.

_____ 1989a. Surveiller et punir, Gallimard, 1975; 박홍규 옮김, 『감시와 처벌』, 강원대학교출판부.

_____ 1989b. Résumé des cours, 1970-1982, Gallimard/Julliard.

_____ 1989c. "Nietzsche, la généalogie, l'histoire", Dits et écrits II, Gallimard, 1971; 이광래 옮김, 「니체, 계보학, 역사」, 『미셸 푸코』, 민음사.

_____ 1990. Histoire de la sexualité: La volonté de savoir, 1976; 이규현 옮김, 『성의 역사 1: 앎의 의지』, 나남.

_____ 1992. L'archéologie du savoir, Gallimard, 1969; 이정우 옮김, 『지식의 고고학』, 민음사.

_____ 1993a. Naissance de la clinique, PUF, 1963; 홍성민 옮김, 『임상의학의 탄생』, 인간사랑.

_____ 1993b. L'ordre du discours, Gallimard, 1972; 이정우 옮김, 『담론의 질서』, 새길.

_____ 1994. "Des espaces autres"(1967), Dits et écrits IV, Gallimard.

_____ 1998. Il faut défendre la société: Cours au Collège de France, 1975-1976, Gallimard/Seuil, 1997; 박정자 옮김, 『사회를 보호해야 한다』, 동문선.

Frampton, K. 1994(1980). Modern Architecture: A Critical History, Thames and Hudson.

Frankl, P. 1962. Gothic Architecture, Penguin Books.

_____ 1989. Principles of Architectural History: The Four Phases of Architectural Style, 1420-1900, MIT Press, 1968; 김광현 편역, 『건축형태의 원리』, 기문당.

Freud, S. 1997a. "Formulierungen über die zwei Prinzipien des psychischen Geschehens"(1911), Gesammelte Werke, Bd.VIII, S. Fischer, 1943; 윤희기 옮김, 「정신적 기능의 두 가지 원칙」, 『무의식에 관하여』, 열린책들.

_____ 1997b. "Das Ich und das Es"(1923), Gesammelte Werke, Bd.XIII, S. Fischer, 1940; 박찬부 옮김, 「자아와 이드」, 『쾌락원칙을 넘어서』, 열린책들.

Frey, D. 1929. Gotik und Renaissance als Grundlagen der modernen Weltanschauung, Dr. B. Filser.

Fritz, P. & D. Williams 1973. City and Society in the 18th Century, Hakkert.

Gauldie, E. 1974. Cruel Habitations: A History of Working-Class Housing, 1780-1918, Allen & Unwin.

Giddens, A. 1996. Transformation of Intimacy: Sexuality, Love and Eroticism in Modern Society, Stanford University Press, 1992; 배은경 · 황정미 옮김, 『현대 사회의 성 · 사랑 · 에로티시즘』, 새물결.

Giedion, S. 1967(1941). Space, Time and Architecture: The Growth of New Tradition, Harvard University Press.

_____ 1992. Mechanization Takes Command: A Contribution to Anonyous History, Oxford University Press, 1948; 이건호 옮김, 『기계문화의 발달사』, 유림문화사.

Girouard, M. 1978. Life in the English Country House: A Social and Architectural History, Yale University Press.

_____ 1983. Robert Smythson and the Elizabethan Country House, Yale University Press.

_____ 1985. Cities and People: A Social and Architectural History, Yale University Press.

Gittins, D. 1997. The Family in Question: Changing Households and Familiar Ideologies, Macmillan, 1985; 안호용 외 옮김, 『가족은 없다: 가족 이데올로기의 해부』, 일신사.

Gracián, B. 1997. El héro, 1637 & El discreto, 1646 ; 남진희 옮김, 『지혜로운 삶을 위한 대화』, 푸른숲.

Gregory, D. & J. Urry 1985. Social Relations and Spatial Structures, St. Martin's Press.

Guattari, F. 1977. La révolution moléculaire, Recherches.

_____ 1979. L'inconscient machinique, Recherches.

Guerrand, R.-H. 1987. Propriétaires et Locataires: Les origines du logement social en France, 1850-1914, Quintette.

Hall, E. 1991. The Hidden Dimension, Doubleday, 1966; 김광문·박종평 옮김, 『보이지 않는 차원』, 세진사.

Hanson, J. 1994. "'Deconstructing' Architects' Houses", Environment and Planning B: Planning and Design, 21.

Harbison, C. 1995. The Mirror of the Artist: Northern Renaissance Art in its Historical Context, Harry N. Abrams Inc..

Harvey, D. 1994. The Condition of Postmodernity, Blackwell, 1989; 구동회·박영민 옮김, 『포스트모더니티의 조건』, 한울.

Hassard, J.(ed.) 1990. The Sociology of Time, St. Martin's Press.

Hautecoeur, L. 1943-1963. Histoire de l'architecture classique en France, A. Picard.

Heidegger, M. 1997. "Building, Dwelling, Thinking"(1951), Poetry, Language, Thought, Harper & Row, 1971; 「건립, 거주, 사유」, 『이상건축』, 1997. 7.

_____ 1998. Sein und Zeit, M. Niemeyer, 1927; 이기상 옮김, 『존재와 시간』, 까치.

Heller, A. 1988(1982). Der Mensch der Renaissance, Suhrkamp.

Heyden-Rynsch, V. 1999. Europäische Salons, Artemis & Winkler, 1992; 김종대·이기숙 옮김, 『유럽의 살롱들』, 민음사.

Hillier, B. and J. Hanson 1984. The Social Logic of Space, Cambridge Univ. Press.

Hillier, B., J. Hanson and H. Graham 1987. "Ideas are in things: an application of the space syntex method to discovering house genotypes", Environment and Planning B:Planning and Design, 14(4).

Hillier, B. 1996. Space is the Machine, Cambridge University Press.

Hobbes, T. 1990. Leviathan, 1651 ; 한승조 옮김, 『리바이어던』, 삼성출판사.

Hobsbawm, E. 1983. The Age of Capital: 1848-1875, Scribner, 1975 ; 정도영 옮김, 『자본의 시대』, 한길사.

Holmes, U. T. Jr. 1980. Medieval Man: His Understanding of Himself, his Society and the World, U. N. C. Dept. of Romance.

Horan, J. L. 1996. The Porcelain God: A Social History of the Toilet, Carol Pub. Group, 1996 ; 남경태 옮김, 『1.5평의 문명사』, 푸른숲.

Huizinga, J. 1988. Herbst des Mittelalters, 1919 ; 최홍숙 옮김, 『중세의 가을』, 문학과지성사.

Hunt, L. et. al. 1996. The Invention of Pornography: Obscenity and the Origins of Modernity, 1500-1800, Zone Books, 1993 ; 조한욱 옮김, 『포르노그라피의 발명: 외설성과 현대성의 기원, 1500-1800』, 책세상.

Jantzen, H. 1987(1957). Kunst der Gotik, Dietrich Reimer.

Jestaz, B. 1997. La Renaissance de l'architecture: de Brunelleschi à Palladio, Gallimard, 1995 ; 김택 옮김, 『건축의 르네상스』, 시공사.

Joedicke, J. 1985. Raum und Form in der Architektur: Über den Behutsamen Umgang mit der Vergangenheit, K. Kramer ; 윤재희 · 지연순 옮김, 『건축의 공간과 형태』, 세진사, 1995.

Jolibert, B. 1987. Raison et education, Klincksieck.

Kalnein, W. G. and M. Levey 1972. Art and Architecture of the Eighteenth Century in France, Penguin Books.

Kern, S. 1983. The Culture of Time and Space 1880-1918, Harvard University Press.

_____ 1996. Anatomy and Destiny: A Cultural History of the Human Body, Bobbs-Merrill, 1975 ; 이성동 옮김, 『육체의 문화사』, 의암출판.

Koch, W. 1994. Baustilkunde, Orbis.

Kopp, A. 1993. Constructivist Architecture in the USSR, St. Martin's Press, 1985 ; 김의용 외 옮김, 『소비에트건축』, 발언.

Krier, R. 1980. Stadtraum in Theorie und Praxis, K. Kramer, 1975 ; trans. M. Lammar et al., L'espace de la ville: Théorie et pratique, Archives d'architecture moderne.

Lacan, J. 1966. Écrits, Seuil.

_____ 1977. Écrits: A Selection, ed. and trans. A. Sheridan, W. W. Norton.

_____ 1978. Le Séminaire livre XI, Les Quatre concepts fondamentaux de la psychanalyse(1964), Seuil, 1973; trans. A. Sheridan, Four Fundamental Concepts of Psychoanalysis, W. W. Norton.

Laing, R. D. 1971. The Politics of the Family and other Essays, Random House.

Lampugnani, V. M. 1990. Architektur und Städtebau des 20. Jahrhunderts, Hatie, 1980; 이호정 옮김, 『현대 건축의 조류』, 태림문화사.

Lasch, C. 1977. Haven in a Heartless World: The Family Besieged, Basic Books.

Lasdun, S. 1981. Victorians at Home, Viking Press.

Lauwe, C. de(ed.) 1959-1960. Famille et habitation, 2 vols, CNRS.

Le Corbusier 1987. Vers une architecture, les Éditions G. Crès, 1923; 장성수 · 장성주 옮김, 『새로운 건축을 향하여』, 태림문화사.

Lefebvre, H. 1989. "Reflexions sur la politique de l'espace", Espace et société, 1970; 최병두 · 한국지역문제연구소 편역, 「공간정치에 관한 반성」, 『자본주의 도시화와 도시 계획』, 한울.

_____ 1991. La production de l'espace, Éditions Anthropos, 1974; trans. D. Nicholson-Smith, The Production of Space, Blackwell.

_____ 1996. Writings on Cities, Blackwell.

Le Gates, R. T. and F. Stout 1996. The City Reader, Routledge.

Le Goff, J. 1980. Pour un autre moyen age: temps, travail et culture en occident, Gallimard, 1977; trans. A. Goldhammer, Time, Work, and Culture in the Middle Ages, University of Chicago Press.

_____ 1992. La civilisation de l'occident médiéval, Arthaud, 1964; 유희수 옮김, 『서양 중세 문명』, 문학과지성사.

_____ 1995. La naissance du purgatoire, Gallimard, 1981; 최애리 옮김, 『연옥의 탄생』, 문학과지성사.

Lemaire, A. 1994. Jacques Lacan, Mardaga, 1977; 이미선 옮김, 『자크 라캉』, 문예출판사.

Lesnikowski, W. G. 1993. Rationalism and Romanticism in Architecture, McGraw Hill, 1982; 박순관 · 이기민 옮김, 『합리주의와 낭만주의 건축』, 도서출판 국제.

Lobbenmeier, A. 1995. Raum und Unendlichkeit : Die Perspektive als Bedeutungsträger in Florentiner Bildprogrammen des Quattrocento, Blaue Eule.

Loux, F. et M.-F. Morel 1974. "L'enfance et les savoirs sur le corps : Pratiques médicales et pratiaues populaires dans la France traditionelle", Ethnologie française, 1974 t.VI.

Madec, Ph. 1989. Boullée, F. Hazan, 1986; Etienne-Louis Boulée, Birkhäuser.

Marchand, B. 1993. Paris, histoire d'une ville: XIXe-XXe siècle, Seuil.

Marx, K. 1981. Ökonomisch-philosophische Manuskripte aus dem Jahre 1844, MEW 40, Dietz, 1975; 김태경 옮김, 『경제학 철학 수고』, 이론과실천.

_____ 1987. Das Kapital, Bd.1(1867), MEW 23, Dietz, 1962; 김영민 옮김, 『자본론』 1권, 이론과실천.

Melchior-Bonnet, S. 1994. Histoire du Miroir, Imago.

Moos, S. von 1987. Le Corbusier : Elemente einer Synthese, Huber, 1968; 최창길 · 예명해 옮김, 『르 꼬르뷔제의 생애: 건축과 신화』, 기문당.

Muchembled, R. 1992. L'invention de l'homme moderne: sensibilités, moeurs et comportements collectifs sous l'Ancien Régime, Fayard, 1988; 石井洋二郎 譯, 『近代人の誕生』, 梵摩書房.

Mumford, L. 1990. The City in History, Harcourt Brace Jovanovich, 1961; 김영기 옮김, 『역사 속의 도시』, 명보문화사.

Murard, L. & P. Zylberman 1976. Le petit travailleur infatigable: Villes-usines, habitat et intimités au XIXe siècle, Recherches.

Muthesius, S. 1982. The English Terraced House, Yale University Press.

Nietzsche, F. 1982. Zur Genealogie der Moral(1887), KSA 5; 김태현 옮김, 『도덕의 계보』, 청하.

_____ F. 1988. Der Wille zur Macht(1884~1888), 1906; 강수남 옮김, 『권력에의 의지』, 청하.

Norberg-Schulz, C. 1971. Baroque Architecture, H. N. Abrams.

_____ 1974. Late Baroque and Rococo Architecture, H. N. Abrams.

_____ 1977. Signification dans l'architecture occidentale, Mardaga.

_____ 1987. Intentions in Architecture, MIT Press, 1965; 정영수 옮김, 『건축론』, 세진사.

_____ 1994. Existence, Space and Architecture, Studio Vista, 1971; 김광현 옮김, 『실존 · 공간 · 건축』, 태림문화사.

Olsen, D. J. 1986. The City as a Work of Art: London, Paris, Vienna, Yale University Press.

Ossola, C. 1997. Dal 'Cortegiano' all 'Uomo di mondo', 1987; trans. N. Sels, Miroirs sans visage: Du courtisan à l'homme de la rue, Seuil.

Ozouf, M. 1982. L'école l'eglise et la République 1871-1914, Cana.

Padailhé-Galabrun, 1991. La naissance de l'intime, PUF, 1988; trans. J. Phelps, The Birth of Intimacy: Privacy and Domestic Life in Early Modern Paris, University of Pennsylvania Press.

Panofsky, E. 1957. Gothic Architecture and Scholasticism, Archabbey Press, 1995; ed. & trans. P. Bourdieu, Architecture gothique et pensée scholastique, Minuit.

_____ 1967. Studies in Iconology: Humanistic Themes in the Art of the Renaissance, Harper & Row.

_____ 1979. Abbot Suger: On the Abbey Church of St. Denis and its Art Treasure, Princeton University Press.

_____ 1991. Perspective as Symbolic Form, Zone Books.

_____ 1995. "What is Baroque?", ed. & trans. I. Lavin, Three Essays on Style, MIT Press.

Pawley, M. 1996. Architecture versus Housing, Praeger, 1971; 최상민 · 이영철 옮김, 『근대 주거 이론의 위기』, 태림문화사.

Peponis, J. et al. 1997. "On the Description of Shape and Spatial Configuration inside Buildings: Convex Partitions and their Local Properties", Environ-ment and Planning B: Planning and Design, vol. 24.

Pérez-Gómez, A. 1989. Architecture and the Crisis of Modern Science, MIT Press, 1983; 이용재 편역, 『건축과 근대과학의 위기』, 집문사.

Perrot, J.-C. 1968. "Rapports sociaux et villes au XVIIIe siècle", Annales, vol.

23, num. 2.

Perrot, M. 1982. Le mode de vie des familles bourgeoises, 1873-1953, A. Colin.

Perrot, P. 1995. Le Luxe: Une richesse entre faste et confort XVIIIe-XIXe siècle, Seuil.

Pevsner, N. 1987. An Outline of European Architecture, Penguin, 1972(1943); 김복지 외 옮김, 『유럽 건축사 개관』, 태림문화사.

_____ 1987. Pioneers of Modern Design, Museum of Modern Art, 1949; 정구영 · 김창수 옮김, 『근대 디자인 선구자들: 윌리암 모리스에서 월터 그로피우스까지』, 기문당.

Pezeu-massabuau, J. 1983. La maison, espace social, PUF.

Pile, S. 1996. The Body and the City: Psychoanalysis, Space and Subjectivity, Routledge.

Pirenne, H. 1997. Les villes et les institutions urbaines, Alcan, 1939; 강일휴 옮김, 『중세 유럽의 도시』, 신서원.

Polanyi, K. 1991. The Great Transformation: The Political and Economical Origins of Our Time, Beacon Press, 1957; 박현수 옮김, 『거대한 변환: 우리 시대의 정치적 · 경제적 기원』, 민음사.

Poovey, M. 1995. Making a Sociale Body: British Cultural Formation 1830-1864, University of Chicago Press.

Prairat, E. 1994. Eduquer et punir, Press universitaire de Nancy.

Procacci, G. 1993. Gouverner la misère: La question sociale en France 1789-1848, Seuil.

Ragon, M. 1986. Histoire de l'architecture et de l'urbanisme modernes, 3 vols, Casterman.

Rapoport, A. 1985. House Form and Culture, Prentice-Hall, 1969; 이규목 옮김, 『주거형태와 문화』, 열화당.

Reid, D. 1976. "The Decline of Saint Monday: 1766-1876", Past and Present 71.

Rimlinger, G. V. 1991. Welfare Policy and Industrialization in Europe, America and Russia, Wiley, 1971; 한국사회복지학연구회 옮김, 『사회복지의 사상과 역사: 유럽, 미국, 러시아의 사회정책을 중심으로』, 한울.

Robson, E. R. 1874. School Architecture, Murray.

Roche, D. 1997. Histoire des choses banales, Fayard.

Romagnoli, D. 1995. La Città e la Corte, Guerini, 1991; trans. J. Nicolas et al., La ville et la cour: Des bonnes et des mauvaises manières, Fayard.

Rosen, G. 1974. From Medical Police to Social Medicine: Essays on the History of Health Care, Science History Publications.

———— 1993(1958). A History of Public Health, Johns Hopkins University Press.

Rosenbaum, H. 1992. Proletarische Familien, Suhrkamp.

Rosenberg, C. E. 1987. The Care of Strangers: The Rise of America's Hospital System, Basic Books.

Ross, K. 1988. The Emergence of Social Space: Rimbaud and the Paris Commune, McMillan.

Rossi, A. 1982. Architecture of the City, MIT Press.

Rossiaud, J. 1996. "Prostitution, sexualité, société dans les villes françaises du XVe siècle", Ph. Ariès et al. Sexualités occidentales, Seuil, 1982; 김광현 옮김, 「15세기 프랑스 도시에서 매춘, 성 및 사회」, 『성과 사랑의 역사』, 황금가지.

Roussel, L. 1989. La famille incertaine, Odile Jacob.

Rowe, C. 1986. The Mathematics of the Ideal Villa and Other Essays, MIT Press, 1976; 유재희 · 지연순 옮김, 『근대건축론집』, 세진사.

Ryan, M. and A. Gordon 1994. Body Politics: Disease, Desire, and the Family, Westview Press.

Sack, R. D. 1980. Conceptions of Space in Social Thought, Minnesota University. Press.

———— 1986. Human Territoriality: Its Theory and History, Cambridge University. Press.

Schmarsow, A. 1920. Kompositionsgesetze in der Kunst des Mittelalters, 2ter Bd.: Gotischer Kirchenbau und Aussenarchitektur des romanischen und gotischen Stils, Schroeder.

———— 1922. Kompositionsgesetze in der Kunst des Mittelalters, 4ter Bd.: Darstellende Künste, Schroeder.

Seaborne, M. 1971. The English School: Its Architecture and Organization 1370-1870, RKP.

Seabrook, J. 1967. The Unprivileged, Longmans, Green Company.

Sedlmayr, H. 1950. Die Entstehung der Kathedrale, Atlantis Verlag.

Sennett, R. 1980. Families against the City: Middle Class Homes of Industrial Chicago 1872-1890, Harvard University Press, 1970; trans. A. Petry, La famille contre la ville: Les classes moyennes de Chicago à l'ère industrielle 1872-1890, Recherches.

_____ 1990. The Conscience of the Eye: The Design and Social Life of Cities, W. W. Norton.

_____ 1999. Flesh and Stone: The Body and the City in Western Civilization, W. W. Norton, 1994; 임동근 외 옮김, 『살과 돌』, 문화과학사.

Serres, M. 1968. Le système de Leibniz et ses modèles mathématiques, PUF.

Shorter, E. 1977. The Making of the Modern Family, Basic Books.

Simmel, G. 1957. Brücke und Tür: Essays des Philosophen zur Geschichte, Religion, Kunst und Gesellschaft, Koehler.

_____ 1983. "Soziologie des Raumes", Hrsg. H.-J. Dahme und O. Rammstedt, Schriften zur Soziologie, Suhrkamp.

Skolnick, A. and J. H. Skolnick 1971. Family in Transition: Rethinking Marriage, Sexuality, Child Rearing and Family Organization, Little, Brown and Company.

Société et Représentations(éd.) 1996. Michel Foucault, Surveiller et punir: la prison vingt ans après, CREDHESS.

Soja, E. 1997. Postmodern Geographies: The Reassertion of Space in Critical Social Theory, Verso, 1989; 이무용 외 옮김, 『공간과 비판사회이론』, 시각과언어.

Solé, J. 1996. L'amour en occident à l'époque moderne, A. Michel, 1976; 이종민 옮김, 『성애의 사회사』, 동문선.

Sommerville, J. 1990. The Rise and Fall of Childhood, Vintage Books.

Spain, D. 1992. Gendered Spaces, University of North Carolina Press.

Steedman, C. 1985. Language, Gender and Childhood, RKP.

Stone, L. 1977. The Family, Sex and Marriage in England 1500-1800,

Weidenfeld and Nicolson.

Suger, A. 1979. "De Administratione", ed. & trans. E. Panofsky, Abbot Suger: On the Abbey Church of St. Denis and its Art Treasure, Princeton University Press.

Sutcliffe, A.(ed.) 1974. Multi-storey Living: The British Working-Class Experience, Croom Helm.

Swell, G. & B. Wilkinson 1993. "'Someone to Watch Over Me': Surveillance, Discipline and the Just-In-Time Labour Process", Sociology, vol.26, no.2, 1992; 강석재 · 이호창 편역, 「누군가 나를 감시하고 있다: 감시, 규율, 그리고 저스트-인-타임 노동과정」, 『생산혁신과 노동의 변화』, 새길.

Tarn, J. N. 1971. Working-Class Housing in 19th-Century Britain, Lund Humphries.

_____ 1973. Five per cent Philathropy: An Account of Housing in Urban areas between 1840 and 1914, Cambridge University Press.

Taylor, J. 1997. The Architecture and the Pavilion Hospital: Dialogue and Creativity in England 1850-1914, Leicester University Press.

Thompson, E. P. 1991. Customs in Common, Merlin Press.

Thrift, N. and P. Williams 1987. Class and Space: The Making of Urban Society, RKP.

Thrift, N. 1990. "The Making of a Capitalist Time Consciousness", ed. J. Hassard, The Sociology of Time, St. Martin's Press.

Thurer, S. 1995. The Myths of Motherhood: How Culture Reinvents the Good Mother, Houghton Mifflin, 1994; 박미경 옮김, 『어머니의 신화』, 까치.

Tolédano, A.-D. 1943. La vie de famille sous la restauration et la monarchie de juillet, Albin Michel.

Townsend. J. 1996. Written For Children, Lippincott, 1974; 강무홍 옮김, 『어린이 책의 역사』 1 · 2, 시공사.

Truc, G. 1995. Histoire illustree de la femme, Plon, 1940; 이기우 옮김, 『세계여성사』, 문예출판사.

Tuan, Y. 1993. Segmented Worlds and Self: Group Life and Individual Consciousness, University of Minnesota Press, 1982; 阿部一 譯, 『個人空間の

誕生: 食卓 · 家屋 · 劇場 · 世界』, せりか書房.

_____ 1995. Space and Place: The Perspective of Experience, University of Minnesota Press, 1977; 정영철 옮김, 『공간과 장소』, 태림문화사.

Ullmann, E. 1987. Von der Romanik zum Historismus: Architektur-Stil und Bedeutung, E. A. Seemann.

Van de Ven 1994. Space in Architecture, Van Gorcum, 1980; 정진원 · 고성룡 옮김, 『건축공간론』, 기문당.

Venturi, R. 1985. Complexity and Contradiction in Architecture, Meseum of Modern Art, 1977; 임창복 옮김, 『건축에서 복합성과 대립성』, 기문당.

Vidler, A. 1988. Claude-Nicolas Ledoux, Birkhäuser.

Virilio, P. 1993. La insécurité du territoire, Galilée.

_____ 1994a. Bunker archéologie, Les éditions du demicercle, 1991; trans. G. Collins, Bunker Archeology, Princeton Architectural Press.

_____ 1994b. La machine de vision, Galilée, 1988; trans. J. Rose, The Vision Machine, Indiana University Press.

_____ 1995. L'art du moteur, Galilée, 1993; trans. J. Rose, The Art of the Motor, University of Minnesota Press.

Weber, M. 1988. Die Protestantische Ethik und der Geist des Kapitalismus, J. C. B. Mohr, 1934; 박성수 옮김, 『프로테스탄트 윤리와 자본주의 정신』, 문예출판사.

Weber-Kellermann, I. 1979. Die Kindheit, Insel.

_____ 1991. Die Kinderstube, Insel.

Wittgenstein, L. 1994. Philosophische Untersuchungen, Suhrkamp, 1952; 이영철 옮김, 『철학적 탐구』, 서광사.

Wohl, A. S. 1971. "The Housing of the Working Class in London, 1815-1914", ed. S. D. Chapman, The History of Working-class Housing: A Symposium, David & Charles.

Wölfflin, H. 1967(1961). Renaissance und Barock, 1888; trans. G. Ballngé, Renaissance et Baroque, Poche.

_____ 1995. Kunstgeschichtliche Grundbegriffe, 1915; 박지형 옮김, 『미술사의 기초개념』, 시공사.

Wood, C. S. 1991. "Introduction", E. Panofsky, Perspective as Symbolic Form,

Zone Books.

Worringer, W. 1948(1908). Abstraktion und Einfühlung: Ein Beitrag zur Stilpsychologie, Piper.

_____ 1968. Formprobleme der Gotik, Piper, 1911; 中野勇 譯,『ゴシック美術形式論』, 岩岐美術社.

Wright, L. 1960. Clean and Decent: The Fascinating History of the Bathroom and the W.C., RKP(reed. 1984).

_____ 1962. Warm and Snug: The History of the Bed, RKP.

_____ 1983. Perspective in Perspective, RKP.

Zeiher, H. und H. Zeiher 1994. Orte und Zeiten der Kinder: Soziales Leben im Alltag von Großstadtkindern, Juventa Verlag.

Zevi, B. 1989. Architecture as Space: How to Look at Architecture, Horizon Press, 1957; 강혁 옮김,『공간으로서의 건축』, 집문사.

_____ 1998. The Modern Language of Architecture, University of Washington Press, 1978; 이해성 옮김,『건축의 현대언어』, 세진사.

姜尙中 1997.『オリエンタリスムの彼方へ』, 岩波書店, 1996; 이경덕 · 임성모 옮김, 『오리엔탈리즘을 넘어서』, 이산.

吉見俊哉 篇 1996.『都市の空間と都市の身體』, 勁草書房.

李孝德 1996.『表象空間の近代 : 明治'日本'のメディア編制』, 新曜社.

後藤久 1986.『都市型住宅の文化史 : 石の文化と木の文化』, 日本放送出判協會.

찾아보기